NOS ANCÊTRES LES GAULOIS ET AUTRES FADAISES

François Reynaert

NOS ANCÊTRES LES GAULOIS ET AUTRES FADAISES

L'histoire de France sans les clichés

ÉDITIONS FRANCE LOISIRS

Édition du Club France Loisirs,
avec l'autorisation des Éditions Fayard.

Éditions France Loisirs,
123, boulevard de Grenelle, Paris.
www.franceloisirs.com

Les cartes ont été réalisées par Philippe Rekacewicz en collaboration avec Agnès Stienne.
Couverture : IP. 3

ISBN : 978-2-298-04651-9

Sommaire

Première partie : **La France d'avant la France**

Deuxième partie : **La France monarchique**

Troisième partie : **La France depuis la Révolution**

Introduction

Tentons un examen rapide : comment s'appelait donc le peuple qui vivait en France avant qu'il y eût la France ? – Les Gaulois ! hurlez-vous sans hésiter et presque déçus que ce petit jeu soit si facile. Alors risquons juste, pour le corser et vous mettre en appétit, cette question subsidiaire : nos ancêtres sont donc les Gaulois, mais depuis quand le sont-ils ? À votre avis, est-ce que Saint Louis, est-ce que François Ier, croyaient descendre de Vercingétorix ? Est-ce qu'ils connaissaient seulement ce nom ?

Avançons d'un cran le curseur de la chronologie. Voici Clovis, avec sa drôle de hache et ses somptueux colliers de guerrier barbare. Les détails de sa biographie, pour le coup, sont un peu perdus dans les brumes de vos souvenirs d'école, mais vous êtes sûr d'une chose, c'était un roi français : ne répète-t-on pas à l'occasion dans tous les médias que c'est grâce au baptême par lequel il se convertit au catholicisme que notre pays doit son appellation de « fille aînée de l'Église » ? Mais pourquoi diable alors les grands spécialistes de la période nous rappellent-ils que, pour l'histoire allemande, ce même Clovis est un roi allemand ?

Jeanne d'Arc maintenant. Une fois encore, vous aurez peut-être quelque hésitation à citer spontanément ses dates, mais aucune pour définir le sens de son action : la petite bergère lorraine est celle qui a sauvé la patrie en « boutant les Anglais hors du royaume », tout le monde sait cela. Poursuivons sur ce chemin. Jeanne a chassé les Anglais. Cela signifierait donc que, si elle n'avait pas pu le faire, la France serait devenue une sorte de protectorat britannique ? Allons ! Croyez-vous vraiment qu'un seul historien d'aujourd'hui soutienne pareille thèse ?

Ainsi va la mémoire des peuples. Dans leur rapport au présent, les Français, pour la plupart, sont modernes, tolérants, attachés à la construction de l'Europe, ouverts au monde et à ses diverses cultures. Dès lors qu'il s'agit de leur histoire, on les retrouve accrochés à de vieux clichés patriotards qui vendent la légende d'une France éternelle, avec ce destin qui n'est qu'à elle, ses grands noms, ses victoires prestigieuses, ses Louis XIV et ses gloires de l'Empire que, forcément, l'univers entier nous envie. Aucun historien de renom – et notre pays en compte d'excellents – n'aurait l'idée saugrenue de présenter encore les choses ainsi. Tous ont à cœur de fouiller le passé avec précision pour tenter de le rendre dans sa vérité et ses contradictions. Les programmes scolaires ont, eux aussi, considérablement évolué. Il y a bien longtemps qu'ils se sont débarrassés du carcan de ce chauvinisme bêta. L'inconscient collectif, non. Tendez l'oreille et vous le constaterez. Dès lors qu'un président de la République se fend d'un discours pour commémorer un épisode du passé national, dès lors qu'un film à grand spectacle s'attaque à un personnage d'hier, dès lors que se présente une occasion médiatique de refaire un peu d'histoire grand public, on oublie nos sages nuances, nos grands historiens, et, une fois encore, la vérité et ses contradictions sont balayées au profit des vignettes à l'ancienne, glorieuses, émues et tricolores comme le drapeau d'un soldat vainqueur sur une toile pompier.

Et quand les présidents, les réalisateurs ou les journalistes prétendent à un peu plus de subtilité, essayistes à succès et pamphlétaires crispés se chargent de reprendre le clairon : Fraaaance ! où va ton passé ? Napoléon, reviens ! Génie d'Austerlitz, où es-tu ? Pourquoi les citerais-je en particulier ? On en voit de nouveaux tous les six mois, toujours prêts à inonder le marché d'ouvrages qui se disent d'histoire, et qui sont juste datés : même leurs titres sentent la poussière. Je n'ai rien ni contre Austerlitz, ni contre la patrie, ni même contre la poussière. Je pose la question : est-il raisonnable d'espérer que ce pays aille de l'avant si l'on continue à regarder son histoire avec des références et des méthodes qui se sont arrêtées en 1914 ?

Une histoire pour notre temps

Je suis écrivain et journaliste, je ne suis pas historien dans le sens universitaire du mot, mais fou d'histoire depuis toujours, lecteur passionné de tous les grands noms de cette discipline, citoyen convaincu qu'il n'en est pas de meilleure pour comprendre le monde dans sa grandeur et sa complexité. C'est peu dire que de la voir réduite à la répétition *ad nauseam* de ce ramassis de truismes me porte sur les nerfs depuis longtemps. Quelle attitude devais-je adopter pour parvenir à les calmer ? Tenter le bref essai distancié et moqueur, voire un « grand bêtisier de l'histoire de France » épinglant les unes après les autres toutes les perles qui émaillent le discours commun et les livres qui se vendent ? Au mieux, il aurait fait rire trois initiés. Remonter sagement sur mon petit Aventin et oublier les bruits du monde, en m'adonnant à ma distraction favorite, et relire l'œuvre complète de tous les émules de Marc Ferro, de Georges Duby, ou de Fernand Braudel. L'auteur de *La Méditerranée* ne nous a-t-il pas enseigné l'importance du temps long pour espérer voir les mentalités humaines se modifier en profondeur ?

Il m'a semblé que ce goût pour les spécialistes de l'histoire d'hier ou d'aujourd'hui pouvait me pousser à quelque chose de plus productif : les lire à nouveau, chercher à comprendre au plus juste ce qu'ils nous disent sur chacune des périodes qu'ils ont étudiées, et tenter de me faire le passeur de leur travail pour tordre le cou méthodiquement à toute cette mythologie qui nous encombre, et montrer que l'on peut raconter autrement les deux mille ans qui nous précèdent. Mon plan est simple : il suit pas à pas l'ordonnancement le plus traditionnel, le plus archétypique de l'histoire à l'ancienne – les Gaulois, les Francs, le Moyen Âge, etc. –, et s'attache à faire défiler les unes après les autres toutes les figures les plus classiques qui en formaient la galerie, pour revisiter le tout, mythe après mythe en quelque sorte, et redonner à l'ensemble un sens général différent.

L'enjeu de l'entreprise n'est pas mince : il s'agit d'essayer de proposer aux Français une histoire qui soit adaptée à notre temps. De tenter en somme, à l'ombre des grands historiens, une première histoire de France à l'usage des citoyens du XXIe siècle.

Sans doute quelques-uns trouveront cette idée paradoxale. Pourquoi est-il donc nécessaire d'*adapter* le passé ? N'est-il pas fixé une fois pour toutes ? Eh bien, non. Rien n'est plus changeant que les mondes disparus. Le public considère souvent l'histoire comme une science exacte. Tous les historiens savent à quel point elle est une science humaine, tellement humaine, soumise aux obsessions, aux tabous, aux structures mentales d'un moment. Chaque époque a inventé sa façon de raconter l'histoire.

Sous la monarchie d'Ancien Régime, par exemple, l'exercice consistait le plus souvent à détailler la généalogie des rois et des princes, tout en soulignant au passage leurs vertus surhumaines et leur bravoure : il aurait été bête de rater une occasion d'obtenir de son souverain une coquette pension. Avec la Révolution française, le pouvoir change de structure. On était une *monarchie*, c'est-à-dire un pays dans lequel le seul lien qui compte est celui qui lie chaque sujet à son roi. En 1789, on devient une *nation*, c'est-à-dire un pays où le lien principal est horizontal, un pays où l'ensemble des citoyens à un moment donné veut se sentir un destin commun. Du coup, on en vient rapidement à essayer de retailler le passé selon le même patron. Le XIXe *nationalise* allègrement les siècles qui précèdent. Tous les conflits des temps féodaux, par exemple des batailles entre petits rois d'ici et de là, qui sont cousins, sont repeints en guerres nationales, comme si l'histoire ne servait jamais qu'à annoncer la guerre de 1870 – ou plus loin, la guerre de 1914, même si, je vous le concède, les historiens du XIXe siècle pouvaient difficilement l'avoir en tête. La France, nouvelle divinité absolue, est mise au centre de tout. Les héros qui passent par les manuels, les Du Guesclin ou les Jeanne d'Arc, sont recarrossés en *patriotes*, quitte à pratiquer un anachronisme consternant, on le verra.

Le roman national

Ainsi, comme cela se produit en même temps dans les autres pays d'Europe, se bâtit peu à peu ce que l'on appelle « le roman national », cette grande épopée qui vend l'idée de nations issues du fond des âges, possédant chacune une âme propre, un génie, un peuple et sa longue file de héros fondateurs qui ne sont qu'à elles – même si, on le verra à l'occasion, il n'est pas rare que divers voisins européens se disputent les mêmes. Ce « roman », assené par l'école et ses manuels, avait sa puissance : la preuve, on s'en souvient encore. Et il avait sa nécessité, disent ses défenseurs : il fut fondamental pour faire l'unité de la France ! Sans doute. Est-il encore si indispensable aujourd'hui ?

Je ne le crois pas. Cette mythologie nationale finit par peser très lourd sur l'idée que nous nous faisons de notre pays, de son avenir, de ses problèmes. Songez aux réflexes que nous avons tous à l'égard de la construction européenne. Je ne parle pas de la façon particulière dont se fait l'Europe aujourd'hui. Je parle de l'idée plus générale qui flotte toujours autour de ce débat depuis que l'on parle de faire l'union de notre continent : faut-il oui ou non aller vers plus de fédéralisme et donc sortir du modèle national ? Pour tous les Français, consciemment ou pas, la proposition est vécue comme terriblement risquée parce qu'ils pensent qu'elle nous forcerait à sortir d'un système dans lequel notre pays a toujours vécu. Malheureusement pour ceux qui le défendent, ce présupposé est faux. On vient de le voir – et on l'expliquera plus longuement dans les pages qui suivent –, la France n'est une nation que depuis peu, et la plupart des autres pays d'Europe le sont devenus encore plus récemment. D'autres modèles ont existé auparavant : pourquoi ne pourrait-on en inventer de nouveaux, aptes à exister après ? Je ne dis pas que cela doit nous pousser à donner dans l'heure les clés de la République au président de la Commission de Bruxelles, mais je pense que cela peut nous aider à réviser nos perspectives.

... Et autres fadaises

Revenons aussi d'un mot à ceux par qui nous avons commencé, « nos ancêtres les Gaulois ». Quoi de plus *archéo* que cette phrase ? Vraiment ? Songez plutôt à la façon dont les jeunes d'aujourd'hui, dans la langue des cités, appellent les Français que l'on dit « de souche » : « les Gaulois ». Bien sûr, l'expression est utilisée avec dérision, mais on voit la représentation qu'elle continue de fixer dans les esprits : il y aurait donc, dans ce pays, des demi-Français, des pas vraiment français – c'est-à-dire les plus récents – et, d'autre part, de *vrais* nationaux, puisqu'eux sont « de toujours », ils arrivent du fond des âges. Dès le chapitre qui suit, on constatera que cette idée, parfaitement fausse, n'est pas si neuve : elle recoupe point par point celle qui présida, il n'y a pas si longtemps, à la création de ce mythe. D'où l'importance de le détricoter.

On pourrait donner tant d'exemples qui vont dans le même sens... On le verra quand on parlera de l'importance politique des femmes au Moyen Âge, bien méconnue, ou du rapport que les sociétés d'hier ont entretenu avec leurs minorités. Que de myopie, là encore, dans le regard que nous portons sur ces questions.

Contentons-nous d'une dernière remarque. Ce livre a un angle d'attaque, on l'aura compris : il est résolument antinationaliste. Aussi loin que je m'en souvienne, j'ai toujours été allergique à cette pathologie qui consiste à mettre la France au-dessus de toutes les autres nations, à la croire mère de tous les progrès, phare de toute la civilisation. Le nationalisme n'est pas une opinion, c'est une idolâtrie. J'ai l'âme trop laïque pour goûter les dévots. Cela ne signifie pas pour autant que ce travail soit « antifrançais ». Pourquoi le serait-il ? Le parti pris stupide qui consiste à dénigrer systématiquement son pays est une autre façon de le mettre au centre de tout. Mon optique est précisément inverse. Il me semble que rien n'est plus enrichissant, pour comprendre un sujet, que de le décentrer. Je n'ai rien contre la France, bien au contraire. C'est au nom de l'amour que je lui porte que j'ai entrepris d'écrire cet ouvrage : à mon sens, son passé mérite mieux que les clichés auxquels on le résume.

Pour autant, le livre que vous avez entre les mains n'a pas la prétention d'être la somme qui en finira à jamais avec les idées reçues. Il se contente de proposer à ses lecteurs un long voyage dans deux millénaires pour essayer de leur montrer qu'on peut les aborder autrement. Il porte deux espoirs. Celui de donner à tous le goût des grands historiens. Celui d'apprendre à chacun ce réflexe salutaire : il faut toujours regarder le passé comme on considère le présent, avec de l'esprit critique.

Première partie

LA FRANCE D'AVANT LA FRANCE

1 – Les Gaulois

Des ancêtres très récents

Reprenons donc là où nous avions commencé, chez « nos ancêtres les Gaulois ». Pourquoi diable négligerions-nous d'entamer notre périple avec ce bon vieux stéréotype ?

D'abord, il est tellement ancré dans les esprits qu'il est difficile de ne pas l'évoquer. C'est paradoxal, mais c'est ainsi. N'importe qui, face à cet « incipit » fameux des manuels d'antan, sait à quoi s'en tenir : la formule sent la salle de classe d'avant guerre, les bêtises que l'on inculquait aux têtes blondes de la métropole, et aussi, tant qu'à faire, aux têtes brunes des colonies lointaines. Pour autant, aujourd'hui encore, dès lors qu'il nous faut trouver des images de l'origine de notre pays dans la suite obscure des siècles, on a bien du mal à en faire surgir une autre. Faites l'expérience. Remontez le plus que vous pouvez dans le temps. Loin, loin en arrière dans la nuit des premiers âges, vous discernerez sans doute des images de guerriers à demi sauvages, vêtus de peaux de bête, armés de massues, chassant des animaux disparus, dormant dans

REPÈRES

– Dernier tiers du IIe siècle av. J.-C. : conquête par Rome de tout le littoral méditerranéen, la « Gaule narbonnaise »

– 58 à 51 av. J.-C. : Jules César envahit la Gaule ; battu à Gergovie et vainqueur à Alésia

– Vers 260 apr. J.-C. : Postumus, général romain factieux, proclamé « empereur des Gaules » à Cologne

des cavernes, les fameux « hommes préhistoriques ». Vous savez que certains vécurent en France – notre pays ne s'enorgueillit-il pas des magnifiques peintures des grottes de Lascaux ? –, mais vous n'auriez pas l'idée pour autant de les relier à aucune nation en particulier. Arrive alors le chapitre suivant, qui vous apparaît plus clairement. Après les mammouths et les silex, voici les sangliers, les rudes banquets, la cervoise et les druides cueillant le gui dans les chênes millénaires. Astérix est passé par là. Les noms des héros et les grands rebondissements de l'épisode vous reviennent : en 52 avant Jésus-Christ, Jules César et ses légions envahissent ce pays qui serait l'ancêtre du nôtre, la Gaule. Un brave parmi les braves, Vercingétorix, sorte de Jean Moulin chevelu, tente de fédérer les tribus pour résister à l'envahisseur. Il gagne une victoire brillante, Gergovie, mais se laisse enfermer dans Alésia et, héros déchu, après un siège terrible, finit enchaîné derrière le char d'un César triomphant. Les Romains dominent donc. Voilà le temps des belles villas, des voies pavées qui sillonnent le pays, des monuments antiques, du pont du Gard, des arènes de Nîmes et de Lyon, « la capitale des Gaules », comme l'appellent encore aujourd'hui les journalistes en mal de périphrases. On a parfois de la chance de perdre les guerres, noterez-vous au souvenir de tant de merveilles. Certes, mais c'est une autre histoire.

Tout cela est ancré dans les esprits, donc, et nous convient parfaitement pour commencer cette nouvelle histoire de France telle que nous entendons la raconter. On verra ainsi dès ce premier chapitre qu'on apprend beaucoup en essayant de démonter les idées préconçues, et que l'on s'instruit plus encore en cherchant ce que l'on peut bâtir à la place.

Il existe une façon simple de remettre en cause ce point de départ des vieux manuels qui nous semble éternel. Il suffit de poser la question que nous avons glissée déjà dans l'introduction : nos ancêtres sont donc les Gaulois, mais depuis combien de temps le sont-ils ? Saint Louis ou Louis XIV pensaient-ils eux aussi descendre des mêmes moustachus dépoitraillés ? Allons ! On est certain, bien au contraire, qu'ils n'en avaient même jamais entendu parler.

À dire vrai, les intérêts de ces temps étaient autres. Dans un système monarchique qui se veut d'essence divine, la seule filiation qui compte – outre la filiation directe, qui lie le souverain à son prédécesseur – est celle qui s'accroche aux plans supposés de Dieu. Pour les rois de France, à ce titre, un seul grand ancêtre compte : Clovis, le chef barbare qui, au Ve siècle, a réussi avec ses Francs à balayer les décombres de l'Empire romain et à dominer la moitié de l'Europe occidentale. On le verra plus loin, la plupart des rois de France sont des Capétiens – c'est-à-dire qu'ils appartiennent à la descendance d'Hugues Capet –, ils n'ont aucun lien de sang avec la dynastie fondée par le roi franc, les Mérovingiens. On verra aussi bientôt que Clovis était un roi franc, et contrairement à ce que l'on pense trop souvent encore, cela n'en fait pas pour autant un roi de France. Peu importe, dans la symbolique du pouvoir, il a un intérêt majeur : il est le premier des envahisseurs barbares à avoir été baptisé selon le rite catholique, c'est bien la preuve que Dieu l'a choisi, non ? Il l'a été à Reims, et c'est en souvenir de ce baptême que la plupart de nos rois iront s'y faire sacrer.

Au moment de la Révolution française, par réaction en quelque sorte à cette vision de l'origine du pays, une autre va prendre de l'ampleur. Les rois continuent à se prévaloir du Mérovingien et les aristocrates qui les entourent en viennent à justifier leur domination sur le pays en se présentant comme les descendants de ses guerriers. Les Francs, disent-ils en substance, ont conquis ce pays mille quatre cents ans plus tôt, c'est au nom de leur victoire que nous avons le droit éternel de régner sur cette terre. Le raisonnement est absurde : personne n'est en mesure de faire remonter si loin un arbre généalogique. Il est surtout devenu moralement insupportable. Et cela les perdra : vous êtes les descendants de guerriers qui ont envahi ce pays, disent bientôt les partisans du tiers état, eh bien nous, nous sommes les descendants du peuple qui était là alors, et cette fois, vous verrez de quel bois on se chauffe. À propos, qui était sur notre territoire lorsque les fameux Francs sont arrivés ? Les Gaulois ? Et comment s'appelait le pays en ces temps-là ? La Gaule. Eh bien, les voilà enfin les ancêtres qu'il nous fallait.

Le retour du héros oublié

Je simplifie, mais à peine. Cherchez dans les bibliothèques et vous le constaterez. Bien peu de gens, avant le XIXe siècle, avaient eu l'idée de s'intéresser à un peuple dont la plus grande masse n'avait jusque-là pas la moindre idée. Au moment de la Renaissance, l'Europe entière s'était prise de passion pour l'antiquité gréco-latine. Partout en France, comme ailleurs, des érudits avaient cherché à étudier, à exhumer les traces du passé romain de notre pays, et le roi François Ier lui-même, dit-on, était tombé en extase devant les ruines romaines de Nîmes et avait exigé qu'elles fussent préservées. Mais seuls quelques rares savants avaient cherché à connaître les peuplades présentes sur notre sol avant la conquête par les glorieuses légions de César. Au XVIIIe siècle encore, quand les encyclopédistes parlent des Gaulois, ils les peignent toujours comme d'exotiques Barbares avec lesquels il est hors de question de se sentir une quelconque filiation. Quand on se vit en successeur de Rome et d'Athènes, comment accepterait-on de remonter à ces chevelus coupeurs de gui ?

Le siècle romantique, lui, en tombe fou. À partir des années 1830, quelques historiens sortent de maigres paragraphes de *La Guerre des Gaules* de César un personnage dont personne n'avait retenu le nom : Vercingétorix. Vingt ans plus tard, Napoléon III fait creuser toute la Bourgogne pour qu'on trouve enfin le site où a pu se dérouler ce siège d'Alésia devenu si célèbre, et le grand blond à moustache devient l'incarnation même de la France. Il ne faut jamais désespérer de la postérité.

Cela va de soi, cette gallomanie tardive ne se développe pas uniquement en réaction à la mythologie qui précédait. Elle prend de telles proportions parce qu'elle épouse à merveille une nouvelle idéologie qui va bientôt dominer l'époque : le nationalisme. Dans un système monarchique, on l'a dit, seule la généalogie du monarque – fût-elle légendaire – comptait vraiment. Depuis la Révolution, le peuple, ce nouvel acteur, a fait sa grande entrée sur la scène de l'histoire. À lui aussi il a donc fallu trouver un aïeul, tout aussi fabriqué mais tout aussi opportun : le peuple gaulois. Il consolide le patriotisme naissant avec son idole nouvelle, telle que personne ne l'avait jamais considérée auparavant : la France. Hier, elle était un royaume, ce patrimoine lentement constitué par les rois. Elle est devenue une créature éternelle, capable de traverser les âges, les régimes, les gloires et les malheurs, toujours elle-même, toujours grande, pure, intacte. Tant qu'à faire, on n'hésitait d'ailleurs pas à remonter bien avant Jules César pour asseoir cette digne croyance. Je retrouve cette merveille dans un manuel d'avant la guerre de 14 (le manuel Segond[1]). Au chapitre expliquant l'évolution géologique de la terre à l'ère quaternaire, ce qui n'est pas d'hier, on lit : « À cette époque, l'Europe a à peu près sa forme actuelle, et *la France est sortie tout entière des eaux.* » On voit l'image : mon pays, c'est encore mieux qu'un pays, c'est carrément Vénus.

La plupart du temps, les Gaulois suffirent, ils disposaient d'un avantage certain : ils plaisaient à tout le monde. La droite nationaliste était contente de voir ainsi la « race française », comme on disait encore, assise sur cette souche issue du fond des âges. La gauche anticléricale voyait dans ces ancêtres un atout majeur : ils permettaient de commencer l'histoire de France avant l'arrivée du christianisme. C'était bien la preuve qu'elle pourrait éventuellement se perpétuer après sa disparition. Les historiens, puis les romanciers, les dramaturges ou même les chansonniers, en touillant tant et plus les rares sources dont ils disposaient dans les casseroles de leurs fantasmes, réussirent peu à peu à forger une idée des Gaulois correspondant opportunément à l'image que les Français voulaient bien avoir d'eux-mêmes : querelleurs, un peu grossiers parfois, mais au grand cœur et si braves. Et les Français, ravis,

1 - *Histoire de France*, cours complémentaire à l'usage des aspirants au brevet de capacité, Hatier, 1902.

adorèrent d'autant plus leurs nouveaux grands-pères : comment ne pas les aimer ? Ils nous ressemblent tellement !

Faut-il, décidément, en vouloir aux Gaulois ? Ce serait injuste. Vous l'aurez compris en lisant ce qui précède, plus d'un siècle plus tard ils servent toujours. Ils viennent de nous permettre d'ouvrir ce livre avec une leçon que tous les grands historiens connaissent et que l'on aimerait faire nôtre tout au long des pages qui vont suivre : rien n'est plus trompeur que l'histoire comme on la raconte, rien n'est plus prudent que de s'interroger face à n'importe quel récit pour savoir qui l'a exhumé, et pourquoi.

Germains, Celtes, Romains

Dans la longue suite des siècles, nous venons d'arrêter le curseur au temps des forêts profondes de la « Gaule chevelue », comme l'appelaient les Romains : cherchons à savoir comment la raconter autrement.

Oublions donc la préhistoire et les civilisations lointaines dont on ne sait pas grand-chose et replaçons-nous aux environs des derniers siècles avant notre ère. À ce moment, il n'existe évidemment pas, dans notre Europe occidentale, de France, ni d'Allemagne, ni d'Italie, etc. En y allant à gros traits, on peut écrire que cette partie du continent se partage entre trois pôles. Au nord – dans l'actuelle Allemagne du Nord et en Scandinavie –, le monde germain. Au sud, une puissance qui n'en finit plus de croître, mais dont l'expansion se fait surtout autour du bassin méditerranéen – chez eux, la Méditerranée s'appelle *Mare nostrum*, c'est-à-dire « notre mer » : Rome. Et au centre, installés là par migrations successives, éparpillés sur un arc qui englobe les îles Britanniques et va d'Espagne au haut Danube, des multitudes de peuples, de tribus qui ne se vivent pas eux-mêmes comme unis, mais qui parlent des langues voisines, croient en des dieux semblables, et en sont au même degré de civilisation : les Celtes. On le sait aujourd'hui grâce aux fouilles archéologiques, aux nombreuses tombes royales ou princières découvertes en Autriche, en Suisse, en France : ils ont développé

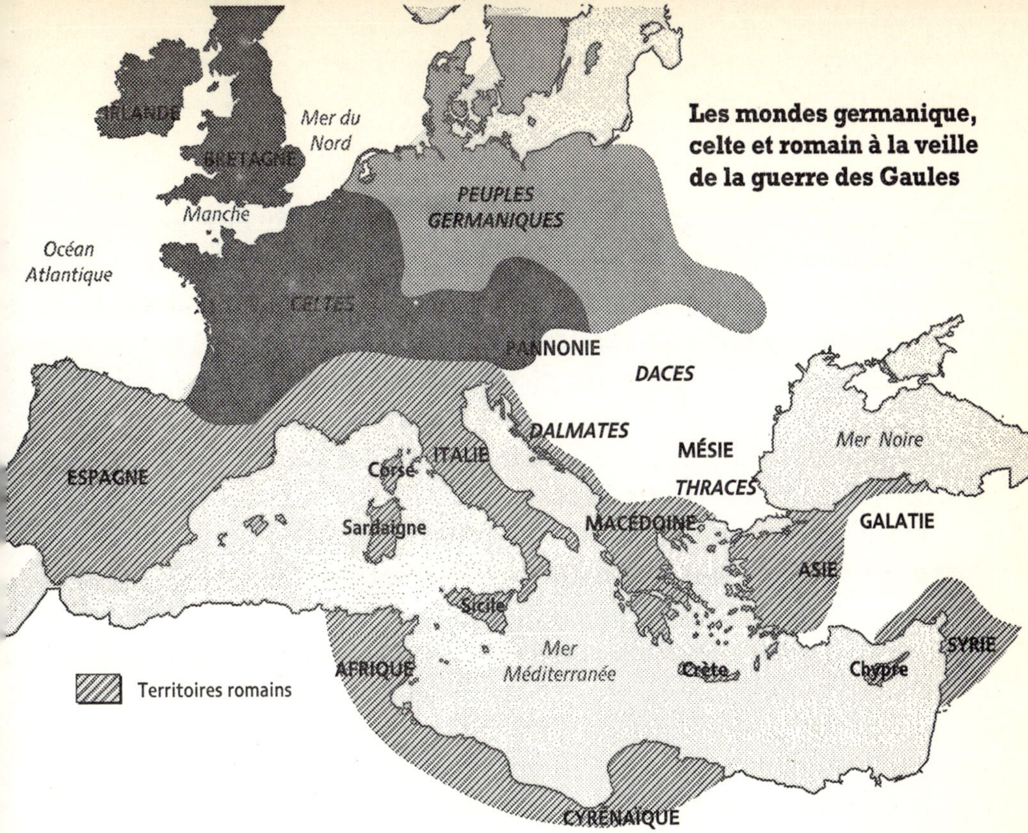

Les mondes germanique, celte et romain à la veille de la guerre des Gaules

une culture brillante dont on a longtemps perdu la trace car ils n'utilisaient que très peu l'écriture : leur agriculture était prospère, leur travail des métaux élaboré, leur art des bijoux remarquable. Et on sait aussi qu'ils ne sont absolument pour rien dans l'érection des menhirs et des dolmens – ces constructions les précèdent d'un millénaire –, mais c'est une parenthèse.

Ils font du commerce avec leurs voisins du nord et du sud. Et parfois la guerre. En 387 avant Jésus-Christ, ce sont des Celtes venus du Nord de l'Italie qui, derrière leur chef Brennus, réussissent à vaincre les légions et à mettre Rome à sac. Les Romains garderont longtemps une peur panique de ces immenses et terrifiants guerriers. Ce sont eux qui leur donnent un nom : les Gaulois. Au IIe siècle avant notre ère, la puissante République, dans sa logique expansionniste autour de la Méditerranée, opère une jonction entre l'Italie et sa colonie espagnole : la Provence, le Languedoc sont conquis et forment désormais une des grandes provinces romaines qui prendra, au temps de l'Empire, le nom de sa capitale régionale : la Narbonnaise.

Au Iᵉʳ siècle avant Jésus-Christ, Jules César, un général ambitieux, est appelé à l'aide par des tribus celtes alliées à Rome qui sont bousculées par la migration d'autres Celtes, les Helvètes. César profite de l'intervention pour étancher sa soif de conquête : il montera loin au nord, jusqu'au Rhin. L'expédition ne sera pas de tout repos. Parfois les tribus se soumettent, parfois elles se révoltent. Une fois même, un chef ennemi réussit à fédérer de nombreuses tribus pour s'opposer plus durement aux légions : c'est César lui-même qui nous en parle et nomme celui qu'il va vaincre, Vercingétorix. Mais comment être sûr d'une histoire qui n'est racontée que par son vainqueur ? À dire vrai, de cette conquête romaine on ne sait pas grand-chose. Certains historiens en minimisent l'horreur. Au contraire, certains autres parlent parfois de « génocide gaulois » et chiffrent les morts par dizaines de milliers.

Une chose est sûre, ce sont les Romains qui, *in fine*, ont donné un nom et une unité à ce qui n'était qu'une partie du monde celte : la Gaule, pure création coloniale, en quelque sorte, un peu comme le seront dix-neuf siècles plus tard les pays d'Afrique, aux frontières forgées de toutes pièces par les colonisateurs.

Une autre chose est indéniable : grâce à la conquête, ce vaste domaine va connaître quatre siècles de paix et de prospérité. On y verra des révoltes, bien sûr. L'Empire lui-même traverse des phases d'instabilité chronique. Dans les années 260, un général romain factieux, un certain Postumus, se fait même proclamer « empereur des Gaules ». Le pays connaît aussi l'essor de son commerce, de ses villes, de son agriculture, à l'abri du *limes*, la frontière gardée par les légions. Et les populations s'adaptent fort bien à ces temps nouveaux. Contrairement à Athènes, société raciste, l'Empire romain est ouvert, intégrateur, il s'appuie sur les élites des pays conquis et multipliera bientôt à l'envi les citoyens romains. En 212, l'édit de l'empereur Caracalla accorde la citoyenneté à tous les sujets libres de l'Empire. Nombreux sont les notables des provinces gauloises qui en profitent. Lors des périodes qui suivent, ces temps gallo-romains restent dans les mémoires comme le souvenir d'un paradis disparu. Au regard des malheurs qui bientôt accableront l'Occident, cela s'entend.

Mais en quoi cette Gaule gallo-romaine concerne spécifiquement l'histoire de France ?

D'abord, la carte des Gaules, comme on disait, dépasse de loin l'Hexagone tel qu'il existe aujourd'hui : la Belgique, le Luxembourg, la Suisse et une large partie de l'Ouest de l'Allemagne y sont inclus. Cologne et Trèves furent elles aussi de brillantes cités gallo-romaines. Si les Gaulois sont « nos ancêtres », qui donc sont les leurs ? Ensuite, on l'a vu, tout ce territoire ne connaît pas la même histoire. On aurait sans doute fait hurler de rire les citoyens romains d'Aix-en-Provence, de Narbonne ou de Toulouse vers le Ier siècle avant Jésus-Christ si on leur avait dit qu'un jour on les confondrait, dans les livres d'histoire, avec ces Barbares du Nord buveurs de cervoise.

Surtout, la mythologie gauloise ainsi nationalisée au XIXe siècle a réussi à enfoncer dans les têtes ce stéréotype qui y règne sans doute toujours un peu : nos racines, c'est la Gaule plus Rome, c'est-à-dire l'alliance de farouches guerriers et des merveilles de la civilisation latine. Le point amusant, c'est qu'à la même époque, pour des raisons similaires, les historiens de la moitié des pays d'Europe racontaient la même chose aux peuples de leur propre pays. Ouvrez la plupart des manuels d'histoire de nos voisins et vous verrez. Ailleurs, on ne dit pas « gaulois », souvent on dit celte, mais quelle importance, on a vu que c'était pareil. Les ancêtres des Autrichiens, ce sont des Celtes bientôt romanisés. Les ancêtres des Espagnols aussi. Et les Anglais ajoutent à cela un élément plus chic encore, leur Vercingétorix est une femme : Boudicca, une princesse guerrière qui a bravement défendu l'honneur du pays face aux Romains, avant que ceux-ci, glorieux vainqueurs, n'introduisent outre-Manche les belles routes et les beaux monuments – je n'insiste pas, vous connaissez la chanson.

2 – Les Barbares

Grandes Invasions ou mouvements de peuples

On vient de l'écrire, la *pax romana*, la paix romaine célébrée par les livres d'histoire, fut loin d'être parfaite. Toutes les provinces du vaste Empire connaissent à leur tour des troubles et des révoltes. Les légions protègent, mais pas toujours. À l'époque de Marc Aurèle, elles ramènent la peste de leurs lointaines campagnes d'Orient. Durant tout l'Empire, elles sèment souvent elles-mêmes l'anarchie qu'elles sont censées prévenir, fomentent des rébellions contre tel empereur pour en pousser un autre. Pourtant, par comparaison avec l'horreur des temps qui leur succèdent, ces longs siècles méritent de laisser dans les mémoires le souvenir d'un paradis disparu. La période qui enterre le monde latin a porté longtemps dans les manuels un nom qui sent le pillage, les champs brûlés, les villes saccagées, la peur, l'effroi et ces cruels guerriers couverts de pelisses et de bijoux : les invasions barbares.

REPÈRES

– À partir de 220-250 : nombreuses incursions barbares au-delà du *limes* protégeant l'Empire romain
– Août 378 : victoire des Goths à Andrinople, une des plus graves défaites romaines
– 410 : sac de Rome par les Wisigoths
– 451 : bataille des champs Catalauniques, défaite d'Attila
– 476 : Romulus Augustule déposé par Odoacre, fin de l'empire romain d'Occident

De nos jours, les historiens français ont moins de goût pour ce genre de frissons. Depuis longtemps, leurs collègues allemands parlaient simplement de *Völkerwanderung* – littéralement le « mouvement des peuples ». La plupart d'entre eux ont opté à leur suite pour le terme plus neutre de « grandes migrations ». Pourquoi pas ? C'est aussi de cela qu'il s'agit : à partir du IIIe siècle, tout le monde germanique, à l'est du Rhin, au nord du Danube, tout cet au-delà mystérieux peuplé de ces tribus que les Romains connaissent fort mal et qu'ils appellent « les Barbares », est saisi d'une frénésie de mouvement. On en ignore toujours précisément les causes. Sans doute sont-elles nombreuses : la pression démographique qui pousse à agrandir son territoire ; les modifications climatiques qui forcent à en changer ; la nécessité de fuir devant d'autres envahisseurs redoutables ; ou encore l'appât des gains faciles, des butins à se faire sur toutes ces terres si riches, dans toutes ces villes si belles que les Romains n'arrivent plus à défendre. En deux siècles, cet incroyable maelström aboutit à la chute de Rome et à un redécoupage complet de la carte de l'Europe. On pourra penser que cela, qui concerne le continent tout entier, nous éloigne de l'histoire de France à proprement parler. On verra bientôt que l'étape qui se joue est essentielle pour comprendre celles qui suivront.

Des premiers chocs au désastre

Ne nous perdons pas dans ce gigantesque carambolage de peuples aux noms étranges et de civilisations que l'on connaît encore très mal, qui, en quelques siècles si loin de nous, a chamboulé la moitié du monde. Contentons-nous des faits les plus saillants :

À partir de 220-250, le *limes*, c'est-à-dire la frontière romaine, se fait parfois poreux. On note dans les chronologies, telle année ou telle autre, « incursions de Francs », ou d'« Alamans », ou d'« Hérules » qui passent le Rhin, pillent, dévastent sur leur passage, cherchent à s'installer quelque part au sud, s'y installent, ou repartent. Plus loin à l'est, vers les Balkans ou les confins

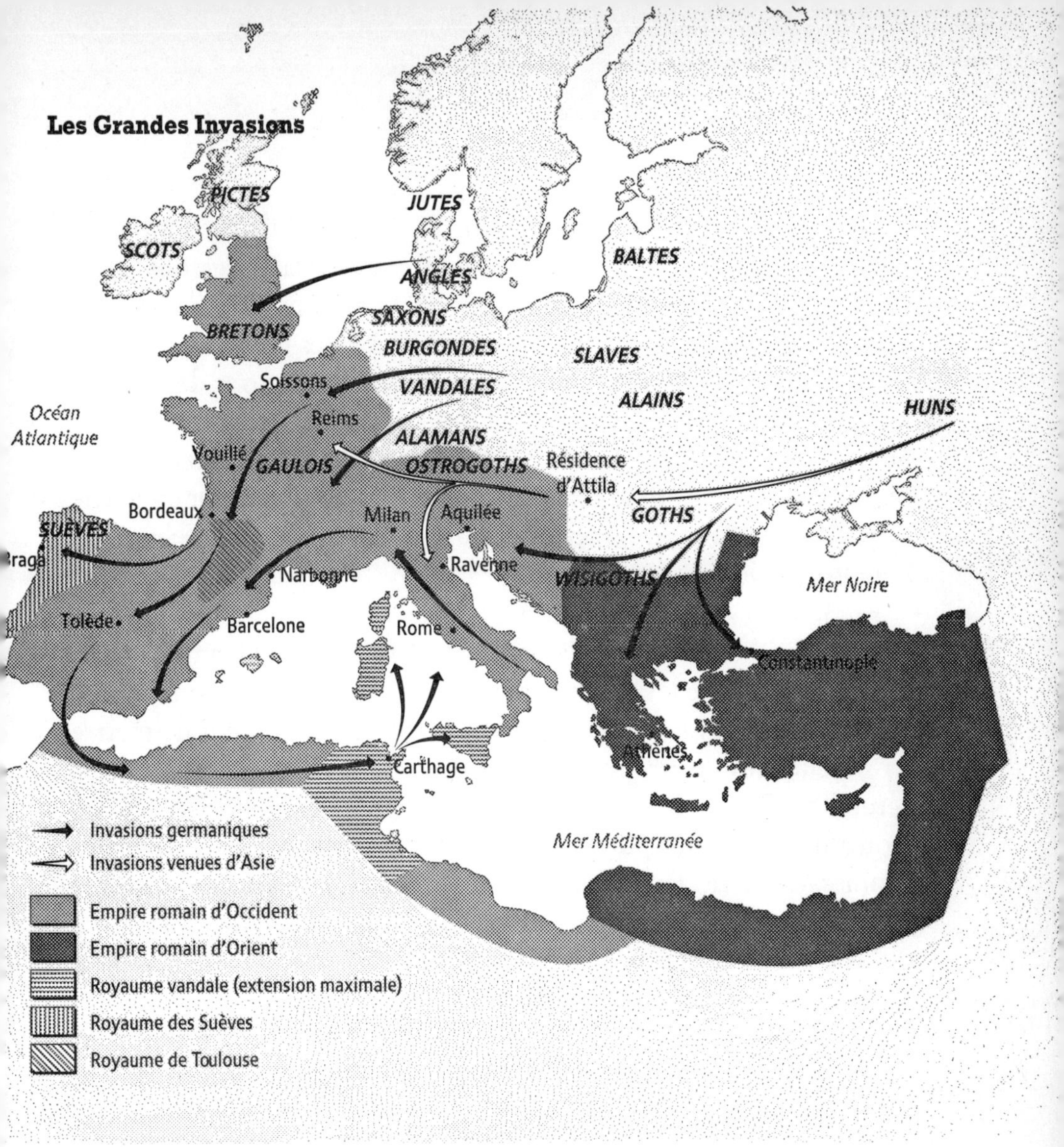

européens de ce qui est aujourd'hui la Turquie, le même phénomène survient avec les Goths – un peuple descendu de Scandinavie qui s'est fixé sur les rives de la mer Noire. Cependant, l'Empire est encore solide, et certains de ses Césars, pourvu qu'ils soient pour une fois plus intègres et compétents que les autres, arrivent à redresser la situation.

Peut-être cet équilibre savant aurait-il pu durer longtemps si une nouvelle poussée, venue de plus à l'est encore, ne l'avait rompu. À la fin du IVe siècle, les Barbares voisins de l'Empire romain sont eux-mêmes bousculés par une vague terrifiante sortie des lointaines plaines d'Asie centrale, une déferlante qui a ébranlé les uns après les autres tous les grands empires de l'époque, chinois, indien, perse. Voici les Huns, centaures aux yeux bridés faisant corps avec leurs petits chevaux, guerriers cruels capables, dit-on, de cuire la viande sous leur selle pour ne pas avoir à mettre pied à terre, cavaliers incroyables et archers de génie auxquels rien ni personne ne résiste. C'est ce double choc qui fera d'abord chanceler la partie orientale de l'Empire romain avant de provoquer la chute de l'empire d'Occident.

En 376, chassés par les Huns, les Goths terrifiés, avec familles, enfants, chariots, bétail, demandent à franchir le Danube pour s'installer derrière les lignes romaines. Les Romains les connaissent et traitent depuis longtemps avec eux. Ils leur proposent de mettre en valeur des terres désertes en Mésie (en Bulgarie et Serbie actuelles). Très vite, les choses tournent à l'aigre. Sont-ce les Romains qui les ont poussés à bout en étant incapables de tenir les promesses qu'ils leur avaient faites ? Sont-ce des fonctionnaires impériaux corrompus qui les ont rendus fous en les affamant, parce qu'ils avaient détourné la nourriture qui leur était destinée ? Sont-ce les Goths eux-mêmes, ces fourbes, qui ont mordu la main qui avait voulu les sauver, comme l'avait prévu au Sénat de Rome tout ce que la Ville comptait de Cassandre ? Peu de temps après être entrés dans l'Empire, les nouveaux venus se révoltent, brûlent et pillent sans que personne ne puisse les arrêter. En août 378, derrière leur chef Fritigern, non loin de la ville d'Andrinople (aujourd'hui Edirne, en Turquie), les Barbares infligent aux immenses armées romaines une des plus graves défaites de leur histoire. L'empereur lui-même, Valens, est tué dans la bataille : les fils des Césars sentent le monde se dérober sous leurs pieds.

Le 31 décembre 406, le même mécanisme historique se reproduit sur le Rhin : encore poussées par les Huns, d'immenses cohortes d'Alains, de Vandales, de Suèves traversent à cheval, à pied, en chariot, le fleuve gelé et entament côté gaulois une virée sanglante. Ils ravagent et tuent sans que nul n'arrive à s'opposer à eux. Ils sont portés par un tel dynamisme qu'on en retrouve trois ans plus tard jusque dans le Sud de l'Espagne. S'engouffrent ensuite dans la brèche les Wisigoths et les Burgondes. On réussit toutefois à les amadouer en leur permettant d'installer en Gaule des « royaumes fédérés », c'est-à-dire officiellement alliés à Rome.

Moins de quatre ans plus tard, en 410, a lieu l'événement qui fera croire à l'époque à la fin du monde, tout au moins à la fin du monde connu : le sac de Rome par les troupes d'Alaric, roi wisigoth. Pour des raisons de sécurité, l'antique cité n'était plus capitale de l'Empire depuis longtemps, les empereurs demeuraient à Milan ou Ravenne, mais le symbole est immense : la ville n'avait connu qu'une seule fois dans son histoire pareil outrage, il avait été infligé par les guerriers celtes de Brennus, en 390 avant Jésus-Christ, huit siècles auparavant.

En 451, un sursaut fait croire un instant que la pièce n'est pas jouée. La terreur des terreurs, Attila, grand roi des Huns, fonce sur la Gaule avec une armée monstrueuse, grossie de tous ses alliés (les Ostrogoths, les Gépides, les Hérules, les Skires, les Gélons, on en passe). Il détruit Metz, épargne Paris par miracle – la légende l'attribue à sainte Geneviève, une pieuse jeune fille qui a appelé les braves à la résistance et su attirer le secours de Dieu. Il cale sur Orléans, opère un mouvement de retour et – fait incroyable – le 20 septembre, il est vaincu. L'affrontement a eu lieu dans un endroit au nom curieux : les champs Catalauniques (situés selon les historiens à côté de Châlons-en-Champagne ou à côté de Troyes). Le choc a été titanesque, les morts innombrables. Au lendemain de la bataille, dit-on, dans les rivières alentour ne coulait plus que du sang. Seulement le Hun et les siens ont perdu face à une coalition encore plus hétéroclite de Gallo-Romains, de Wisigoths, de Francs, d'Alains, de Burgondes, d'Armoricains menés par un des derniers grands héros de l'histoire romaine, Aetius. La défaite ne mettra pas fin à la carrière d'Attila. Il repart dans ses plaines d'Europe centrale puis revient piller l'Italie, camper devant Rome, renoncer là encore à l'attaque, avant de mourir brutalement, mais pas au combat – on ne contrôle pas toujours tout. Surtout, cela n'empêche pas le moment fatal de survenir. Le 23 août 476, Odoacre, chef des Skires, roi des Hérules et ancien ministre du chef hunnique, commet l'irréparable : il dépose Romulus Augustule, un gamin de seize ans au nom désormais maudit. Il restera celui du dernier des empereurs romains d'Occident. Pleurez, fils de Romulus et de Virgile, votre monde n'est plus. De notre côté de l'Europe, un long chapitre vient d'être clos. Le vaste ensemble ordonné que dix siècles avaient construit cède la place à une mosaïque de principautés belliqueuses et instables : les « royaumes barbares ». Selon le découpage qui prévaut toujours dans la majorité des manuels, la césure est franche : c'est de ce jour que l'on date la mort de l'Antiquité et le début du Moyen Âge.

Rictus et poitrines velues

Un empire de mille ans qu'un chef de tribu au nom imprononçable envoie rouler dans les boues de l'histoire d'un revers de la main ; des peuples entiers franchissant des fleuves gelés pour engloutir un monde et toutes les villes et tous les trésors de la Civilisation soudain réduits en pièces sous le glaive de sauvages jaillis des sombres forêts de Germanie. Ainsi présenté, il n'y a pas à dire : ce chapitre avait tout pour exalter les âmes fragiles. Le XIXe siècle romantique et morbide, ce siècle qui n'aimait rien tant que les histoires de mort et de ruines, en fut fou. Allez voir dans les musées, tous les peintres pompiers ont répondu à l'appel pour figer ces scènes dans d'immenses et saisissants tableaux où rien ne manque, ni les rictus des cruels vainqueurs, ni les fourrures couvrant leurs poitrines velues, ni les chairs blanches et offertes des Romaines sacrifiées et tremblantes. Cet érotisme de second rayon est un peu daté aujourd'hui, mais il faut le reconnaître, la vie et la mort des grandes civilisations reste un thème de méditation passionnant. Pour vous permettre de vous y livrer avec un rien de raison, on peut apporter aux contrastes brutaux de cette grande fresque quelques nuances.

Odoacre, on vient de le voir, met fin à l'Empire romain. C'est un fait indéniable, qui a suscité depuis des siècles nombre de thèses d'historiens européens avides de comprendre cet effondrement incroyable. C'est aussi un fait qui n'est vrai qu'à moitié. Depuis la mort de Théodose, en 395, l'Empire, cette masse ingouvernable, a été divisé en deux. Seule la partie occidentale s'est effondrée en 476. L'empire d'Orient, lui, a résisté vaillamment, et résistera encore longtemps. Il a pour capitale cette ville à qui l'empereur Constantin a donné son nom : Constantinople – on l'appelle aussi Byzance. Contrairement à ce que pensent les Occidentaux qui l'effacent trop souvent de leur mémoire et de leur vision du monde, il montre que Rome peut survivre à Rome. L'Empire *byzantin*, centré sur le territoire de l'actuelle Turquie, qui s'étend des rives de l'Adriatique au Proche-Orient et à l'Égypte, perpétue brillamment la civilisation romaine, avec ses légions, ses codes de loi, ses grands poètes, ses jeux du cirque et ses grands empereurs. L'un d'eux, Justinien, règne au VIe siècle. Aidé de ses généraux, les puissants Bélisaire et Narsès, il réussira à reconquérir une grande partie du legs des Césars : la moitié de l'Italie, le Sud de l'Espagne, la côte africaine. Les mémoires occidentales enterrent l'Empire romain un peu vite. Elles sont hémiplégiques. Côté Orient, ce faux moribond a encore de bien beaux jours devant lui : on date sa fin définitive de la prise de Constantinople par les Turcs, en 1453 – cela ne lui laisse jamais que mille ans de bonus.

Côté occidental, à la fin du Ve siècle, l'Empire romain s'est écroulé sous la poussée de hordes de peuples inconnus. Telle est en tout cas l'image que nous avons en tête. N'est-il pas raisonnable de la nuancer ?

On l'a vu, les mécanismes qui ont abouti au grand basculement du Ve siècle ont pris deux ou trois siècles pour se mettre en place. On n'a pas encore souligné cette autre donnée : les longs siècles de face-à-face entre ceux qu'on voit comme des ennemis ne furent pas toujours un affrontement. Les univers latin et barbare étaient moins étanches l'un à l'autre qu'on ne l'a cru. Pendant des décennies, les voisins de part et d'autre du Rhin et du Danube ont bataillé parfois, se sont alliés souvent, ont commercé tout le temps, et se sont mélangés encore plus. Très vite, Rome négocie des alliances avec ceux-ci pour contrer ceux-là ; bientôt, elle ouvre son monde à de petits royaumes « fédérés », et son armée à un nombre de plus en plus grand de mercenaires. Vers la fin de l'Empire, les généraux qui le défendent sont presque tous germains ou goths.

Les ponts sont plus fréquents qu'on ne l'imagine, même avec les peuples qui semblent les plus éloignés de Rome. Les Huns, véritables météorites des livres d'histoire, en disparaissent toujours aussi vite qu'ils y sont entrés, au grand galop. En fait, ils ont eu le temps, au nord du Danube, puis en Hongrie actuelle, de faire souche pendant plusieurs générations, d'y entretenir une cour brillante, d'y parfaire une civilisation raffinée, et d'entretenir avec Rome des relations complexes, mais réelles. Aetius, le général romain qui gagna la bataille des champs Catalauniques, était le fils d'un chef barbare servant l'armée impériale. Comme cela se pratiquait souvent avec les fils de dignitaires, alors qu'il était enfant on l'envoya comme otage ou invité à la cour des Huns, où il fut élevé avec les princes, dont Attila. Cela paraît incroyable, mais c'est ainsi : les deux chefs qui se firent face avec leurs dizaines de milliers d'hommes lors du gigantesque choc de 451 n'étaient pas les représentants de deux mondes n'ayant rien en commun. Ils étaient deux amis de jeunesse. Le propre secrétaire d'Attila était un Romain de Pannonie (l'actuelle Hongrie), nommé Oreste. Il a laissé une trace pour une autre raison : il était le propre père de Romulus Augustule, le dernier empereur. Cela ne modifie pas le cours des choses. Avouez-le, ça change la perspective.

Cela nous aide surtout à comprendre une autre donnée fondamentale de ce moment. Pour la plupart, les Barbares qui vainquirent le vieil Empire romain en étaient de grands admirateurs. Nombreux sont leurs rois qui se convertirent au christianisme, la religion des Romains depuis le IVe siècle – même si, on le verra au chapitre suivant, ils n'eurent pas toujours le flair de choisir les sectes chrétiennes les plus orthodoxes.

Après avoir déposé Romulus, Odoacre ne brûle pas les symboles de Rome dans un grand bûcher expiatoire comme on le ferait d'une culture qu'on veut écraser. Bien au contraire ! Il envoie les insignes impériaux à l'empereur d'Orient et demande pour lui-même le titre on ne peut plus romain de *patrice* – une des dignités les plus élevées de l'Empire. Le pauvre aurait été frappé de stupeur si on lui avait dit qu'il entrerait dans la légende comme le fossoyeur de Rome : en chassant du trône un adolescent stupide et inexpérimenté, il se vécut sur le moment comme son restaurateur. Partout où ils imposent leur pouvoir, les nouveaux maîtres cherchent à s'appuyer sur les structures latines, non à les détruire. Le droit germanique se superpose au droit romain mais ne l'élimine pas. Dans les royaumes qu'ils fondent, les puissants guerriers germaniques dominent, mais la vieille aristocratie gallo-romaine tient toujours des postes essentiels, comme ceux d'évêques, par exemple, dont le rôle à l'époque dépasse de loin celui de simples guides religieux.

Cherchez dans l'histoire universelle : cette figure n'est pas si fréquente. Je lis dans une histoire du peuple américain[1] cette justification de la conquête des terres indiennes par les Blancs : tous les peuples, nous explique en substance l'auteur, ont dû conquérir leur territoire au détriment d'autres peuples qui y demeuraient précédemment. Ainsi, note-t-il à titre d'exemple, les peuples germaniques ont-ils conquis l'Europe au temps des Grandes Invasions.

Quelle erreur ! Les Goths, les Vandales, les Francs ont autant pillé et brûlé que les colons du Nouveau Monde pour réussir à asseoir leurs nouveaux royaumes, mais ils n'ont jamais cherché ensuite à éliminer les peuples dominés et à anéantir leur culture. Ils n'ont eu de cesse que de l'assimiler, ça change tout. Si les Blancs avaient agi envers les Indiens comme les Barbares avec le monde romain, le président des États-Unis siégerait aujourd'hui dans un tipi, fumerait le calumet de la paix, prierait le grand manitou et, notons-le par parenthèse, le monde n'en serait pas plus malheureux.

1 - Samuel Eliot Morison, *The Oxford History of the American People*, New York, Oxford University Press, 1972.

Soyons bien clairs, je n'essaie pas de transformer les Grandes Invasions en une aimable visite de gentils étrangers venus rendre au monde latin l'hommage qui lui était dû. Tous les témoignages effarés du temps le confirment, les invasions barbares ont charrié leur lot d'horreurs. Seulement, à l'aune d'une histoire longue, elles peuvent être considérées tout autant sous l'angle de la synthèse que sous celui de l'affrontement. Rome, en conquérant le monde celte, en avait pratiquement effacé les traces. Les Barbares, en vainquant Rome, s'y superposent, et ajoutent une couche de germanité, en quelque sorte, aux structures préexistantes. C'est là un maillon essentiel pour comprendre notre histoire.

Notons enfin, codicille particulier ajouté à ce chapitre très général, que sur certains territoires aujourd'hui français, les Grandes Invasions eurent des conséquences indirectes, mais déterminantes. C'est le cas de la région que nous appelons la Bretagne. Sous l'Empire romain, Britannia, province romanisée peu après la Gaule, désigne cette grande île de l'autre côté de la Manche où vivent les *Bretons*, c'est-à-dire des Celtes, comme les Gaulois. Les légions la quittent au tout début du Ve et, comme partout ailleurs, les populations tentent de se défendre face à de farouches envahisseurs. Ceux-là sont des guerriers germaniques nommés les Jutes, les Angles et les Saxons, venus de ce qui est aujourd'hui le Nord de l'Allemagne et le Danemark.

Peu à peu, sous leur poussée, les Celtes sont acculés vers l'Ouest de l'île. Bientôt, il ne leur reste comme solution que de prendre la mer pour chercher refuge sur cette terre cousine avec laquelle ils échangeaient depuis longtemps : l'Armorique. Vous avez compris le transfert. La grande île devient donc la *terre des Angles* – autrement dit l'Angleterre – quand l'Armorique devient la *petite Bretagne* – c'est-à-dire la Bretagne –, et si, contrairement au reste de la Gaule, on n'y a jamais perdu l'usage d'une langue celte (le breton) c'est donc, par ce coup de billard, aux *Anglais* qu'on le doit. Les Bretons s'intégrèrent fort bien dans leur patrie nouvelle, ils y importèrent un christianisme très particulier, centré sur la paroisse et le culte d'hommes pieux, devenus ces innombrables saints bretons que l'on révère toujours aujourd'hui. Il n'empêche, ce petit moment d'histoire nous montre que l'idée que certains se font d'une Bretagne éternellement bretonne n'a aucun sens. Les Bretons furent, à un moment donné des siècles, des immigrés. Tous les peuples, direz-vous, le furent ou le seront. Est-il pour autant inutile de le rappeler ?

3 – Clovis

Un roi franc n'est pas un roi de France

La postérité est capricieuse. Au Ve siècle, sur les décombres de l'Empire ont fleuri en quelques décennies de nombreux royaumes tenus par ces peuples que les Romains méprisaient souverainement cent ans plus tôt. Les Ostrogoths tiennent ce qui est aujourd'hui l'Italie ; les Burgondes campent sur les rives de la Saône et du Rhône ; les Alamans sont à Bâle et Strasbourg ; les Wisigoths, depuis Toulouse, leur capitale, règnent sur la moitié de la Gaule et de l'Espagne. Cela fait autant de rois qui pouvaient se penser chacun comme les maîtres du monde nouveau. Excepté quelques érudits, qui sait encore leur nom ? Un seul émerge de cette période. À son avènement, vers 480, lorsque, selon la tradition de son peuple, ses guerriers le portent en l'acclamant sur un bouclier qu'on appelle le pavois, il n'est que le petit roi d'une grosse tribu installée autour de Tournai, les Francs Saliens. À sa mort, il règne sur un immense royaume qui court d'un pied des Pyrénées au nord du Rhin. Il s'appelle Clovis (466-511), en trente ans il a donc réunifié la Gaule.

REPÈRES

– 480 : début du règne de Clovis sur les Francs Saliens
– 486 : Victoire à Soissons sur les troupes de Syagrius, général romain
– 496 (?) : Victoire de Tolbiac (près de Cologne) sur les Alamans, suivie du baptême à Reims
– 511 : mort de Clovis, partage de son royaume entre ses fils

Ce tour de force rend sa vie fascinante. La façon dont elle pèse sur la mythologie nationale depuis plus de mille cinq cents ans ne l'est pas moins. Voyons tour à tour ce que l'on peut retenir de l'une et l'autre.

La prodigieuse ascension du petit Franc peut se résumer en trois dates :

En 486, le jeune chef à longs cheveux (chez les Francs, la chevelure est l'insigne royal) dont la tribu servait hier encore de force d'appoint à l'armée romaine bat à Soissons le général romain Syagrius. Celui qui se vivait comme « le roi des Gaulois » tentait, à sa manière, de faire vivre un des lambeaux de la puissance de Rome. Il restera le dernier représentant d'un monde qui, après lui, n'existera plus dans cette partie-ci de l'Europe.

En 496, notre Franc vainc les Alamans à Tolbiac (près de Cologne). Doutait-il de ses forces ? Selon la tradition, c'est à l'occasion de cette bataille qu'il a juré de se convertir à la religion de sa femme si le Dieu de celle-ci lui accordait la victoire. Il l'obtient. Clotilde, princesse burgonde, est catholique. À Noël 496 (ou à Pâques d'une année qui suit, ou encore quelques années plus tard, nul ne sait exactement, mais peu importe, le tout est qu'aux âmes pieuses le symbole soit fort), Clovis tient sa promesse. Remi, évêque de Reims et futur saint, baptise celui qui n'est toujours qu'un petit roi barbare, et 3 000 guerriers avec lui, si l'on en croit ce que rapporte notre source principale sur l'événement, Grégoire de Tours, un autre évêque, qui réécrit au siècle suivant l'histoire des Francs. On n'ose imaginer ce que donnent 3 000 guerriers en aube de communiant chantant des cantiques. La pratique était courante et Grégoire n'en dit pas plus.

En 507, enfin, le roi bat les Wisigoths à Vouillé, près de Poitiers. Ils doivent abandonner leur belle capitale de Toulouse et sont chassés vers l'Espagne, leur nouveau territoire.

En 511, à sa mort, sur notre carte de Gaule, à l'exception du littoral méditerranéen et du royaume des Burgondes (auxquels il est allié par sa femme), tout est à lui. Clovis lègue à ses fils un

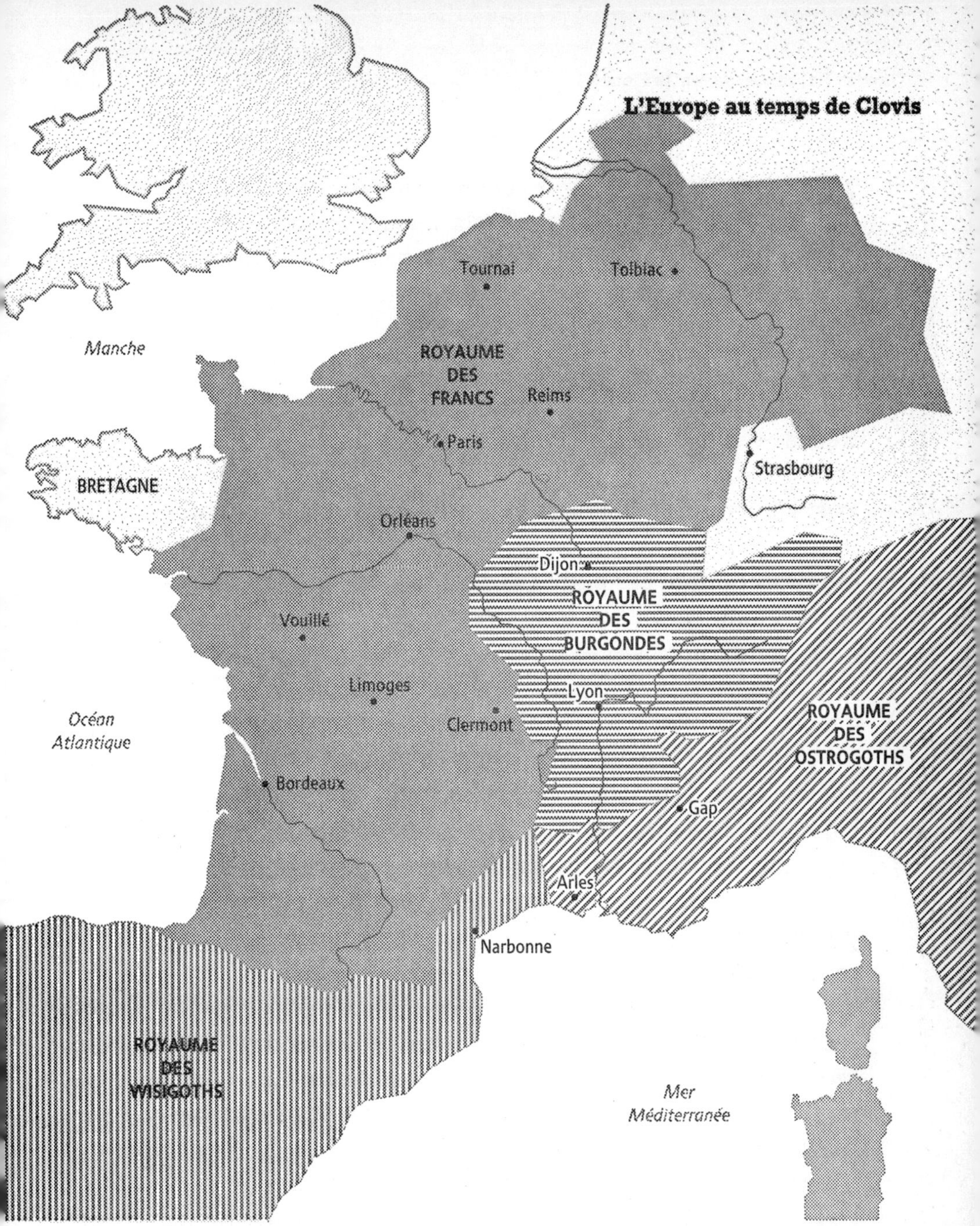

immense royaume. Ils l'agrandiront un peu, et pourront bien vite commencer à le dépecer, et à le morceler lors des incessantes guerres fratricides qui accompagnent chaque succession. Chez les Francs, un royaume ne constitue pas un État mais un patrimoine, qu'on se dispute entre frères comme une vieille maison de famille. Ce sera l'histoire constante et la malédiction de cette nouvelle dynastie qui vient de se former et prend le nom de Mérovée, l'ancêtre réel ou légendaire de Clovis (on ne sait exactement) : les Mérovingiens.

En abandonnant ses dieux anciens à la porte de l'église de Reims – « dépose tes colliers, fier Sicambre », lui aurait dit l'évêque –, le Franc a légué également à notre histoire ce mythe avec lequel on n'en a donc toujours pas fini : le « baptême de la France ». Il faudra du temps pour qu'il se constitue et, comme c'est toujours le cas pour des faits perdus dans la nuit du passé, la légende ne cesse, au long des siècles, d'être embellie de fleurs nouvelles. Au IXe siècle, quatre cents ans après les faits supposés, Hincmar, un autre évêque de Reims, se souvient soudain d'un détail que, bizarrement, nul n'avait mentionné auparavant. Lors du baptême, Dieu lui-même, par le ministère d'une colombe, a envoyé à saint Remi une petite fiole contenant l'huile sacrée avec laquelle il a pu oindre le front du glorieux catéchumène : la sainte ampoule. Une star de la vie monarchique française est née. On ressortira la précieuse bouteille et son huile lors du sacre de presque tous les Capétiens. Car ce sont bien eux, en effet, sans rapport dynastique direct avec les Mérovingiens, mais avides d'une légitimité si haut placée, qui n'auront de cesse d'aller secouer les mânes du vieux roi franc et de sa conversion, pour se placer sous son parrainage. On en a déjà parlé. C'est pour se raccrocher à Clovis et au Dieu qui l'a désigné que les monarques iront se faire sacrer à Reims. C'est pour cette raison que nombre d'entre eux s'appellent Louis – une déformation de Chlodowig, c'est-à-dire Clovis, toujours lui. C'est enfin pour complaire aux Capétiens que les papes appelleront leur royaume de France « la fille aînée de l'Église », puisqu'elle fut baptisée « en premier ». Tout ce folklore idéologico-religieux convenait parfaitement aux temps où notre pays était une monarchie qui se voulait de droit divin. Est-il raisonnable aujourd'hui d'en rester là ?

Catholicisme contre arianisme

Puisqu'il s'agit d'un baptême, étudions-le d'abord sous un angle religieux. Passons sur cette idée curieuse qui voudrait qu'un pays tout entier ou même l'ensemble d'une tribu puissent être convertis d'un coup. C'étaient là les mœurs du temps : le roi choisissait une foi, et allez, guerriers, femmes, esclaves et bétail, tout le monde était prié d'être miraculeusement touché par la même grâce. Aujourd'hui, ce genre de notion heurte tout autant les consciences laïques que catholiques : une conversion ne peut être collective, elle dépend de la volonté individuelle. On a fait beaucoup de progrès dans le respect des choix de chacun, et c'est heureux ; il arrive pourtant à certains, et non des moindres, de revenir en arrière. Souvenons-nous de cette question posée lors de sa première visite en France par le pape Jean-Paul II, et que l'on répète depuis *ad nauseam* à chaque nouvelle visite pontificale : « France, qu'as-tu fait des promesses de ton baptême ? » Mille cinq cents ans de régression en une phrase, et apparemment cela n'a choqué personne : France, qu'as-tu fait de ton sens critique ?

Passons aussi sur le rapport assez particulier que le roi franc entretint avec les vertus évangéliques qu'il était censé avoir embrassées : dans la vie quotidienne, il resta jusqu'à sa mort le grand païen ripailleur qu'il avait toujours été, et n'eut de cesse de faire massacrer les uns après les autres tous les membres de sa propre famille qu'il percevait comme des rivaux. C'étaient, là encore, les mœurs de l'époque. Faisons-lui ce crédit, il n'était pas le seul dans ce cas : on trouve encore dans le martyrologe du Vatican, ce catalogue de tous les canonisés, tel ou tel roi mérovingien qui fit pis et qui n'en est pas moins saint.

Reste le point essentiel : Clovis devint donc, parmi les Barbares, « le premier roi chrétien ». On lit cela dans beaucoup de livres, et des plus récents. Malheureusement c'est faux. Il devint le premier roi catholique et cette nuance change tout.

Au Ve siècle, contrairement à ce que l'on croit souvent, la plupart des nouveaux maîtres de l'Europe étaient déjà chrétiens, mais ils l'étaient d'une tendance particulière de cette religion : l'arianisme. Il s'agit d'un courant théologique lancé vers le début du IVe siècle par un certain Arius, un prêtre d'Alexandrie, et qui, en simplifiant, défendait l'idée que Jésus était une sorte de super prophète, mais d'un ordre inférieur à Dieu. Il est oublié aujourd'hui. À cette époque où rien de la doctrine n'était encore fixé, où aucun penseur chrétien n'était d'accord pour savoir qui était vraiment le Christ ou ce qu'on pouvait bien penser de Marie ou du Saint-Esprit, cette croyance aurait pu parfaitement devenir la position officielle de l'Église. Elle fut disputée longuement et eut de nombreux adeptes. Quelques empereurs furent ariens ainsi que d'innombrables évêques. Et quelques missionnaires, tout aussi pieux et emplis de Dieu que tous les missionnaires, allèrent répandre cette vérité de par le monde. C'est ainsi que l'un d'eux, l'évêque Wulfila, ou Ulfilas, réussit à convertir à sa foi quelques-uns des grands Goths, qui, par contagion, convertirent les Vandales, les Suèves, les Alamans, les Burgondes. Au siècle où nous en sommes, tous ces gens n'étaient plus païens depuis longtemps, mais d'authentiques adorateurs de Jésus, de Dieu, de la Bible et des Évangiles. Seulement, au cours d'un de ces étonnants conciles des débuts de l'Église où l'on débattait des vérités divines à coups de votes plus ou moins truqués, dans des ambiances surréalistes de congrès radicaux-socialistes d'avant guerre, l'arianisme fut décrété « hérétique », mot terrible. Malheur désormais à ceux qui le soutenaient, gloire à ceux qui le combattaient. C'est la loi de toutes les chapelles, elles ne haïssent rien tant que les chapelles les plus proches d'elles.

À l'époque des Grandes Invasions, ceux qui habitent la Gaule, et surtout les élites, l'épiscopat, la vieille aristocratie, fidèles à l'orthodoxie défendue par Rome, détestent les nouveaux maîtres, des hérétiques qui sont donc, pour eux, pires encore que des païens. En se convertissant au catholicisme, Clovis fit plaisir à sa sainte femme, comme on le raconte dans les bons livres, mais il réussit surtout à s'assurer une carte maîtresse qui explique sa victoire si rapide contre les puissants Wisigoths et leurs frères pécheurs : l'appui essentiel des évêques – qui représentaient la dernière ossature administrative des pays conquis – et des soutiens diplomatiques. Celui du pape, pauvre pontife de Rome qui n'avait guère de pouvoir, mais surtout celui, plus distant encore mais non négligeable, de l'empereur romain de Constantinople, trop content de voir ce si gros morceau de l'Europe occidentale enfin tombé du bon côté du catéchisme. Remettons donc les choses à l'endroit : le miracle pour Clovis ne fut pas d'être le premier païen à être éclairé par les lumières célestes, mais au contraire d'être le dernier de la liste, pour pouvoir choisir, parmi plusieurs, la vérité la plus efficace.

À dire vrai, en mettant ainsi notre pauvre vieux Franc sur le gril du scepticisme, je n'innove en rien. Tous les grands historiens républicains l'ont fait depuis longtemps. Pour eux, qui n'aimaient guère les rois et se méfiaient de la religion, cette histoire de « baptême » de leur beau pays était une scène primitive trop embarrassante pour ne pas chercher à la torpiller d'une manière ou d'une autre.

Il paraît qu'au début du XXe siècle, un éditeur facétieux ou étourdi, pour raconter la conversion du païen à la suite de la bataille de Tolbiac, avait osé dans un manuel d'histoire un passage à la ligne redoutable, qui faisait qu'on y lisait cette phrase : « Et Clovis embrassa le cul-te de sa femme. »

Je n'ai jamais vu ce fameux manuel, et j'ignore s'il a existé, mais je me souviens bien qu'à l'école, au tournant des années 1960 et 1970, on ne passait pas une année sans qu'en douce, sur le ton de la confidence amusée, un instituteur ne nous glisse l'anecdote. Je me demande maintenant si tout cela ne traduisait pas tout simplement cette gêne. La blague sur le fameux « cul-te » de Clotilde, c'était aussi une façon de tirer le tapis sous les pieds d'un personnage aussi lourdement chargé politiquement.

L'historien Christian Amalvi[1] explique très bien comment, sous la IIIe République, les manuels se tiraient la bourre sur cette affaire.

1 - *Les Héros de l'histoire de France*, Privat, 2001.

La promesse de Tolbiac – « Dieu de Clotilde, si tu m'accordes la victoire, je me fais baptiser » – était, pour les catholiques, le signe indiscutable d'un choix de Dieu. Pour les républicains, elle prouvait le cynisme d'un opportuniste prêt à tout.

Parler de France au Vᵉ siècle n'a pas de sens

On peut encore aller un peu plus loin pour tenter de déminer cet encombrant mythe national. Dans l'expression le « baptême de la France », n'est-ce pas le mot « France » qui est le plus gênant ? Parler de France au Vᵉ siècle n'a pas de sens, l'idée ne commencera à apparaître que des siècles plus tard. Pourtant, dans la plupart des livres d'histoire grand public qui sont publiés encore aujourd'hui, dans la plupart des esprits, quoi qu'on pense de l'acte, la conversion de Clovis et son règne restent un bien national. Pourquoi ? En quoi l'histoire d'un chef barbare qui fit main basse sur la moitié de l'Europe occidentale nous appartiendrait en propre ?

Les rois de France ont tenté de capter cet héritage pour des raisons religieuses, on en a parlé. La IIIᵉ République, en pleine période de fièvre nationaliste, chercha à le récupérer d'une autre manière. On pouvait alors contester le personnage, on vient de le voir, mais personne ne remettait en cause qu'il fut bien de chez nous, ce petit roi franc était un vrai roi de France, c'était indiscutable. En pleine élaboration d'une identité nationale qui était censée prendre ses racines dans la profondeur des siècles, l'événement permettait de mitonner ces petites soupes nationalisto-ethnologiques dont on était friand à l'époque. On ne cachait pas les origines germaniques de Clovis, au contraire. En montrant ce Germain dominant la Gaule – c'est-à-dire « nos ancêtres » – puis se convertissant, on pouvait fantasmer notre pays comme le creuset de la « vieille souche gauloise », de la « force germanique », et de la douce pureté évangélique. Fier et joyeux comme un Gaulois, civilisé comme un Romain, fort comme un Barbare, et affiné par le baptême, c'est ainsi que l'on rêvait le Français, cet être forcément unique. Admettons le principe de ces tranches napolitaines.

Dans bien des domaines, il est indéniable que le haut Moyen Âge s'est constitué peu à peu grâce à tous ces apports successifs. Répétons ce que nous écrivions pour les Gaulois : en quoi cela concerne-t-il notre seul pays ?

L'Espagne, l'Angleterre, ont connu tour à tour les Celtes, puis les Romains, puis la christianisation, puis la domination des rois germaniques. Allons plus loin. Franchissons le détroit de Gibraltar pour suivre d'autres Barbares germaniques des Ve et VIe siècles : les Vandales. Chassés d'Espagne par les Wisigoths, ils vont s'installer dans une des plus riches provinces de l'Empire romain, l'ancien domaine de Carthage, c'est-à-dire *grosso modo* l'actuelle Tunisie. Si l'on joue au jeu des cousinages historiques, on doit donc l'admettre : à ce moment de l'histoire, la Tunisie, ancienne province romaine, christianisée en même temps que Rome, puis devenue un royaume germanique (dirigé par des chrétiens ariens), est une proche parente de la Gaule, et surtout de l'Italie, ancienne province romaine chrétienne devenue un royaume aux mains d'Ostrogoths (également ariens). Tandis que la Scandinavie, d'où sortirent, des siècles plus tôt, les mêmes Vandales, est étrangère à cette histoire. Elle ne fut jamais colonisée par Rome.

Tout cela, protestera-t-on, nous éloigne de nos Mérovingiens. Revenons-y. Ils sont considérés par la plupart des Français comme la première dynastie française. Patrick Geary, grand historien américain du haut Moyen Âge[1] européen, nous le rappelle : pour les historiens allemands du XIXe siècle, les Mérovingiens étaient de façon tout aussi évidente des rois allemands. L'opinion n'a rien d'illégitime : les fils de Mérovée étaient germaniques – avant de vaincre les Wisigoths du royaume de Toulouse, Clovis avait vaincu les Alamans et assuré son pouvoir sur les Francs Ripuaires, qui régnaient pour partie sur ce qui est aujourd'hui l'Allemagne.

N'oublions tout de même pas que Clovis, s'exclameront alors les patriotes, a été baptisé à Reims et enterré à Paris, dont il avait

1 - *Quand les nations refont l'histoire*, Aubier, 2004.

fait sa capitale ! D'accord, mais il est né à Tournai. Il serait donc raisonnable aujourd'hui de mettre tout le monde d'accord en revenant à une vérité trop souvent ignorée : Clovis n'est ni allemand ni français, il est belge.

4 – Charles Martel

et les Arabes

Nous voilà au début du VIIIe siècle. Le puissant royaume laissé par Clovis est loin. Ses descendants, à force de querelles, de guerres, de meurtres, de tortures, d'empoisonnements entre frères et sœurs, fils et cousins, en ont dilapidé l'héritage. Parmi ces innombrables Mérovingiens, les historiens ne retiennent qu'un grand nom : Dagobert (né vers 600, mort vers 638). Voilà encore quelqu'un qui n'est guère servi par la postérité. Ce pauvre « bon roi », dont tous les enfants des écoles continuent à se moquer en chanson parce qu'il a mis « sa culotte à l'envers », méritait mieux. Énergique, autoritaire et efficace, il est un des seuls au cours de ces deux siècles qui ait réussi à remettre le vieux royaume franc à l'endroit. Ses successeurs laissent peu à peu le pouvoir filer entre leurs doigts, ils sont restés dans l'histoire sous le sobriquet qu'ont inventé leurs successeurs pour les discréditer à jamais, on les appelle « les rois fainéants ». Ce sont des monarques inconséquents que l'on représente

REPÈRES

– 632 : mort de Mahomet et début des conquêtes arabes
– 711 : victoire des Arabes sur les Wisigoths ; installation dans la péninsule Ibérique
– 717 : Charles Martel, maire du palais, devient le principal maître du royaume d'Austrasie et rêve de refaire l'unité du royaume franc
– 732 : bataille de Poitiers
– 741 : mort de Charles Martel

à jamais couchés sur des fourrures dans de lents chars à bœufs. Il paraît que c'est ainsi qu'ils entendaient visiter leurs domaines. On connaît des images plus royales.

Un des petits royaumes issus de ces siècles de division s'appelle l'Austrasie. Il se trouve à cheval sur ce qui est actuellement l'Est de la France, l'Ouest de l'Allemagne, la Belgique et le Luxembourg. Il a Metz pour capitale et pour roi un de ces « fainéants » oubliés. L'homme fort du moment, qui a peu à peu capté à son profit tous les pouvoirs, est le « maire du palais », une sorte de Premier ministre de l'époque. Il est le fils d'une des familles montantes de l'aristocratie franque. Son ambition est sans limites. Il gère l'Austrasie d'une main de fer, rêve en outre de restaurer à son profit l'unité perdue du puissant Empire franc de jadis, ne cesse de livrer des batailles à ses rivaux des royaumes voisins, et les gagne presque toujours. Il s'appelle Charles.

Arrivée des Arabes

En ce même début du VIIIe siècle, au sud, un nouveau peuple, hier encore inconnu, n'en finit plus de faire parler de lui. Sorti des déserts lointains, il a déjà remodelé à son profit la carte du monde, comme le firent les Barbares germains deux cents ans plus tôt avec la carte de l'Europe. Mais contrairement à eux, ces guerriers-là ne viennent pas embrasser la foi des vaincus. Ils veulent convertir le monde à la leur, telle qu'elle leur fut enseignée par Dieu et son prophète : ce sont les Arabes. Depuis un siècle, ils sont aussi musulmans.

Mahomet est mort en 632, il aurait dit à ses guerriers : « Allez de l'avant, l'enfer est derrière vous. » Montés sur leurs petits chevaux, le cimeterre à la main, un Coran dans les sacoches, et au cœur ce courage immense que donne la certitude d'obéir aux injonctions de Dieu, ils y sont allés. Côté levant, comme les soldats d'Alexandre le Grand longtemps avant eux, ils ont pris la Perse, se sont élancés en Asie centrale, bientôt ils iront se baigner dans l'Indus. Côté couchant (en arabe, on dit « Maghreb »), ils ont pris

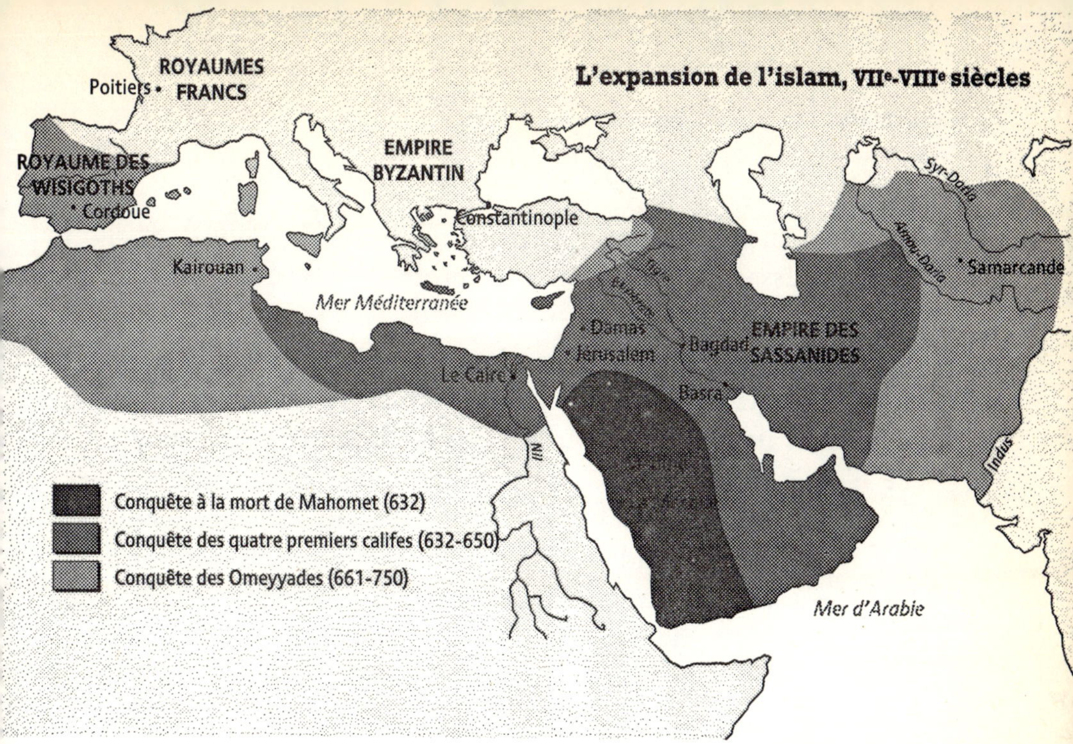

l'Égypte, puis l'Afrique du Nord. Là, des Berbères convertis à leur culte se sont mêlés à eux pour passer le détroit de Gibraltar, défaire le dernier roi wisigoth d'Espagne (en 711) et s'installer jusqu'au-delà des Pyrénées. Désormais, leur empire s'étend jusqu'à Narbonne et la province de Septimanie (c'est-à-dire l'actuel Languedoc).

Les riches abbayes du Nord dont ils entendent parler titillent leur gourmandise. En suivant le Rhône, ils remontent jusqu'à Autun, qu'ils mettent à sac. Côté Atlantique, ils dévastent l'Aquitaine. Son duc, Eudes, n'arrive plus à la protéger. Il appelle à son secours le nouveau héros du monde franc : Charles.

En octobre 732, non loin de Poitiers, a lieu la rencontre. Les Francs, couverts de lourdes armures, opposent aux cavaliers maures et à leur chef l'émir Abd al-Rahman un « mur infranchissable » comme on l'écrira dans les chroniques. Les musulmans sont défaits et refluent. Ils n'avanceront plus jamais aussi loin au nord. Le chef austrasien – si l'on en croit la tradition – s'est tant déchaîné en agitant son « marteau d'armes » qu'il y a gagné le surnom sous lequel on le connaît toujours : « Charles Martel ». L'histoire de

France à l'ancienne vient d'hériter d'un de ces chromos dont elle a le secret. Essayons d'en gratter le vernis.

La première chose qui frappe, lorsqu'on lit les spécialistes actuels à propos de la rencontre entre Charles et Abd al-Rahman, est la façon dont ils s'entendent tous pour la réévaluer à sa juste place : elle est très modeste. « Aujourd'hui, écrit une excellente *Histoire du monde médiéval*[1], la bataille de Poitiers est considérée comme un fait militaire secondaire. » Les Arabes, estime-t-on désormais, poussaient des pointes en Gaule dans une logique de razzia, non dans une logique de conquête. On les voit repartir d'autant plus rapidement qu'ils n'avaient pas l'intention de rester.

Le grand vaincu de l'histoire, selon le médiéviste Michel Rouche, n'est pas l'émir mais Eudes, l'Aquitain, dont le puissant domaine est ébranlé par le nouvel homme fort, l'homme au martel. Il avait d'ailleurs tout fait pour ne pas avoir à demander son aide. Sa première stratégie pour contrer les Arabes avait été de s'allier à un gouverneur du Nord de l'Espagne en révolte contre eux, Munuza, un Berbère musulman à qui il avait promis sa fille. Munuza fut tué dans un combat. Au bout de quelque temps, Eudes eut pour seul recours d'en appeler au puissant Austrasien, qui en profita pour étendre son contrôle sur cette province. Poitiers, c'est donc aussi le Sud écrasé par le Nord, un rapport de force que l'on retrouvera plus d'une fois dans les pages qui suivent.

Charles est l'indiscutable grand vainqueur de toute l'opération. Après cette victoire et quelques autres, il reste en titre simple maire du palais. En fait, il est le chef du vaste État dont il rêvait et le premier d'une famille promise à un grand avenir. Son fils Pépin le Bref sera roi. Son petit-fils Charlemagne, empereur. Pour asseoir sur des bases sérieuses cette nouvelle dynastie – on les appellera les Carolingiens –, les chroniqueurs qui leur sont désormais tout dévoués vont faire ce que font toujours les chroniqueurs quand s'installent de nouveaux pouvoirs : ils prendront un soin jaloux à

1 - Larousse, nouvelle édition, 2008.

réécrire le passé. Ce sont eux, par exemple, qui trouvent le nom de « rois fainéants » pour disqualifier *ad aeternam* les Mérovingiens dont on vient d'usurper le pouvoir. Eux qui vont faire de Poitiers le choc fondateur qui aurait sauvé l'Occident tout entier, et de Charles le vaillant défenseur du Christ contre les Barbares infidèles. Dans la réalité des faits, on peut redescendre d'un cran : Charles a combattu les Arabes exactement comme il a combattu les Francs de Neustrie, un royaume rival, ou ceux du Sud de l'Allemagne. La seule chose qui comptait pour lui était de se constituer un royaume, les Arabes sont tombés à point, leur défaite lui a permis de l'agrandir plus encore qu'espéré.

Sarrasins de Septimanie

Côté arabe, en revanche, l'événement en lui-même ne suscite pas grand intérêt. Personne n'aime les défaites, mais celles qui marquent sont consignées. Aucune bibliothèque de Cordoue ou de Grenade ne garde la trace de celle-là, c'est dire le peu de cas qu'on en fit. On sait juste qu'après la bataille perdue, les guerriers arabes sont rentrés chez eux, c'est-à-dire en Septimanie. Ils s'y étaient installés vers 720. Ils n'y seront pas pour très longtemps, c'est vrai. En 759, Pépin le Bref, fils de Charles Martel, reprend Narbonne et les refoule de l'autre côté des Pyrénées.

Ils seront donc restés sur place quarante ans, une génération entière. On ignore presque tout de cette présence, quel dommage ! Quelques chroniques arabes affirment que les conversions à l'islam furent innombrables, ce qui n'aurait rien de surprenant, on a vu le phénomène se produire dans la plupart des terres conquises. La tradition franque veut au contraire que les Goths de Narbonne aient tellement haï leurs occupants enturbannés qu'ils les ont massacrés dès que les soldats de Pépin campèrent aux portes de la ville. Allez savoir. À part quelques maigres pièces archéologiques, le seul souvenir qui nous reste de ce peuplement ce sont toutes les légendes inventées à son propos bien longtemps après : nombreux sont les érudits de village qui affirment toujours trouver la preuve du passage des Sarrasins dans tous les noms de famille ou de village qui rappellent cette origine, les Maures, les Morin, les Moreau. Pour le coup, le point est assuré : tous les historiens affirment que ces allégations sont fausses.

On sait qu'exista, jusqu'à l'an 972, une petite principauté musulmane au Fraxinet, sur ce qui est maintenant la côte varoise, à côté d'un petit port célèbre pour son nom de saint à défaut de l'être pour ses vertus chrétiennes : Saint-Tropez. La riche et fort complète *Histoire de l'Islam et des musulmans en France*[1] en parle, mais peu, tout simplement parce qu'on n'en sait pas grand-chose.

Un épisode mentionné frappe tout de même un œil d'aujourd'hui : à un moment donné, pour échapper à une querelle familiale, un héritier du royaume des Lombards (ce qui serait aujourd'hui le Nord de l'Italie) vint chercher abri au Fraxinet. Peu importe le détail de l'affaire, le fait seul est parlant : ainsi donc, au Xe siècle, un prince chrétien brouillé avec les siens venait naturellement trouver refuge chez des musulmans.

On se souvient, au début de notre histoire, d'Eudes d'Aquitaine n'hésitant pas à donner la main de sa fille à un dignitaire mahométan. À l'époque où Charles Martel et les siens cherchent à mettre la main sur la Provence, de la même manière, le *patrice* de Marseille fit appel à ses voisins les Arabes de Septimanie : pour lui, le vrai péril venait du nord, c'étaient les Francs. Pour aller dans le même sens, on pourrait citer encore maints épisodes de l'histoire de l'Espagne lors des premiers siècles de domination arabe : elle recèle également nombre d'histoires de princes chrétiens s'alliant avec des dignitaires musulmans pour contrer leurs rivaux, ou de vaillants soldats mettant leur épée ou leur cimeterre au service d'un camp, puis d'un autre. On aura compris à quoi nous voulons en venir : il ne faut pas relire cette époque avec les lunettes d'une autre. Bien sûr, au VIIIe siècle, et les chrétiens et les musulmans avaient conscience de l'opposition de leurs religions. Mais cette opposition

1 - Albin Michel, 2006.

n'empêchait pas toute forme de rapprochement. La crispation entre la « chrétienté », vécue comme un bloc, et l'islam, également refermé sur lui-même, n'arrivera que des siècles plus tard. C'était la première idée fausse que nous voulions démonter.

Puissance d'une religion nouvelle, l'islam

La deuxième découle de l'image que la plupart des Occidentaux non musulmans se font aujourd'hui de la religion de Mahomet : celle d'une religion vieillie, sclérosée, luttant contre les démons du fanatisme, incapable de proposer au monde un message ouvert, de porter des valeurs qui fassent envie. Ce préjugé occidental existe depuis un ou deux siècles. Comme on s'en doute, les récents développements de l'histoire de la planète, la peur du terrorisme et l'*islamisme*, ce cancer de l'islam, ne font que le renforcer. On peut se demander s'il est raisonnable d'enfermer la foi d'un milliard d'individus dans des clichés aussi réducteurs, mais peu importe, c'est ainsi qu'elle est perçue et ce prisme nous intéresse ici. C'est lui qui contribue à déformer la lecture que l'on continue à faire des Français de notre bataille de Poitiers. Dans de nombreux manuels, dans la plupart des esprits, la victoire de Charles Martel est spontanément considérée comme un fait positif : grâce à lui, nous avons échappé aux Arabes, autant dire au pire.

Seulement, la religion qui pousse aux VIIe et VIIIe siècles les nouveaux conquérants n'a rien à voir avec l'idée que l'on peut s'en faire aujourd'hui. Leur foi est celle de la jeunesse, leur religion vient d'être révélée, elle est toute d'enthousiasme. Elle accouche bientôt d'une des civilisations les plus brillantes que l'humanité ait connues, une civilisation de conquérants et de soldats, mais aussi de poètes et de savants, d'érudits et d'artistes extraordinaires. Bagdad vers l'an 900 sera considérée par tous ceux qui la visitent comme la plus belle ville du monde. Elle en est d'ailleurs la plus peuplée. Et bientôt elle sera concurrencée sur tous les plans par Cordoue, la perle d'Al Andalus, l'Espagne musulmane. Il ne s'agit pas de tomber dans les excès d'admiration pour cette

Andalousie des califes des historiens romantiques : par détestation du catholicisme, ils finirent par en faire un paradis absolu. Elle ne mérite sans doute pas tant d'honneur. Au cours des huit siècles qu'elle dura, elle connut comme toute civilisation son lot de dynasties obscurantistes, de crispations puritaines, mais aussi, c'est indéniable, inventa un raffinement, un art de vivre, une tolérance religieuse qui contrastent avec la noirceur du haut Moyen Âge occidental.

En ayant donc recadré les choses, osons nous le demander à nouveau : si les Arabes avaient gagné à Poitiers, et si, contre toute attente, ils avaient décidé d'étendre leur empire à la Gaule, celle-ci aurait-elle vraiment perdu au change ? Il est certain qu'aujourd'hui encore cette question apparaîtra sacrilège à beaucoup. Curieusement, elle n'est pas si neuve. On enseignait même pareil blasphème dans les classes primaires il n'y a pas si longtemps. Ainsi ce commentaire, suivant la présentation de la bataille de Poitiers, que je retrouve dans un livre de classe de l'entre-deux-guerres[1] : « Si les Arabes avaient été les plus forts [...] ils auraient rendu la France plus belle et plus riche. Ils auraient bâti de grandes villes et de superbes maisons [...]. En effet, les Arabes n'étaient pas des Barbares. Ils étaient plus civilisés que les Francs d'alors. » Il est vrai que le manuel date de la période coloniale. Le raisonnement servait surtout à être inversé : maintenant c'est nous, les Français, qui sommes « plus civilisés », aussi, chers petits Arabes, laissez-vous coloniser, et vous verrez comme vos pays seront beaux.

Glissons donc sur ce qui peut n'apparaître que comme une des ruses de la propagande impériale. N'oublions pas quelques faits. La conquête arabe fut souvent combattue. Dans de nombreux endroits, en Afrique du Nord par exemple, elle buta longtemps sur l'opposition obstinée de peuples refusant de se soumettre. Mais dans d'autres pays, les cavaliers à turban furent accueillis comme des libérateurs, du moins par certaines parties de la population. Les Juifs d'Espagne, qui avaient été atrocement persécutés

1 - *Petite histoire du peuple français*, par Henri Pomot et Henri Besseige, PUF, 1932.

par les rois wisigoths, firent ce qui était en leur pouvoir pour aider à la victoire d'une religion qui leur promettait la protection et la tolérance. Cent ans avant Poitiers, lorsque les Arabes mirent la main sur le Proche ou le Moyen-Orient (l'Irak, la Syrie, la Palestine), de nombreux chrétiens firent de même, en particulier ceux qui avaient été décrétés hérétiques lors des innombrables querelles théologiques qui avaient ensanglanté les débuts du christianisme.

Partout, les premiers siècles de domination musulmane furent des temps d'expansion intellectuelle et de prospérité. Comment en serait-il allé en Gaule ? Aurait-on vu à Toulouse, à Bordeaux, de riches émirs se faire construire des palais aussi beaux que celui de l'Alhambra, à Grenade ? Les mosquées de Provence seraient-elles aujourd'hui encore aussi célèbres que celle de Cordoue ? Peut-être les musulmans auraient-ils réussi peu à peu à concrétiser leur nouveau rêve, recréer autour de la Méditerranée l'Empire romain, unifié, paisible ? Et peut-être les peuples n'en auraient pas été plus malheureux ?

Chrétiens d'Orient, musulmans d'Europe

Comment le savoir ? L'esprit a du mal à concevoir pareilles images à cause de cette troisième idée dont il serait bon, enfin, de se débarrasser aussi : celle d'une Europe qui serait chrétienne de toute éternité, destinée depuis la nuit des temps à faire face à un monde voué tout aussi éternellement à être autre, l'Afrique du Nord, l'Orient. Il ne s'agit pas de nier les réalités historiques : tout notre continent se vivra pendant des siècles comme « la chrétienté », de la même manière que l'Égypte ou le Maghreb se vivront, et se vivent toujours d'ailleurs, comme des « terres d'islam ». Pour autant, contrairement à ce qu'on pense sans réfléchir, tout cela n'a aucun fondement ni religieux ni éternel. Je n'écris pas cela en étant mû par un quelconque sentiment antireligieux, bien au contraire. À mon sens, la qualité la plus noble des deux grands monothéismes dont nous parlons est de transcender les frontières, les ethnies, les patries, et de poser que la croyance est liée à une foi ou à une pratique, pas à une terre. Il a existé pendant des siècles un islam profondément européen : celui de l'Espagne musulmane, dont on vient de parler. Un autre a pris sa place plus à l'est dès le XVIe siècle et il existe toujours : celui de Bosnie, d'Albanie, legs de l'Empire ottoman dans les Balkans. Un nouvel islam d'Europe est en train de naître, grâce aux nombreux musulmans qui le font vivre aujourd'hui.

Par ailleurs, contrairement à ce que veulent nous faire croire quelques islamistes bas du turban, il existe toujours un christianisme oriental essentiel et fervent, au Liban, en Égypte, en Syrie, en Irak, il est l'héritier le plus direct des premiers siècles de cette religion. Tous les grands conciles où furent définis les fondements de la foi chrétienne – Éphèse, Chalcédoine ou Nicée – se tinrent dans ce qui est aujourd'hui la Turquie. Et les Pères de l'Église s'appellent Athanase d'Alexandrie ou saint Augustin, un Berbère. Le christianisme est tout bonnement une religion orientale, exactement comme l'est l'islam, et la géographie qui est devenue la leur ne tient qu'aux hasards de l'histoire. Mais non, écoutez une certaine droite identitaire parler de nos « vieilles terres chrétiennes », écoutez les nationalistes que le nom de Charles Martel fait vibrer encore. Pour eux, Jésus-Christ est aussi français que le roquefort ou le général de Gaulle. Ils oublient juste que si ce malheureux arrivait aujourd'hui de sa Palestine natale avec ses pratiques bizarres et son dieu étonnant, ils appelleraient la police pour le faire reconduire à la frontière.

5 – Charlemagne

Nouvel empereur des Romains

Pépin est petit, c'est pour cette raison qu'on l'appelle le Bref. Son ambition est grande. Il saute donc le pas que son père Charles Martel n'avait pas su ou voulu franchir. Il chasse du trône l'obscur Chilpéric III, le dernier Mérovingien de l'histoire, et l'envoie finir ses jours dans un froid monastère du Nord, à Saint-Bertin, près de Saint-Omer, après l'avoir fait tondre – c'est là la marque de sa déchéance. Quand j'étais enfant, dans tous les manuels d'histoire, on avait encore droit à une illustration saisissante de cette scène – le petit Mérovingien terrifié ployant le cou sous les ciseaux d'un coiffeur aux airs de bourreau devant un Pépin exultant et terrible – et d'innombrables peintres pompiers l'ont représentée, preuve que le pouvoir symbolique que l'on accorde à ces histoires de cheveux a continué de fasciner bien après la disparition de ces lointains Barbares.

REPÈRES

– 742 (?) : naissance de Charlemagne
– 772-804 : guerre pour soumettre les Saxons
– 774 : conquête de l'Italie du Nord, Charles roi des Lombards
– 778 : soumission de la Bavière ; bataille de Roncevaux
– 796 : victoire contre les Avars
– 800 : Charlemagne sacré à Rome « empereur des Romains » par le pape

Comme le font tous ceux qui usurpent un pouvoir, le nouveau roi a une obsession : asseoir la dynastie naissante sur le trône grâce à une légitimité incontestable. Les grands, le clergé, les guerriers l'ont acclamé, comme le voulait la tradition franque. Il lui faut mieux. Plus exactement, il lui faut viser plus haut. Il décide de se faire « sacrer » roi. La pratique est alors inconnue. Contrairement à une erreur que l'on commet souvent, Clovis, par exemple, a été désigné comme chef par ses guerriers puis, dans la cathédrale de Reims, il a été baptisé. Il n'a jamais été sacré. Pépin emprunte cette coutume aux rois wisigoths d'Espagne, qui eux-mêmes l'avaient copiée des rois hébreux de la Bible. Au cours d'une cérémonie, l'évêque touche diverses parties du corps du souverain agenouillé avec une huile bénite (le saint chrême) et cette onction est le signe que le roi a été choisi par Dieu lui-même. On peut difficilement trouver meilleur parrainage. Il faut croire que Pépin était un homme d'une grande prudence. En 754, à Saint-Denis, il se fait sacrer une deuxième fois, et ses deux fils avec lui, par le pape en personne, trop content d'appuyer le seul puissant d'Europe qui l'aidera à combattre les Lombards qui règnent sur le Nord de l'Italie et le menacent. Le saint homme sera dignement remercié : après une campagne contre ses ennemis, Pépin fait cadeau au trône de saint Pierre de territoires de l'Italie centrale qui deviendront les États pontificaux. Ils le resteront jusqu'en 1870 : un cadeau qui dure plus de mille ans, c'est assez rare en histoire pour qu'on le souligne.

À sa mort en 768, le Franc laisse un royaume considérablement agrandi par de nombreuses conquêtes, et deux fils qui, selon l'éternelle malédiction des héritages de ces temps instables, peuvent commencer à se le disputer. L'un des deux, Carloman, meurt opportunément trois ans plus tard. Son frère Charles a toute la place pour se tailler un destin. C'est lui le personnage le plus prestigieux de la lignée, lui qui donne son nom à la dynastie : les *Carolingiens*. Il est aussi grand que son père était court de taille. En latin, on l'appelle *Carolus Magnus*. En français, cela donne Charlemagne.

Sa vie à grands traits

L'homme est une force de la nature, un géant pour son temps. Il aime manger et vivre, ses concubines sont légion. Plus étonnant par rapport à l'idée qu'on se fait d'un Barbare, il adore nager et, selon son fidèle Éginhard, son biographe, il aime convier toute sa garde à le rejoindre dans d'immenses parties de baignade. Pardessus tout, il aime se battre. C'est là l'activité principale de ce guerrier inlassable. Son règne se passe essentiellement à chevaucher d'un bout à l'autre de son immense royaume, suivi d'une armée gigantesque, pour défendre telle province menacée, plus souvent pour en conquérir de nouvelles, encore et encore. Lire une chronologie de la vie de Charles le Grand, c'est d'abord avaler une succession de campagnes qui finit par donner le tournis.

774 : conquête de l'Italie du Nord. Charlemagne défait le roi Didier et porte sa couronne de fer sertie de pierres précieuses : il était roi des Francs, le voilà aussi roi des Lombards.

778 : soumission de la Bavière. Quelques mois plus tard, on le retrouve à plus d'un millier de kilomètres de là, au-delà des Pyrénées, en Espagne. Pour une fois l'expédition est moins fructueuse : il est venu prêter main-forte à des gouverneurs musulmans en révolte contre l'émir de Cordoue, mais il échoue à prendre Saragosse, et au retour son arrière-garde est attaquée par des montagnards basques dans un défilé au nom connu de chacun : Roncevaux. Par la grâce des chansons de geste du Moyen Âge, apparues des siècles après, ce fait d'armes deviendra le plus célèbre de l'épopée carolingienne, quand il est le plus piètre. Mystère de la littérature.

En 785, deuxième manche, il réussit à constituer sur le versant sud-est des Pyrénées une « marche d'Espagne », c'est-à-dire un petit État tampon qui protège la frontière sud des incursions maures. En 789, il part en expédition contre les Slaves. En 796, il vainc les Avars, un peuple païen sédentarisé autour du Danube, et il rentre au palais en traînant derrière lui l'immense trésor des vaincus : des chariots entiers ployant sous les tonnes d'or. Cette fortune lui servira à financer d'autres campagnes. Leur énumération deviendrait fastidieuse. Jadis, les chroniqueurs s'amusaient parfois à souligner le côté extraordinaire de l'année 790. Parmi les quarante-six que dura le règne de Charlemagne, c'est la seule qui ne compte aucune bataille.

Une de ces guerres finira par tourner chez lui à l'obsession : celle menée contre les Saxons. Ce peuple installé au nord de l'actuelle Allemagne avait aux yeux du roi des Francs un immense défaut : il était païen. Il lui fallut dix-huit expéditions et trente-deux ans de campagnes pour le soumettre et le convertir. Et à quel prix ! Massacres, déportations de masse, autant d'horreurs qui conduiraient aujourd'hui celui qui y eut recours devant le Tribunal pénal international. Lors d'une seule expédition, dit-on, les troupes franques firent périr 4 500 malheureux, hommes, femmes, enfants, coupables du seul crime de refuser d'abjurer les dieux qui étaient les leurs. Charlemagne n'en adorait qu'un.

Voilà son autre face. Il est sur terre pour servir le Christ, il veut bâtir ici-bas une préfiguration de la cité céleste. Cette route vers le paradis, on vient de le voir, passe parfois par des chemins qui rappellent l'enfer. On ne peut la réduire à cela. Sous son règne a lieu un vaste mouvement d'organisation de l'État, de rénovation de la culture, de développement économique aussi, que l'on appelle la « renaissance carolingienne ». C'est au nom de sa foi que Charlemagne en est l'instigateur. Adorer Dieu, pour ce grand roi, c'est ordonner le monde. L'ample espace impérial est structuré, gouverné par les célèbres *missi dominici* (littéralement les « envoyés du maître », toujours par deux, un évêque et un laïc), les comtes (de *comes*, le compagnon de l'empereur), les ducs (du latin *dux*, celui qui conduit, le chef), les marquis (qui tiennent les *marches*, c'est-à-dire les petites provinces tampons qui protègent le domaine aux frontières, comme la « marche de l'Est », qui tient la frontière vers le Danube, et deviendra l'Autriche). On fait venir à la cour palatine quantité de lettrés, qui peuvent régénérer la pensée théologique et protéger la culture. L'Anglo-Saxon Alcuin est le plus célèbre. On frappe une monnaie d'argent qui sert à faciliter le commerce. Les copistes mettent au point une écriture plus lisible que celles qui précédaient. On l'appellera la « caroline ». Et comme aucun écolier ne l'ignore, le chef des Francs relance l'organisation de l'enseignement, dispensé au palais lui-même ou dans les monastères. Ce que l'on dit moins dans les écoles – tant mieux, c'est trop immoral –, c'est qu'il n'a jamais réussi à apprendre à lire ni à écrire convenablement lui-même, et que cela ne l'a pas empêché de monter haut. Très haut.

L'homme a donc le glaive dans une main, la croix dans l'autre, et il règne sur un domaine qui couvre la moitié de l'Europe. Pour bien des gens dans son entourage, cela rappelle des temps que l'on avait trop vite cru révolus. Il ne manque que le titre. C'est le pape qui le lui donnera. Comme naguère un de ses prédécesseurs l'avait fait auprès de Pépin, le pontife est venu à Paderborn, où demeure alors notre roi des Francs, implorer de l'aide contre ses rivaux. Il ne s'agit plus de lutter contre les Lombards, qui sont vaincus, mais de le sortir des sombres querelles entre les grandes familles romaines qui gèrent les candidatures au trône de saint Pierre. Charlemagne accepte de l'appuyer. Quelque temps plus tard, il se rend à Rome pour s'assurer que plus rien ne le menace. Et dans l'ancienne capitale d'Occident, dans la nuit de Noël de l'an 800, alors qu'il s'agenouille pour prier, le successeur de saint Pierre dépose sur son front souverain une couronne oubliée depuis trois siècles. Très exactement trois cent vingt-quatre ans après la déposition du petit Romulus Augustule par un roi barbare, un autre roi barbare relève à Rome la dignité impériale. Il était roi des Francs et des Lombards, il devient en outre « Charles, grand et pacifique empereur, gouvernant l'empire des Romains ».

Les vicissitudes de la postérité

Brossée à grands traits, telle est donc la vie du grand Charles. Le point qui nous importe maintenant est de s'interroger sur les interminables vicissitudes de sa postérité.

À dire vrai, pour ce qui concerne notre cadre national tout au moins, les conceptions ont radicalement changé récemment. Pendant longtemps, vue de France, l'affaire était vite pliée : Charlemagne était annexé purement et simplement. On en faisait un de nos rois, aussi sûrement qu'Henri IV ou Louis XV. Et cela remonte à loin. On vient de mentionner la *Chanson de Roland*, la plus belle des chansons de geste du Moyen Âge, le plus ancien texte littéraire français. Son apport à notre littérature est immense, son rapport à la réalité historique est plus élastique. Les montagnards basques qui ont attaqué l'arrière-garde franque au VIIIe siècle sont devenus trois siècles plus tard de perfides Sarrasins. Charles est devenu le célèbre « empereur à la barbe fleurie », quand il n'était alors que roi, et que toutes les monnaies de son époque le représentent soit glabre, soit moustachu. Et tout naturellement, on lui fait gouverner le royaume de « France la douce ». Le pli est pris, il faudra longtemps pour s'en défaire. Dans la galerie des Batailles du château de Versailles, par exemple, dont le roi Louis-Philippe, au XIXe siècle, avait demandé qu'elle soit ornée de toiles célébrant toutes les grandes victoires de l'histoire de France, on croise parmi d'autres un impressionnant tableau représentant « Charlemagne recevant à Paderborn la soumission du roi des Saxons » – autrement dit un roi d'Austrasie recevant dans une ville allemande la soumission d'un roi venu des côtes de la Baltique – comme si tout cela était aussi national que les conquêtes de Louis XIV en Artois. Jusqu'au milieu du XXe siècle, on ne trouve guère d'historiens ou de manuels qui mettent en doute cette naturalisation surréaliste, et la moitié des Français doivent encore l'avoir en tête – le Français a l'annexion historique facile.

Peu à peu, toutefois, un autre stéréotype s'est mis en place. On a fini par se souvenir que l'Empire franc couvrait la moitié du continent, que c'était à partir du morcellement de cet empire qu'étaient nées les grandes nations européennes – la France, l'Allemagne, l'Italie, bientôt l'Autriche ou la Bohême –, et voilà notre empereur métamorphosé en « père de l'Europe ». Des prix « Charlemagne » récompensent chaque année de grands Européens et sont remis à Aix-la-Chapelle, ville actuellement allemande, qui fut sa capitale. Et tous les manuels français reprennent désormais cette figure. Pourquoi pas ? Le rapprochement a lui aussi quelque chose d'anachronique : la grandeur de l'Union européenne, c'est d'essayer peu à peu d'inventer une forme de gouvernement qui dépasse, transcende le cadre national. On comprend mal à quoi peut lui servir le modèle d'un empire constitué avant que les nations n'existent. Charlemagne lui-même se voyait comme un nouveau César. On le voit plus difficilement en futur Jacques Delors. Admettons-le, le nouveau cliché est moins extravagant que le précédent. Il a toutefois un inconvénient. En « dénationalisant » l'empereur, il nous fait oublier l'importance que le Franc a eu sur la construction de tant d'autres histoires européennes.

Karl der Grosse, *Carlo Magno* et *Carolus Magnus*

Pour nous, Français, il est donc Charlemagne. Est-ce une raison pour oublier ces nombreux avatars, par exemple *Karl der Grosse*, ce personnage clé de l'histoire allemande ? Elle aussi, bien évidemment, l'a annexé pendant des siècles. Et pourquoi pas ? Comme Clovis avant lui, on sait qu'il était né dans ce qui est désormais la Belgique, quoiqu'on ignore le lieu exact. Il était le chef d'un peuple germain, parlait évidemment une langue germanique, consacra une partie de sa vie à soumettre des peuples qui ont laissé leur nom à des régions aujourd'hui allemandes, la Saxe, la Bavière ; il finit par établir sa capitale dans une ville que nous appelons Aix-la-Chapelle et que l'on trouve sur les cartes au nord de Cologne, sous son nom local : Aachen. Surtout, il fut empereur. Quand on parle d'empire à un Français, il pense à l'Antiquité ou au XIXe siècle. Un Allemand pense spontanément au haut Moyen Âge. À la mort de Charlemagne, son immense domaine, le *regnum francorum*, la *Francie*, est partagé entre ses fils ; c'est de ce partage que naîtront les embryons des nations d'Europe, la France, l'Allemagne, l'Italie, etc. Il laisse aussi ce titre prestigieux emprunté à Rome, et celui-là n'appartiendra pas à notre histoire à nous. Cela aurait pu. Les rois de ce qui allait devenir la France auraient pu chercher à s'emparer de la noble dignité impériale. Sauf exceptions, ils ne l'ont pas fait. Il faut attendre Napoléon – qui déclara : « Je ne succède pas à Louis XVI, je succède à Charlemagne » – pour que cette couronne trouve une place dans l'histoire de France. À l'Est, elle en trouva une bien avant.

Après Charlemagne, le grand homme de l'histoire européenne s'appelle Otton le Grand (912-973), héritier d'une dynastie saxonne. Peu de Français le connaissent, c'est dommage. En 962, à Rome, comme le roi des Francs un siècle et demi avant lui, il est couronné empereur par le pape. C'est lui, ainsi, qui fonde ce qu'on appellera d'abord le « Saint Empire romain » puis, des siècles plus tard, le « Saint Empire romain *germanique* ». Le plus souvent, en histoire médiévale, on appelle cette entité « l'Empire ». Elle est vaste : l'Allemagne, l'Autriche, la Bohême, la Slovaquie, la moitié de la botte italienne, et tout l'Est de la France en font partie. Cambrai, Besançon, Lyon, Arles, la Provence, la Bourgogne, seront longtemps des « terres d'Empire ». Les limites occidentales en seront fixées aux « quatre rivières », comme on disait, c'est-à-dire l'Escaut, la Meuse, la Saône et le Rhône. Toutefois, c'est l'actuelle Allemagne qui s'en vivra le plus souvent comme le cœur. Cette grosse machine impériale se montre rapidement ingouvernable. Un de ces problèmes infernaux est que la désignation de chaque nouvel empereur se fait par élection. Ce sont des grands, des princes, des ducs, des évêques qui choisissent le futur élu dans telle ou telle grande famille, mais l'agrégation sous une seule couronne de tant de peuples et surtout de baronnies, de seigneuries, de villes libres, d'évêchés, ou même de royaumes entiers, va peu à peu conduire à la dislocation. C'est le sens de l'histoire telle que l'ont vécue les Allemands.

L'histoire française va du petit vers le grand : elle suit l'ambition de roitelets bien faibles au départ, qui ne disposent que de leur minable petit domaine d'Île-de-France et vont réussir par les moyens les plus divers – la guerre, les mariages, la ruse, l'argent et souvent aussi la chance – à l'agrandir par petites touches jusqu'à en faire une des grandes puissances de l'Europe.

De l'autre côté de la frontière, en Francie orientale, du côté des rois de Germanie qui se font couronner empereur, le mouvement est inverse. On part, à la mort d'Otton le Grand, d'un gigantesque ensemble qui ne cessera de s'émietter et dont la pauvre Allemagne en morceaux du XIXe siècle n'aura de cesse de pleurer le démantèlement. Ce deuil dont elle n'arrive pas à se remettre est avant tout celui de l'héritage de *Karl*.

On pourrait parler aussi de *Carlo Magno*, ce personnage qui appartient également à l'histoire italienne : le roi des Francs n'a-t-il pas été le roi des Lombards qui vivaient à peu près là où se trouve aujourd'hui la Lombardie ?

Contentons-nous de descendre le long de la côte méditerranéenne pour aller jusqu'à Rome, où eut lieu le grand événement de la vie de Charlemagne, on vient de l'écrire, durant la nuit de Noël de l'an 800. Voici donc un avatar de plus : *Carolus Magnus* – chez les successeurs de saint Pierre, on parle latin. *Carolus* a placé le Christ au centre de son action et de son empire, il est un des grands hommes de l'histoire du christianisme, mais son apport à celle-ci est ambiguë. L'Église en fera d'abord un saint : saint Charlemagne, le patron des écoliers et celui de l'université de Paris, où on le fête encore parfois. Mais la canonisation a eu lieu à un moment compliqué et elle sera tout bonnement annulée plus tard : celui qui y a procédé est un « antipape », c'est-à-dire un de ces pontifes intronisés d'autorité par les empereurs d'Allemagne quand ils voulaient se débarrasser des papes « officiels » du Vatican. On retrouve là un trait essentiel de l'histoire médiévale, la grande rivalité qui opposera durant des siècles la couronne et la tiare, l'empereur et le pape, le pouvoir temporel et le pouvoir spirituel, pour savoir lequel devait avoir la prééminence sur l'autre. Cette rivalité prend sa source du vivant même de Charlemagne. On peut la dater précisément du fameux Noël. « L'empereur, disent ses biographes, est sorti furieux de la cérémonie. » Pourquoi ? En déposant la couronne sur la tête du roi sans le prévenir avant et en le faisant acclamer ensuite par l'assistance, le pape a voulu montrer que le pouvoir sacré de faire les empereurs lui appartenait. Charles aurait voulu l'inverse, se faire acclamer d'abord, puis couronner, pour montrer que sa dignité impériale était d'abord temporelle. D'ailleurs, s'il a décidé de bâtir sa capitale à Aix et non de s'installer à Rome, c'est bien pour montrer où est le vrai pouvoir. Dans les trois ou quatre siècles qui suivent, la querelle entre le trône et l'autel, entre le « sacerdoce et l'empire », comme on dira, n'en finit plus de se vider à coups de guerres, d'excommunications, de dépositions, d'humiliations publiques et de fausses réconciliations. Elle structure toute l'histoire du Moyen Âge dans la moitié de l'Europe. Il faudra attendre le XIVe siècle pour qu'un roi de France, ce petit provincial de l'autre rive du Rhône, soit devenu enfin assez puissant pour mettre son nez à son tour dans les affaires romaines.

6 – Le partage de l'Empire carolingien

ou les surprises de Verdun

Les traités, les dates et la division du temps en périodes sont essentiels en histoire. Parfois, pour mieux comprendre la complexité des réalités historiques, on gagne aussi à s'en éloigner. Tentons-en l'expérience. Nous venons de parler de Charlemagne. Dans tous les bons livres, le chapitre qui suit s'impose : il traite de sa succession. Pour l'essentiel, elle se jouera en 843, lorsque ses héritiers réussiront enfin à se mettre d'accord sur le partage de son immense empire, en se retrouvant dans une petite ville qui est alors située en son centre : Verdun.

REPÈRES

– 814 : mort de Charlemagne à Aix-la-Chapelle
– 840 : mort de son fils et successeur, Louis le Pieux ; début de la lutte pour l'Empire entre ses trois fils
– 842 : « Serments de Strasbourg », Louis le Germanique et Charles le Chauve jurent de rester unis contre Lothaire
– 843 : traité de Verdun, partage de l'Empire carolingien entre les trois frères

Le vieux chef franc est mort très vieux, cela présente un avantage : un seul de ses nombreux enfants lui survit. Il devient empereur à son tour, on l'appelle Louis le Pieux, ou Louis le Débonnaire. Les problèmes se posent à la génération suivante. Oublions les complexités de l'affaire, les fils qui ne sont pas du même lit, les clans aristocratiques qui se disputent derrière les prétendants, la guerre entre les héritiers qui commence du vivant même du pauvre Débonnaire et ne l'épargne pas : il est humilié, maltraité, détrôné puis remis en selle par ses propres enfants. Gardons l'essentiel. À sa mort, en 840, trois fils se disputent l'héritage : Lothaire, l'aîné, à qui a été promis la couronne impériale, et deux cadets, Louis, que l'on appellera bientôt Louis le Germanique, et Charles, surnommé le Chauve.

Dans un premier temps, les deux cadets font alliance contre le plus vieux. En 841, à Fontenay-en-Puisaye, un petit village situé non loin d'Auxerre, dans l'Yonne, leurs troupes unies infligent une cuisante défaite à celles de Lothaire. Un an plus tard, en 842, à Strasbourg, Charles et Louis renouvellent leur promesse d'entraide mutuelle. Ce sont les « serments de Strasbourg » que nous possédons toujours, et qui sont encore essentiels pour une raison qui dépasse de loin les sombres querelles familiales des temps carolingiens. Les deux princes avaient tenu chacun à s'exprimer de façon à être compris par les soldats de l'autre. Les textes que nous gardons sont donc écrits en trois langues : le latin, qui était commun à tous, le tudesque, un ancêtre de l'allemand parlé dans la région du Rhin d'où venaient les troupes de Louis, et une langue romane, celle de l'armée de Charles le Chauve, que l'on peut considérer comme l'ancêtre du français. Tous les linguistes les connaissent : au titre de l'histoire des langues, ils sont d'une richesse incomparable.

En 843, après bien des tractations entre les deux frères et l'aîné, après l'expertise pointilleuse d'un comité qui a évalué les ressources, les productions agricoles, les richesses en évêchés, en villes, en monuments, de chaque comté, de chaque province, les trois

Le partage de l'Empire carolingien

frères enfin réconciliés s'entendent sur un partage de ce qu'ils considèrent comme leur patrimoine. Ils viennent sceller l'accord dans une ville fort commode, située aux confins de leurs futures possessions respectives : Verdun. L'Empire est divisé en trois portions égales, découpées dans le sens nord-sud. À Charles le

Chauve échoit la Francie occidentale, sise à l'ouest des quatre rivières dont on a déjà fait mention, l'Escaut, la Meuse, la Saône et le Rhône. Louis, qu'on appellera pour cette raison le Germanique, obtient la partie la plus à l'est, la Francie orientale – *grosso modo*, là où sont aujourd'hui l'Allemagne et l'Autriche. Et Lothaire garde la couronne impériale, et la capitale qui va avec, Aix-la-Chapelle, et reçoit une large bande médiane qui part des bouches du Rhin et descend jusqu'au centre de l'Italie où est l'autre pôle du pouvoir terrestre : Rome. En son honneur on appellera cette portion la *Lotharingie* – d'où vient, en français, notre *Lorraine*.

Seulement Lothaire meurt vite, la malédiction de l'héritage se poursuit entre ses propres enfants et leurs oncles, ses frères, qui reprennent les querelles et se disputent les décombres de cette Francie médiane. Elles ne cesseront pas de si tôt. Voilà donc la configuration dont le traité de 843 pose les bases : à l'ouest, une entité que l'on appellera un jour le royaume de la France ; à l'est, une préfiguration de l'Allemagne, et entre les deux une succession disparate de provinces qui, des siècles plus tard, passeront de l'une à l'autre (l'Alsace par exemple), ou deviendront des États après avoir réussi à conquérir leur indépendance (la Suisse au Moyen Âge, la Belgique au XIXe siècle). On a compris l'importance de l'enjeu. D'une certaine façon, au partage de Verdun de 843 s'est joué un millénaire d'histoire européenne.

Le centre du commerce

Comme dans tous les bons livres, donc, on pourrait en rester là et passer au chapitre suivant. On aurait alors négligé un aspect des choses qui nous éloigne de la construction de l'histoire politique européenne, mais nous éclaire sur de lents mécanismes trop souvent occultés bien que essentiels.

Reprenons notre affaire sous un autre angle. Ce fameux traité de 843 est conclu à Verdun. La ville acquerra une célébrité internationale lors de la Première Guerre mondiale. En donnant son nom à la sinistre bataille de 1916, tombeau de 300 000 soldats, elle devient le symbole sanglant de la haine entre la France et l'Allemagne. De chaque côté du front, alors, la propagande ne cessera de raviver le souvenir du partage des temps carolingiens : ne prouvait-il pas l'ancienneté millénaire de la détestation entre les fils de Charles et ceux de Louis ? Aujourd'hui, on aurait plutôt tendance à faire jouer cet événement lointain à l'inverse : il nous rappelle les racines communes de notre histoire.

Rares sont ceux qui poussent plus loin leur curiosité : à part le fait qu'on y a conclu ce fameux « partage », que faisait-on donc à Verdun au IXe siècle ? Voilà où apparaissent nos surprises. L'endroit, on l'a dit, est situé au cœur même de l'Empire et aux confins des trois futurs royaumes, c'est pour cela qu'il convient à chacun des trois frères. C'est d'ailleurs de cette excellente position géographique que le lieu tire sa richesse : comme il est fort bien placé sur les voies de passage, il est un grand centre commercial où l'on achète et vend toutes sortes de denrées. Et surtout, ajoute-t-on parfois, on y trouve un « important marché d'esclaves ».

Vous avez bien lu. Verdun, IXe siècle, son traité, son commerce, sa traite des êtres humains. Voilà la découverte à laquelle on ne s'attendait pas : en plein chapitre traitant du haut Moyen Âge, on croise encore des marchés aux esclaves. Tous les spécialistes connaissent cette réalité, bien évidemment. Hormis eux, qui l'a en tête ?

Dans l'esprit commun, les fers, les chaînes, les gencives que l'on inspecte, les marchandages infâmes auxquels se livre l'acheteur pour une jambe trop courte ou un bras trop maigre, ce sont des images que l'on place spontanément à Rome au temps de Spartacus, à la Martinique au temps du Code noir de Louis XIV, en Virginie avant la guerre de Sécession. Qui les associe au temps de Charlemagne ?

En fait, lorsque l'on consulte les historiens de la période[1], on comprend que ce système, florissant sous l'Antiquité, est finissant :

1 - Par exemple *Histoire du monde médiéval,* Larousse ou chez le même éditeur, l'*Histoire de France*, sous la direction de Georges Duby.

les nobles, plutôt que d'avoir à entretenir ces cohortes de gens fort utiles au moment des récoltes mais très chers à l'entretien aux mortes saisons, préfèrent désormais « caser » les hommes, c'est-à-dire les attacher avec leur famille à une terre qu'ils cultivent contre du travail, des corvées. On voit poindre un autre système, qui cadre mieux avec l'idée que nous nous faisons du Moyen Âge : le servage. Les latinistes savent bien que le mot « serf » n'est jamais qu'un dérivé du mot *servus* – c'est-à-dire l'esclave – mais précisément, il n'en est qu'un dérivé.

À propos, quelle est la racine de ce mot d'*esclave* ? La philologie est bonne pédagogue. Le mot nous conduit sur la voie où nous voulons aller. « Esclave », en français, comme son équivalent anglais *slave,* ne renvoie pas à une condition sociale, mais à un peuple : les Slaves. Cela remonte précisément à cette période. C'est alors là-bas, à l'Est de l'Europe, dans ces immenses terres encore païennes, au cours de campagnes de chasse à l'homme, que l'on va rafler cette marchandise de prix qui transite ensuite à travers l'Empire pour être revendue le plus souvent fort au sud : il s'agit en particulier, nous explique l'*Histoire des étrangers et de l'immigration en France*[1], de fournir les émirs de l'Espagne musulmane qui ont une grosse demande de ces grands blonds robustes. Souvent ce sont des marchands syriens ou juifs qui s'occupent de ce commerce – comme de beaucoup d'autres – parce que eux seuls connaissent assez les deux mondes pour voyager entre le Sud et le Nord et parce qu'ils possèdent un avantage devenu appréciable : ils ne sont pas chrétiens. À l'époque carolingienne, ces derniers sont supposés renoncer à l'esclavage. Les rois tentent d'en freiner la pratique, Pépin interdit la « vente » de gens baptisés aux païens, Charlemagne exige que la traite se passe en présence d'un évêque. Et les moines rachètent tous ceux qu'ils peuvent, dont ils feront parfois des prêtres et même des membres de l'épiscopat. C'est que l'Église, en ces VIIIe ou IXe siècles, commence à trouver ces mœurs antiques

1 - Sous la direction d'Yves Lequin, Larousse, 2006.

peu en accord avec sa morale. On remarquera qu'elle y aura mis le temps.

Avant de quitter cette période que certains historiens appellent le « haut Moyen Âge », d'autres encore « l'Antiquité tardive » – pour indiquer précisément à quel point les traits du monde ancien y sont encore présents –, profitons donc de cette étape de hasard à Verdun pour nous arrêter sur un phénomène sur lequel les livres d'histoire traditionnels ne s'attardent que trop rarement : l'infinie lenteur avec laquelle le christianisme s'est implanté en Europe. Dans les manuels, le basculement du monde païen au monde chrétien se passe à la vitesse d'un coup de grâce : l'onction d'un front royal par le saint chrême suffit. « En 496, par le baptême de Clovis, les Francs se convertissent au christianisme. » Le dossier est clos, on peut passer au chapitre suivant.

Dans la profondeur des choses, il fallut des siècles pour passer d'un monde à l'autre. Plus exactement, comme on vient de le voir pour l'esclavage, il y eut des siècles durant lesquels les deux mondes n'en finirent plus de se chevaucher.

La conversion des Barbares est un épisode fascinant de l'histoire. On a déjà parlé de cette configuration rare qui voit le vainqueur se convertir à la foi du vaincu. C'est ce qui se passe quand les Francs embrassent le dieu qui est alors celui de Rome. Le brillant médiéviste Bruno Dumézil a étudié de près les mécanismes de ce phénomène, ils sont d'une grande complexité[1]. L'historien explique par exemple comment l'aristocratie gallo-romaine, exclue des cours princières des premiers envahisseurs qui étaient ariens (les Wisigoths, par exemple), se replie sur la grande structure de pouvoir qui reste à sa portée, l'Église, pour lui donner ses évêques, ses prélats. Une des raisons qui poussent les Francs à devenir catholiques est qu'ils peuvent ainsi s'appuyer sur une structure existante, ce qui a permis aux deux mondes de se fondre peu à peu. Dumézil explique aussi combien tout cela a pu varier selon les régions et les

1 - *Les Racines chrétiennes de l'Europe*, Fayard, 2005.

moments. On a vu des allers et retours spectaculaires d'un culte à l'autre : selon les caprices, les stratégies, les intérêts ou les choix de tel ou tel roi, certains peuples ont pu ainsi changer de religion trois ou quatre fois en une génération.

La rage de détruire les idoles

Sauf exception sanglante – on se souvient de la rage de Charlemagne dans sa guerre « évangélisatrice » contre les Saxons –, tout cela s'est produit sans persécution de masse, ce qui est assez rare dans l'histoire pour être souligné. La doctrine, constamment reformulée par les papes, est qu'il faut convertir par l'exemple et la persuasion plutôt que par la force. Rome a moins d'égards pour le patrimoine et la culture des religions antérieures. Les temples, les statues, les monuments sont détruits sans ménagement, ou rechristianisés. Dans les régions celtiques, on pose, par exemple, des croix sur les menhirs. Partout on profane les autels où les gens venaient se recueillir depuis des siècles ou on les convertit en église. Les livres pieux sont pleins de saints admirables des premiers temps du christianisme qui passent leur vie à courir les temples et les sanctuaires pour « briser des idoles », c'est-à-dire pour faire disparaître un patrimoine d'une richesse extraordinaire, qui est, par leur faute, à jamais perdu. Évidemment, cela est moins cruel que d'assassiner les prêtres qui y officiaient ! Au moment de la Révolution française, au nom de la lutte contre un catholicisme alors détesté, on verra s'abattre pareille rage contre les symboles du christianisme, on verra les églises pillées, les objets du culte vendus ou détruits. Ce « vandalisme révolutionnaire », comme on l'appelle, est resté un des griefs majeurs de certains catholiques contre la grande tourmente issue de 1789. Sans esprit de polémique, on peut rappeler ici qu'en s'en prenant avec violence aux insignes d'une religion qu'elle espérait dépasser, la Révolution n'a fait que reproduire ce que le catholicisme en s'implantant avait fait à l'égard des dieux qui l'avaient précédé.

Au moment de l'effondrement de Rome – vers le Ve siècle –, l'Europe occidentale est encore partagée. À l'intérieur de ce qui était l'Empire, des terres majoritairement chrétiennes parsemées de poches de paganisme. Au-delà des frontières, d'immenses espaces priant les dieux des Barbares. Quelques siècles plus tard, c'est partout la *chrétienté*, c'est-à-dire un univers uniformément chrétien, sinon quelques rares minorités, comme les Juifs dont nous reparlerons. Seulement il ne faut pas oublier la lente subtilité avec laquelle le phénomène est devenu réalité. Des signes runiques retrouvés dans le Jura, nous explique l'*Histoire des étrangers*[1], prouvent que les peuplades germaniques qui y étaient installées continuaient à sacrifier à leurs anciens dieux jusqu'au VIIe siècle, soit deux siècles après la conversion de Clovis, leur chef mythique. Comment ne pas voir aussi que bien des pratiques religieuses apparemment nouvelles recouvrent fort mal des réalités plus anciennes ?

Songeons au culte des saints, par exemple. En Gaule, il s'est développé à partir du Ve siècle, autour de saint Martin de Tours, d'abord. On vient en pèlerinage jusqu'à sa *chapelle*, c'est-à-dire le monument où l'on garde une partie du fameux manteau qu'il a partagé avec un pauvre, la *chape* – c'est l'origine du mot. Et le martyrologe – la liste de tous les canonisés – et les lieux de pèlerinage qui vont avec grossiront bien vite. D'un point de vue catholique, les saints ont une grande importance théologique : ils font don au monde de l'exemple de leurs vertus, et comme on est sûr qu'ils sont au paradis, ils peuvent servir aux fidèles d'intercesseurs auprès de Dieu. D'autres historiens, comme l'Israélien Aviad Kleinberg, ont sur le phénomène un regard un peu différent : le culte des saints est fort commode pour une autre raison, il sert de substitut au polythéisme que l'on demande aux populations d'abandonner, alors qu'il était pratiqué depuis des millénaires[2]. Dès le moment où le christianisme est devenu la seule religion autorisée, partout dans les sanctuaires de l'Empire romain, le Christ a remplacé Jupiter, la Vierge a remplacé Athéna ou Héra, les statues des saints inventés les uns après les autres sont venues prendre la place des dieux mineurs qui y siégeaient, et les évêques en grande tenue sont allés

1 - *Op. cit.*
2 - *Histoire de saints*, « NRF», Gallimard, 2005.

placer les sources magiques, les arbres bénits où les peuples venaient chercher la guérison ou les miracles, sous la protection nouvelle de tel autre saint, de telle autre sainte parfaitement à la hauteur de leur fonction : la preuve, la source et l'arbre continuaient à faire autant de miracles et de guérisons qu'ils en faisaient depuis la nuit des temps.

Oui, le temps est long, en histoire, et ni le peuple ni les grands n'aiment qu'on change leurs habitudes. Charlemagne est bon chrétien et il est polygame, comme les Germains l'ont toujours été. Laurent Theis nous explique[1] que si les clercs multiplient à l'époque carolingienne les traités sur le mariage, c'est simplement que cette pratique moderne n'est absolument pas entrée dans les mœurs. Trois siècles après la fin de Rome, quatre après la conversion de Constantin, on chôme encore le jeudi, jour de Jupiter (comme nous le dit toujours l'étymologie du mot). On jette des graines dans le feu pour conclure un marché. On lit l'avenir dans les excréments d'animaux. Et le calendrier que l'on dit chrétien ne finit par s'imposer qu'en se calant soigneusement sur les découpes du temps qui préexistaient. La fête des morts de novembre est plaquée sur celle, celtique, de Samain. La date de naissance du Christ est fixée vers le Ve siècle, c'est-à-dire un demi-millénaire après l'événement qu'elle est censée célébrer : ainsi Noël peut se substituer au culte oriental du *Sol invictus* (le soleil invaincu) mais aussi au solstice d'hiver, essentiel chez les Celtes. La bûche du réveillon est une vieille réminiscence de cette célébration païenne. On peut y songer quand on en mange : sous la crème au beurre et le petit sapin en plastique, ce sont des dieux que l'on croit morts depuis deux millénaires qui nous contemplent encore.

1 - *Nouvelle Histoire de la France médiévale. L'héritage des Charles*, t. 2, « Points », Le Seuil, 1990.

7 – Les Capétiens directs

Oublions maintenant le temps long et reprenons le cours des choses là où nous l'avions laissé, quelque part au tournant des VIIIe et IXe siècles. Un événement d'importance que nous n'avons pas encore mentionné vient alors bouleverser la donne d'un jeu déjà complexe. Il servira de prologue au nouvel épisode de notre histoire.

De terribles visiteurs venus du nord par la mer apparaissent de temps à autre sur les côtes de l'Empire : les Vikings. Navigateurs chevronnés, avisés par un réseau d'informateurs qui les renseignent sur la configuration des lieux et les richesses à en espérer, ils jettent l'ancre le long des grèves ou remontent les fleuves pour aller au plus près des butins qu'ils convoitent et accostent par surprise, souvent la nuit. Ils se ruent alors sur les grosses abbayes ou les belles églises dont ils volent les trésors, pillent parfois les villages à l'entour, et brûlent tout avant de repartir. Leurs premiers raids ont

REPÈRES

– 987 : Hugues Capet élu roi à Senlis
– 1066 : conquête de l'Angleterre par Guillaume le Conquérant
– 1152 : mariage d'Henri Plantagenêt et Aliénor d'Aquitaine
– 1190-1191 : Philippe Auguste et Richard Cœur de Lion ensemble à la croisade
– 1234 : Louis IX (Saint Louis), roi de France
– 1307 : Philippe le Bel et l'affaire des Templiers

été opérés du vivant même de Charlemagne. Ils dureront plus de deux siècles.

Ces peuples, venus de Scandinavie et du Danemark, ont un destin exceptionnel qui concerne toute l'Europe, et va même au-delà. Sous le nom de Varègues, là où est aujourd'hui l'Ukraine, ils fondent l'embryon du premier État russe. Vers l'an 1000, ils sont les premiers Occidentaux à être arrivés en Amérique. Les Danois parmi eux envahissent l'Angleterre, qu'ils disputent aux Saxons et sur laquelle ils vont régner. Par de longues routes maritimes, ces « hommes du Nord » réussissent aussi à descendre l'Atlantique pour aller piller jusqu'au Sud de l'Espagne, puis ils bifurquent dans la Méditerranée, longent les côtes de l'Afrique, s'en vont piller les villes d'Italie. Quelques générations plus tard, on en verra quelques-uns devenir les maîtres de la Sicile et du Sud de la Péninsule.

Ils ont également une influence considérable sur l'histoire de ce tiers du vieil empire de Charlemagne qui nous intéresse désormais, cette *Francie occidentale* appelée à devenir la France. C'est parce qu'ils n'arrivent pas à défendre le royaume contre ces incursions répétées que peu à peu les descendants de Charles le Chauve, les faibles Carolingiens qui règnent toujours, seront chassés du trône.

Parfois ils temporisent et, pour éviter les pillages, acceptent de verser de lourds impôts aux assaillants. Parfois ils donnent plus que de l'argent. En 911, à Saint-Clair-sur-Epte, Charles le Simple signe un traité qui fait cadeau à une troupe de Vikings et à leur chef Rollon, installés à l'embouchure de la Seine, de tout un territoire situé autour de Rouen. En échange, les païens acceptent de se faire baptiser et de devenir vassaux de ce faible souverain. Ces nouveaux arrivés sont appelés les *nort manni*, les *hommes* du *Nord*. La riche province qui leur est donnée porte toujours leur nom : la Normandie. Elle jouera bientôt un rôle déterminant dans l'histoire que l'on raconte ici.

En attendant, un autre clan de l'aristocratie franque a su se montrer à la hauteur de la situation et protéger les villes dont il a la charge. Un de ses membres, un certain Eudes, comte de Paris, a même réussi, en 885, à obliger les pillards à lever le siège de la ville

Les Capétiens directs

Hugues *Capet*
v. 941-996 (règne : 987-996)

Robert II *le Pieux*
972-1031 (règne : 996-1031)

Henri Ier
1008-1060 (règne : 1031-1060)

Philippe Ier
1052-1108 (règne : 1060-1108)

Louis VI *le Gros*
1081-1137 (règne : 1108-1137)

Louis VII *le Jeune*
1120-1180 (règne : 1137-1180)

Philippe II *Auguste*
1165-1223 (règne : 1180-1223)

Louis VIII *le Lion*
1187-1226 (règne : 1223-1226)

Louis IX (*Saint Louis*)
1214-1270 (règne : 1226-1270)

Philippe III *le Hardi*
1245-1285 (règne : 1270-1285)

Philippe IV *le Bel*
1268-1314 (règne : 1285-1314)

Louis X *le Hutin*
1289-1316
(règne : 1314-1316)

Philippe V *le Long*
1293-1322
(règne : 1316-1322)

Charles IV *le Bel*
1294-1328
(règne : 1322-1328)

et à reculer. Il est fait roi. Mais après lui, la couronne revient encore à quelques ultimes Carolingiens. Son petit-neveu leur porte le coup de grâce. Il s'appelle Hugues. Parmi tous ces titres, il est abbé laïc de Saint-Martin de Tours, là où l'on garde les reliques du manteau du grand saint, la « chape » dont on a déjà parlé. On pense que c'est de là que vient son surnom : Hugues *Capet*. En 987, comme cela se passait encore, il est élu roi par acclamation des grands du royaume réunis à Senlis. Il sera couronné et sacré ensuite. Il l'ignorait bien évidemment, mais il venait de fonder une dynastie appelée à donner des souverains à la France durant huit cent soixante ans. À partir du XIVe siècle, il faudra pour y arriver passer par des branches cousines (les Valois puis les Bourbons). Mais depuis Hugues, donc, jusqu'au moment de la mort sans descendant du dernier des fils de Philippe le Bel, en 1328, les rois se succéderont de père en fils, configuration rare. Ce sont les « Capétiens directs ». C'est de la première branche de cette longue dynastie dont nous entendons parler maintenant.

Des rois francs aux rois de France

L'a-t-on dit assez ? Les Mérovingiens, les Carolingiens, ces rois d'origine germanique qui régnaient sur un empire européen, n'étaient pas plus *français*, comme on l'a prétendu trop longtemps, qu'ils n'étaient allemands, belges ou italiens. Désormais, la perspective change. Hugues Capet lui-même, comme ses prédécesseurs, se vit comme un Franc, c'est-à-dire un descendant des guerriers germaniques arrivés avec les Grandes Invasions. Il est saxon par sa mère et ainsi lié aux familles qui règnent à l'est, sur l'Empire. Le royaume de Francie dont il hérite est divers. Hugues est élu « roi des Francs » écrivent les chroniqueurs, et ils ajoutent : il fut reconnu par « les Gaulois, les Bretons, les Normands, les Aquitains, les Goths, les Espagnols et les Gascons », autant de peuples qui composent le royaume. Pourtant, la dynastie qu'il a fondée est incontestablement celle qui produira ces « rois qui ont fait la France », comme on disait. Le titre lui-même ne sera donné qu'à partir du

XIIIe siècle, avec Saint Louis. Mais la marche est commencée qui conduira à la formation de ce pays qui est le nôtre. Elle n'est pas facile, au départ. Hugues a été élu surtout parce qu'il est faible, et qu'il ne menace guère les puissants. Ceux-ci ont pris, sous les Carolingiens, des habitudes d'indépendance : ils règnent en maître dans les provinces dont ils sont comtes ou ducs, commencent à s'y faire construire des places fortifiées. Le petit Capétien ne pèse sur eux que du poids très symbolique de sa couronne, et il ne possède en propre qu'un maigre domaine royal. L'événement resté le plus fameux de son règne – tous les manuels l'ont répété pendant des décennies pour montrer la faiblesse d'origine de ces pauvres rois – est le camouflet qui lui fut infligé par un grand du royaume. Ce noble prend une ville sans autorisation. « Qui t'a fait comte ? » tonne Hugues dans un message courroucé. Et l'autre, en réponse : « Qui t'a fait roi ? » Cela rend un climat. Trois siècles et demi plus tard, il a bien changé. Nul n'oserait plus risquer pareille effronterie. Philippe le Bel tient dans son gant de fer un pays devenu le plus puissant d'Europe, il fait la loi aux princes et au pape. C'est ainsi, en effet, qu'on dépeint le plus souvent ces premiers siècles capétiens : la lutte lente et opiniâtre de princes pour agrandir leur domaine, leur pouvoir, leur aura, génération après génération, et accoucher d'un des fleurons de l'Europe médiévale : le grand royaume de France.

Un roi des temps féodaux n'est pas un monarque des Temps modernes

Acceptons le schéma. Glissons-y toutefois quelques nuances. Il faut tout d'abord bien s'entendre sur le sens des mots que l'on emploie. Considérons le plus important : le roi. Quand on en parle, chaque Français d'aujourd'hui se réfère spontanément au modèle déposé, si l'on ose dire, à la Renaissance par un François Ier, ou au XVIIe par un Louis XIV. Il voit ce prince en majesté couvert de son manteau bordé d'hermine, régnant sur tous et sur tout, soleil du monde, centre de qui tout part et vers qui tout revient, le *monarque*. Nous n'y sommes pas, loin s'en faut. Il faudra des siècles encore pour en arriver à cette période que les historiens appellent précisément l'*âge monarchique*. Le cadre de la société dont nous parlons ici est très différent. Il s'est mis en place progressivement depuis la fin de l'Empire romain et caractérise le Moyen Âge occidental : c'est l'*âge féodal*. En général, on pense que le mot a le même sens que *médiéval*, c'est-à-dire qu'il désigne une période de l'histoire. En fait, il définit le système de pensée et de pouvoir qui lui sert de structure.

Étymologiquement, le mot vient de « fief », c'est-à-dire la terre qu'un seigneur concède à un vassal en échange de sa fidélité. Ce contrat passé entre deux individus est la base même de l'édifice. Tout le féodalisme tient dans cette allégeance d'homme à homme dans laquelle celui d'en dessous accepte d'être soumis à celui d'au-dessus et de lui procurer divers services en échange de sa protection. Le paysan est dévoué à son châtelain. Celui-ci est censé être son protecteur et l'autre lui doit en échange sa force de travail, les corvées, la majeure partie de la récolte. Le seigneur est soumis en vassal à un seigneur plus puissant, son suzerain, et ainsi de suite jusqu'au roi, le suzerain suprême en quelque sorte : à chaque étage, le vassal a prêté *hommage* – littéralement, il s'est dit *l'homme* de son seigneur –, c'est-à-dire qu'il s'est agenouillé devant lui et a placé ses mains jointes dans les siennes, avec le geste qui est toujours celui de la prière chrétienne. Cela n'a rien d'étonnant, il nous vient de cette époque et de cette symbolique-là. En principe, c'est donc de son seigneur que l'on tient son fief. Seulement, au sein de celui-ci, le vassal est seul maître après Dieu et dispose d'à peu près tout pouvoir sur ceux qui y vivent, y travaillent et y souffrent, c'est-à-dire l'immense majorité de la population.

La société féodale est aussi une société figée, où chacun est cloué dès la naissance à une place donnée comme éternelle. L'Église en a théorisé l'ordonnancement, comme, notera-t-on perfidement, elle apprendra à théoriser les systèmes sociaux successifs qui s'imposeront. Aujourd'hui, on présente le plus souvent la parole de Jésus comme une parole émancipatrice, une parole donnant aux hommes leur liberté. C'est louable. Notons simplement qu'à l'époque féodale, pour ne citer que celle-là, les théologiens n'étaient pas du tout de cet avis. Un évêque franc, Adalbéron de Laon, contemporain d'Hugues Capet, avait résumé l'organisation du monde convenant à Dieu d'une formule que reprendront à sa suite tous les grands esprits du Moyen Âge. Pour fonctionner, le ciel avait voulu que la société des hommes fût partagée en trois ordres, où chacun devait se tenir jusqu'à la mort : *oratores*, *bellatores*, *laboratores* – ceux qui prient, ceux qui combattent, ceux qui travaillent. On s'en doute, à ces derniers, l'ici-bas n'offrait pas grand-chose d'autre que la misère, la faim, les coups et l'échine courbée sous l'arbitraire des deux autres. Puisqu'à eux aussi le ciel était promis après la mort, pourquoi aurait-il fallu que la vie soit autrement ?

Perché en principe au sommet de la pyramide féodale, le roi dispose en fait de peu de moyens pour faire valoir son autorité aux étages supposés inférieurs.

Il a un pouvoir symbolique : il a reçu l'onction du sacre, autrement dit de Dieu. Dans cette *chrétienté* désormais sans partage, cela pèse d'un poids indéniable. Il va aussi rapidement s'assurer lui-même de la transmission de son propre pouvoir. Au départ, comme tant d'autres monarchies d'Europe ou du monde, la monarchie capétienne est *élective*. Cela signifie simplement qu'Hugues a été élu, mais il a la prudence de mettre dès le départ un contre-feu à ce système instable : lorsqu'il se fait sacrer, après son élection, il fait sacrer son fils avec lui afin d'être sûr qu'il lui succédera. Jusqu'à Philippe Auguste, ses successeurs en garderont la pratique. Chacun dans le royaume prend ainsi l'habitude de voir régner non pas un roi, mais deux, le vieux et le jeune, l'actuel et le suivant, qui est forcément le fils du précédent. C'est ainsi que la couronne, en France, est devenue héréditaire, ce qui n'était pas acquis au départ. Enfin le souverain possède son propre domaine, qui n'excède pas beaucoup, au départ, les contours de l'Île-de-France. C'est pourquoi il cherche constamment, par les mariages, par les successions, par la conquête, à l'étendre. Pour autant, il faut l'avoir en tête, il ne dispose pour régner d'aucun autre des instruments qui, à nos yeux, semblent être la base même de l'exercice du pouvoir.

Par exemple, il n'existe pas de corps de fonctionnaires efficaces pour relayer l'autorité royale. Philippe Auguste en jette les fondements à la fin du XIIe siècle seulement, en créant les baillis, assistés des prévôts, des hommes chargés de rendre un peu la justice, de regarder les comptes. Mais il faut attendre Charles V, au XIVe, pour voir fonctionner l'embryon d'une administration centrale.

Ces gens qui passent leur vie à guerroyer n'ont pas non plus d'armée à leur main. L'idée incroyablement neuve d'une force permanente à la disposition du souverain ne naîtra qu'au XVe siècle. Jusque-là, quand on veut des troupes, on met en branle une très lourde et très lente machine : on convoque le *ban et* l'*arrière-ban*, c'est-à-dire l'ensemble des vassaux, pour qu'ils constituent l'*ost*, l'armée féodale, comme c'est leur devoir. Seulement, il est d'autant plus pénible de s'en remettre au service des vassaux qu'une fois sur deux c'est contre eux qu'on se bat.

Voilà à quoi on peut résumer les trois premiers siècles capétiens : la saga d'une famille qui cherche sans cesse à se fortifier en agrandissant un espace toujours disputé par ceux sur qui elle est censée régner. Il faut dire que les vassaux sont coriaces. Il en est de petits, mais retors. Dans les manuels du début du XXe siècle, on faisait grand cas de la longue lutte de Louis VI le Gros (1108-1137) contre le modeste seigneur du Puiset, rebelle très résistant : il fallut au roi sept ans pour en venir à bout.

Il en est de si puissants qu'ils sont capables de faire vaciller tout le système. Dans cet écheveau complexe, rien n'empêche en effet un grand du royaume, à coups de conquête ou d'héritage, de devenir encore plus grand, jusqu'à dominer celui devant qui il a pieusement plié le genou. Pour le comprendre, il faut se tourner vers le nord-ouest et regarder la Manche, c'est de là que viendront, pour les Capétiens, des siècles de soucis.

En 1066 a lieu un événement déterminant qui nous ramène à notre fameuse Normandie. Les Vikings d'hier y ont fait souche, ils ont conservé quelques coutumes venues de leurs ancêtres, ils ont donné au futur français quelques mots de leur ancienne langue (en particulier dans le domaine maritime), mais pour l'essentiel ils sont « intégrés », comme on ne dit pas encore. Leur duc, Guillaume le Bâtard, a toutefois gardé de ses racines un trait : l'ambition. À la suite d'une sombre affaire de promesse que lui aurait faite avant de mourir son cousin Édouard, roi d'Angleterre, il embarque sa puissante armée à Dives, près de Cabourg ; la débarque à Hastings ; y défait les troupes de celui qui avait ravi le trône, Harold (tué dans la mêlée) et, le 25 décembre, se fait couronner à l'abbaye de Westminster à Londres roi d'Angleterre. Celui que l'on appelle désormais Guillaume le Conquérant est donc toujours vassal des Capétiens pour son duché de Normandie, et leur égal outre-Manche grâce à sa couronne.

Trois générations plus tard, la situation s'embrouille encore un peu plus. D'incessantes querelles familiales tournent quasiment à la guerre civile et ensanglantent la succession au trône anglo-normand. On finit par s'entendre. Le nouveau roi sera le jeune fils de Mathilde, elle-même petite-fille du Conquérant. Il est né au Mans, il s'appelle Henri. Son grand-père paternel avait l'habitude de planter un genêt à son chapeau, la famille y a trouvé son nom, on appellera ses membres les Plantagenêts. Henri Plantagenêt, donc, tient de son père d'immenses possessions dans l'Ouest de la France, dont l'Anjou. En mai 1152, il fait un mariage magnifique et incroyable. Il épouse celle qui vient d'être répudiée par le roi de France Louis VII. Le prude monarque l'accusait d'être frivole. Elle s'appelle Aliénor d'Aquitaine. Ce nom nous indique l'importance de sa dot : elle apporte à son jeune mari la Gascogne, la Guyenne et le Poitou, c'est-à-dire tout le Sud-Ouest du royaume. En 1154, à la mort à Londres de son prédécesseur, Henri monte sur le trône. Il devient Henri II, roi d'Angleterre. Avec tout ce qu'il possède déjà, il forme ce que l'on appelle l'« Empire angevin » ou encore « l'empire Plantagenêt ». Le mot s'impose. Les terres d'Henri s'étendent des Pyrénées à l'Écosse. Seulement là-dedans, il y a d'un côté de la Manche un royaume, et de l'autre des possessions qui sont, en titre, sous la suzeraineté des Capétiens. On comprend l'obsession de ceux-ci à réduire la puissance de sujets qui prennent autant de place.

Bons rois, mauvais rois

Voilà planté le cadre de l'histoire, tâchons maintenant de nous attarder sur ceux qui vont en être les héros : nos fameux rois. Hier encore, on les apprenait en litanie, un prénom, un chiffre, et parfois ce petit surnom qui faisait chanter la liste d'un rien de fantaisie : Hugues Capet, Robert II *dit le Pieux*, Henri Ier, Philippe Ier, Louis VI *dit le Gros*. Seulement, par souci pédagogique, les manuels prenaient toujours grand soin d'accompagner ces listes assommantes de codicilles explicatifs : tous ces rois qui se succédèrent ne pouvaient être considérés pareillement. Au contraire. Parmi eux, il en était de « bons » et de « mauvais ». On explique parfois que les historiens républicains tenaient à cette distinction pour montrer l'imperfection d'un système de pouvoir fondé sur l'hérédité : quand le peuple vote, il ne peut pas se tromper ; quand le chef n'arrive à ce poste que parce qu'il est le fils de son père, cela peut aboutir à des catastrophes. Le plus souvent, le critère pour distinguer les « bons rois » des « mauvais » était simple : les « bons » étaient ceux qui avaient fortifié ou agrandi le royaume, c'est-à-dire « la France ». Les mauvais, ceux qui, en subissant telle défaite, en manquant tel mariage, l'avaient affaibli. Évidemment, cette façon de relire l'histoire par le seul prisme national est anachronique. On peut estimer, comme on vient de l'écrire, que ces premiers Capétiens ont contribué peu à peu à dessiner l'entité qui s'appellerait la France. Il est pour autant très prématuré de penser qu'ils en avaient conscience. La nation comme on l'entend suppose le sentiment d'appartenance commun d'un peuple et de son chef à un territoire donné. Rien de tout cela n'existe dans les siècles qui nous occupent. Il n'y a pas de *peuple* en tant que tel. Au XIe, au XIIIe siècle, un paysan, un artisan d'une petite ville, ou même un chevalier (c'est-à-dire celui qui avait assez d'argent pour se payer une armure et un écuyer, et pouvait offrir ses services armés à qui veut) sait assurément qu'il est chrétien, il a sans doute conscience qu'il est picard ou champenois à cause de la langue qu'il parle, il connaît probablement le nom du seigneur du lieu. Il n'a le plus souvent aucune idée du nom ou de l'existence du prince à qui ce seigneur-là a prêté son hommage. Il n'existe pas plus de conscience des « pays » comme on l'entend aujourd'hui, la France ou l'Angleterre. Il existe de vastes territoires que des grands, souvent apparentés, se disputent sans la moindre considération pour ceux qui y habitent, selon les règles complexes du seul jeu qui compte pour eux, la féodalité. Considérée de près, l'histoire de ces temps-là ressemble souvent à une sorte de Monopoly géant joué par quelques grandes familles toutes apparentées qui se répartissent les comtés, les duchés, les provinces : tu m'as piqué l'Artois, je te reprends le Maine. La rejouer en l'apparentant aux guerres nationales du XIXe ou du XXe siècle – un pays tout entier dressé contre un autre – est absurde.

Peu importe pour l'instant, ne méprisons pas l'usage de l'anachronisme dans cette histoire. Au contraire, servons-nous-en à notre tour. Il nous faut maintenant présenter au moins quelques-uns des plus célèbres parmi ces 15 Capétiens en ligne directe qui se succèdent de 987 à 1328 (date de la mort sans héritier direct de Charles le Bel, dernier à régner des fils de Philippe le Bel). Eh bien appliquons-leur le régime qu'on leur a toujours appliqué : soyons anachroniques nous-mêmes. Oublions les vieilles lunettes nationales, elles datent un peu. Chaussons-en de nouvelles pour jouer à un jeu plus amusant : à nos yeux du XXIe siècle, selon les critères qui sont les nôtres aujourd'hui, que valent donc nos fameux rois ?

Philippe Auguste (1180-1223)

Après Hugues viennent Robert II le Pieux (règne de 996 à 1031) ; Henri Ier (1031-1060) ; Philippe Ier (1060-1108) ; Louis VI le Gros (1108-1137) ; Louis VII le Jeune (1137-1180) – on en a parlé, c'est lui qui fit la bêtise historique de répudier Aliénor. Arrive enfin notre premier *people* : Philippe Auguste (1180-1223). Son nom seul le pose. Il a d'ailleurs accompli beaucoup de choses que l'on peut toujours considérer comme remarquables. Il a fait bâtir un mur encore visible en partie à Paris ; il a tenté d'améliorer l'administration du royaume et fait embellir les villes. La capitale a été pavée et dotée d'un système d'égouts : selon la légende, la chose était devenue plus que nécessaire, il faillit mourir un beau jour en se penchant des fenêtres du château qu'il avait fait construire, le Louvre, tant la puanteur était grande. Au regard de l'ancienne historiographie nationale, il est surtout l'impeccable souverain qui a agrandi *nos* possessions et réussi à mater les féodaux. Il est temps peut-être de se souvenir de la façon dont il a procédé. Son grand ennemi est donc Henri II Plantagenêt, le puissant maître de l'« Empire angevin ». Philippe ne recule pas devant grand-chose pour rabattre sa puissance. Il commence par monter ses fils contre lui et surtout le plus en vue d'entre eux, Richard, celui que sa bravoure a fait surnommer « Cœur de Lion ». Il se dit son meilleur ami, son frère. Certains historiens vont jusqu'à prêter aux deux hommes une liaison amoureuse. Elle est évidemment difficile à établir. Quoi qu'il en soit, Philippe ne ménage pas alors l'expression publique de ses sentiments intenses. À la mort d'Henri Plantagenêt (en 1189), vaincu par les deux si fidèles alliés, Richard devient roi d'Angleterre, où il ne mettra presque jamais les pieds, d'ailleurs. Ensemble, les deux rois partent à la croisade, où le fougueux Plantagenêt veut assouvir ses rêves chevaleresques. Philippe préfère prétexter rapidement une maladie et rentre au pays. Que tient-il tant à y faire ? À manœuvrer dans le dos de Richard pour s'allier avec son frère et rival, le noir « Jean sans Terre » – il doit son nom à sa position de cadet, qui ne lui donnait droit à aucune province propre. Notre redoutable Philippe réussit même à envenimer à distance de sombres brouilles qui se sont déroulées en Orient entre chevaliers. Alors qu'il chemine vers ses terres, Richard est arrêté près de Vienne par l'empereur, qu'il aurait insulté, et le roi de France ne ménage pas ses efforts pour qu'il reste longtemps en cage. Seulement, celui-ci réussit à sortir et, ivre de tant d'ignominie, « lion déchaîné », il ne songe qu'à se venger. Le hasard se mêle de la partie : il est bêtement tué lors d'une bataille de moindre importance, devant un petit château d'une de ses possessions en Limousin. Il ne reste plus à Philippe qu'à trahir celui qu'il soutenait jusqu'alors, Jean, devenu roi d'Angleterre dès la mort de son frère, en appuyant son nouveau rival, le petit Arthur de Bretagne, neveu de Jean et de Richard. Le Plantagenêt n'est pas un ange, on pense que pour éviter toute concurrence il a assassiné le jeune Arthur de ses propres mains. Le Capétien ne se démonte pas, il cherche une autre carte. Un prétexte lié à l'honneur féodal (Jean a volé la fiancée d'un noble du Poitou) sert à faire convoquer devant ses pairs celui qui est aussi son vassal, tout roi d'Angleterre qu'il soit désormais. Jean refuse de se présenter. Décidément le prétexte est en or, Philippe profite de ce manquement à l'honneur pour confisquer toutes les terres de Jean qui étaient sous sa suzeraineté. Le feuilleton n'est pas fini, on verra bientôt qu'il faudra encore une bataille (Bouvines, en 1214) où se mêleront tous les grands d'Europe pour régler le différend entre le Capétien et son ennemi. Philippe la gagnera. Il mourra en laissant à ses successeurs un royaume trois fois plus grand que celui dont il avait hérité, et à la postérité ce surnom d'Auguste. Sur le plan moral, l'était-il vraiment ?

Saint Louis (1226-1270)

Le fils de Philippe Auguste s'appelle Louis VIII (1223-1226). Il participe à de nombreux combats du vivant de son père, puis, comme roi, à la croisade contre les cathares qui aboutit à faire tomber le Languedoc dans l'escarcelle familiale. Mais il meurt de maladie au retour.

Vient le fils de celui-ci, notre deuxième grande célébrité : Louis IX, autrement dit Saint Louis (1226-1270). Un saint chez les rois, il en est peu. Sa réputation était telle qu'il fut canonisé moins de trente ans après sa mort, et son aura irradia longtemps : il fut, il est l'un des rois les plus populaires de France (l'appellation, pour une fois, tombe juste. Répétons-le, c'est de son vivant que l'on commença à utiliser le titre). Tant d'amour n'est pas tout à fait imméritė. Sa mère, Blanche de Castille, lui avait inculqué la peur du Ciel et le goût des vertus évangéliques : rares furent les princes qui cherchèrent à les faire régner avec autant d'obstination et de droiture. Il aima la justice, d'abord. Chacun a en tête l'image du grand chêne de Vincennes sous lequel il aimait à la rendre lui-même. Il lutta aussi ardemment par diverses ordonnances pour qu'elle s'améliore partout dans le royaume : l'une d'entre elles interdit par exemple que l'on fasse désormais le moindre cadeau à ceux qui jugent. Il aima la paix ensuite, un autre penchant qu'on retrouve chez peu de ses pairs. Pour l'avoir, il alla jusqu'à restituer des fiefs au roi d'Angleterre (qui en échange acceptait de prêter hommage pour eux au roi Louis) et au roi d'Aragon – de cela, notons-le par parenthèse, les manuels d'antan parlaient moins : on ne peut pas poser que *nos* régions sont françaises de toute éternité et rappeler qu'un des plus grands de *nos* rois n'hésita pas à les rétrocéder à d'autres rois pour garantir le bonheur des peuples. Tous ses successeurs le prirent comme modèle. De son vivant même il était adulé : de partout en Europe, on sollicitait son arbitrage et cela rehaussa d'autant le prestige de la couronne de France. Le seul problème, finalement, avec ce saint homme, est que ce que l'on appelle un « bon chrétien » au XIIIe siècle n'est guère loin de ce qu'on appelle au XXIe un fanatique. Il y a la croisade contre les musulmans. Louis en fit deux et y perdit la vie devant Tunis à la suite d'une mauvaise maladie. Il y a la politique conduite dans le royaume contre les Juifs. Louis IX n'est pas le seul à s'être livré au terrible antijudaïsme qui devint peu à peu la règle dans presque toute la chrétienté au Moyen Âge. On reviendra également sur ce sujet. Mais il y eut sa part : des chrétiens accusent le Talmud, le grand livre de la sagesse juive, de contenir des passages infâmes contre le Christ. Après un simulacre de controverse, il fait brûler des charretées entières des précieux ouvrages en place de Grève. La dernière année de son règne, pour suivre les consignes d'un concile que d'autres princes préfèrent ignorer, il oblige ses sujets juifs à porter la rouelle, une pièce de tissu, un signe distinctif et humiliant inventé pour les mettre à l'écart de la société des hommes. Je sais, il faut se garder, en histoire, de trop mélanger les époques : les télescopages brutaux n'ont pas grand sens. Tout de même, savoir que le grand Saint Louis est aussi celui qui, en France, promut l'ancêtre de l'étoile jaune, comment dire ? Sur les blancs revers de son manteau d'hermine, cela fait tache.

Philippe le Bel (1285-1314)

Après lui vient le pâle Philippe le Hardi (1270-1285) puis enfin le dernier grand nom de notre liste : Philippe « le Bel ». Avec lui la machine part dans l'autre sens, on n'est jamais dans l'hagiographie, plutôt dans la légende noire. Nul historien, nul manuel ne conteste qu'il fut à sa manière un homme d'État et qu'il porta le royaume à un point de puissance inouï. Seulement, il y a toujours dans le portrait quelque chose d'obscur, de hanté. Maurice Druon et son best-seller des années 1950, puis la fameuse adaptation télévisuelle qu'en fit Claude Barma dans les années 1970 sont passés par là. Pour tous les Français qui ont goûté l'un ou l'autre, Philippe est surtout le noir héros des *Rois maudits*.

D'abord, c'est l'homme qui fit jeter au cachot les épouses de ses fils, les princesses de la tour de Nesles, parce qu'elles se livraient à l'adultère – les amants furent mis au supplice, châtrés, éviscérés puis pendus. On ne badine pas avec la vertu des princesses, elle est censée, ne l'oublions pas, garantir la pureté de la transmission royale. Il faut reconnaître que l'affaire vaut plus qu'un sinistre fait-divers. Ou plus exactement, il faut se souvenir que les faits-divers familiaux, quand ils engagent les familles royales, engagent le royaume tout entier. C'est à cause de ce coup de colère que les fils du roi, privés d'épouses, n'auront pas d'enfants, ou en auront trop tard pour poser à leur suite un fils sur le trône. Tous les fils de Philippe régneront les uns après les autres : Louis X dit le Hutin (1314-1316), dont le fils, Jean Ier le Posthume, mourra bébé ; Philippe V le Long (1316 1322) et Charles IV le Bel (1322-1328). Mais comme ils n'ont pas d'enfants – seules leurs sœurs en ont –, ils ferment cette lignée et ouvrent la voie à de graves problèmes de succession : ce sera le début de la guerre de Cent Ans.

Ensuite, il y a l'affaire des Templiers. On peut tenter de la résumer simplement : cet ordre, créé au moment des croisades pour venir en aide aux pèlerins à Jérusalem, était pour partie replié dans le royaume de France. On le disait couvert d'or. Le roi en manquait : trouver de l'argent fut l'obsession de son règne, on l'accusera même de fabriquer de la fausse monnaie. En 1307, brutalement, il fait arrêter tous les dignitaires du Temple et les couvre d'accusations calomnieuses : ils sont hérétiques, sodomites, comploteurs ou tout à la fois. Un long procès se termine par diverses condamnations à mort, Jacques de Molay, le grand maître, est brûlé en 1314 et le roi a eu ce qu'il voulait : le trésor. Il est hors de question toutefois que l'on s'avance ici à parler plus avant de cette affaire : pour des raisons qui nous échappent totalement, elle n'en finit plus, depuis bientôt sept siècles, de nourrir les fantasmes les plus intenses et les plus divers. Risquer le moindre mot sur les Templiers, c'est s'exposer à devoir gérer pendant quinze ans les révélations des authentiques spécialistes qui savent tout sur le trésor, sur les secrets, sur les mystères de ce malheureux ordre. On en compte quinze par cantons. Il est prudent de ne pas chatouiller leur passion.

Reste le dernier point d'importance : les rapports tonitruants qu'entretint Philippe le Bel avec le pape. Les bras de fer entre le pouvoir spirituel et le pouvoir temporel n'avaient rien de nouveau en Europe. Depuis deux ou trois siècles, on en a dit un mot déjà, ils avaient concerné les vrais successeurs de Charlemagne, les princes du Saint Empire : on appelle ces épisodes de l'histoire « la querelle du sacerdoce et de l'empire », ou encore « la querelle des investitures », car elle portait au départ sur la question de la désignation des évêques. Le fait que désormais l'opposition se joue entre Rome et le roi de France prouve au moins une chose : décidément, celui-ci est devenu le monarque le plus puissant d'Europe. Il n'entend se laisser dicter la loi par personne, fût-ce par le vicaire du Christ. Les causes de la brouille sont complexes : il y a des histoires d'impôt que Philippe veut lever sur le clergé, ce que le pape Boniface VIII conteste : l'argent de l'Église est à Rome, pas aux princes. Il y a une histoire personnelle : Bernard Fraisset, l'évêque de Pamiers, s'est élevé en chaire contre les agissements du roi, le roi le traîne en justice, ce que le pape conteste toujours, c'est à lui seul qu'il revient de juger les évêques. Les effets sont spectaculaires. Boniface VIII multiplie les décrets vengeurs – ce que l'on appelle les « bulles pontificales » –, les lettres et les menaces. Il va, dit-on, jusqu'à affirmer qu'il déposera le roi de France « comme un petit garçon ». Philippe le Bel monte d'un cran. Il rassemble tous les grands du royaume pour avoir leur soutien, il réunit un concile pour condamner ce pape indigne accusé de crimes divers – hérétisie, sodomie, cela devient une habitude – et envoie son lieutenant, Guillaume de Nogaret, pour le saisir physiquement et le traîner devant les juges du roi. La rencontre entre l'émissaire et Boniface se passe en Italie, à Agnani. La légende veut que, dans la bousculade, le pape ait été giflé par un spadassin. On appelle l'épisode le « soufflet d'Agnani ». Le coup lui-même est aujourd'hui contesté par les historiens. Pas le reste. Boniface réussit à s'échapper mais est tellement traumatisé qu'il en meurt quelques mois plus tard. Le roi, après un pontife de transition, use de grands moyens : il fait nommer un pape entièrement à sa main et le pousse à s'installer en Avignon, pour être à deux pas de la frontière française, située sur le Rhône. Cette délocalisation supposée provisoire durera près d'un siècle.

N'allons pas trop vite, et restons-en sur la querelle elle-même, elle nous parle encore de bien des façons.

Songeons d'abord aux arguments constamment utilisés par le pontife pour défendre son pouvoir : « Il est de nécessité de salut, écrit-il dans une bulle, de croire que toute créature humaine est soumise au pontife romain. » Ailleurs il émet la théorie des deux glaives, qu'il distingue clairement, le glaive temporel et le glaive spirituel, mais c'est pour ajouter aussitôt que le premier doit être absolument soumis au second. Aujourd'hui – le plus souvent dans le but de mieux déprécier l'islam, cette religion qui, « par nature », serait incapable de séparer « le spirituel du temporel » –, on ne cesse de louer la capacité du christianisme à accepter la laïcité, c'est-à-dire à poser l'autonomie du temporel par rapport à ce qui relève de la foi. C'est indiscutable. Il n'est pas mauvais de se souvenir qu'il y a sept cents ans, les papes soutenaient expressément le contraire.

Songeons enfin à ce que cette affaire nous indique de la façon dont les chefs d'État traitaient alors les princes de l'Église. Entendons-nous bien, la méthode employée à Agnani est détestable, la violence à proscrire par principe et l'image, même fausse, d'un soldat giflant un vieillard est odieuse. Toutefois, il faut avouer que l'on a parfois du mal à ne pas penser à cette affaire. Surtout lorsque nos pays sont saisis de cette étonnante fièvre moderne, la papolâtrie. Le pape en tant que personne, et en tant que chef religieux, est éminemment respectable. Que les catholiques voient en lui un saint homme est leur droit le plus strict. Que dire des dégoulinades de guimauve déférente dont on use dans les médias, ou au sommet de l'État, pour la moindre visite officielle d'un pontife, ou face au plus étriqué de ses discours ? Oui, que dire ? Rien précisément. Se taire pour respecter les croyances de chacun, et sourire *in petto* en songeant qu'à l'époque de Philippe le Bel, quand il s'agissait de défendre l'autorité du royaume, on était moins chochotte.

8 – La bataille de Bouvines revisitée

Pendant longtemps, l'enseignement de l'histoire a reposé sur deux piliers. Nous venons d'aborder le premier, les rois. Il en était un autre, non moins important en ces temps guerriers et patriotiques : les batailles. La mode en a passé, peu de sujets, aujourd'hui, paraissent plus ennuyeux que celui-là. C'est dommage, car en trouvant une façon de les raconter, l'histoire des batailles peut être riche d'enseignements.

Celle dont nous entendons parler maintenant eut lieu le 27 juillet 1214 dans l'après-midi, le long d'une rivière située dans les environs de Lille, dans le Nord de la France, tout à côté d'un petit village appelé Bouvines. Nous y voilà. Ce nom n'évoque sans doute plus grand-chose à la majorité de nos lecteurs. Il brilla de ses derniers feux au début des années 1970, lorsque Georges Duby lui consacra

REPÈRES

– 1199 : mort de Richard Cœur de Lion, Jean sans Terre roi d'Angleterre
– 1209 : Otton IV de Brunswick élu empereur du Saint Empire
– 1213 : achèvement de l'enceinte de Paris, élément de la défense de Philippe Auguste contre les Plantagenêts
– 1214 : bataille de Bouvines
– 1215 : « Magna Carta » imposée par les barons au roi d'Angleterre, limitation du pouvoir royal et garantie de certaines libertés publiques

un livre savoureux, qui connut un succès mérité, et dont je ne saurais trop conseiller la lecture : *Le Dimanche de Bouvines*[1]. On l'a beaucoup souligné alors : pour le médiéviste français, fils de la grande « école des annales » qui avait renouvelé totalement la science historique en mettant au centre des préoccupations la longue durée, l'étude des mentalités et des structures, il y avait du défi à relever ainsi le gant de l'histoire telle qu'on ne la faisait plus, l'histoire ancienne, l'« histoire événementielle », comme on disait. Le défi était d'autant plus grandiose que l'événement en question était ce qui se faisait de plus daté : une vieille victoire française.

Pour cet homme né en 1919 se réglait aussi, comme il s'en explique au début du livre, une dette d'enfant. Le maître tenait, des décennies plus tard, à approfondir jusqu'au détail ce chapitre qui avait fait rêver le petit garçon, du temps qu'il allait à l'école. Pendant fort longtemps, en effet, la date de 1214 fut aussi célèbre que celle de 1515 ou de 1789, et le seul nom de Bouvines était gonflé d'une importance capitale : c'était de cette victoire que l'on datait « la naissance du sentiment national », c'était de ce jour-là que l'on assurait que le peuple de France avait pour la première fois eu l'idée qu'il était français. Allons donc y voir de près à notre tour.

Pour cela, il faut d'abord replacer les faits tels que, durant des générations, les petits Français les ont appris, et comme on les raconte bien souvent encore. Nous revoilà donc dans la chronologie au tournant des XIIe et XIIIe siècles, au cœur du grand face-à-face du moment, celui des Capétiens et des Plantagenêts.

Depuis la mort de son frère Richard Cœur de Lion, Jean sans Terre est devenu roi d'Angleterre ; il est en conflit avec le roi de France, Philippe Auguste. Il en a assez de voir celui-ci se saisir de tous les prétextes pour lui confisquer ses possessions sur le continent. Contre son ennemi français, il réussit à monter une véritable coalition comprenant quelques méchants vassaux rebellés contre

1 - Gallimard, 1973.

L'Europe au tournant du XIIIe siècle

leur suzerain, comme Ferrand comte de Flandre, ou Renaud comte de Boulogne, et surtout un personnage autrement important : Otton de Brunswick, Otton IV, empereur du Saint Empire, c'est-à-dire celui qu'on appelle, dans les manuels dont on parle, « l'empereur d'Allemagne ». Le plan de Jean, pour terrasser le Français, est implacable : il le prendra en tenaille. Il attaquera le royaume par le Sud-Ouest, tandis que les coalisés fondront par le Nord. Les méchants seraient-ils toujours punis ? Le fait est là, tout échoue. Côté ouest, début juillet 1214, le prince Louis, fils de Philippe Auguste, futur Louis VIII, défait l'anglais Jean – qui fuit sans même combattre – à La Roche-aux-Moines (près d'Angers). Quelques semaines plus tard, côté nord, en trois heures de combat, un dimanche, près d'une rivière, à côté de Bouvines, donc, Philippe, l'auguste roi, triomphe de façon éclatante de ceux qui l'ont attaqué : l'armée ennemie est vaincue ; l'empereur d'Allemagne, jeté à terre, est obligé de s'enfuir piteusement à pied, en ayant laissé sur le terrain – suprême offense – ses insignes impériaux ; Renaud de Boulogne est capturé avec des dizaines d'autres chevaliers ; le traître Ferrand est ramené à Paris, enchaîné dans une cage, accompagné par les railleries du peuple qui hurle au passage « Ferrand, te voilà ferré ! » et, à mesure qu'il apprend la nouvelle, le pays entier, dit-on, entre en liesse pour acclamer les troupes victorieuses. Villes pavoisées, Paris en fête, réjouissances durant des jours entiers. Vive Philippe ! vive notre roi ! Personne ne crie « vive la France », mais, on l'a bien compris, le cœur y était.

Rien ne manque donc au tableau. Les méchants seigneurs qui causaient tant de soucis à « nos rois » depuis des siècles sont enfin matés – échec à la féodalité – et les méchants étrangers qui, comme toujours, nous menacent sont chassés de notre territoire – gloire à la Nation ! Nous ne sommes qu'en 1214. On le voit, Bouvines ainsi décrite a des faux airs de 1918. En mieux encore, d'ailleurs. Durant la Première Guerre mondiale, la France était appuyée de nombreux alliés, dont les Anglais. Au XIIIe, elle était seule. Ainsi, pour un cœur tricolore, Bouvines formait une sorte de sommet de la gloire nationale, un Waterloo que nous aurions gagné.

L'art de la guerre au Moyen Âge

Et alors ? Tout cela est-il faux, tout cela est-il inventé ? Non, bien sûr, tout cela est *aussi* vrai, tout cela est *à peu près* vrai si l'on accepte de tout relire avec des lunettes d'il y a cinquante ou cent ans. Et tout cela ressemble aussi à une vraie manipulation, si tant est qu'on accepte de changer enfin ses verres, ou si, tout simplement, on accepte de se déplacer de quelques pas pour prendre un autre d'angle de vue.

Bien sûr, Bouvines est une bataille importante. Certes, les manuels d'histoire allemande en parlent très peu et ceux d'histoire anglaise à peine. Le grand Duby, toutefois, écrit qu'elle a « profondément modifié la carte de l'Europe », on se gardera bien de le contredire. À la suite de la défaite, Otton, humilié, perd sa couronne. Jean sans Terre, affaibli par ses pertes continentales et l'échec de sa stratégie, est en mauvaise posture face à ses grands ennemis intérieurs : les « barons », c'est-à-dire les grands seigneurs d'Angleterre qui ne cessent de contester son pouvoir pour augmenter le leur. C'est ainsi qu'un an après Bouvines, à la suite d'une véritable guerre civile, ils réussissent à lui imposer un document d'une grande importance pour l'histoire : la *Magna Carta*, la célèbre « Grande Charte ». Le texte limite considérablement le pouvoir royal. Il marque le triomphe des féodaux sur leur souverain. En fait, en posant le principe de la limitation de l'arbitraire royal, il nous apparaît aujourd'hui comme un des fondements de l'histoire des libertés publiques et marque le premier petit pas de ce qui deviendra bien plus tard la monarchie constitutionnelle. À l'inverse, de l'autre côté de la Manche, la victoire de Philippe a renforcé le trône capétien pour des décennies. Si l'on considère le long terme, on peut donc voir dans les conséquences de Bouvines ce qui déterminera l'histoire des deux pays : une monarchie tempérée côté anglais, et autoritaire côté français.

Philippe Auguste a gagné en pouvoir, en prestige, même si, comme le raconte Duby, cette gloire soudaine a été savamment embellie et sculptée par des chroniqueurs qui ont si bien travaillé qu'on continuait, huit siècles après eux, à croire sur parole leurs aimables flatteries.

Oui, Bouvines est une indéniable victoire pour le roi et la royauté tout entière, même si, comme dans toutes ces affaires militaires, il vaut mieux ne pas tenter d'aller chercher dans les fossés de l'histoire ce qu'elle a coûté sur le plan humain. C'est là un autre intérêt de l'étude de cette bataille : elle nous renseigne sur l'art de la guerre au Moyen Âge et sa pratique, assez surprenante par bien des côtés quand on l'observe avec nos yeux d'aujourd'hui.

Comme l'explique fort bien Duby, lors de ces guerres féodales, les nobles, qui sont toujours ceux dont on met en avant la vaillance, ne risquent presque jamais la mort. Ils représentent un bien trop précieux. L'objectif du camp adverse, c'est de mettre la main sur le plus grand nombre d'entre eux, pour les prendre en otage en attendant la rançon, cette source de revenus tellement énorme qu'elle peut nourrir des familles – et en ruiner d'autres – pour des décennies. Dans la plupart des cas, l'emprisonnement n'a rien de très carcéral. En général, le prisonnier vit comme tout le monde dans le château de son hôte sans surveillance particulière : son honneur lui commande de ne pas s'enfuir. Selon le système de valeurs de l'époque, c'est le geôlier le plus efficace. Tout cela peut prendre vingt ans : les sommes sont lourdes, il faut le temps de les réunir.

Pour la piétaille, en revanche, les innombrables fantassins, les sergents d'armes qui les encadrent et marchent au-devant des chevaliers, ou à côté d'eux, c'est la boucherie. Pour quel gain ? Un peu d'argent, des rêves de rapines, le sentiment de servir son seigneur. C'est peu cher payé au regard de l'horreur encourue, c'étaient les mœurs du temps.

Que dire des à-côtés de ces affrontements : le terrain que l'on prépare en ravageant des provinces, en mettant à feu et à sang des villages ou des villes. Dans sa rage à soumettre Ferrand et à mettre au pas les Flamands, Philippe Auguste n'a pas reculé devant grand-chose. Il est allé jusqu'à la quasi-destruction de Lille, et à la déportation d'une partie de sa population. De cela, on se doute, nos braves manuels ne pipaient mot : pour célébrer le « sentiment national », avouer qu'on en était passé par de telles horreurs commises contre de futurs citoyens français, cela aurait fait tache.

Il faudrait, pour être complet, ajouter quelque part en haut de cette grande fresque d'époque un personnage dont nous n'avons pas parlé et qui a, dans l'affaire, une importance déterminante : Dieu. Il est présent partout en ces temps-là. Le christianisme est le grand ciment des longs siècles médiévaux. Cela vaut aussi pour l'histoire militaire. Si le livre de Duby s'intitule *Le Dimanche de Bouvines*, c'est que ce moment de la semaine a une importance clé. En attaquant ce jour-là, les ennemis de Philippe ont commis plus qu'une faute, un sacrilège. Ils ont rompu le pacte qui s'impose à tous. L'Église, en ces siècles turbulents, essaie d'adoucir les mœurs. C'est elle qui pousse à un code d'honneur des chevaliers qui les contraint, en principe, à être justes, à protéger les faibles, à être charitables envers les pauvres, à servir le Christ. C'est elle aussi qui a décrété la « trêve de dieu », c'est-à-dire l'interdiction de verser le sang chaque semaine, dès le mercredi. Alors oser déclencher une attaque un dimanche ! D'ailleurs, si Philippe a gagné *in fine*, c'est bien la preuve que Dieu punit ceux qui l'offensent, et récompense ceux qui le respectent.

Bouvines dénationalisée

Tout cela est fort intéressant et nous éclaire sur cet aspect du Moyen Âge que l'on croit connaître et que l'on découvre toujours, mais, comme on en a fait mention, cela a été écrit déjà.

Il reste un point sur lequel, curieusement, les historiens français, même les plus prestigieux, sont moins diserts : cette manie de la « nationalisation ». Même notre cher Duby, si critique, si ironique sur tout le reste, ne s'en préoccupe pas. Peut-être cela tient-il à sa génération ? Quand on est né en 1919, on n'a sans doute pas l'idée de s'offusquer de ce qu'on colle des drapeaux partout. Quelle idée bizarre, pourtant, de le faire avant même que ces drapeaux ne soient inventés !

Reprenons donc notre histoire point par point, ou, pour rendre les choses plus simples et plus claires, reprenons-la homme par homme. On verra à quel point, soudain, elle nous apparaît différente.

Ferrand. Dans notre première version, on s'en souvient, ce méchant est le félon incarné. Ne va-t-il pas jusqu'à préférer le roi d'Angleterre en trahissant son roi, autrement dit – tout le monde l'entend ainsi en lisant le livre d'histoire – sa patrie. Mais laquelle ? Dans les manuels, en général, Ferrand est dit « de Flandre ». Cela fait image. Avec un rien d'imagination, on se le représenterait volontiers buvant de la bière sur des grands-places devant de riches maisons en pignon à gradins, dans une sorte de scène de Breughel avant l'heure. Allons ! L'homme est le fils du roi de Portugal. Il n'a jamais mis les pieds dans ce beau comté du Nord avant que ce dernier ne lui échoie par son mariage avec Jeanne, qui est « de Flandre » mais fut élevée à la Cour par Philippe Auguste et s'appelle par ailleurs Jeanne de Constantinople, parce que son père, lors d'une croisade, en est devenu le roi. Nos géographies modernes en sont soudain embrouillées ? Peu importe, le problème n'est pas là. Sitôt le mariage prononcé, le roi retors exige que l'on exclue du contrat deux riches places, Saint-Omer et Aire-sur-la-Lys, qu'il destine à son fils Louis. Il fait même emprisonner le couple pour le pousser à céder – c'était les mœurs du moment. Voilà la base de l'ire de Ferrand. L'homme n'est ni un mauvais Français, ni un mauvais Flamand, ni un mauvais quoi que ce soit qu'il n'est pas, il est un homme qui se sent grugé par un tricheur et, après diverses autres péripéties, cela le rend capable de changer son alliance autour de la table de jeu. On voit que glisser dans tout cela une logique « nationale », qui n'apparaîtra que des siècles plus tard, brouille la réalité des cartes du temps. Selon la logique qui est celle de son époque, Ferrand est simplement un seigneur qui estime qu'on a brisé le code chevaleresque qui régit les rapports entre hommes de bien. À son sens, cela lui donne tout loisir de le briser à nouveau. Cela se traduit-il pour autant par une haine, non pas de « la France », mais simplement de la couronne capétienne ? Même pas. Après l'épisode de la cage qui le ramène à Paris, il passe dix ans en prison, puis il est libéré – après rançon – par la régente du royaume, Blanche de Castille, la belle-fille de Philippe, la mère de Saint Louis. Durant ces années, elle connaît de graves troubles d'autorité, les grands du royaume lui cherchent noise. Que fait Ferrand, notre « traître » ? Il devient, jusqu'à sa mort, un de ses plus fidèles soutiens.

Otton de Brunswick, un Normand comte de Poitou

Voyez aussi celui qui, dans notre première version, était appelé « l'empereur d'Allemagne ». Il se nomme Otton de Brunswick. Un nom pareil, c'est évident, cela ne se trouve pas sous le sabot d'un percheron. Eh bien si. L'homme est né en Normandie, il est par sa mère un des petits-fils d'Aliénor d'Aquitaine et de son deuxième mari, Henri Plantagenêt, ce roi d'Angleterre si angevin. Ses oncles s'appellent donc Jean sans Terre et Richard Cœur de Lion. C'est Richard qui l'a aidé à se placer dans la vie convenablement. Il a voulu en faire un duc d'York, puis un roi d'Écosse, finalement, il a fallu se rabattre sur des titres moins compliqués à obtenir : Otton est devenu comte de Poitou et duc d'Aquitaine. Pour trouver ses racines germaniques, il faut chercher du côté de son père, Henri de Saxe. C'est lui qui l'entraîne dans les sombres combines de l'élection au trône impérial. Il est prudent de ne pas s'y aventurer ici, personne ne s'y retrouve. Disons simplement qu'Otton devient « roi des Romains » – ce qui constitue une première étape, en quelque sorte – puis empereur. Mais il ne devient sûrement pas « empereur d'Allemagne », le titre n'existe pas. Le vaste territoire placé sous la couronne recoupe bien sûr ce qui est aujourd'hui l'Allemagne, mais aussi l'Autriche ou l'Italie, et rien n'est « germanique », alors, dans le Saint Empire. On parle là encore, tout comme au temps de Charlemagne, de « Saint Empire romain ».

Seulement, à ce trône, Otton est mal élu, son pouvoir est vacillant, il a besoin d'argent, et c'est ce qui le pousse à l'alliance avec le « roi d'Angleterre », Jean, c'est-à-dire son oncle. Il le fait d'autant plus facilement qu'une autre alliance essentielle lui a manqué bien vite. Pour de sombres histoires de mainmise sur le Sud de l'Italie – là encore, nous sommes loin de Hambourg ou de Cologne –, le pape, qui le soutenait et l'a couronné, change de cheval. Il décide désormais de défendre un jeune homme plein d'avenir, Frédéric II de Hohenstaufen. Celui-ci se trouve être aussi le candidat d'un homme qui s'intéresse de près à ces élections, Philippe Auguste. Passons sur les démêlés, eux aussi complexes, de Philippe Auguste avec le Saint-Siège – alliances, retournements d'alliances, le roi de France a même été excommunié pour une histoire matrimoniale comme cela se passe souvent. Quoi qu'il en soit, peu avant Bouvines, le roi de France s'est rapproché du pape et joue avec lui, dans cette partie de poker électoral, le jeune Hohenstaufen. On dit parfois qu'il s'est résolu à cette candidature après avoir abandonné l'idée de se présenter lui-même.

Reprenons donc notre film. Tout à l'heure, à Bouvines, le roi de France avait défait « l'empereur d'Allemagne » qui en voulait à son pays. Avec un zoom élargi, on peut comprendre plutôt qu'il s'est opposé et a vaincu un rival, qui parle la même langue que lui, croit au même Dieu, appartient aux mêmes sphères familiales, bref, un lointain parent. Oublions donc tous les détails fastidieux de ces entrelacs complexes, et gardons cette seule idée : plutôt que de s'imaginer des « États », des « nations » avant qu'ils n'aient été inventés, il est plus juste de relire cette Europe médiévale pour ce qu'elle était. Un vaste territoire placé sous la coupe d'une même caste dont tous les membres, apparentés, se disputent les morceaux. Cela vaut aussi, bien sûr, pour celui qui était posé dans notre histoire comme l'ennemi évident, pour ne pas dire l'ennemi « héréditaire », le « roi d'Angleterre ». On ne l'imagine sans doute pas buvant le thé en lisant le *Times,* mais nos représentations, en font clairement un étranger. Est-ce bien raisonnable ?

Jean est « roi d'Angleterre », c'est indéniable, mais il ne parle pas plus anglais qu'aucun roi de ce pays avant le XVe siècle. Les barons *anglais* dont on a parlé ne le sont pas plus que lui, et ils ne parlent pas non plus la langue qui sera celle de Shakespeare. Ils s'expriment pour la plupart dans cette langue d'oïl cousine du français que l'on parlait à Rouen ou à Caen, celle qu'importèrent leurs aïeux quand ils débarquèrent outre-Manche derrière Guillaume de Normandie :

le normand. On notera toutefois que Jean sans Terre, au moins, est né sur le sol anglais, et y est mort. C'est vrai, mais c'est un hasard. Il est le seul dans ce cas parmi tous les Plantagenêts, famille angevine. Son père Henri II comme sa mère Aliénor reposent à Fontevraud, près de Saumur, là où lui-même a été élevé. Son frère Richard Cœur de Lion, en dix ans de règne sur le trône « anglais », a passé six mois en tout et pour tout en Angleterre et il s'y est plutôt fait haïr : il venait lever des impôts pour financer ses conquêtes et sa croisade. Il a bâti des forteresses en Normandie, il a cherché la gloire en Palestine, il a parlé en occitan, et son cœur, dit-on, n'a jamais été plein que du Poitou, là où il avait été élevé, à la cour que tenait sa mère tant aimée, entourée de ses fameux troubadours : c'est à la cour d'Aliénor que les premiers se sont fait connaître.

Enfin, à propos de Jean et de Bouvines, il ne faut pas omettre un codicille à notre histoire, alors même que les livres français oublient toujours curieusement de le signaler. Philippe Auguste triomphe donc contre tous ses ennemis. Quel est le rêve qu'il sent alors à portée de main ? Envahir l'Angleterre. Sans doute peu de nos lecteurs connaissent ce détail, cela n'a rien d'étonnant, il faut, pour l'apprendre, ouvrir les manuels d'histoire anglaise, il n'y a guère qu'eux pour en parler.

En 1216, le prince Louis, fils de Philippe, débarque outre-Manche. Il a été appelé par une partie des barons qui n'en finissent plus de régler leurs comptes avec Jean. Tout est au mieux entre eux, alors. « Lewis », comme l'appellent parfois les vieux livres britanniques, est même brièvement désigné comme roi. Mais Jean meurt et les grands se retournent, préférant appuyer Henri, fils de Jean, qui est jeune et moins menaçant que l'incontrôlable et puissant Capétien. Ils prennent même les armes contre lui et le pauvre Louis, défait à son tour, est renvoyé chez son père. Les deux se vengeront de l'humiliation en finissant de reprendre aux Plantagenêts la plupart de leurs dernières possessions sur le continent, et Louis se refera une gloire en allant massacrer des cathares lors de la « croisade des albigeois », ce qui permettra de conquérir le Languedoc. Une fois encore, ne nous noyons pas dans tant de péripéties. Songeons seulement à la conséquence de Bouvines : si le plan de Philippe Auguste avait fonctionné jusqu'au bout, c'est-à-dire si nos Capétiens étaient devenus rois de France *et* d'Angleterre. Pour sûr, on aurait pavoisé les rues, le peuple aurait chanté sa liesse, les chroniqueurs auraient donné dans l'hyperbole et, surtout, on aurait vu semblable phénomène tout autant à Londres qu'à Paris. Qu'aurait-on fait alors dans nos vieux manuels avec le « sentiment national » ? On l'aurait multiplié par deux ?

9 – Les croisades

En 1095, le pape Urbain II a réuni un concile à Clermont. Il le laisse traiter des affaires prévues puis *in fine*, le 26 novembre, comme un lapin d'un chapeau, il sort à la foule assemblée une homélie imprévue qui va changer la face du monde pour les deux siècles à venir et qui dit à peu près ceci : il vient d'avoir des nouvelles affreuses de Jérusalem. Un nouveau peuple venu de l'Est, les Turcs, a pris les Lieux saints aux Arabes, et ils font des choses horribles aux chrétiens qui se rendent dans cette ville, comme on y va en pèlerinage depuis des siècles. Solennellement, le successeur de saint Pierre demande donc à tous de renoncer à ces incessantes guerres entre chrétiens qui font honte à Dieu pour se consacrer à la seule guerre à ses yeux légitime, la guerre sainte qui permettra, les armes à la main, de chasser les infidèles du tombeau du Christ.

REPÈRES

– 1096 : première croisade
– 1099 : prise de Jérusalem
– 1146 : saint Bernard de Clairvaux prêche la deuxième croisade (1147-1149) après la perte d'Édesse
– 1187 : prise de Jérusalem par le sultan Saladin ; troisième croisade (1189-1192)
– 1204 : sac de Constantinople par les croisés, partage de l'Empire byzantin
– 1248 : septième croisade, Saint Louis fait prisonnier à Mansourah, libéré contre rançon, séjour de quatre ans en Terre sainte
– 1270 : huitième croisade, mort de Saint Louis devant Tunis
– 1291 : chute de Saint-Jean-d'Acre, fin de la présence franque en Orient

La première croisade

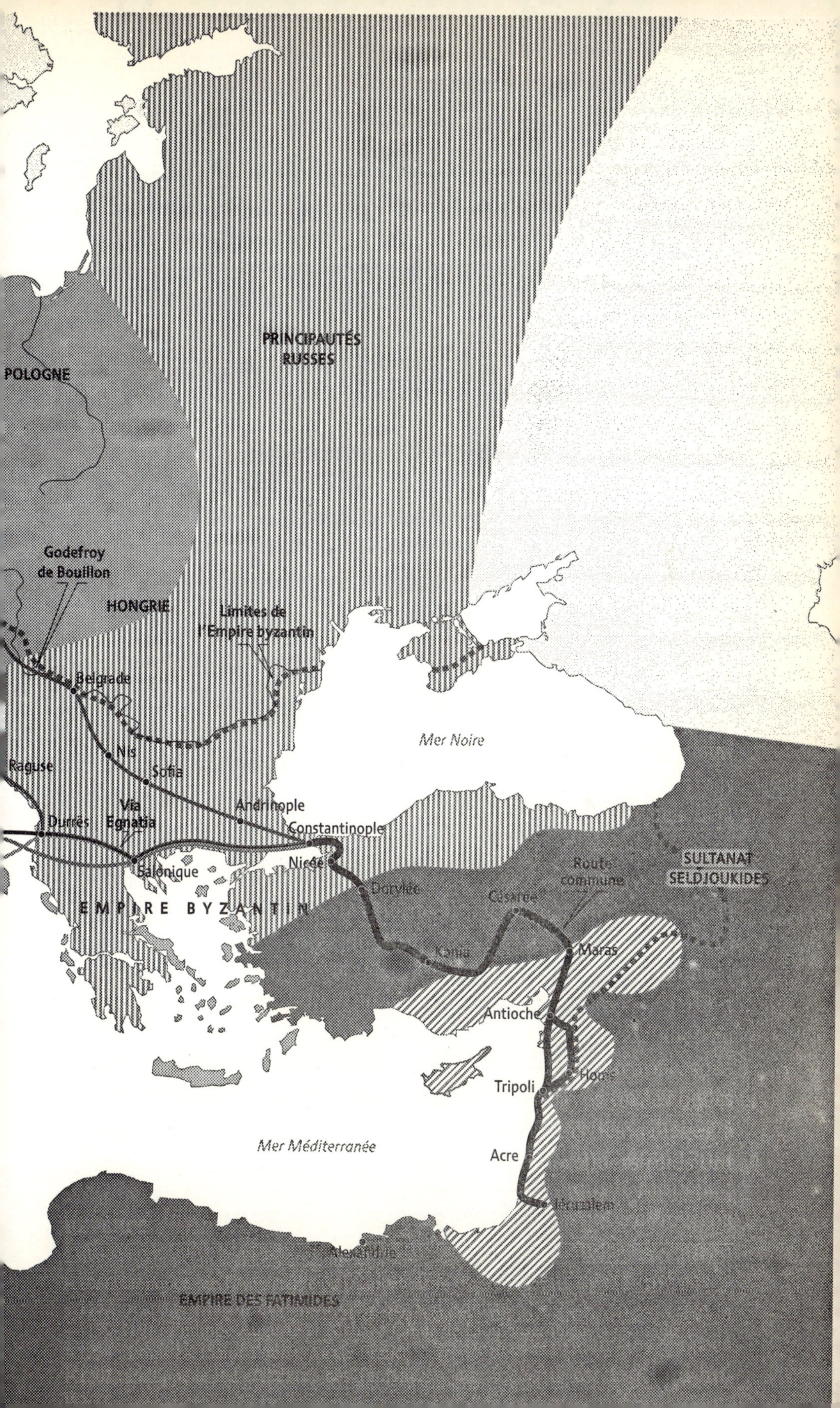

PRINCIPAUTÉS
RUSSES
POLOGNE
Godefroy
de Bouillon
HONGRIE
Limites de
l'Empire byzantin
Belgrade
Nis
Sofia
Raguse
Andrinople
Durrès
Via
Egnatia
Constantinople
Nicée
Salonique
Mer Noire
EMPIRE BYZANTIN
Dorylée
Route
commune
SULTANAT
SELDJOUKIDES
Césarée
Konia
Maras
Antioche
Homs
Tripoli
Mer Méditerranée
Acre
Jérusalem
Alexandrie
EMPIRE DES FATIMIDES

Dès l'année suivante, depuis le Nord du royaume de France, depuis l'Empire, la basse Lorraine ou la Champagne, derrière un prédicateur enflammé nommé Pierre l'Ermite, ou un autre nommé Gautier Sans Avoir, des dizaines de milliers de pauvres gens, des paysans, des artisans, des gens de peu, laissent les champs, l'atelier, le village et le rien qu'ils possèdent pour se mettre en branle. Ils se ruent sur la vallée du Rhin, commettent au passage les pires violences sur tous les Juifs qu'ils croisent et qui refusent de se convertir, arrivent en Hongrie, massacrent des Hongrois, pillent Belgrade, arrivent devant les murs de Constantinople d'où l'empereur, effrayé, a tôt fait de les chasser, et s'en vont mourir de soif ou sous les coups des Turcs dans les déserts d'Anatolie. Quelques mois plus tard, des seigneurs aussi enflammés mais mieux armés, entraînant une troupe considérable, arrivent à leur suite et déferlent sur un Proche-Orient littéralement médusé et incapable de résister à ce choc. Les Francs, comme on les appelle, conquièrent Édesse, Antioche, Tripoli et prennent bientôt Jérusalem (15 juillet 1099). Partout, ils fondent principautés et royaumes, et s'installent sur leur nouvelle terre.

Mais dès 1144, Zenghi, l'émir de Mossoul, reprend Édesse. Les Francs d'outre-mer appellent au secours. Cela vaut une deuxième croisade.

Plus tard, en 1187, après avoir défait les Francs à Hattin, le sultan Saladin reprend Jérusalem. Voilà un but tout désigné pour la troisième croisade. C'est l'histoire.

Une déferlante de riches et de pauvres, de princes et de petites gens

On prend des villes, la nouvelle arrive en Europe, qui festoie. On en perd, l'Europe s'émeut, les papes prêchent, de nouvelles troupes s'embarquent. On se bat, on se massacre, on se replie, on ré-avance. Cela durera deux siècles. Durant ce temps, on a entendu à Vézelay un futur saint, Bernard de Clairvaux, prêcher de sa voix d'or une des expéditions – la deuxième croisade. On a vu passer par les ports de la côte de Palestine, ou sur les sables des déserts d'Orient, des empereurs – Frédéric Barberousse, qui se noie en traversant une rivière – et des rois – Louis VII, ou plus tard Richard Cœur de Lion et Philippe Auguste. Des princes et des petites gens qui viennent chercher la rémission de leurs fautes et leur assurance pour le paradis, comme le pape l'a promis à ceux qui prennent la croix. Et des cadets de famille qui rêvent de la gloire, des terres et de la fortune qu'on leur refuse chez eux. On a créé, pour défendre cet Orient latin, des ordres armés, les chevaliers Teutoniques, les Templiers, les Hospitaliers, qui ont dressé des forteresses si imposantes et si solides qu'on les visite encore aujourd'hui, en Syrie, au Liban. On a vu d'autres pauvres gens, d'autres rois, d'autres guerres, d'autres massacres répondant à des massacres, et on en est arrivé au terme de l'aventure. En 1270, Saint Louis, sur le chemin de sa seconde croisade, meurt devant Tunis. On ramène ses saintes entrailles à Paris pour les offrir à la vénération des foules. C'est la dernière fois qu'un morceau de roi fait le voyage entre l'Orient et l'Occident. Les grands s'en sont lassés, ils n'iront plus. Dans les années 1290, les dernières places fortes franques sont reprises par les musulmans. Les derniers moines-soldats réembarquent pour aller ailleurs combattre pour leur salut. Seule dans la région l'île de Chypre restera longtemps une petite principauté latine. Les croisades ne sont plus, fermez le ban et tournez la page, ce chapitre de notre histoire est clos.

Dans ce livre, j'aurais pu en rester là. Que dire encore ? Ou plutôt que dire de différent de ce qu'on peut lire dans tant d'ouvrages remarquables écrits sur le sujet. On trouve tout, dans cette bibliographie abondante, des vieux grimoires et des thèses d'État, des petites synthèses admirablement faites[1] et même le point de vue qui nous manqua si longtemps, magnifiquement mis en forme par Amin Maalouf, dans un de ses ouvrages les plus célèbres, *Les Croisades vues par les Arabes*[2]. Qu'ajouter, surtout, quand tout le

1 - Je conseille tout particulièrement *Les Croisades*, compilation des articles de la revue *L'Histoire*, « Point », Le Seuil, 1988.

2 - JC Lattès, 1983 ; J'ai lu, 1999.

monde, catholiques et incroyants, historiens de droite comme de gauche, est d'accord, sinon peut-être quelques vagues exaltés d'extrême droite dont on se fiche : cette entreprise aura été un désastre ou du moins une parenthèse totalement inutile dans l'histoire du monde. Le médiéviste Jacques Le Goff eut l'idée heureuse, dans un de ses livres, de solder le bilan général de l'opération par une boutade : « Comme fruit possible ramené des croisades par les chrétiens, je ne vois que l'abricot. » Deux siècles pour des prunes, en quelque sorte.

Bilan léger, fantasme pesant

Sur un plan social, économique, artistique et même culinaire, le bilan des croisades est léger, c'est indéniable. Mais comme fantasme, leur souvenir est bien lourd. L'a-t-il toujours été ? Peut-être pas. Je ne suis pas certain qu'au XVIe ou au XVIIe siècle, par exemple, quand les regards étaient plutôt tournés vers l'Ouest, on se préoccupât beaucoup de ces vieilles histoires de soleil et de sable. Mais aujourd'hui, dans notre univers post-11 Septembre, comme cela pèse ! Forcément, à une époque où tout le monde redoute le match espéré par tant d'extrémistes, ce fameux « choc des civilisations » qui finirait forcément par opposer le monde musulman et le monde occidental chrétien, on a tendance à se redemander souvent comment s'est passée la première manche. Alors, avant que vous ne tourniez la page, permettez-moi de glisser les remarques suivantes.

Qui étaient les fanatiques ?

Au cours des siècles, on a cherché, pour expliquer les croisades, toutes les causes possibles : on y a lu la tentative des papes d'établir enfin l'empire théocratique dont ils rêvaient, en muselant les rois qui leur tenaient tête, en fédérant enfin l'Occident sous leur bannière, tout en prenant le contrôle sur les communautés chrétiennes d'Orient qui jusqu'alors dépendaient de Byzance, la grande rivale de Rome. On y a trouvé des raisons sociales et économiques, la nécessité pour un Occident en trop-plein démographique dans ces siècles de prospérité de s'assurer de nouveaux débouchés et des terres où placer les fils de famille sans héritage. On a, pour expliquer les avancées et les échecs de ceux-ci et de ceux-là, les victoires et les défaites qui ont eu lieu à tel ou tel moment, invoqué toutes les faiblesses humaines, les rivalités, les jalousies, le goût de l'or, l'appât du pouvoir ou de la pompe. On a tout fait, en somme, pour chercher à ces deux siècles d'histoire des explications rationnelles. C'est louable et rassurant. Prenons garde toutefois à ne pas oublier ce qui en a été le levier principal : le fanatisme religieux.

Comment expliquer, sinon, tant d'épisodes qui nous semblent aujourd'hui proprement ahurissants ?

Lors de la première croisade, en 1096, ils sont 300 000 à quitter tout ce qu'ils ont, famille, champ et village, pour suivre des gens qu'ils n'ont jamais vus qui leur demandent de délivrer un endroit dont ils ne savent rien. Sitôt qu'ils aperçoivent les tours d'une ville de Rhénanie, ou des Balkans, les croisés hurlent : « Jérusalem ! Jérusalem ! », parce qu'ils se croient au terme du voyage. Ils n'y arriveront jamais. Seuls quelques milliers échappent au soleil du désert et au sabre des Turcs, et moins encore réussissent à se greffer à la croisade des chevaliers, celle de Godefroy de Bouillon, partie à leur suite. Les quelques survivants y deviendront les « tafurs » – on croit savoir que ce nom curieux dérive du patronyme de celui qui dirigeait leur bande. Cette appellation oubliée était connue de tous, à l'époque. Il suffisait de l'évoquer pour semer la terreur dans les deux camps. Apôtres du dénuement, armés de leur seul bâton mais d'une férocité, d'une folie devenues proverbiales, les tafurs se rendront célèbres, entre autres, en organisant des repas de cadavres d'infidèles.

La prise de Jérusalem de 1099, telle qu'elle est racontée à la fois par les musulmans et les chrétiens, restera dans l'histoire comme un bain de sang d'une ampleur inconcevable. « Il nous montait jusqu'aux chevilles », écriront les vainqueurs après avoir massacré dans des spasmes de haine tous ceux qui défendaient la ville où ils habitaient depuis des siècles, les musulmans, les Juifs, et ceux des chrétiens orientaux qui estimaient que leur place était de ce côté-là de la muraille. Le monde a connu d'autres carnages. Plus rare, plus stupéfiant, est ce qui le suit immédiatement : un moment de piété, d'absolu recueillement. Après avoir tué, tué, tué, les chevaliers et les soldats, couverts du sang qu'ils ont versé, se prosternent en silence devant le tombeau du Christ, l'âme en paix et le cœur en joie, car ils sont convaincus, avec cet holocauste barbare, d'avoir fait à leur Seigneur l'offrande qu'il espérait.

Cent ans plus tard encore, en 1212, lors de ce que l'on a appelé la croisade des pauvres et des enfants, ils sont à nouveau des milliers à quitter l'Allemagne, armés de rien, pour suivre un nouveau prédicateur halluciné. Cette fois ils coupent par les montagnes, se ruent en Italie et foncent vers la Méditerranée sans même chercher de ports ou de vaisseaux sur lesquels s'embarquer. Pourquoi donc ? Leur chef leur a dit que la mer allait s'ouvrir devant eux comme elle s'était ouverte devant Moïse fuyant l'Égypte, et ils le croient. La plupart mourront en Italie ou finiront en esclavage.

Que dire des pieux délires de Saint Louis, persuadé que les sultans d'Égypte ou de Tunisie allaient tomber à genoux et se convertir à la seule vue de la croix ?

Ne vous méprenez pas. Je ne tire de tout cela aucune conclusion sur la religion en général. L'histoire ne manque pas d'épisodes tout aussi fanatiques et parfaitement laïques. Le communisme – ce siècle d'obstination à refuser de voir l'horreur de la réalité au nom de l'angélisme des intentions – restera sans doute un des grands moments de délire de l'histoire du monde. La guerre de 14-18, ces millions de gens morts pour rien d'autre que la couleur de leur drapeau, en est un autre. Je ne tire non plus aucune généralité d'aucune sorte sur les catholiques en particulier : ils sont si nombreux, à tant de moments de l'histoire, à avoir su trouver dans leur croyance la force généreuse de l'héroïsme et de l'altruisme. Je remarque seulement qu'à notre époque, bien des gens sont persuadés que l'islam est la seule religion à être capable, par son essence même, de produire du fanatisme. Il n'est pas mauvais de leur rappeler qu'à ce jeu le christianisme a su montrer qu'il n'était pas dénué de talent.

Le choc des civilisations n'est pas forcément celui qu'on croit

Y aura-t-il dans l'avenir un « choc des civilisations » ? Qui le sait ? En tout cas, les croisades en produisirent un, aux XIe, XIIe et XIIIe siècles. C'est indéniable. La « guerre sainte », menée par les papes, a abouti à durcir les rapports de l'Europe chrétienne avec les musulmans et à les raidir pour des siècles. Longtemps, pour les chrétiens occidentaux, les musulmans resteront ces « infidèles » que l'on regrette de ne pas avoir battus. Longtemps, pour les musulmans du Proche-Orient, les chrétiens d'Europe laisseront le souvenir de ces barbares fanatisés qui, un jour, ont débarqué sur leurs terres.

Pour autant, cette rupture ne doit pas en masquer d'autres, que l'on a tendance à oublier, et qui pourtant sont tout aussi essentielles : les ruptures que les croisades vont creuser, au sein même des deux mondes, chrétien et musulman.

La sphère islamique est diverse. On l'a vu plus haut, elle est bousculée au XIe siècle par l'expansion des Turcs, les Seldjoukides, un peuple issu du Turkestan qui va constituer un empire dominant le Moyen et le Proche-Orient et soumettre les Arabes qui l'avaient conquis quelques siècles auparavant. Et, depuis la mort du Prophète et les déchirements sanglants entre ceux qui s'en prétendaient les seuls héritiers, elle est partagée aussi entre les deux grandes obédiences ennemies : le premier courant, majoritaire, est celui des sunnites, mais ils sont concurrencés au début de la période des croisades par une dynastie chiite, les puissants Fatimides, qui règnent sur l'Égypte.

Côté musulman, donc, le pouvoir est instable, la division règne, à coups d'assassinats, de trônes renversés, de trahisons dont sauront, à leur heure, profiter les chrétiens. Il faut attendre le XIIe siècle et la poigne et la finesse d'un jeune Kurde, Saladin, pour faire l'unité qui mènera à la victoire.

Côté chrétien, il n'y en a aucune. Au nom du Christ, deux mondes s'opposent depuis des siècles, les deux branches de l'Empire romain que l'histoire a séparées à jamais : celui d'Occident – notre partie de l'Europe – et celui d'Orient – qui couvre le monde balkanique et l'actuelle Turquie. De ce côté, rien n'a changé depuis les Césars, il n'y a pas eu d'invasions barbares, il n'y a pas de rois et de féodalité. Un empereur règne toujours à Byzance – appelée aussi Constantinople. La vieille partition géographique s'est doublée de tensions religieuses de plus en plus vives : le patriarche de Constantinople refuse toute prééminence à ce pontife de Rome qui se croit tous les droits. En 1054, on en est venu aux anathèmes et aux excommunications entre les légats de l'un et les représentants de l'autre. Par tradition, c'est de cette date que l'on fait partir la séparation entre ceux qui se disent les orthodoxes – c'est-à-dire qui se pensent conformes à la vraie doctrine – et les catholiques – c'est-à-dire les « universels ». Les croisades ne feront que mettre du sel sur cette plaie qui ne se refermera jamais.

En 1095, pourtant, on a pu croire au rapprochement. C'est l'empereur Alexis Comnène lui-même qui a appelé l'Occident au secours parce que la menace des Turcs sur son empire était trop forte. En fait, il espérait quelques bons mercenaires pas trop chers et n'avait jamais envisagé, même dans ses pires cauchemars, ce qui lui est tombé dessus : cette masse de fanatiques incultes qui se sont abattus sur son empire comme les sauterelles sur l'Égypte. À leur arrivée, les Latins, comme on les appelle, tentent bien avec lui des accords : quelques barons lui promettront de reconquérir des terres en son nom, quelques petits royaumes joueront le jeu de se déclarer ses vassaux, au moins symboliquement. Le reste de l'histoire, lui, ne fait que creuser entre les deux peuples, entre les deux civilisations, ce fossé de préjugés qui les sépare. Pour les Occidentaux, les « Grecs » sont cupides, efféminés, lâches : ne préfèrent-ils pas la diplomatie à la guerre ? Les Byzantins ne le démentent pas. En effet, ils aiment bien mieux, le plus souvent, traiter avec les Arabes, ces gens éduqués, raffinés, avec qui l'on peut s'entendre, que d'avoir à s'allier aux Latins, ces rustres à la propreté douteuse, ces soudards aux mœurs inqualifiables et qui prouveront bientôt l'étendue de leur sauvagerie.

Pour les Byzantins, l'horreur arrive avec la quatrième croisade. Elle a été armée par Venise, trop contente de faire payer fort cher les vaisseaux qu'elle loue aux Francs, trop heureuse d'asseoir un peu plus sa domination sur l'Adriatique et la Méditerranée. Pour s'acquitter de leur lourde dette envers la Sérénissime, les croisés commencent par prendre la ville de Zara (aujourd'hui Zadar, en Croatie). Elle est peuplée de gens qui parlent une langue curieuse, ça doit être des ennemis. Manque de chance, il s'agit de Hongrois, chrétiens. Cela fait un premier scandale. Un peu plus tard, toujours en principe sur le chemin de la Palestine et de l'Égypte (le but officiel de cette croisade est de vaincre les Égyptiens), les voilà qui arrivent près de Byzance, avec, dans leurs bagages, un vieux prétendant au trône impérial exilé. Il comptait sur ces étrangers pour remonter en selle. On ne se mêle pas impunément de la politique d'un vieil empire. Des gaffes sont commises ; la population gronde contre cette immixtion ; la tension monte. Bientôt quelques heurts suffisent à mettre le feu aux poudres, et à déclencher l'impensable : les croisés mettent la ville à sac, pillent, massacrent, profanent les églises, volent tout ce qu'ils peuvent de reliques et d'objets d'art (dont les fameux lions de Venise, jamais rendus). Forts de cette victoire pathétique, ils créent sur les décombres de la perle du monde grec un « empire latin », parenthèse de l'histoire byzantine qui durera soixante ans. Ils récoltent surtout, et à jamais, la haine des orthodoxes. Vu d'Occident, on croit que la grande date de l'histoire de l'empire romain d'Orient est 1453, l'année de la prise de Constantinople par les Turcs. Pour beaucoup de gens de cette ville, la catastrophe était arrivée deux siècles plus tôt, et les barbares qui en étaient responsables étaient catholiques.

Un cas à part, Frédéric II de Hohenstaufen

Faut-il pour autant rester sur une tonalité aussi négative, n'y a-t-il donc personne pour racheter cette longue parenthèse par quelque action méritoire, quelque geste noble ? En général, on convoque le souvenir des deux grandes âmes chevaleresques du temps des croisades : Saladin, qui fait envoyer des médecins pour soigner ses adversaires s'il les sait malades, et Richard Cœur de Lion, impressionné par la grandeur de cet adversaire, qui rêve de lui donner sa sœur en mariage – et ne le fera pas. À dire vrai, on trouve aussi dans la biographie des deux hommes bien des épisodes autrement sanglants – massacres de prisonniers, tueries gratuites –, mais on dira que l'époque n'allait pas sans. Pour ma part, je préfère profiter de l'occasion pour vous toucher deux mots d'un personnage moins connu en France et qui est un de mes favoris dans cette période : Frédéric II de Hohenstaufen (né en 1194, règne en 1220, meurt en 1250), empereur du Saint Empire romain. Les Allemands en ont une approche prudente, car le pire nationalisme germanique chercha un peu trop, au XXe siècle, à l'annexer. Quelle erreur ! Il n'y a pas moins national, moins étroit que ce grand esprit.

Souvenez-vous, on l'a vu passer déjà lors du chapitre traitant de la bataille de Bouvines. Il était ce jeune candidat au trône impérial que soutenait discrètement Philippe Auguste. Il appartient, du côté de son père, à la grande famille Hohenstaufen et sera le dernier empereur de cette dynastie. Il est normand par sa mère, c'est pour ça qu'il est élevé à Palerme : dans la première moitié du XIe siècle, un petit seigneur du Cotentin a enlevé la Sicile aux Arabes, et ses descendants y ont bâti un royaume – on l'appelle le royaume normand de Sicile. Ils le gouvernent toujours avec des principes de tolérance religieuse envers chacun, ce qui est rare à l'époque. De la Sicile normande, les musulmans n'ont pas été chassés. Chacun peut y pratiquer librement sa religion et Frédéric est l'héritier de ce principe. Il parle latin, sicilien, grec, arabe, normand, il aime toutes les civilisations, favorise les arts et la science et est fou de chasse au faucon – sur laquelle il a écrit un précieux traité. Le pape, après avoir lâché Otton, le vaincu de Bouvines, a fait son élection, mais leur belle alliance est de fort courte durée : rivalité de territoires dans le Sud de l'Italie, conflits de pouvoir comme il y en eut tant. L'empereur, comme bien d'autres avant lui, sera excommunié. Il le sera même par deux fois mais il s'en fiche bien. Il passe pour un des esprits les plus libres de son temps, et l'honorable Malet-Isaac, le plus classique des manuels d'histoire, nous dit qu'il « affirmait que Moïse, Jésus et Mahomet étaient trois imposteurs », ce qui semble presque irréel pour l'époque.

Quoi qu'il en soit, on est sûr que la religion le souciait assez peu. C'est au moment même où il est excommunié qu'il se décide à une entreprise qu'il a repoussée dix fois : monter une croisade. La sienne sera la sixième (1228-1229). Il la mènera avec des méthodes qui scandaliseront les bons chrétiens du temps. Pour récupérer Jérusalem, ce à quoi personne n'est parvenu avant lui, il refuse de combattre et passe par la diplomatie. Il signe avec le successeur de Saladin le traité de Jaffa (1229), qui est une parfaite réussite. L'accord lui vaut même de pouvoir être couronné roi de Jérusalem. L'histoire rapporte qu'une seule chose l'ennuya, lors de la cérémonie : par courtoisie, son ami le sultan avait demandé aux muezzins de la Ville sainte de ne pas chanter la prière et cela déplut à l'empereur. Il voulait qu'à Jérusalem on continuât à entendre « la langue chaude des Arabes » qui lui rappelait son enfance.

Jusqu'à sa mort à Lucera, la ville qu'il avait fondée dans le sud de l'Italie, sa garde, ses soldats furent musulmans. Après sa disparition, faute d'héritier, son beau royaume de Sicile et d'Italie du Sud passera pour un temps à des Français, le frère puis le neveu de Saint Louis, de la famille d'Anjou. Ils feront massacrer tout le monde.

10 – Rachi

Un vigneron nommé Salomon

Avec les rois et les batailles, on usait naguère d'un autre bon moyen de faire entendre les grandeurs de l'histoire de France aux enfants des écoles : le culte des grands hommes. Sur un plan pédagogique, il a ses vertus. J'avoue que, si j'étais instituteur, pour faire comprendre à mes élèves la richesse et la complexité de notre Moyen Âge, je ne manquerais certainement pas d'évoquer la vie d'un personnage remarquable et trop peu connu de nos contemporains : le rabbin Salomon, fils d'Isaac, « Rabbi Shlomo Its'haqi », celui que par tradition on ne désigne qu'en contractant ce nom. Cela donne Rachi.

Notre homme (né en 1039 ou 1040 et mort en 1104 ou 1105) vécut dans la belle ville de Troyes, célèbre pour ses foires commerciales et située en Champagne. Comme tous les Champenois, il parlait un dialecte français. C'est en partie dans cette langue qu'il écrivit une œuvre considérable, des commentaires irremplaçables

REPÈRES

– 797 : Isaac le Juif envoyé par Charlemagne auprès d'Haroun al-Rachid
– v. 1040-1104 : vie et mort de Rachi
– 1215 : quatrième concile de Latran, intensification de la lutte contre les hérésies et mesures de ségrégation contre les Juifs
– 1348-1349 : Grande Peste ; massacre de nombreux Juifs, accusés d'avoir empoisonné les puits
– 1394 : expulsion des Juifs du royaume de France

visant à expliquer, à mieux comprendre, un des grands livres de sa religion, le Talmud. Par ailleurs – la littérature, aujourd'hui comme hier, a du mal à nourrir son homme –, il avait un métier très lié à sa Champagne natale : il vivait du produit de ses vignes. Oui, si j'étais instituteur, je serais content et fier d'apprendre à mes petits élèves que près de mille ans avant leur naissance, on pouvait croiser à Troyes, en Champagne, un grand écrivain de langue française, juif et vigneron.

Pendant longtemps, dans les livres d'histoire de notre pays, des Juifs, on ne parlait pas. Ou plutôt, on finissait par en parler lorsqu'ils apparaissaient miraculeusement et fort tard, avec l'affaire Dreyfus. Il fallait attendre les malheurs du pauvre capitaine accusé à tort d'avoir trahi son pays pour découvrir une réalité presque jamais évoquée dans le reste des manuels : il y avait donc des Juifs en France. Depuis quelques décennies, on a voulu remédier à cet oubli, et on a commencé à parler des Juifs au Moyen Âge sous un autre angle : celui de leur persécution.

Il y a de quoi dire, en effet. L'antijudaïsme est une réalité de la chrétienté médiévale. Un spécialiste du haut Moyen Âge comme Bruno Dumézil fait remonter à Dagobert une première grande tentative d'en finir avec ceux qui étaient alors les derniers non chrétiens de la Gaule mérovingienne, en les forçant à la conversion. De son côté des Alpes, le roi des Lombards, écrit l'historien, les força à choisir « entre le glaive et l'eau du baptême » et le roi des Wisigoths d'Espagne chercha à les réduire en esclavage. Triste période.

D'autres, pires encore, suivront. On a parlé, déjà, des violences terribles commises contre les Juifs en 1095, partout où ont déboulé ces foules fanatisées qui partaient à la première croisade. Délire eschatologique qui faisait croire que la mort des « perfides » hâterait le retour tant attendu du Messie ? Ou folie de troupes tellement désireuses d'en finir avec les « infidèles » qu'elles se firent la main sur les premiers infortunés rencontrés en chemin ? On discute toujours entre spécialistes pour connaître les raisons profondes de cette hystérie collective. On est sûr que des milliers de gens en furent les victimes, les Juifs de Rouen et surtout ceux de la vallée du Rhin, de Cologne, de Mayence.

Bientôt, on impute aux fils d'Israël des forfaits imaginaires que toute l'Europe chrétienne tiendra pour aussi vrais que la résurrection du Seigneur et le bleu de la robe de la Sainte Vierge : ce sont les accusations de « crimes rituels », ces rapts d'enfants dont les Juifs se rendraient coupables aux alentours de Pâques pour leur faire subir mille tortures, comme « ils » en ont fait subir au Christ, et peut-être même les manger. La première accusation est attestée à Norwich, en Angleterre, vers 1150, et concerne l'enlèvement d'un certain petit Guillaume. À Pontoise, un petit Richard aurait subi le même sort, les accusations sont identiques. On en retrouvera un peu partout.

Lors des massacres de 1095, les évêques souvent, les seigneurs parfois font ce qu'ils peuvent pour sauver des populations qui sont de leurs villes et de leurs villages depuis des siècles. L'empereur Henri IV signe des textes qui permettent aux Juifs de reprendre leur religion, car aucune conversion ne saurait être valide qui ait été imposée par la force. Au milieu du XIIe, saint Bernard de Clairvaux, au moment des massacres déclenchés au début de la deuxième croisade, celle qu'il a prêchée lui-même, se met en colère : « Pourquoi tourner votre fureur contre les Juifs ? Ils sont l'image vivante de la passion du seigneur. » En d'autres termes, il ne s'agit pas d'aimer les Juifs puisqu'on sait qu'« ils » ont tué le Christ, mais c'est précisément parce qu'ils sont les témoins vivants de ce crime affreux qu'il ne faut pas les faire disparaître. C'est alors la position officielle de l'Église, elle est un peu alambiquée, c'est indéniable, mais elle a au moins un côté appréciable : elle pousse nombre d'ecclésiastiques à s'opposer aux exactions.

Pourtant, peu à peu, les autorités vont elles aussi déchaîner la haine. En 1182, Philippe Auguste avait déjà chassé les Juifs de ses terres, ce qui lui avait permis de leur voler leurs biens, mais il les avait rappelés en 1198, se rendant compte qu'ils lui rapportaient plus d'argent quand il pouvait les écraser d'impôts. Le contexte général du début du XIIIe siècle tend les choses un peu plus. L'époque est à la lutte contre les hérésies, à l'idée d'une domination sans partage du christianisme. Au quatrième concile de Latran (en 1215), l'Église décide de faire porter aux Juifs des signes distinctifs, pour qu'on ne les confonde plus avec les chrétiens, ici ce sera un chapeau, là la couleur jaune, ailleurs un insigne représentant les tables de la Loi. Saint Louis, on l'a écrit déjà, impose la rouelle, une pièce ronde de tissu. C'est lui aussi qui organise le procès public du Talmud (en 1240), le grand livre de la foi. Il a ouï dire que ce texte comportait des offenses aux chrétiens, il convient donc de le juger. Courageusement, des rabbins vont le défendre. Leur cause était évidemment perdue d'avance. Le Talmud et bien d'autres manuscrits précieux sont brûlés publiquement en 1242. Et peu à peu la situation des hommes, des femmes, des familles qui vivaient dans le royaume depuis des temps immémoriaux se précarise. De plus en plus de métiers leur sont interdits. Philippe le Bel les expulse à nouveau d'un royaume devenu bien plus vaste qu'il n'était un siècle plus tôt. Plus de 100 000 personnes, dit-on, doivent fuir dans la douleur, les pleurs, l'effroi. C'est une catastrophe pour le pays, qui perd des forces vives, et pour les exilés qui sont chassés de terres où ils vivaient depuis des siècles. Louis X les rappelle, mais sous conditions et peu ont le courage de réaffronter des lieux devenus si inhospitaliers.

Le XIVe siècle qui s'ouvre est le pire. Il est celui de la Grande Peste, et dans ce contexte de panique les superstitions se déchaînent. Maintenant on accuse les Juifs d'empoisonner les puits : ils tuent bien les enfants à Pâques, pourquoi pas les pauvres paysans qui cherchent à boire ? Le pape essaie de démonter cette accusation en en montrant l'absurdité : pourquoi accuser les Juifs d'avoir propagé un mal dont ils meurent eux aussi ? Ses paroles portent peu. L'époque est sourde à tout argument, surtout les plus rationnels.

En 1394 enfin, sur ordre du roi Charles VI, les Juifs sont définitivement expulsés de ce qui est maintenant la France. Beaucoup iront se réfugier en Alsace, qui est une terre d'Empire, ou en

Provence, qui l'est aussi. Hélas, la Provence devient française à la fin du XVe, il faut partir à nouveau. Certains trouveront refuge dans les États du pape, ces quelques communes autour d'Avignon. Les pontifes y protègent leur vie, mais quelle vie ? Des existences rendues misérables, dans les *carrières,* ces quartiers où nul n'a le droit d'entrer ou de sortir après la tombée du jour, et où presque tout leur est interdit.

L'enseignement du mépris

À bien des égards, c'est vrai, l'histoire du judaïsme médiéval en Europe est une sombre histoire. À l'époque, sur notre continent, seule la Pologne, dont les rois accueillent ceux que les croisés ont pourchassés, fait preuve de tolérance, et l'Espagne musulmane, bien sûr, qui se conforme à l'usage du monde islamique : les gens du Livre – Juifs et chrétiens – sont soumis à un régime d'impôt spécial, ils ne sont pas considérés comme des égaux des musulmans, ils sont soumis à certaines mesures discriminantes qui nous apparaissent aujourd'hui choquantes, mais au moins ils sont protégés. Partout ailleurs, et tout particulièrement en France et en Angleterre, la persécution est la règle.

On a évidemment raison de rappeler ce passé détestable. D'abord, il aide à comprendre les racines lointaines de l'antisémitisme, ce fléau du XXe siècle, même s'il est d'une structure différente : au Moyen Âge, l'obsession est religieuse, nul ne parle encore de « race » juive, comme le feront les nazis. Les rois, l'Église y ont leur part, dispensant ce que le grand historien Jules Isaac a appelé « l'enseignement du mépris », c'est-à-dire cette haine officialisée et sciemment répandue. Les enfants disparus, Guillaume de Norwich et Richard de Pontoise, ont été canonisés comme « martyrs des Juifs » peu après leur mort, et jusqu'au milieu du XXe siècle on trouvait tout naturel d'en célébrer le culte. Il faudra attendre le grand concile de Vatican II, c'est-à-dire le début des années 1960, pour que cette théologie soit enfin abandonnée.

Cette histoire est riche aussi pour ce qu'elle nous enseigne des rouages de toute forme de racisme. Prenons la figure classique du Juif usurier, ce Juif qui « par sa race » aurait forcément un goût immodéré et une connaissance particulière de l'or, de l'argent. Léon Poliakov, dans son *Histoire de l'antisémitisme*[1], le grand livre classique sur la question, explique comment on en est arrivé là. De nombreux Juifs, à un moment donné de l'histoire, sont devenus prêteurs pour une raison fort simple : tous les autres métiers leur avaient été interdits les uns après les autres. Il explique aussi que, contrairement à ce que croient les gens qui ne l'ont pas étudié, le judaïsme était tout aussi opposé à l'usure que le christianisme ou l'islam. Mais comment condamner un métier quand il est devenu une nécessité vitale ? Les rabbins n'ont jamais accepté l'usure. Ils s'y sont résolus, nuance. On peut expliquer de la même façon la figure du « Juif errant », ce sans-patrie éternel, incapable de se fixer : bien sûr, les Juifs du Moyen Âge l'étaient. Et le moyen de ne pas l'être ? On les chassait par la force de partout ! On a compris la logique, c'est la vieille loi du proverbe : qui veut noyer son chien l'accuse de la rage.

Une autre face de l'histoire du judaïsme d'Europe

La force et l'intérêt de notre ami Rachi et de son vignoble est de nous rappeler qu'il existe un autre visage du judaïsme médiéval. L'histoire en est précaire, au regard de ce qui suivit, et Rachi en est un symbole parfait, lui qui vécut à une période de basculement. Il est l'exact contemporain des massacres liés à la première croisade, et il en a été meurtri personnellement : il connaît bien les Juifs rhénans, c'est chez eux qu'il a fait ses études théologiques. Seulement son existence même nous rappelle qu'il y a une autre façon de raconter les choses. « On ne peut résumer l'histoire du peuple juif à la persécution », écrit fort justement Esther Benbassa, historienne du judaïsme français qui en a écrit la meilleure synthèse[2]. Il connut

1 - « Points », Le Seuil, 1991.
2 - *Histoire des Juifs de France*, « Points », Le Seuil, 1997.

au long des siècles des moments de répit, des moments heureux, des périodes florissantes. L'histoire même de la persécution ne vient-elle pas nous dire qu'il y en eut, auparavant, ou à côté, une autre ? Si le concile de Latran veut distinguer les Juifs, les obliger à se mettre à part, c'est bien que jusqu'alors rien ne permettait de les reconnaître et que, dans bien des endroits, Juifs et chrétiens vivaient ensemble. Si, à un moment donné, on leur autorise seulement l'usure (ou ailleurs le commerce de vieux vêtements, ou le commerce de chevaux), c'est bien que jusque-là les Juifs pratiquaient tous les métiers possibles, etc.

Des Juifs ont vécu sur le territoire qui est aujourd'hui la France depuis la colonisation romaine, à peu près, et comme tous les citoyens romains ils circulaient dans l'Empire. Depuis le haut Moyen Âge, on trouve des Juifs dans les professions les plus diverses : maraîchers, médecins, meuniers, viticulteurs. Certains, appelés les radanites – peut-être, selon certaines étymologies, parce qu'ils voyagent sur le Rhône –, font le commerce avec l'Orient, comme leurs rivaux, les « Syriens », c'est-à-dire des Byzantins. Quand il veut entrer en contact avec le puissant calife Haroun al-Rachid, Charlemagne lui envoie à Bagdad un ambassadeur juif, Isaac, qui reviendra de son long périple avec l'incroyable cadeau du roi d'Orient au maître de l'Occident : un éléphant blanc. À Aix-la-Chapelle, il fera grande sensation. On a parlé des persécutions du temps de Dagobert, le Mérovingien. Seulement, à ce qu'on peut savoir, l'époque carolingienne qui lui succède reste un moment plutôt heureux de l'histoire du judaïsme européen. L'empereur était d'une brutalité inouïe quand il s'agissait de convertir les païens, mais il était ouvert aux gens du Livre. À Narbonne, des siècles plus tard, comme le font à la même époque les seigneurs chrétiens du lieu, les Juifs diront de leurs terres que c'est Charlemagne lui-même qui les leur avait léguées. Le fait est légendaire pour les uns comme pour les autres, mais la légende est significative. Le propre confesseur de Louis le Débonnaire, le fils de Charlemagne, un certain Bodo, se convertit au judaïsme et part en Espagne. Imagine-t-on à l'époque moderne le confesseur de Louis XIII ou de Louis XIV se convertir à la religion de Moïse ?

Les rapports intellectuels entre les deux grandes religions ne sont pas toujours aussi tendus qu'on pourrait le croire. Au XIIe siècle encore, explique le médiéviste Dominique Barthélemy[1], quand il veut traduire les psaumes de David, Étienne Harding, abbé de Cîteaux, fait appel à des savants juifs qui savent l'hébreux. Les Juifs participent à la vie économique du pays, et aussi à son élan intellectuel.

Notre rabbin de Troyes y a sa part plus qu'un autre. Le Talmud de Babylone, c'est-à-dire la codification écrite vers le Ve siècle de ce qui était auparavant une loi orale transmise de maître à disciple, arrive en Occident vers le XIe siècle. Rachi le lit, l'étudie, l'explique, en fait des commentaires que l'on considère toujours d'une grande clarté et d'une admirable concision. L'homme était un bon pédagogue. Son idée était qu'il faut toujours donner au peuple la vérité d'un texte en le rendant limpide. Après sa mort, ses petits-fils puis leurs successeurs continueront son œuvre en ajoutant des commentaires à ses commentaires, ce qui leur vaut leur nom de Tossafistes (ceux qui ajoutent). Ce travail est essentiel à l'histoire religieuse, évidemment. Il éclaire également la langue française en général : Rachi parle en langue d'oïl – le futur français – et le transcrit en caractères hébraïques, ce qui donne des renseignements précieux sur la façon dont on le prononçait. Il concerne aussi la mémoire commune de notre pays et de notre continent. Elle est si souvent tronquée. On l'a vu encore avec les diverses polémiques qui ont suivi l'idée d'affirmer, dans les textes fondateurs de l'Union, les « racines chrétiennes de l'Europe ». L'Europe, comme la France, a des racines chrétiennes, pourquoi le nier ? Mais elle en a d'autres, certaines plus récentes, certaines bien plus anciennes. Le judaïsme en est une. À un moment donné de son histoire, le christianisme a tout fait pour l'éradiquer. Est-ce une raison pour l'oublier ?

1 - *Nouvelle Histoire de la France médiévale. L'Ordre seigneurial*, « Points », Le Seuil, 1990.

11 – L'Église au Moyen Âge

Comment ne pas en parler ? Haute et droite comme la Croix, vaste comme une cathédrale, l'Église est l'élément central du Moyen Âge européen, sa colonne vertébrale. Dans quel chapitre jusqu'ici ne l'avons-nous pas évoquée ? Il reste alors, sur le continent, quelques irréductibles à la foi du Christ : des communautés juives qui se rassemblent là où on les laisse en paix, on vient de le voir ; les musulmans d'Al Andalus, leurs royaumes d'Espagne ; et des païens très à l'est – la Lituanie est le dernier pays d'Europe à demeurer fidèle aux dieux anciens, et le sera jusqu'au tournant du XIVe et du XVe siècle. L'immense majorité des âmes est chrétienne ; les champs et les villes demeurent à l'ombre des clochers ; du baptême à la mort, chaque moment, chaque geste de la vie est imprégné de christianisme. Bien sûr, il faut parler de l'Église, mais comment ? Cela n'est pas si simple. Il y a beaucoup de sujets d'histoire qui divisent. Peu qui amènent autant d'idées préconçues.

REPÈRES

– 910 : fondation de l'ordre de Cluny, restauration de la Règle de saint Benoît
– 1115 : fondation de l'abbaye de Clairvaux par saint Bernard
– 1208 : « croisade des albigeois » prêchée par le pape pour en finir avec l'hérésie cathare
– 1244 : prise de la forteresse de Montségur, dernier refuge cathare
– 1378-1417 : « Grand schisme d'Occident », la chrétienté déchirée entre deux papes, l'un à Rome, l'autre à Avignon

Se reconnaît-on de la tradition laïque et l'on suivra les chemins ouverts jadis par Voltaire ou, un siècle plus tard, par Michelet. On ne retiendra du christianisme médiéval que sa légende noire et on sortira de l'armoire du temps la sinistre panoplie qui l'accompagne : moines fanatiques dont le visage cruel se perd dans l'ombre de la capuche ; prêtres perfides n'aimant brandir le crucifix que devant les gibets ; geôles humides et chaînes rouillées des inquisiteurs ; innocents livrés à la torture, esprits libres frappés d'interdit, livres jetés dans les bûchers. C'est une façon de considérer les choses. Elle n'est pas sans fondement. À partir du XIIe siècle, l'obsession du catholicisme, c'est la lutte contre les *hérésies*, c'est-à-dire toutes les façons de s'échapper du dogme tel qu'il est édicté par Rome. Les hommes en trouvent beaucoup. Tant d'âmes pures rejettent l'Église telle qu'elle leur apparaît alors, grasse, corrompue, si loin du message originel.

Vers 1170, par exemple, Pierre Valdo ou Valdès, un riche marchand de Lyon, écœuré par la corruption du clergé, rêve d'un retour à l'Évangile. Il donne tous ses biens, prêche la pauvreté et ose une pratique alors inouïe : il fait traduire le Nouveau Testament en langue vulgaire pour que le peuple puisse le comprendre. Une telle folie est inacceptable : si le peuple lit le saint livre, à quoi serviront les prêtres ? Valdo est condamné, les membres de la fraternité qu'il a créée sont excommuniés et ses partisans, que l'on appelle d'après son nom les *vaudois*, ne peuvent survivre qu'en discrètes petites communautés, plus ou moins cachées en Suisse ou dans le Nord de l'Italie.

Parfois, ces diables d'hérétiques sont autrement coriaces, il faut pour les réduire mobiliser des armées entières et massacrer pendant des décennies. On l'a compris sans doute, je parle des célèbres *cathares*. Leur doctrine emprunte au christianisme, mais elle est mâtinée du manichéisme venu de Perse et d'autres doctrines orientales. Elle pose une séparation absolue entre un Dieu bon qui est tout esprit, et la matière, qui est le mal dont il faut se détacher ; et rejette avec horreur le catholicisme et sa hiérarchie qui lui semblent le symbole de la dépravation. Venue de Bulgarie et des Balkans vers l'an 1000, elle prolifère deux cents ans plus tard dans les riches terres du comte de Toulouse. Pour en venir à bout, le pape, en 1208, ne prêche rien moins qu'une croisade. On l'appellera la « croisade des albigeois », la ville d'Albi étant considérée comme une des bases des hérétiques. Cette véritable guerre dure des décennies : en 1244, il faut mobiliser encore des forces exceptionnelles pour venir à bout de la forteresse de Montségur, dernier refuge cathare. Elle est sanglante, jalonnée d'horreurs, de massacres, et dominée par un mot que l'on prête à Arnaud Amaury, le légat pontifical. Devant Béziers qu'il s'apprête à mettre à sac, alors qu'on lui demande comment on saura distinguer les mauvais des bons chrétiens, le chef de la croisade aurait dit : « Tuez-les tous, Dieu reconnaîtra les siens. » On n'est pas sûr que la phrase ait jamais été prononcée, mais tous les laïques la connaissent : même fausse, elle résume parfaitement le fanatisme indiscutablement à l'œuvre durant cette période.

Les historiens sont d'accord aujourd'hui pour montrer que l'entreprise avait plus à voir avec la géopolitique qu'avec de réelles motivations spirituelles. Emmenée par les petits seigneurs du Nord, vassaux de Philippe Auguste, dont le cruel Simon de Montfort, la croisade permet surtout au roi de France de mettre la main sur le comté de Toulouse, traditionnellement allié à la Catalogne d'outre-Pyrénées. On ne peut toutefois oublier, pour ajouter encore un peu de noir à ce tableau déjà bien sombre, une des conséquences strictement religieuses de la répression anti-Cathares : pour éradiquer enfin les mauvaises croyances, la papauté décide au début du XIIIe siècle de confier une justice à l'ordre nouveau des Dominicains. Tout pouvoir d'enquête lui est donné, sans contrôle, sans appel, dans le secret. Son seul nom fait frémir : l'Inquisition.

Le temps des cathédrales

Comment ne pas voir pourtant, sur l'autre mur de la mémoire collective, la grande et belle fresque que des gens non moins honorables ont su peindre sur le même sujet ? Les teintes en sont bien différentes. Plus de noir, plus de sang, mais le bleu de la robe de Marie et la douceur des reflets de l'Évangile. Voici la belle église médiévale dont rêva Péguy et tant d'autres avant et après lui. Elle aussi a sa vérité, tout aussi indiscutable que celle que nous venons d'évoquer. Avec la grande déchirure de la réforme protestante, à la Renaissance, arrivent le temps des guerres entre chrétiens. Par opposition, pour les cœurs pieux, les siècles médiévaux marquent donc l'âge d'or de la « chrétienté », ce moment béni où l'Europe entière communiait dans une même foi. C'est le temps des cathédrales, le temps où rayonnent les grands ordres monastiques, ces refuges du savoir et de la culture, où vont naître tant de saints. Il y a d'abord l'ordre de Cluny (fondé en 910), plus tard celui Cîteaux (on parle des *cisterciens*), toujours en Bourgogne, dont l'un des membres est un des personnages les plus célèbres du catholicisme médiéval : saint Bernard de Clairvaux (c'est le nom de l'abbaye fille de celle de Cîteaux qu'il a fondée en Champagne, en 1115). Et si parfois l'institution se laisse gagner par le relâchement, si parfois son clergé, gros, gras, mal instruit et cupide en montre l'indignité, Dieu a la solution. Il envoie d'autres saints pour la régénérer, encore et toujours : au même moment, au tournant du XIIe et du XIIIe siècle, un petit frère d'Ombrie, obsédé par la douceur et la pauvreté, François d'Assise, et un Espagnol, Dominique, infatigable prêcheur, vont révolutionner l'histoire du monachisme en créant les premiers *ordres mendiants*, c'est-à-dire des communautés religieuses qui lancent leurs frères sur les routes et dans les villes pour y porter la bonne parole.

Oui, on peut poser les choses ainsi, et passer longtemps à jouer au ping-pong avec ces deux versions de l'histoire. Elles ont chacune leur vertu. Elles ont aussi un gros défaut : elles bloquent tout. Repeinte en noir par les uns, en bleu par les autres, présentée comme le symbole de l'obscurité de l'esprit ou un idéal à jamais englouti, l'Église médiévale n'en devient pas moins dans ces deux versions un monolithe au sein duquel rien ne bouge. C'est dommage, car on s'empêche ainsi de voir ce qui la rend passionnante et dont on ne parle jamais : en réalité, elle n'a jamais cessé d'être secouée par des contradictions, des discussions, de grandes polémiques. Ne nous méprenons pas. La France des XIIe, XIIIe et XIVe siècles n'est pas une société démocratique où chacun peut défendre librement les positions qui sont les siennes. Les débats religieux se finissent le plus souvent par des interdits, des excommunications ou parfois des bûchers. Mais le fait qu'ils aient existé nous porte témoignage d'une vraie liberté que certains ne manquèrent pas de chercher à exercer. Pourtant, on ne l'associe jamais ni à l'Église ni au Moyen Âge. Tâchons donc de secouer ce préjugé avec les trois exemples qui suivent.

Héloïse et Abélard

Le premier nous projette au début du XIIe siècle et tient en un nom, Pierre Abélard. La postérité a joué à cet homme-là un drôle de tour : son patronyme n'est plus connu que pour ce qui ne fut, au fond, qu'un sinistre fait-divers. Cette histoire-là est simple et atroce : Abélard est un clerc plein de fougue et d'idées nouvelles qui dispense ses cours de théologie à Paris. Il est aussi fait de chair. Il tombe fou amoureux d'une jeune femme de quinze ans sa cadette, dont le nom sonne aussi familièrement à nos oreilles quand on l'associe au sien : Héloïse, « la très sage Heloïs », que chantera le poète François Villon trois cents ans plus tard[1]. La belle a un tuteur, le chanoine Fulbert. L'imprudent accepte de prendre le beau clerc en pension chez lui, contre des leçons particulières données à la pupille. L'enseignement a ses mystères. Quelques semaines plus tard, la jeune fille tombe enceinte et s'enfuit avec son maître pour aller se marier en secret. Le chanoine est fou de rage, et peut-être de jalousie, l'histoire ne le dit pas clairement. Il ourdit contre le suborneur une vengeance abominable : par une sombre nuit, il envoie chez Abélard deux hommes de main chargés de le châtier par où il a péché. Ils le

1 - « Où est la très sage Hélois, / Pour qui chastré fut et puis moyne / Pierre Esbaillart à Saint Denis ? / Pour son amour eut ceste essoyne. »

châtrent. Héloïse se fait nonne mais son amour ne se refroidira jamais : elle envoie à son pauvre époux des lettres brûlantes qui apparaissent aujourd'hui encore comme un sommet de l'amour charnel. Les réponses sont froides et distantes, le mari est affligé de « l'histoire de ses malheurs » (c'est le titre de ses Mémoires) et de cette honte qu'il n'arrivera jamais à surpasser. Cela peut s'entendre : près de neuf cents ans plus tard, on le connaît toujours pour cette amputation navrante et chacun a oublié ce qui l'avait rendu fameux en son temps.

L'homme, un des maîtres théologiens de la jeune université de Paris, était un des plus beaux esprits de son siècle, et un des plus indépendants. Il enseignait des choses incroyables, par exemple que l'on peut juger des actes non seulement par eux-mêmes, mais encore en leur appliquant une morale de l'intention : quelle force a poussé tel homme à commettre pareille chose ? Ne peut-elle donner un autre sens au geste lui-même ?

Il aimait considérer les textes des Pères de l'Église les uns après les autres pour en faire éclater les contradictions. Non pour montrer qu'ils disaient n'importe quoi, mais pour chercher à mieux faire ressortir l'intention de Dieu dans sa complexité. En bref, il aimait réfléchir et apprendre à ses élèves à penser. C'était audacieux. Surtout quand on croise sur sa route un ennemi aussi redoutable et haineux que Bernard de Clairvaux, le futur grand saint dont nous avons parlé plus haut. On peut être grand aux yeux de Rome et petit quand il s'agit de faire appliquer ses lois. Bernard qui, à Vézelay, a prêché la deuxième croisade avec un immense succès, Bernard qui fait la morale par ses lettres à tous les rois d'Europe est aussi, à ses heures, une diva jalouse. Il s'agace d'un clerc dont il lui revient aux oreilles qu'il développe des thèses bien hardies. Abélard, de façon loyale, demande à pouvoir s'expliquer en réunion publique pour discuter avec le futur saint, et montrer à tous que les positions qu'il défend ne sont pas les brûlots que l'on dit. Le 3 juin 1140 est réuni le concile de Sens qui doit examiner cette question. Mais le perfide Bernard, craignant d'être dépassé par le trop brillant esprit d'Abélard, a préparé le terrain. Il s'est entendu dès la veille avec tous les grands personnages présents et les évêques pour sceller le sort de l'accusé avant même le procès. Le jour dit, Abélard se retrouve interdit de stupeur en découvrant une telle ignominie et ses thèses sont condamnées sans qu'il ait pu ouvrir la bouche.

Le grand Michelet et derrière lui les historiens républicains du XIXe révèrent la mémoire de celui qu'ils voyaient comme un martyr de l'obscurantisme, et le célèbrent d'autant plus que cela leur permet, au passage, de tacler saint Bernard, le héros du camp adverse. Il ne faudrait pas pour autant faire de notre théologien un héraut de l'anticléricalisme. Il est homme d'Église et le reste. Après Sens, que fait-il ? Il décide de partir à Rome pour plaider sa cause car il sait que le pape, lui, l'entendra. En chemin, il est recueilli chez le vieil ennemi de Bernard et des Cisterciens, Pierre le Vénérable, patron de l'abbaye de Cluny. Épuisé par tant d'infortune, il y mourra sans achever son périple. Quoi qu'il en soit, le premier il aura prouvé que l'on pouvait tenter d'introduire de la logique et de la raison dans l'étude théologique. Ce faisant, il a ouvert une brèche qui conduit à notre deuxième exemple.

La scolastique

Aïe ! Voilà encore un mot qui a terriblement mal vieilli. Nous autres, lecteurs du XXIe siècle, le connaissons parfois pour l'avoir croisé dans des textes de la Renaissance, qui ne l'aime guère. Pour les gens de l'époque de Rabelais ou de Montaigne, la scolastique, c'est l'art de couper en douze des points de théologie dont on ne comprend même pas la formulation, c'est le symbole même du savoir sclérosé des universités qui n'ont pas voulu changer depuis le Moyen Âge. Comme n'importe quel concept, il reprend toute sa splendeur quand on le replace dans le contexte de sa naissance. La scolastique est liée au XIIIe siècle, et va de pair alors avec cet incroyable vent d'ouverture qui souffle sur tous les beaux esprits de l'Europe, féconde tous les savoirs et résulte d'un immense choc culturel. À ce moment-là, pleine période d'expansion urbaine, l'étude sort enfin des cloîtres et des univers fermés des monastères où elle avait été préservée depuis des siècles pour arriver en ville à travers une institution nouvelle : l'université. On en ouvre à Toulouse, à Oxford, à Paris.

Bien évidemment, les universités médiévales ne sont pas tout à fait semblables à celles que nous connaissons aujourd'hui. Elles dépendent de l'Église ; les étudiants et les maîtres y sont tonsurés car ils sont clercs. Par d'autres côtés, elles les préfigurent : les chahuts y sont fréquents, on y voit de véritables mouvements de protestation étudiante, on y sent une joie de vivre et d'apprendre plus proche d'une de nos facs que de l'austère bibliothèque d'un monastère. On y développe l'esprit, aussi, en pratiquant la *disputatio*, sorte de débat organisé pour confronter des thèses. Surtout, ces établissements nouveaux sont en première ligne face au grand choc culturel de l'époque : la redécouverte de la philosophie antique et en particulier d'Aristote. On ne connaissait en Occident que des bribes de l'œuvre du philosophe grec. Ailleurs, et un peu avant, d'autres grands savants l'avaient étudiée, décortiquée, notamment les deux grands philosophes musulmans, le Perse Avicenne (980-1037) et surtout l'Espagnol de Cordoue, Averroès (1126-1198). Grâce à la « Reconquista » progressive que les catholiques font de l'Espagne, grâce aussi à un point de passage comme la Sicile, les textes de ces grands esprits, de ces grands passeurs, arrivent en Occident. L'averroïsme devient une des grandes disciplines universitaires. On se met à marcher sur les chemins que les musulmans ont défrichés, en traduisant, en étudiant Aristote et les Grecs. C'est ainsi que l'on découvre cette réalité impensable jusqu'alors : ainsi donc il y eut dans le passé des esprits assez forts pour penser le monde sans avoir besoin de Dieu, ainsi donc il peut exister une philosophie autonome de la théologie. Aujourd'hui, cela semble banal. C'était alors vertigineux et les esprits ne s'y sont pas fait sans peine.

En 1215, par exemple, l'étude d'Aristote est interdite à Paris – mais cela fera la fortune de l'université de Toulouse où l'on avait toujours le droit de l'enseigner. Au milieu de ce même XIIIe siècle, Thomas d'Aquin (1225-1274), un brillant dominicain italien venu étudier à Paris, va réussir le tour de force qui aidera l'Église à sortir de ces contradictions : il réussit à repenser Aristote et à l'intégrer à la pensée chrétienne, il le digère en quelque sorte. La philosophie était rejetée comme païenne. Il en fait la « servante de la théologie », une des marches qui conduisent à Dieu. On dira de lui qu'il a célébré le « mariage d'Athènes et de Jérusalem ». Il faudra un petit moment pour que l'Église le comprenne. Dans un premier temps, les oppositions entre théologiens sont fortes et ses thèses sont condamnées. Puis il est canonisé (en 1323) et au XVIIIe est fait docteur de l'Église, le tour de force méritait cela.

On l'a compris, la scolastique n'avait donc rien d'une sclérose de l'esprit et elle aurait pu aller bien plus loin encore dans le sens de la liberté. On le sait aujourd'hui d'une façon assez paradoxale.

En 1277, Étienne Tempier, évêque de Paris, siffle la fin de ce qui peut nous apparaître comme une longue et joyeuse partie. Il édicte un texte qui condamne solennellement, une par une, 219 thèses. Désormais, plus aucun chrétien n'aura le droit de professer ces horreurs forcément inspirées par le diable. Ce texte est très connu, et très souvent cité, on y voit un exemple patent de l'intolérance du catholicisme médiéval. Elle est indiscutable. Pourquoi, pour une fois, ne pas renverser le propos ? L'historien Didier Foucault dans son excellente *Histoire du libertinage*[1] nous met sur cette piste. Si l'évêque condamne des pensées à ses yeux abominables, c'est bien que certains les professaient. Quelles sont-elles donc ? Citons quelques-unes des horreurs qu'il dénonce : « La religion chrétienne empêche de s'instruire », « Seuls les philosophes sont les sages du monde », « Il n'y a aucune question disputable par la raison que le philosophe ne doive disputer ». Incroyable ! On croirait des phrases sorties de la plume de Voltaire ou Diderot. Grâce à celui qui les a interdites en 1277, on tient donc la preuve irréfutable que déjà, dans ce XIIIe siècle passionnant, certains osaient les penser.

1 - Perrin, 2007.

Le grand schisme d'Occident

Projetons-nous d'un siècle encore pour mentionner un dernier point que l'on aborde rarement sous cet angle : l'affaire du grand schisme d'Occident. Nous voilà loin de la théologie. D'ailleurs, le vent de liberté que l'on vient d'évoquer pour le XIIIe siècle est bien mort au XIVe. Ce siècle est celui de la guerre de Cent Ans, de la Grande Peste, ce fléau monstrueux qui a emporté, estime-t-on, le quart de la population d'Europe. On n'a plus que faire d'Aristote et des philosophes. L'époque est au dolorisme, aux processions de flagellants qui veulent revivre dans le sang la passion du Christ, aux statues macabres rongées de vermine qu'on place sur les tombeaux. Et le temps est pris à d'autres vieilles occupations plus terrestres, la rivalité entre les papes et les rois.

On s'en souvient, l'affaire se noue sous Philippe le Bel. Après avoir réglé son compte à un pontife, mort traumatisé après la rencontre musclée avec son ambassadeur à Agnani, le roi de France, devenu le plus grand monarque d'Occident, trouve commode d'avoir la papauté sous la main. En 1309, un premier pape, évêque de Bordeaux, s'installe de façon temporaire aux portes du royaume de France, à Avignon. Le temporaire durera longtemps. Je vous épargne les détails des alliances, contre-alliances, magouilles financières et assassinats qui représentaient l'idéal évangélique de ces temps-là. Rappelons simplement que la pièce vire à la tragicomédie en 1377-1378. Le pape décide de rentrer à Rome. Il meurt. Un nouveau pape est élu dans la Ville Éternelle ; manque de chance, un autre a déjà été élu qui s'est installé à Avignon. Deux tiares pour un seul trône, cela fait une de trop : c'est le « grand schisme d'Occident ». Là encore les péripéties sont nombreuses, à un moment on verra même trois papes, c'est-à-dire deux « antipapes » et un vrai. Qui peut dire lequel ? C'est là où se glisse une innovation théologique peu connue et assez passionnante, pourtant : le conciliarisme.

Elle est simple à résumer. En 1414, lassés par le schisme, certains puissants (en l'occurrence un des papes et l'empereur) ont l'idée de réunir à Constance un grand concile, c'est-à-dire une réunion de tous les évêques, pour sortir de la crise. Effectivement, l'assemblée met fin au schisme et désigne un pape. Elle émet aussi une doctrine : c'est de la réunion de tous les évêques que doit désormais sortir la vérité de la foi, et cette réunion a une autorité supérieure au pape lui-même. Tout cela sera peaufiné, codifié lors des conciles suivants, à Bâle et dans d'autres villes (1431-1449). Par des astuces diverses, les papes auront raison des décisions qui y ont été prises. Ils continueront à dominer l'histoire du catholicisme. Son cours aurait-il été changé si la tentative d'instaurer une forme de pluralisme dans cet univers autocratique avait réussi ? Risquons-nous à le penser.

12 – La guerre de Cent Ans

Philippe le Bel meurt en 1314. Après lui règnent successivement ses trois fils, et tout d'abord. Louis X dit le Hutin – c'est-à-dire le querelleur – de 1314 à 1316. Le propre fils de celui-là vient au monde après sa mort, c'est pour cela qu'on l'appelle Jean Ier le Posthume, mais il meurt bébé, quelques mois après son père. On fait donc appel au frère de Louis : Philippe V le Long (qui règne de 1316 à 1322), puis encore à l'autre frère : Charles IV le Bel (règne de 1322 à 1328). Et c'est tout. Aucun n'a d'héritier mâle. La belle mécanique de transmission du père au fils qui avait permis aux Capétiens de se maintenir sur le trône depuis 987 s'est enrayée. Les grands du royaume choisissent pour succéder à Charles IV un de ses cousins. Il sera couronné sous le nom de Philippe VI (règne de 1328 à 1350), il inaugure une nouvelle branche dynastique de la famille capétienne : les Valois.

REPÈRES

– 1337 : Édouard III se proclame roi de France
– 1356 : bataille de Poitiers, défaite du camp valois, Jean le Bon prisonnier
– 1364 : mort de Jean le Bon, Charles V roi de France
– 1380-1422 : règne de Charles VI, le roi fou
– 1429 (juillet) : Charles VII sacré à Reims
– 1453 : victoire de Charles VII à Castillon, bataille qui met fin à la guerre de Cent Ans

Un autre candidat au trône était possible. Philippe le Bel, outre ses trois fils, avait une fille, Isabelle, mariée au roi d'Angleterre Édouard II. Étant femme, elle ne peut prétendre régner[1] : bientôt leur fils Édouard III estimera que lui le peut, et que sa filiation lui donne, à lui aussi, des droits sur le trône de son grand-père. À dire vrai, l'Anglais se décidera bien tard, et il faudra, pour qu'il arrive à faire valoir cette prétention, des années de querelles avec son parent Valois. Les sujets de discorde ne manquent pas. Il y a l'alliance que les Français ont tissée avec l'Écosse, avec laquelle il est lui-même en guerre. Il y a surtout une succession de brouilles qui ne cessent de s'envenimer à propos de la Guyenne – toute cette large partie du Sud-Ouest de la France d'aujourd'hui, dont la capitale est Bordeaux. Les Plantagenêts la possèdent depuis le mariage d'Aliénor d'Aquitaine et d'Henri II, en 1152, mais, selon les lois du monde féodal, ils n'y sont qu'au titre de vassaux du roi de France et cela crée d'interminables conflits de préséance. Un vassal, on s'en souvient, est tenu de s'incliner devant son suzerain et de mettre ses mains dans les siennes, en signe de soumission, lors de la cérémonie d'hommage. Est-il si convenable qu'un roi ait ainsi à se soumettre à un autre roi ? L'Anglais le supporte de plus en plus mal. De son côté, le Valois ne fait rien pour adoucir la situation, bien au contraire. En 1337, sous de sombres prétextes, il confisque la Guyenne. Exaspéré, Édouard III joue son va-tout : il se déclare lui-même roi de France et débarque bientôt sur le continent avec son armée pour faire valoir concrètement cette prétention.

Nous voici donc avec deux monarques pour un seul trône : c'est le début d'un conflit qui verra se succéder d'innombrables batailles, des successions de traités plus ou moins appliqués, des trêves plus ou moins longues, et durera en tout plus d'un siècle. Il a commencé vers 1340. La dernière bataille – la victoire des Français de

1 - Dans quelques anciens ouvrages historiques et nombre de mauvais romans, quand on évoque l'éviction d'Isabelle et cette interdiction faite aux femmes de régner sur le trône de France, on se réfère à la « loi salique ». En fait, ce texte remontant prétendument aux Francs ne sera invoqué que plus tard, sous Charles V.

Plantagenêts, Bourguignons et Armagnacs

Charles VII à Castillon (dans l'actuelle Gironde) – aura lieu en 1453. L'ultime traité est signé – entre Louis XI et Édouard IV – à Picquigny (dans la Somme) en 1475. C'est pour cette raison qu'au XIXe siècle les historiens ont baptisé cette longue querelle « la guerre de Cent Ans ».

Ce qui a changé

Il nous faut être clair : dans une des perspectives qui nous occupent dans ce livre, c'est-à-dire la lente construction des identités nationales, l'événement représente une étape majeure. Avec ces histoires d'hommage, ces querelles de vassalité qui opposent le Plantagenêt et le Valois à propos de la Guyenne, on voit que cette longue affaire prend racine dans le monde féodal. Nous sommes encore dans ce Moyen Âge déjà décrit, la notion de pays au sens moderne, d'État, n'a encore aucun sens. Édouard III est roi d'Angleterre, pour autant lui assigner cette « nationalité » est absurde : comme tous ses prédécesseurs Plantagenêts, il est, tout autant que son parent Valois, de langue et de culture françaises.

L'aspect militaire des affrontements nous renvoie lui aussi au monde ancien, au moins côté français : quand ils doivent combattre, Philippe VI ou son fils Jean le Bon sont contraints de convoquer l'ost, cette lourde armée féodale composée de leurs vassaux.

Cent vingt ans plus tard, les temps ont bien changé. L'aristocratie anglaise et ses rois parlent anglais. Tous les échanges préparatoires aux différents traités de la fin de la guerre, nous disent les historiens, doivent se faire en latin, parce que c'est désormais la seule langue commune aux deux camps. Et ce fossé linguistique est très représentatif de l'écart culturel qui n'a eu de cesse de s'élargir entre les deux peuples. On notera par exemple que c'est de l'époque de la guerre de Cent Ans, vers la deuxième moitié du XIVe siècle, que date une des premières grandes œuvres écrites en langue anglaise : les fameux *Contes de Canterbury*, de Chaucer, considéré à ce titre comme le père de la littérature anglaise à proprement parler.

Les combats ne se font plus non plus de la même manière. À la suite des défaites successives que les archers gallois ont infligées à l'inefficace noblesse à cheval, on commence à comprendre que le temps de la chevalerie, où l'on faisait la guerre comme au tournoi, n'est plus. Charles VII, au milieu du XVe siècle, obtiendra ses dernières victoires, en Normandie ou en Guyenne, avec des armes nouvelles, très efficaces pour débander les fantassins qui vous font face : les bombardes mobiles. Elles préfigurent la puissance à venir de l'artillerie. Et, pour remplacer l'ost si long à se mettre en branle, ce roi novateur décide de fonder une armée permanente qui soit toujours à la disposition des souverains.

Enfin, la géographie a changé : à la fin de la guerre de Cent Ans, les Anglais, mis à part le petit territoire autour de Calais, ne possèdent plus aucune des vastes provinces qu'ils détenaient sur le continent depuis des siècles. Les vieux rêves de l'« empire Plantagenêt » sont morts. Leur culture nationale devra prendre la forme d'une île. Et de notre côté de la Manche, même si les appartenances de classe, de province, de village sont encore déterminantes, même si l'immense majorité des habitants du royaume parle toujours des langues et des dialectes divers, les sujets de Charles VII prennent peu à peu conscience eux aussi d'une identité nouvelle qui a été fouettée par les harangues inspirées d'une petite bergère lorraine, et vivifiée par les victoires de leur roi : peu à peu, ils commencent à se sentir français.

Oui, à la fin de la guerre de Cent Ans, parler de France ou d'Angleterre, cela commence à avoir un sens : les nations – ce principe qui sera déterminant dans l'histoire de l'Europe pour les cinq siècles à venir – commencent à exister. C'est indéniable. Faut-il pour autant forcer le trait comme on le fait encore lorsqu'on évoque cette période dans tant de livres ? Là encore, que d'excès dans la reconstruction de cette histoire telle qu'elle a été modelée ultérieurement, que d'absurdité dans la mythologie qui nous en est restée !

Songeons à la représentation que nous avons toujours de ce long conflit médiéval, ou, tout au moins, de l'épisode de ce feuilleton qui est resté le plus prégnant dans la mémoire collective : l'intervention de Jeanne d'Arc. Ne cherchons pas à retrouver les faits pour l'instant, nous le ferons tout à l'heure. Contentons-nous au contraire de pêcher les quelques souvenirs qu'ils ont laissés dans la plupart des têtes. Voyons, qui était donc cette si célèbre *Pucelle* ? Ah oui ! Une héroïque petite bergère lorraine qui a sauvé notre pauvre pays en « boutant les Anglais » hors de la France qu'ils « occupaient » et en poussant « notre roi », Charles VII, à se faire sacrer à Reims, avant d'être brûlée à Rouen, sur ordre d'un tribunal dirigé par un traître au service des occupants, cet homme au nom prédestiné pour être la risée des classes primaires : l'évêque Cauchon. En gros, il suffit de coller le chapeau à larges bords de Jean Moulin sur la sainte tête de Jeanne, de déguiser Cauchon en Pierre Laval, et d'enfiler des uniformes vert-de-gris sur les armures des soldats anglais pour comprendre ce qu'est la guerre de Cent Ans dans la plupart des esprits : la Seconde Guerre mondiale en version Moyen Âge.

Ne croyez pas que je cherche par là à me moquer de l'inculture des masses. Bien des grands historiens font assaut d'un patriotisme aussi réducteur et aussi anachronique[1] : on ne se défait pas si facilement des saints préceptes appris dans son jeune âge.

Aussi reprenons tout cela à la base pour tenter un exercice qui n'est pas si fréquent : ne peut-on enfin essayer de relire cette fameuse guerre de Cent Ans *autrement*, c'est-à-dire sans aucun des clichés cocardiers dans lesquels on l'enferme ? Prévenons tout de suite les nationalistes sourcilleux, cette manière de procéder risque de nous entraîner vers des conclusions qui leur causeront de vives émotions.

N'allons toutefois pas trop vite. Tâchons d'abord de rappeler les fondements de cette histoire de la façon la plus traditionnelle,

1 - Tous ne sont pas dans ce cas. Les passionnés de cette période liront avec délice l'excellente somme que l'historien Georges Minois lui a consacré : sa *Guerre de Cent Ans* (Perrin, 2008) est sans doute le meilleur ouvrage sur la question, vif, exhaustif, et dénué de tout parti pris chauvin.

c'est-à-dire comme on la raconte dans la plupart des manuels, en ne la considérant que du côté français et en s'appuyant sur les règnes successifs des rois Valois, et sur les batailles qu'ils livrèrent. Cela permet déjà un récit varié, mais pas tant : les monarques qui se succèdent sont inégaux. Il en est de très incompétents (comme Philippe VI ou son successeur Jean le Bon), d'autres qui sont de remarquables hommes d'État (comme Charles V, fils de Jean le Bon). Les batailles, elles, sont plus faciles à suivre vues de notre côté de la Manche : elles sont presque toujours des défaites.

Premier épisode

Nous sommes donc à la fin des années 1330. Nous retrouvons Édouard III, qui vient de débarquer sur le continent, en Flandre précisément – c'est-à-dire dans un comté dépendant de la couronne de France –, pour faire valoir ce qu'il estime être ses droits face à un Philippe de Valois traité d'usurpateur. Manque de chance pour ce dernier, le Plantagenêt est un des plus grands chefs militaires de son temps. En 1340, toute la flotte française est détruite lors de la bataille de l'Écluse, près de Bruges, il est donc maître de la mer. En 1346, à Crécy (dans la Somme), ses fantassins armés d'arcs font leur premier miracle : ils administrent une défaite cuisante à l'orgueilleuse chevalerie française. En 1347, Édouard met le siège devant Calais. L'épisode est resté dans les mémoires à cause des fameux « bourgeois ». Il fallait bien trouver quelques Français faisant preuve d'héroïsme au milieu de tant de catastrophes. Après de longs mois d'encerclement, la ville est affamée, épuisée. Six notables, en chemise et la corde au cou, n'hésitent pas à venir offrir leur propre tête à leur vainqueur en échange de la vie sauve garantie aux assiégés. Miracle, Philippa de Hainaut, la reine au grand cœur, obtient leur grâce. Édouard la lui laisse volontiers, il a ce qu'il voulait : avec ce port important, il possède désormais une tête de pont sur la rive continentale de la Manche. Calais restera anglaise jusqu'au milieu du XVIe siècle.

1350, mort de Philippe de Valois, arrivée de Jean II le Bon. 1356, bataille de Poitiers, nouvelle défaite. Elle est infligée cette fois par un autre grand chef de guerre anglais, le fils d'Édouard III, à qui son père, pour faire son éducation royale, a confié la riche province anglaise d'Aquitaine. Sa cruauté, son caractère impitoyable, sa capacité à ravager toute une région pour arriver à l'objectif militaire qui l'intéresse à ce moment-là, et aussi la couleur de l'armure qu'il aimait à porter, lui valurent bien plus tard le surnom terrible sous lequel il est resté connu dans l'histoire : le Prince Noir.

En 1356, à Poitiers, le Prince Noir inflige une gifle sanglante à la nombreuse armée du roi Valois. Là encore, les manuels français ont réussi à sauver la mise en mettant en valeur, dans cette débâcle, une petite parenthèse d'héroïsme chevaleresque : alors que Jean le Bon est assailli de partout, son jeune fils, le prince Philippe, se place derrière son roi et l'aide à prévenir les coups en lui criant : « Père gardez-vous à droite, père gardez-vous à gauche ! » Tout le monde a cette phrase en tête, elle vient de là et vaudra à Philippe de passer à la postérité sous le surnom qu'il vient de gagner, « Philippe le Hardi ». Hélas l'amour filial, à la guerre, ne suffit pas. Poitiers est un désastre. Avec des dizaines d'autres hauts personnages, le roi en personne est fait prisonnier et emmené à Londres.

La situation est catastrophique. Le fils aîné du souverain doit gérer le royaume. Il s'appelle Charles et porte un titre tout nouveau. Philippe de Valois a acquis une riche province des Alpes et son successeur Jean le Bon a inauguré la coutume de la donner à l'héritier du trône. Pour tout le monde, Charles – futur Charles V – est donc le dauphin, c'est-à-dire le seigneur du Dauphiné. Mais il est aussi en charge d'un État bien mal en point. Il faut, pour payer l'énorme rançon royale, convoquer les États généraux qui aideront à lever des impôts exceptionnels. Cela entraîne des troubles en chaîne dans le royaume. Toutes les couches de la société sont saisies tour à tour de velléités séditieuses. Parmi les puissants du royaume, un est encore plus turbulent que les autres : il s'appelle Charles de Navarre, il ne cesse d'intriguer avec ceux-ci, avec ceux-là. Il y gagnera le surnom de « Charles le Mauvais », dont l'affubleront plus tard les chroniqueurs pour dire le souvenir détestable qu'il a laissé. À Paris, une nouvelle classe de plus en plus puissante, les bourgeois, se sent des envies de tempérer le pouvoir d'un roi d'autant plus faible qu'il n'est pas présent. Tous sont unis sous la houlette du prévôt des marchands – sorte de préfiguration du maire –, un autre personnage au nom resté fameux : Étienne Marcel. Depuis la capitale, ils tentent de s'organiser et de mettre en place de nouvelles manières de gouverner le royaume.

Bientôt explose enfin, de façon brève et très violente, la colère d'une autre catégorie de population qui n'en peut plus d'être écrasée par l'impôt, et de voir ses terres ravagées par la soldatesque. En 1358, les paysans d'Île-de-France, de la Somme, de Normandie, prennent les fourches et, dans un moment de folie furieuse à la hauteur des misères dont ils sont accablés, brûlent, pillent les châteaux et massacrent ceux qui se mettent sur leur chemin. Par dérision, à cette époque, on désigne le paysan sous le sobriquet de Jacques Bonhomme. C'est pourquoi leur révolte s'appelle la Jacquerie. Elle est mâtée dans le sang et l'horreur par Charles le Mauvais, pour une fois au service de l'ordre. Les tentatives d'Étienne Marcel de remettre en cause le pouvoir du roi finissent par effrayer, il est assassiné. Et le dauphin réussit à reprendre la main et à réunir l'énorme rançon due aux Anglais pour faire rentrer le roi Jean le Bon d'Angleterre. Mais il est contraint à une paix désastreuse conclue à Brétigny (à côté de Chartres) en 1360. Édouard III – toujours au pouvoir, son règne est un des plus longs de l'histoire anglaise – renonce à ses droits sur le trône de France mais reçoit en compensation un nombre considérable de provinces qui lui reviennent sous une forme ou une autre : la Guyenne et la Gascogne, Calais, le Ponthieu et le comté de Guînes en toute souveraineté, mais aussi le Poitou, le Périgord, le Limousin, l'Angoumois et la Saintonge, et encore l'Agenais, le Quercy, le Rouergue, la Bigorre.

1364 : mort de Jean le Bon. Le dauphin devient Charles V. Il sera, de l'avis de tous, un des meilleurs rois de la période. Fragile et sensible, il aime les livres et les arts, mais il est aussi un de ceux qui ont posé les bases de l'État en fortifiant l'administration, en organisant plus rationnellement son royaume. Surtout, il a le flair de déléguer les affaires militaires à un jeune Breton ambitieux et fort doué pour cela : Bertrand Du Guesclin. Celui-ci, profitant de la longue trêve qui suit le traité de Brétigny, rend un premier grand service au royaume en le débarrassant d'un des fléaux du temps, les « grands compagnies », ces bandes de soudards que la fin des batailles a laissés à eux-mêmes et qui passent leur temps à ravager le pays. Du Guesclin trouve au problème une solution radicale : il les emmène faire la guerre ailleurs, en l'occurrence dans cette pauvre Castille en proie elle aussi à d'interminables querelles de succession. Puis celui que le roi a fait son connétable – sorte de chef des armées – entreprend une guerre d'usure : sans grandes batailles frontales, lentement, obstinément, il reprend places et châteaux un par un ; peu à peu, les Anglais sont chassés d'à peu près partout, sauf de Guyenne, de Cherbourg et de Calais.

Voici Charles VI (règne de 1380 à 1422) et un nouveau temps de calamités. On s'aperçoit bien vite du nouveau fléau qui va frapper le royaume : le roi est fou. Selon la chronique du temps, le mal l'a pris alors qu'il traversait la forêt du Mans en plein soleil, l'été 1392 : en état de démence totale, il tua quatre personnes de sa propre escorte. La folie le frappera par intermittence jusqu'à sa mort. Personne à l'époque ne sait comment débarrasser le pays d'un tel fardeau. Il est vrai que la perception médiévale de la maladie mentale n'est pas la nôtre. Nul n'estime alors que la folie est à même d'empêcher quiconque de régner. Elle est envoyée par Dieu, elle entre dans ses desseins. À chaque crise du roi, le peuple de Paris ne sait rien faire d'autre, nous disent les chroniqueurs, que d'organiser processions et prières publiques pour demander au ciel de rendre sa santé au prince. Cela dura trente ans.

La reine Isabeau de Bavière organise comme elle peut un conseil de régence mais les grands se déchirent. Très vite, en ce début de XVe siècle, le pays va être livré à deux clans ennemis qui ne connaîtront d'autres lois que la haine qu'ils se vouent. Le premier est celui de la famille qui, depuis Philippe le Hardi (le héros de Poitiers, le vaillant cadet de Jean le Bon), règne sur le puissant duché de Bourgogne dont le roi Jean a fait cadeau à son fils. On les appelle donc les Bourguignons. L'autre est dirigé par Louis d'Orléans, frère de Charles VI. En 1407, il est assassiné sur ordre de Jean sans Peur, chef des Bourguignons. Son fils, Charles d'Orléans, lui succède. Il a épousé la fille d'un puissant personnage du Sud du pays, Bertrand d'Armagnac, dont la nombreuse tribu fait sienne sa querelle : on appellera donc ce parti-là les Armagnacs. À l'ombre d'un trône sur lequel est assis un fou, sous le gouvernement d'une reine, Isabeau, et d'une famille royale qui ne cessent de balancer d'un parti à l'autre, voici l'état du royaume : on se tue, on se venge, on fomente émeutes et complots, on intrigue pour prendre telle province, pour contrôler tel organe de gouvernement, on investit Paris, on perd Paris, on prétend se réconcilier, on se trahit à nouveau. C'est l'horrible « guerre des Armagnacs et des Bourguignons », un cauchemar qui lui aussi dura des décennies.

Au beau milieu du drame réapparaît alors un personnage qu'on aurait eu tort d'oublier si vite : le roi d'Angleterre. Celui du moment s'appelle Henri V. Ce jeune homme est porté par une foi en Dieu doublée d'une foi en lui-même qui confine au fanatisme. Mais il a les moyens de cette immense ambition : c'est un chef de guerre hors pair et un homme d'État au sens politique sûr et déterminé, le plus grand roi d'Angleterre depuis Édouard III. Il sent son heure venue. Les Français ne s'entendent plus ? Il en profite pour reformuler solennellement les prétentions posées quatre-vingts ans plus tôt par Édouard : c'est à lui que doit revenir le trône de France. En 1415, il débarque à Harfleur, en Normandie, et entreprend une longue marche pour rejoindre Calais. Comme cela se passa huit décennies auparavant, une lourde armée française est envoyée à sa rencontre pour lui barrer la route. Près d'un petit village du Pas-de-Calais, Henri V opère un mouvement tournant et affronte, avec ses 12 000 fantassins et ses archers, les 50 000 hommes envoyés pour l'écraser. Le roi anglais vit dans son temps. Les Français ont deux siècles de retard : leurs chevaliers chargent en premier. Il a plu, le terrain est impraticable, les premiers chevaux s'embourbent, les lignes suivantes se ramassent sur les premières, les archers anglais peuvent ajuster leur tir : c'est le grand carnage, 6 000 morts chez les chevaliers français ; à peine quelques centaines de prisonniers. Contrairement à ce qui était en usage jusque-là, le roi anglais a donné l'ordre de ne faire aucun quartier, il perd les rançons éventuelles, mais il n'a pas ainsi à s'embarrasser de ces poids inutiles. Une génération entière de la noblesse meurt dans la boue du Nord. Le village s'appelle Azincourt. Ce nom désigne un des plus grands désastres français de l'histoire.

Henri, puissant vainqueur, poursuit ses conquêtes. En 1419, après un siège impitoyable et de nouveaux massacres, il prend Rouen, où il s'installe. À côté de Paris, la guerre des grands prend son tour le plus dramatique : sur le pont de Montereau, là où les deux chefs ennemis ont décidé de se retrouver pour se réconcilier, une rixe éclate. Jean sans Peur, le chef des Bourguignons, est assassiné sous les yeux mêmes du chef des Armagnacs, Charles, le propre fils de Charles VI et aussi son dauphin. La haine est désormais insurmontable. Charles doit fuir Paris. La reine Isabeau, hier proche des Armagnacs, penche désormais du côté bourguignon et se résout avec eux à l'alliance avec les Anglais. Une solution est trouvée, formalisée par le traité de Troyes (1420). Dans tous les manuels, on ne l'appelle pas ainsi. On écrit souvent « le honteux traité de Troyes », celui qui « livre la France aux Anglais ». Voici ce qu'il prévoit : Henri V épouse Catherine de Valois, fille de Charles VI et d'Isabeau, il devient l'héritier en titre du trône de France, et sera roi à la mort de Charles VI, tout en étant roi d'Angleterre : ce sera la « double monarchie ».

Le seul fils resté vivant de Charles VI et d'Isabeau, l'homme du pont de Montereau, le dauphin, est déshérité. Pendant longtemps, la petite histoire nous a raconté qu'Isabeau avait même laissé entendre que ce fils n'était pas d'elle. Les historiens d'aujourd'hui jugent cette thèse invraisemblable : selon eux, Isabeau a renié son fils pour des raisons purement politiques. Aux mains du clan

Armagnac, il vit réfugié à Bourges, dans la seule partie du royaume qui lui soit restée fidèle. C'est de là que va repartir le dernier épisode de notre long feuilleton.

En 1422, énorme rebondissement : Henri V meurt prématurément, d'une crise de dysenterie, à Vincennes, avant son beau-père Charles VI, qui lui succède dans la tombe quelques mois plus tard. Il n'aura donc pas été roi de France, comme prévu. Que faire ? On décide de suivre la logique du traité de Troyes. Pour ce camp-là, le nouveau souverain sera donc le tout jeune fils qu'Henri V et Catherine de Valois viennent d'avoir, il est encore bébé mais on lui donne déjà son titre royal : Henri VI.

Au sud, l'autre prétendant, Charles, le dauphin rejeté, tergiverse, hésite. Est-il souverain, ne l'est-il pas ? Par dérision, ses ennemis l'appellent « le petit roi de Bourges » pour souligner sa faiblesse. Les Anglais accentuent la pression sur lui, ils font tomber une à une les villes qui tiennent la Loire. En 1429, Charles est à Chinon, c'est là, divine surprise, qu'on lui amène une étrange personne : Jeanne d'Arc, petite bergère lorraine de seize ans, inspirée et mystique, porteuse d'un message qui vient de haut. « Gentil dauphin, je te dis de la part de Messire Dieu que tu es le Vray héritier du Trône de France. » Est-elle folle ? Un collège de clercs l'examine et assure que non. En tout cas, elle est portée par une force étrange qui l'aide à faire tourner le vent de l'histoire. En mai, elle exalte si bien les troupes françaises qu'elle réussit à faire lever le siège d'Orléans par les Anglais. Puis elle pousse littéralement son « gentil dauphin » et ses troupes jusqu'à Reims pour qu'il y reçoive le sacre royal qui le légitimera. Le chemin n'est pas facile, les places sont aux Anglais ou aux Bourguignons. Elles tombent les unes après les autres, ou bien on les évite. On arrive au but : le 17 juillet 1429, à côté de Jeanne portant son étendard, Charles VII est oint du saint chrême de Clovis. Prochaine fin de l'épisode.

Déjà, la bergère est à deux doigts de sortir du champ : elle veut continuer le combat, mais il n'y a pas grand monde pour la soutenir. Elle est blessée devant Paris, faite prisonnière devant Compiègne par les Bourguignons, et bientôt brûlée à Rouen sous domination anglaise, son temps n'est plus, son mythe peut naître. Le roi ne l'a pas aidée. Ragaillardi, posé, il a retrouvé des forces, se sent sûr de sa couronne, il n'a plus besoin d'elle. Les Anglais, eux, n'ont plus la main. Leur roi, Henri VI, est un enfant. Bientôt meurt le dernier personnage puissant qu'il leur restait sur le continent : le duc de Bedford, frère de feu Henri V et régent de France. Le vent des alliances tourne aussi. Charles VII peut jouer sa carte stratégique majeure : la réconciliation avec les Bourguignons. Il fait amende honorable pour le meurtre de Jean sans Peur au pont de Montereau ; on s'entend sur un partage de villes et de territoires ; la paix est scellée par le traité d'Arras en 1435. Elle lui ouvre les portes de Paris. Il lui faudra encore près de vingt ans pour arriver au but ultime : après la reconquête de la Normandie (1450) puis de la Guyenne (1453), le royaume entier est à lui, il ne laisse aux Anglais sur le continent que leur tête de pont de Calais. Voici donc à quoi on en arrive dans tous les livres de chez nous : le pays a enfin son vrai roi, légitime et victorieux ; l'occupant est chassé, la France est sauvée. Vraiment ?

13 – La guerre de Cent Ans deuxième version

La même sans les clichés

Sans Jeanne d'Arc, sans le bon Charles VII et le sacre de Reims, la France, assommée par un siècle de défaites et de malheurs, aurait donc péri ? Allons donc y voir de près, mais, une fois de plus, gardons-nous de nous précipiter. Avant de chercher à savoir si l'on peut, oui ou non, contredire frontalement ce qui vient d'être exposé, commençons, dans un premier temps, par y apporter quelques nuances.

D'AUTRES REPÈRES...

– 1415 : victoire d'Azincourt, décisive pour assurer la suprématie du roi d'Angleterre Henri V
– 1422 : mort prématurée d'Henri V à Vincennes
– 1431 : son fils Henri VI, âgé de dix ans, sacré roi de France à Notre-Dame
– 1452 : libération de Bordeaux, occupée depuis un an par les Français, par le chef anglais Talbot appelé au secours par les Bordelais

Il y a pis que la guerre : la peste

La guerre de Cent Ans est un épisode incontournable de l'histoire militaire et politique de la France et de l'Angleterre, et le grand jalon entre le Moyen Âge et la Renaissance. N'oublions pas, néanmoins, que l'événement fondamental du XIVe siècle, le traumatisme durable qui va marquer à jamais les populations de ces deux pays, mais aussi de toute l'Europe, n'est pas lié à ce conflit et ne vient pas de la Manche. Il arrive un beau jour de 1347 par la Méditerranée, en provenance de plus loin encore : la mer Noire. Là-bas se trouve Caffa, un comptoir commercial génois. Vers les années 1340, ce port est assiégé par les Mongols et ceux-ci ont mis au point une technique atroce pour venir à bout de la résistance des défenseurs de la ville. Ils catapultent par-dessus les murailles des cadavres de victimes d'un mal que l'Europe n'a pas connu depuis l'Antiquité : la peste. C'est la panique. Fuyant en bateau, les Génois rapportent le mal à Constantinople, en Grèce, en Sicile, à Venise, à Marseille, partout où ils accostent. L'épidémie flambe à la vitesse de l'éclair. En trois ans, selon les estimations que l'on a pu faire, on voit mourir entre un tiers et une moitié de l'ensemble de la population du continent. On a bien lu. En quelques semaines, en quelques mois, on voit disparaître une personne sur trois, parfois une sur deux, dans des souffrances atroces, sans que nul ne sache comment enrayer ce mal. Il est transmis, au départ, par les puces, elles-mêmes véhiculées par les rats : les chats auraient donc pu constituer le seul maigre rempart contre le fléau. Hélas, on avait l'habitude de tuer ces malheureux animaux supposés être voués au diable. Aussi, comme face à tous les autres malheurs du temps, on s'en remet à Dieu, on prie, on processionne. Dieu reste sourd. On invente alors d'autres façons, atroces, de faire appel à lui : partout, à la suite de l'épidémie, se répand, chez les chrétiens devenus fous, un autre fléau, la haine de la minorité non chrétienne que l'on a sous la main, les Juifs. On a parlé de cela, déjà. Bientôt, des flagellants paraderont dans les villes, comme si leur propre souffrance pouvait atténuer celle que le ciel a envoyée et qu'il renverra encore : tous les dix ou quinze ans, désormais, reprendront d'autres épidémies, de moindre ampleur heureusement.

La culture, l'art, sont bouleversés, domine désormais le goût du macabre, de la mort. Des régions entières sont vidées de leurs habitants, des terres retournent à la jachère, l'économie est déstabilisée. On estime que dans la plupart des pays il faudra deux ou trois siècles pour retrouver les taux de population du début du XIVe siècle.

Les ravages de la guerre n'ont pas de drapeau

Est-ce à dire que les populations traumatisées par le terrible mal sont indifférentes aux malheurs de la guerre ? Non, évidemment ! Partout où elle passe, dans les villes ou les campagnes, la guerre, elle aussi, fait des ravages. Et peu importe le soldat qui les cause. C'est là une des grandes différences avec les conflits *nationaux* du XXe siècle, c'est là une des raisons pour lesquelles il ne faut pas les confondre. Dans les guerres modernes que nous avons en tête, l'uniforme, le camp fait tout : il y a l'armée de son pays, qui est là pour protéger, pour défendre et dont on applaudit les victoires à grands cris ; il y a l'armée ennemie que l'on hait autant qu'on la craint. Rien de tel en cette fin de Moyen Âge. Pourquoi le peuple des bourgs ou des campagnes se réjouirait-il des victoires d'un roi plutôt que d'un autre ? La misère qu'amène la guerre ne connaît pas de drapeau. Pour les pauvres gens, sous le heaume et l'armure, pas d'amis, pas d'ennemis, tout soldat est un danger, point final. Le voir apparaître au bout du champ ou au détour de la route qui mène au bourg annonce le désastre et la ruine, quelle que soit la bannière qu'il prétend défendre. Et qui sait jamais celle qu'il sert réellement ? Génois, Allemand, ou venant d'ailleurs, brinquebalé de province en province, le militaire de l'époque est presque toujours un mercenaire. Il sert un camp puis l'autre, au gré de ses engagements ou des revirements d'alliance de son seigneur. Poussé par des chefs qui n'imaginent même pas que l'on puisse avoir de la considération pour le sort des civils, il est prêt à toutes les cruautés, aucune ne lui sera jamais reprochée. Mal payé, mal nourri, il ravage les campagnes où il passe, puisque c'est son moyen de survivre ou d'amasser un maigre pécule.

On l'a vu au chapitre précédent : le premier rôle que Charles V assigne à Du Guesclin est de débarrasser le pays des « grandes compagnies ». Tous les livres en parlent, ils oublient souvent de rappeler au passage que ces troupes de brigands étaient formées des soldats qui combattaient peu avant pour le même Charles V – ou tout aussi bien pour son adversaire : rendus à leur liberté, les mercenaires s'étaient fondus dans les mêmes bandes. Que dire des vaillants lieutenants de Jeanne d'Arc, les Lahire, les Xaintrailles, qui firent merveille derrière elle, à Orléans ou ailleurs, et dont le nom fit rêver des générations de bons petits Français ? On en a fait des modèles de héros, prompts à défendre au péril de leur vie leur patrie et leur peuple. Ils firent sans doute moins rêver leurs pauvres contemporains. Sitôt la trêve signée avec les Bourguignons, comme n'importe quels chefs de guerre avant eux, ils participent à ces autres bandes qui sèment encore la désolation et qu'on appelle alors « les écorcheurs », ce qui est tout dire.

Non, la guerre de Cent Ans n'est pas la guerre de 14. Le critère national, fondamental au XXe siècle, ne peut résumer le conflit d'hier. D'autres paramètres non moins essentiels entrent en jeu. Lorsqu'éclate la Jacquerie, en 1358, des nobles qui servaient hier les Valois n'hésitent pas à s'allier à ceux qui soutiennent les Plantagenêts (comme le célèbre Gaston Phébus) pour aller mater ces vilains qui osent se révolter et empêcher les gens convenables de jouer au plus noble des jeux, c'est-à-dire de mener tranquillement leur bagarre entre eux.

Si le peuple craint la guerre, il craint plus encore ce qui sert à la financer : l'impôt. Comme les conflits coûtent de plus en plus cher, il en faudra beaucoup. Après le soldat, un autre personnage est capable de semer la terreur dans les campagnes, de vider les villages de leurs habitants, de les faire partir à la hâte pour se cacher dans les forêts avec leur maigre vache et leurs trois hardes : l'« homme du roi », le collecteur au service du fisc. En revanche, l'impôt peut aussi jouer un rôle politique et aider à faire basculer le cours de l'histoire. Si, vers la fin de la guerre, dans la première moitié du XVe siècle, d'innombrables révoltes éclatent dans la Normandie conquise par Henri V, si les soldats de Charles VII y sont accueillis en libérateurs, ce n'est pas par patriotisme, c'est parce qu'on ne supportait plus l'insoutenable pression fiscale exercée par les Anglais.

La Normandie, la Guyenne, berceaux des rois d'Angleterre

Comment en serait-il autrement ? Par quel étrange miracle, hors ces questions très concrètes d'impôts, un Normand du XVe siècle se sentirait-il plus attaché à un Valois qu'à un Plantagenêt ? En tout cas, du point de vue des Plantagenêts eux-mêmes, les choses étaient claires : la Normandie n'était pas une « terre française », ou tout au moins une terre revenant de droit au souverain régnant à Paris, elle était le berceau de leur famille. N'oublions pas qu'ils descendaient de Guillaume le Conquérant. En entrant dans Rouen (après un siège atroce), Henri V, dit-on, fit pavoiser la ville : il entendait ainsi montrer la joie qu'il avait de se retrouver enfin chez lui, sur la terre de ses ancêtres. Était-ce pure propagande ? La plupart des manuels anglais soulignent cet épisode, et leurs équivalents français, curieusement, l'oublient. N'entrons pas dans la querelle. Contentons-nous de souligner ce point : oui, à la fin de cette interminable guerre, la conscience que l'on est français ou anglais entre dans les esprits, seulement la France et l'Angleterre n'ont pas grand-chose à voir avec les pays que nous connaissons aujourd'hui et les disparités entre les régions sont immenses.

La Flandre, par exemple (c'est-à-dire le Nord actuel de la France, plus une partie de la Belgique et des Pays-Bas), est vassale du roi de France. En général, le comte, la noblesse, lui sont fidèles. La bourgeoisie et le peuple, jamais : ils préféreront toujours les alliances nouées de l'autre côté de la Manche. Au plat pays, on vit du drap, on dépend donc de la laine que les moutons anglais donnent en abondance. Les rois d'Angleterre joueront souvent de cette carte. Édouard III ira jusqu'à menacer la Flandre de blocus commercial, ce qui causerait sa ruine. Lorsqu'il débarque pour affirmer ses prétentions sur le trône français, les villes riches le soutiennent. Durant le XIVe siècle, quand apparaissent dans la région les troupes des rois capétiens, on les regarde avec haine : elles viennent toujours pour écraser dans le sang les révoltes levées contre leur domination.

La Bretagne, elle, reste un duché indépendant. Contrairement à la Flandre, le peuple y suit les choix du prince. Seulement les princes varient beaucoup. On ne se risquera pas à tenter de résumer la politique fluctuante des ducs de Bretagne, hésitant sans cesse entre France et Angleterre, quand ils n'ont pas à se protéger des manœuvres de l'une et de l'autre pour placer leurs pions et leurs héritiers sur le trône. Notons simplement ce détail. Pour les Français, le plus célèbre Breton de la période s'appelle Bertrand Du Guesclin. Il est fils d'un petit seigneur des environs de Dinan. Sa bravoure, ses qualités de soldat et sa loyauté envers le sage Charles V en ont fait, dans tous les livres français, un héros de légende. Cette noble fidélité à un roi n'est pas évidente pour tout le monde. Il n'y a pas si longtemps encore, les nationalistes bretons un peu sourcilleux appelaient bien autrement celui qui avait choisi de servir un roi étranger : « le traître ».

Que dire enfin de la Guyenne ? On l'a vu, les limites de cette province dont le centre correspond à peu près à l'actuel département de la Gironde ont varié au cours du temps, au fil des victoires d'un camp ou de l'autre. Son cœur jamais : il a toujours battu pour sa seule patrie, l'Angleterre. Le fait peut nous sembler étonnant. Il ne l'était pas à l'époque. La Guyenne appartient au domaine des Plantagenêts depuis 1152, cela fait près de deux siècles au début du conflit. Toute son économie, et surtout le commerce des vins, est tournée vers les ports anglais. La mer qui baigne ses côtes nous semble aujourd'hui une sorte de frontière naturelle. Elle était hier un trait d'union tout aussi naturel. L'aristocratie anglaise se sent irrémédiablement liée au riche fief d'origine de la reine Aliénor. Richard II, petit-fils d'Édouard III et qui, comme lui, sera roi d'Angleterre, est né à Bordeaux. Les troupes menées par son père, le terrible Prince Noir, ces troupes que l'on appelle « anglaises » dans les livres, celles qui ravagent les terres du roi de France ou gagnent contre lui d'éclatantes victoires (comme à Poitiers), sont majoritairement gasconnes. Toute la population et toute la noblesse du Sud-Ouest sont fidèles aux Plantagenêts et le seront jusqu'au bout. Quand, en 1451, Charles VII prend Bordeaux, les habitants ne peuvent accepter de se soumettre à ces Français honnis. Ils font appel à Talbot, le vieux chef de guerre anglais, pour les en délivrer. Charles VII, après la bataille du Castillon qui scelle sa victoire définitive et la fin de la guerre de Cent Ans, doit reprendre la ville par le fer. Il y fait construire deux forteresses peuplées d'hommes en armes : il n'y a que par la force que les Bordelais accepteront enfin d'apprendre peu à peu à quel camp désormais ils appartiennent.

En histoire, une autre vérité est toujours possible

Les Bordelais auraient préféré rester anglais. Bien d'autres sujets du royaume aussi, sans doute, comment le savoir ? On n'en parle jamais. Osons en leur mémoire poser cette question : avaient-ils vraiment tort ? Nous voilà enfin au cœur du sujet qui fâche. Pour quasiment tous les Français amateurs d'histoire, une seule vérité existe : grâce à l'intervention de Jeanne d'Arc qui renverse le cours des choses, la guerre de Cent Ans se termine en un *happy end* qui est à lui seul un miracle pour notre pays. Charles VII, le seul vrai roi de France légitime, est sur le trône, les occupants sont chassés, leur « honteux traité de Troyes » est déclaré caduc, la France est libre et sauvée. Affrontons ces points les uns après les autres.

Passons rapidement sur la légitimité de Charles VII. Oublions les soupçons de bâtardise que l'on trouve dans quelques livres, on l'a dit, plus aucun historien n'en fait état. L'homme est donc un authentique Valois qui devient, comme c'est la règle, le dauphin à la mort de ses frères aînés. En quoi devrions-nous pour autant, à l'heure où nous sommes, continuer à accepter comme naturelle la légitimité de la branche tout entière ? Rappelons que les Valois sont arrivés au pouvoir, à la mort du dernier des fils de Philippe le Bel, au nom d'un principe sacré : il ne fallait pas qu'une femme (Isabelle, mariée au roi d'Angleterre), quelle horreur !, puisse accéder au trône ou simplement transmettre à son fils le droit d'y accéder. Françaises, Français, répondez en conscience : est-ce là un argument recevable ?

Pour appuyer sa candidature au trône, Charles reçut, d'une autre femme il est vrai, des assurances haut placées : Dieu lui-même était de son côté, c'est le message qui lui avait été apporté par la célèbre petite bergère de Domrémy. Qu'est-ce que Dieu pouvait bien avoir contre ces pauvres Anglais ? La Pucelle elle-même posa la question lors de son procès de Rouen. La réponse, pour elle comme pour nous, restera un mystère. Toujours est-il que ce soutien divin à l'ex-petit roi de Bourges lui fut d'un grand secours auprès des populations, et qu'il fut attesté par des gens très bien : Jeanne d'Arc fut officiellement réhabilitée par un tribunal ecclésiastique, puis béatifiée, puis canonisée (en 1920) par l'Église universelle. Pour tous les catholiques du monde, le choix est donc simple, pour ne pas dire obligatoire : Charles VII est le souverain incontestable. Mais pourquoi le serait-il pour ceux qui ne le sont pas ?

On me dira que ce petit jeu est assez vain. Admettons que la légitimité du Valois ne pèse pas lourd. Celle de son rival ne tient guère mieux, c'est le problème. Henri V entendait renouveler les prétentions au trône de France d'Édouard III et de sa mère Isabelle de France, mais il n'en descendait que par une branche cadette : son père, Henri Bolingbroke, était devenu le roi Henri IV à la suite d'un coup d'État, en chassant du trône Richard II. En Angleterre, le camp opposé à sa famille, les Lancastre, le tenait donc pour un usurpateur. Par ailleurs, en tant que laïque, on aurait grand tort de se jeter du côté du vainqueur d'Azincourt : tout autant que Jeanne d'Arc, il prétendait agir au seul nom de Dieu et son fanatisme religieux n'était pas moins grand.

Glissons aussi rapidement sur le thème de l'« occupation anglaise » de la France : elle fait venir des images de Seconde Guerre mondiale, on imagine des barrages militaires sur toutes les routes, des troupes nombreuses tenant tous les endroits stratégiques et des *kommandanturs* pléthoriques en version britannique pour administrer les villes soumises. Pure vue de l'esprit. Selon les comptes précis effectués par quelques historiens pointilleux[1], les soldats anglais dans le Paris du régent Bedford, c'est-à-dire précisément le Paris « anglais » des années 1420-1430, étaient, tout au plus, une trentaine...

À dire vrai, c'est la vision traditionnelle tout entière qu'il est peut-être sage de remettre en question. Biaisée comme toujours par le savant travail opéré après coup par le vainqueur, en l'occurrence Charles VII, elle pose les choses de façon simple et binaire : deux camps s'opposaient, l'un était celui de la France, l'autre celui de l'étranger. Ça, c'était vrai en 1940. Ça ne l'était pas forcément en 1420. On peut présenter les mêmes événements tout à fait autrement : après des décennies de guerre civile, sur le territoire qui est aujourd'hui la France, s'opposaient deux grandes factions, tout aussi françaises l'une que l'autre. L'une d'entre elles – Isabeau, la famille royale, et leurs alliés bourguignons –, pour se sortir d'une situation inextricable (l'impossible réconciliation avec des Armagnacs belliqueux et fanatisés) et pour en finir avec une guerre interminable, choisit une voix d'apaisement : une alliance raisonnée avec le roi d'Angleterre, si bien disposé à la paix qu'il acceptait d'épouser la fille de Charles VI, le roi de France qui était censé, hier encore, être son ennemi.

Une large partie de la population française, avant de virer de bord, défendit farouchement ce camp-là. Le traité de Troyes, formalisant l'alliance anglaise, est présenté depuis le XIXe siècle comme le « honteux traité de Troyes ». En son temps, il fut dûment ratifié

1 - Jean Favier, par exemple.

par les États généraux du royaume, qui en représentaient les sujets. Quelques années plus tard, Paris, très liée au camp bourguignon, applaudit chaleureusement à l'annonce du procès de Jeanne d'Arc et de sa condamnation. On la considérait alors comme une illuminée au service d'un roi faible dont le triomphe mènerait forcément le pays à la ruine. De l'avis général, le régent Bedford, gouvernant la France après la mort prématurée de son frère Henri V, sut se faire apprécier. Pour faire pièce au sacre de Charles VII à Reims, il organisa dans une cathédrale Notre-Dame de Paris pleine à craquer le sacre de son roi de France à lui, en présence d'innombrables sommités non moins françaises que celles qui se tenaient à la cérémonie champenoise : celui du petit Henri VI, parfois nommé Henri II au regard de la succession française. L'histoire lui aurait-elle accordé la victoire, c'est sans doute cette cérémonie-là dont on apprendrait le détail aux écoliers émus.

Quelle horreur, direz-vous enfin, quelle thèse absurde : le triomphe d'Henri VI contre Charles VII aurait signifié que la France devenait anglaise ! Pas du tout. Elle aurait signifié l'avènement d'une « double monarchie », un même souverain assis sur les deux trônes, c'est ce qui était prévu. Et après ? Aurait-ce été une catastrophe ? En France, on vient de l'écrire, nombreux étaient les partisans de cette solution. Assez étonnamment, c'est en Angleterre qu'ils étaient plus rares. Les grands opposants au traité de Troyes et à ce qu'il impliquait se comptèrent surtout au Parlement de Londres, et parmi les grands de ce côté-là de la Manche. Leur raisonnement était simple. L'Angleterre était bien moins vaste, bien moins riche, bien moins peuplée que la France. En devenant souverain à la fois des deux pays, le roi finirait bien vite par s'occuper uniquement du gros pour délaisser le petit. En outre, le choix même de ce prince-là ne leur plaisait guère : quelle confiance accorder à ce petit Henri, élevé en France par une mère princesse française ? Il leur paraissait évident qu'un tel individu n'aurait de cesse de chercher à les franciser. Avaient-ils tort ? Sans doute pas.

Si Jeanne d'Arc n'avait pas été là, entend-on parfois, nous serions devenus anglais, nous parlerions leur langue, nous roulerions à gauche. Erreur, sans Jeanne d'Arc, le contraire aurait pu se produire : les Anglais se seraient remis à parler le français et ils rouleraient à droite. La France n'aurait pas été perdue. Elle aurait été doublée.

Il n'en a pas été ainsi. L'histoire favorisa le roi de Reims contre celui de Notre-Dame. Après les victoires de ses ennemis et surtout le renversement d'alliances bourguignon, le pauvre Henri VI dut se résoudre à oublier son pays de naissance pour s'installer à Londres. Il garda de ses racines françaises un souvenir dont son nouveau peuple se serait bien passé : comme son grand-père Charles VI, il était fou. On dit qu'il ressentit les premiers accès de son mal après l'annonce de Castillon, la bataille qui signa sa défaite et la victoire définitive de son oncle Charles VII. Les aventures outre-mer étaient terminées, les Anglais avaient d'autres chats à fouetter : comme la France avant elle, leur pays sombra dans une terrible guerre civile entre deux factions ennemies, la « guerre des Deux Roses ». Leurs rois gardèrent longtemps le souvenir nostalgique du trône qu'ils avaient perdu. La fleur de lis orna leur bannière pendant des siècles, comme l'appellation orgueilleuse de « roi de France et d'Angleterre » ornait leur titulature. Ils n'acceptèrent d'abandonner l'une et l'autre qu'en 1801.

14 – Jeanne d'Arc

et les femmes de son temps

Cela ne souffre aucun doute, on l'a vue passer bien trop vite. Peut-on concevoir une histoire de France qui ne s'attarde pas, durant quelques pages au moins, sur celle qui en est le personnage féminin le plus fameux ? Précisément, voilà bien un point dont on étudie trop peu les conséquences. Tout le monde sait combien Jeanne d'Arc est célèbre. Qui se demande quels dégâts peut produire cette célébrité ?

N'allons pas trop vite et reprenons l'histoire de notre Lorraine sous l'angle où nous l'avions laissée : l'incroyable disproportion entre la brièveté de son existence et l'étendue de sa gloire posthume.

Fille de paysans aisés, elle naît à Domrémy, en 1412 environ, aux marches de la Lorraine, dans une région favorable au roi de France. À douze ans, elle entend des voix : sainte Marguerite, sainte Catherine et l'archange saint Michel commencent à lui parler, bientôt ils lui intimeront l'ordre de bouter les Anglais hors du royaume et d'aller au secours de celui qu'elle considère comme le seul roi de

REPÈRES

– 1412 : naissance à Domrémy, en Lorraine
– 1429 : présentée au dauphin à Chinon ; participe à la levée du siège d'Orléans ; assiste au sacre de Charles VII à Reims
– 1430 : faite prisonnière par les Bourguignons devant Compiègne
– 1431 : brûlée à Rouen

France légitime, le dauphin Charles. À seize ans, elle se rend jusqu'à Vaucouleurs, la petite place profrançaise la plus proche de chez elle pour demander qu'on la laisse rejoindre la Cour. Baudricourt, le capitaine, la tient pour folle et la chasse. Un an plus tard elle revient. Sur l'injonction de la population, séduite par cette étrange prophétesse qui semble si pure et si sincère, Baudricourt cède et lui donne une escorte : pour plus de sécurité, dit la chronique, Jeanne revêt des habits d'homme. La voici, en armure et en majesté, sur les chemins de son destin. Nous sommes en 1429. En février, elle est introduite à Chinon, où, du premier regard, elle reconnaît son « gentil dauphin » sans l'avoir jamais vu, alors qu'il s'est caché parmi la foule de ses courtisans. Doutes, examen par des matrones qui vérifient sa virginité ; interrogatoire serré par un tribunal ecclésiastique qui confirme qu'elle n'est pas une sorcière. En mai, toujours vêtue de son éclatante armure, montée sur un fier destrier, la pucelle en travesti peut conquérir son premier titre de gloire. Par sa fougue, par ses harangues, elle redonne tant d'énergie à la population d'Orléans que la ville réussit à obliger les Anglais à lever leur siège. Victoires diverses, marche sur Reims pour ouvrir la route à l'armée royale : 17 juillet, c'est l'apothéose, elle est au premier rang derrière son gentil Charles, sacré roi de France. Le clocher de sa gloire sonne aussi, déjà, l'heure du retournement.

Charles a désormais Dieu pour lui, ses conseillers poussent à en finir avec les batailles inutiles et incertaines ; ils veulent privilégier la diplomatie, cherchent à renouer l'alliance avec les Bourguignons. Jeanne veut toujours la guerre, elle n'est plus dans la ligne. En septembre 1429, elle a tenté une attaque sur Paris qui s'est soldée par un échec. En 1430, avec des mercenaires à sa solde, elle est devenue un chef de bande comme il y en a tant en cette époque de guerre civile. En mai, lors d'une sortie devant Compiègne, elle est faite prisonnière par les Bourguignons. Ils la vendent aux Anglais, ceux-là la font comparaître devant un tribunal ecclésiastique : il est important pour eux de montrer que celle qui a tant fait pour conférer à l'ennemi Charles VII son onction divine est une sorcière. Les juges lui reprochent de porter des habits d'homme, de prétendre parler à Dieu, d'être une hérétique. Jeanne se défend bravement, puis cède et avoue tout ce dont on l'accuse, puis enfin se rétracte. C'est la faute : au regard de la loi ecclésiastique, elle est donc relapse. Le 30 mai 1431, elle est brûlée à Rouen.

Une légende lente à démarrer

1429, 1431 : deux ans à peine pour jouer le drame de sa vie, avec apogée, chute, et martyre final. L'autre pièce peut commencer, elle s'intitule « la légende de Jeanne », près de six siècles plus tard elle n'est toujours pas terminée.

Elle a été lente à démarrer. Dans les années 1450, Charles VII, fort de ses victoires, sûr de son trône, est content de parfaire sa statue de grand homme élu de Dieu, il cède à la demande de la mère de Jeanne et lance, avec l'accord du pape, un procès en réhabilitation de la vierge brûlée. En 1456, très officiellement, un tribunal annule le jugement de Rouen : la bergère est lavée de toute faute, elle n'a pas invoqué à tort la parole de Dieu. Son aura en est magnifiée, seulement elle cesse bien vite de rayonner. Durant trois siècles, la mémoire de Jeanne disparaît, ou presque. Quand on en parle, c'est en mal. On ne la voit passer que dans *Henri VI*, tragédie historique de Shakespeare, sous les traits d'une sorcière hystérique (il est vrai que Shakespeare est anglais) ; puis dans une épopée burlesque et licencieuse de Voltaire, trop voltairien pour ne pas décocher les flèches de son ironie sur cette petite dinde qui parle au ciel en direct.

Il faut attendre le XIXe siècle pour assister au grand retour de la diva, mais quel retour ! Désormais elle occupe toute la scène et ne la quittera plus. Elle est l'héroïne rêvée d'une époque hystérisée par la construction de l'identité nationale et dispose d'un avantage qui manque à tant d'autres personnages : elle a tout ce qu'il faut pour plaire à tous les camps. La droite catholique est folle de la vierge inspirée qui, au nom de Dieu, a sauvé la France et son roi. Et la gauche, derrière Michelet, annexe tout autant la bergère lorraine et patriote, cette Marianne d'avant la République : elle en fait l'incarnation de son acteur historique préféré, le peuple, ce merveilleux peuple sans qui les pauvres rois ne furent que des marionnettes désarticulées. Les deux camps n'auront de cesse de se tirer la bourre. Les cathos jouent de toute leur influence pour arrimer le plus officiellement possible la martyre à leur rive : elle est béatifiée en 1909, et canonisée en 1920. Les républicains ne la lâchent pas pour autant : la fête de « sainte » Jeanne d'Arc sera décrétée « journée du patriotisme ». Au début du XXe siècle, on en est même venu aux mains à son propos : un professeur, Amédée Thalamas, soutient dans son cours que Jeanne « avait cru entendre des voix ». Scandale, blâme du professeur et début d'une affaire qui déchaîne les passions : Jaurès, qui défend Thalamas, ira jusqu'à se battre en duel avec Déroulède, qui le hait, comme toute l'extrême droite. Et cette guerre continuera jusqu'à nos jours. Dans les années 1930, chacun se dispute l'héritage, et elle est célébrée jusqu'en Union soviétique ; pendant la Seconde Guerre mondiale, elle est chérie par la Résistance, qui voit en elle la libératrice du territoire ; et tout autant glorifiée par le régime de Vichy : ses ennemis n'étaient-ils pas les perfides Anglais ? Si, peu à peu, malgré les défilés annuels de l'extrême droite à l'ombre d'une de ses statues à Paris, et le travail des républicains pour ne pas laisser au sectarisme cette prise de choix, la bataille idéologique s'estompe, quelle importance ? On trouve moyen de parler d'elle, encore et toujours. Voyez ces livres, ces films qui n'en finissent plus de grossir les interminables rayonnages qui lui sont consacrés dans les bibliothèques. Quand la grande histoire ne suffit plus, on se replie sur la petite, on ressort la énième version des thèses les plus farfelues à son sujet : elle ne serait pas morte sur le bûcher, elle aurait survécu, d'ailleurs ce ne serait pas une bergère mais la fille cachée d'un roi. Vit-elle dans une île avec Lady Diana et Elvis Presley ? On nous le dira un jour. Ça ne fait jamais que près de six cents ans que reviennent périodiquement toutes les élucubrations possibles et imaginables, on voit mal pourquoi le cours s'en arrêterait.

D'autres femmes

Oui, pour toutes les raisons que l'on vient d'évoquer, Jeanne d'Arc est, à proprement parler, une *star*. Justement : essayons pour une fois de parler de l'effet secondaire navrant d'un tel phénomène. Elle est la femme la plus connue de notre panthéon historique, cela voudrait-il donc dire qu'il n'y en a vraiment pas d'autres qui méritent d'y entrer ?

Oublions ces gloires un peu anecdotiques qu'elle a éclipsées de son vivant : ses consœurs en visions. On l'ignore souvent, en effet, il y eut, au début du XVe siècle, bien d'autres Jeanne d'Arc, bien d'autres prophétesses à qui Dieu avait parlé. Toutes les époques écrasées par les conflits, la misère, les épidémies, comme ces tristes temps de la guerre de Cent Ans, ont connu les leurs. Quand les temps sont durs, Dieu parle beaucoup, ou, pour dire les choses autrement, quand les malheurs semblent insurmontables, beaucoup croient soudain ceux à qui Dieu a parlé. Des Jeanne d'Arc, il y en eut par dizaines. On trouve par exemple dans la chronique la trace d'une certaine Jeanne-Marie Maillé, qui elle aussi entendit des voix : elles dénonçaient les vices de la Cour. Une Pierronne la Bretonne, comme notre Lorraine après elle, s'en prend aux Anglais. Elle est également brûlée, un an avant l'autre, en 1430. On cite aussi une Catherine de La Rochelle qui a des visions, part sur les routes pour aller trouver le roi et lui en parler, et croise sur son chemin un gros malheur : la vraie Jeanne d'Arc, en personne, a été envoyée à sa rencontre. Elle est déjà en place et c'est elle que l'entourage du roi a chargée d'examiner cette concurrente. On imagine avec quelle bonne grâce elle s'est prêtée à l'exercice. Jeanne déclarera évidemment sa rivale complètement folle et appuiera son jugement sur des critères indiscutables : ce sont sainte Catherine et sainte Marguerite, à qui elle a posé la question, qui l'en ont assurée.

Combien d'autres gloires de son sexe notre Jeanne a-t-elle éclipsées qui ne méritaient pas cela ? Venons-y enfin. C'est là, à mon sens, le grand défaut de notre héroïne nationale, même si elle n'en est pas responsable, évidemment : le tort qu'elle a porté à l'histoire des femmes. Passons sur les ambiguïtés de son personnage, de ce point de vue. Pucelle inspirée, sans vie amoureuse connue, tout entière vouée à la cause qu'elle défend, elle est un peu la Vierge Marie de l'histoire de France, une créature si atypique, si déshumanisée dans sa perfection mièvre qu'elle avait tout pour devenir ce qu'elle est devenue : l'alibi féminin, le cache-sexe, si l'on peut dire, d'une histoire par ailleurs entièrement écrite par les hommes et dominée par les hommes. J'exagère un peu le propos : d'autres caractères féminins sont présents depuis longtemps dans nos manuels et notre mythologie nationale. Pour en rester au Moyen Âge, on rappellera les noms de sainte Geneviève, qui défendit Paris devant Attila, ou de Blanche de Castille, mère de Saint Louis, régente du royaume au temps de l'enfance du roi. Quarante ans après la mort de Jeanne d'Arc, en 1472, une autre Jeanne devient célèbre pour avoir défendu Beauvais contre les assauts des troupes bourguignonnes de Charles le Téméraire : Jeanne Hachette. Cela fait peu de noms, toutefois, et c'est dommage. Alors essayons ici au moins de redresser la barre. Sans entrer dans les détails riches et complexes de l'histoire de la condition féminine en général, citons simplement quelques contemporaines de Jeanne d'Arc dont l'histoire est liée à la sienne et dont il est trop injuste que l'on parle si peu.

Yolande d'Aragon

Que serait devenu le pauvre Charles VII, incertain roi de Bourges, sans l'énergie de sa divine petite bergère ? Voilà ce que nous disent les manuels. Quel dommage qu'ils oublient le rôle essentiel qu'une autre femme a joué à ses côtés : sa belle-mère, Yolande d'Aragon (1381-1442).

Née en 1381, fille du roi d'Aragon, mariée à Louis d'Anjou, par son lignage, par ses héritages, à des titres divers, elle a des droits sur Chypre, Jérusalem, la Sicile et l'Aragon, ce qui lui vaut parfois le beau surnom de « reine des quatre royaumes ». En fait, elle vouera sa vie à assurer le destin de la famille de son mari, les Anjou.

En 1413, elle organise le mariage de sa fille Marie au troisième fils de Charles VI et Isabeau de Bavière. Dans l'absolu, c'est un rang bien mineur. La réalité peut être plus chanceuse. L'aîné des fils du roi de France meurt en 1416, le deuxième en 1417. Voilà donc notre petit troisième, par élimination en quelque sorte, dauphin en titre. On s'en souvient, ses relations avec sa mère Isabeau de mauvaises deviennent détestables : ne l'a-t-elle pas clairement déshérité au traité de Troyes ? Peu importe, Yolande est là, seconde mère qui le soutient, le conseille, et le protège même physiquement, dit-on : en ces temps troublés, les empoisonnements étaient toujours possibles. C'est elle qui, par ses relations familiales en Lorraine, entend parler la première de cette pucelle inconnue qui parle à Dieu. C'est elle, selon de nombreux historiens, qui organise son arrivée à Chinon, qu'elle a voulu triomphale. Elle qui supervise l'enquête menée sur la belle ; elle qui décide le roi à accepter cette jeune inconnue qui lui fait peur ; elle qui trouvera le financement de l'armée qui va délivrer Orléans. Si Jeanne d'Arc a été l'héroïne du plus réussi des *reality shows* de notre histoire, Yolande d'Aragon en fut la productrice.

Son rôle politique ne s'arrête pas à cela. Elle est la grande négociatrice de l'alliance si essentielle avec le duc de Bretagne, elle appuie le rapprochement avec les Bourguignons, qui sera l'atout maître de la victoire finale. Sans Jeanne d'Arc, Charles VII aurait sans doute connu un triomphe moins romanesque, moins éclatant. Sans Yolande, il aurait simplement perdu. Louis XI, fils de Charles VII et donc petit-fils de notre héroïne, dit plus tard qu'elle avait « un cœur d'homme dans un corps de femme ». Dans sa bouche, et dans le contexte, il faut prendre la formule comme un grand compliment.

Marguerite d'Anjou

Jeanne en armure, Jeanne à la tête des troupes, Jeanne combattant, Jeanne blessée d'un carreau d'arbalète devant Paris, maniant l'épée, faisant tirer les bombardes. Nous avons tous l'idée qu'il était si extraordinaire pour une femme de diriger des armées que c'est pour cette raison que notre pucelle fut contrainte au travestissement. Erreur. On ne sait trop pourquoi la bergère prisa tant les habits d'homme : officiellement, c'était pour assurer sa sécurité dans un monde d'hommes. Certains chroniqueurs de l'époque rappellent aussi avec candeur que, pour se protéger des mêmes ardeurs masculines, Jeanne aimait également dormir avec des femmes, surtout si elles étaient jeunes et jolies... Glissons pudiquement sur un point qui est encore un des grands tabous de l'historiographie, et revenons-en à l'autre. Les femmes chefs de guerre ne furent pas si exceptionnelles durant le Moyen Âge. Citons au moins un exemple contemporain de la période qui nous occupe, et lié de près à notre sujet : Marguerite d'Anjou (1429-1482).

Elle est fille de René d'Anjou, et donc petite-fille de Yolande d'Aragon, dont nous venons de parler. En 1445, à seize ans, elle épouse un personnage qui ne nous est pas inconnu : Henri VI, le fils d'Henri V d'Angleterre et de Catherine de Valois, le grand ennemi de Charles VII et de Jeanne d'Arc, donc. C'est lui qui devait être « double monarque », roi de France et d'Angleterre. Après sa défaite continentale, il est reparti vers son autre moitié de destin. Il devient un simple roi d'Angleterre mais il est plus intéressé par les livres et la prière que par les servitudes de la couronne. Bientôt, il montre des signes de ce cadeau atroce légué par son grand-père français : il devient fou. Sa femme gardera toujours la tête sur les épaules. Celle des autres a moins d'importance à ses yeux, elle en fera tomber plus d'une. Autoritaire, intransigeante, elle devient l'un des hommes à poigne de la période sinistre qui va ravager son pays en cette deuxième moitié du XVe siècle, la « guerre des Deux Roses », conflit terrible pour le pouvoir qui oppose la famille des York à celle qui est devenue la sienne par son mariage : les Lancastres. Au nom de son mari devenu fou et surtout de son fils chéri, elle en tient le destin en main et est prête à tout pour le forcer. À la bataille de Wakefield, elle ne commande que de loin, mais une fois qu'elle apprend que son principal rival, le duc d'York, est pris, elle ordonne qu'il soit décapité et fait planter sa tête sur un piquet devant sa ville pour que chacun apprenne ce qu'il en coûte de s'en prendre à la reine et aux Lancastres. Par la suite, elle mènera elle-même ses armées, ne négligeant jamais au passage de piller et de saccager les régions hostiles à son camp. Finalement, son parti perdra l'ultime bataille (Tewkesbury, 1471), son fils de dix-sept ans y sera tué et elle sera faite prisonnière. Elle le restera jusqu'à ce que son cousin Louis XI la rachète pour la faire venir en France où elle mourra oubliée. C'est dommage. Cruauté, intransigeance et pulsions sanguinaires, tout cela est peu lourd, dira-t-on, pour faire de cette femme un portrait flatteur. Notons tout de même que dans les livres d'histoire, cela suffit largement pour faire des hommes des héros.

Christine de Pisan

Michelet, Jaurès, Anatole France, Charles Péguy, Schiller, Bernard Shaw, Bertold Brecht. Que d'hommes pour chanter les louanges de notre Jeanne d'Arc et écrire sur elle ! De son vivant, une femme avait, la première, travaillé à sa gloire littéraire, un grand esprit du XVe siècle dont il est précieux aussi de raviver le souvenir : Christine de Pisan (1363-1434). Fille d'un médecin astrologue de Venise, elle arrive en France avec son père, qui entre au service de Charles V. Elle épouse un petit noble qui meurt alors qu'elle est encore très jeune. Elle a trois enfants à élever, elle doit vivre, elle sera une des premières d'Europe à embrasser une carrière rare quand on n'est pas un homme : elle vivra de sa plume. Elle écrit des poèmes d'amour, des ouvrages de toutes sortes. Certains, comme *La Cité des dames* (1405), sont toujours étudiés aujourd'hui, car on y lit une première tentative de lutte contre les stéréotypes dont sont victimes les individus de son sexe. Sa dernière œuvre sera son *Ditié de Jeanne d'Arc*, une défense en vers de la Pucelle qui sauve le royaume, écrite en 1429, au tout début de l'épopée johannique.

On doit aussi à Christine de Pisan cette citation qui indique sa hauteur d'esprit, et son avance sur son temps :

« Si la coustume estoit de mettre les petites filles a l'escole, et que communement on les fist apprendre les sciences comme on fait aux filz, elles apprendroient aussi parfaitement et entendroient les subtilités de toutes les arts et sciences comme ils font. » Le raisonnement est imparable, on peut même l'appliquer à notre sujet : si, dans les écoles, on avait appris depuis longtemps la place éminente de nombreuses femmes dans l'histoire au lieu de la limiter au destin d'une seule, le pays tout entier y aurait gagné beaucoup.

15 – Louis XI

Ou comment on agrandit un royaume

C'est un des charmes de la monarchie, les rois se suivent et ne se ressemblent pas. Charles VII ne se ressemblait même pas à lui-même : deux hommes si différents ne se succèdent-ils pas sous ce même nom ? On vient de voir passer dans notre histoire le « gentil dauphin » que vient trouver Jeanne d'Arc, ce « petit roi de Bourges », faible, pusillanime, qu'elle réussit presque contre son gré à mener à Reims. Les vertus de l'onction sacrale dépassent ses espérances. La cérémonie enclenche un long processus de métamorphose du roi. Voici peu à peu apparaître « Charles VII le Victorieux » – ce sera son surnom officiel –, le monarque couvert de toutes les gloires, qui met fin à la guerre de Cent Ans, récupère l'une après l'autre toutes ses provinces, chasse les derniers Anglais, et jette les bases d'un État fort, centralisé, appuyé sur une armée permanente, un impôt régulier, un clergé à sa main soustrait à la tutelle

REPÈRES

– 1461 : mort de Charles VII, avènement de Louis XI
– 1468 : entrevue de Péronne, sommet de la rivalité entre Louis et le duc de Bourgogne Charles le Téméraire
– 1477 : mort de Charles le Téméraire devant Nancy
– 1483 : mort de Louis XI

du pape[1]. Nul esprit romanesque n'a oublié enfin l'amant d'Agnès Sorel, que l'on disait la femme la plus belle de son temps, l'homme des plaisirs qui découvre sur le tard une sensualité sans limites. Seule sa fin nous replonge dans un monde d'effroi et de terreur : la chronique rapporte qu'il se laissa mourir de faim tant il craignait d'être empoisonné par son propre fils, qu'il haïssait, le dauphin Louis. Celui-ci attend son tour depuis si longtemps. Il devient roi par la grâce de ce trépas. Nous sommes en 1461, le voici enfin : Louis, onzième du nom.

Pour le coup, celui-là est tout d'une pièce, figé dans la noirceur où sa légende l'a laissé : un être grêle et machiavélique, vêtu d'un habit sombre de mauvais drap, coiffé d'un vilain bonnet de feutre orné d'une sainte médaille de plomb (avec ça, ce diable d'homme était superstitieux). Un traître de mélodrame qu'on imagine secoué d'un rire sardonique en apprenant la mort de ses ennemis, ou en claquant derrière lui la lourde porte des caves où il laissait moisir ses opposants durant des décennies dans des cages de fer minuscules, les « fillettes du roi ». Tous les écoliers répétaient ce nom en frissonnant. Cela fit beaucoup pour la popularité posthume de notre Louis XI auprès des classes primaires. Et pourquoi les manuels se seraient-ils privé d'en entretenir le souvenir ? Ce fort méchant roi, au regard de l'histoire nationale, avait fait beaucoup : à force de ruse, il avait réussi à vaincre le nouveau grand ennemi de notre patrie, le flamboyant Charles le Téméraire, le puissant duc de Bourgogne ; puis, tenace, obstiné, prêt à tout, « l'universelle aragne », comme on le surnommait déjà de son vivant, avait réussi à tisser sa toile pour agrandir le royaume comme peu de rois avant lui.

Ne faisons pas autrement que les manuels de jadis, étudions ces deux points successivement. On le verra, l'un et l'autre ont des choses à nous apprendre sous un des angles qui nous est cher : comment s'est formée la France, mais aussi comment elle aurait pu se former autrement.

1 - L'ordonnance imposée par Charles VII s'appelle « la pragmatique sanction de Bourges », on la considère comme une des premières pierres du gallicanisme, c'est-à-dire d'un catholicisme national, soumis au roi et affranchi de Rome.

- Philippe le Hardi (1342-1404)
- Apanages des fils de Philippe le Hardi
- Acquisitions de Philippe le Bon (1396-1467)
- Influence bourguignonne
- Conquêtes et zones soumises à Charles le Téméraire (1433-1477)
- Limite du Saint Empire romain germanique

Les temps des « États bourguignons »

Quand Charles VII luttait contre le roi d'Angleterre, il luttait contre un de ses parents, mais aussi contre un royaume vieux de plusieurs siècles. Quand son fils Louis se bat contre le duc de Bourgogne, il combat également un de ses cousins, mais celui-ci est à la tête d'un pays qui n'en est pas vraiment un, et est d'autant plus menaçant qu'il rêve de le devenir.

Qu'est-ce donc que cette *Bourgogne* au milieu de notre XVe siècle ? Il faut, pour le comprendre, remonter cent ans en arrière. Pour consoler les cadets de ne pouvoir leur succéder, les rois avaient pour habitude de donner à leurs jeunes fils les provinces dépendant de leur suzeraineté dont le dernier seigneur était mort sans héritier : on appelle ce système l'*apanage*. En 1363, Jean le Bon donne en apanage Dijon et son riche duché à son cher Philippe le Hardi – le petit prince qui se distingua à la bataille de Poitiers (« Père gardez-vous à droite, père gardez-vous à gauche ! »). C'est la naissance d'une nouvelle branche des Valois : les Valois-Bourgogne. Bien entendu, ils sont toujours vassaux du roi de France, et, si proches parents, sont toujours très influents à sa cour. On se souvient du rôle majeur de la famille durant la guerre de Cent Ans. Philippe le Hardi est un des principaux conseillers lors de la minorité de son neveu Charles VI. Son fils Jean sans Peur est le chef de ce « parti bourguignon » dont on a parlé tant et tant dans les chapitres précédents. C'est lui qui a fait assassiner son cousin de l'autre branche, le duc d'Orléans, déclenchant ainsi la guerre civile avec les partisans de ce dernier, les Armagnacs. C'est lui qui se fait assassiner à son tour sur le pont de Montereau, lors de la fausse tentative de réconciliation avec Charles VII, laissant ainsi la tête de sa maison à son fils, le brillant Philippe le Bon. Celui-là est l'homme qui, de rage, joue alors l'alliance anglaise, il est le chef de ces Bourguignons qu'haïssait tant Jeanne d'Arc et qui la firent prisonnière devant Compiègne – c'est lui enfin qui, ultime revirement, scella la paix avec son cousin Charles VII par le traité d'Arras de 1435.

Le riche patrimoine de nos Bourguignons s'étendait déjà bien au-delà des vertes collines du Charolais ou du Morvan et dépassait aussi de loin les seules limites du royaume de France. En 1369, pour éviter que ce comté riche et convoité ne passe aux Anglais qui en rêvaient, le roi de France Charles V a poussé son frère, le même Philippe le Hardi, à épouser la fille du comte de Flandre. Voici donc, dès le milieu du XIVe siècle, nos Valois-Bourgogne implantés au nord, sur ces plats pays. Ils prennent goût aux jeux subtils d'héritages, de mariages, de rachats qui permettent d'étoffer une pelote. Oublions-en les détails et admirons le résultat : vers le milieu du XVe siècle, le duc de Bourgogne a des domaines qui s'étendent de Groningue au nord jusqu'aux portes de Lyon. Officiellement, il est toujours vassal du roi de France pour une partie de ses États ; il doit aussi l'hommage au chef du Saint Empire pour d'autres possessions, comme le Luxembourg ou le Brabant. En fait, il est devenu un des plus puissants personnages d'Europe.

Philippe le Bon n'est plus un petit seigneur français comme un autre. Il se voit même plus haut qu'un prince de sang. Il se fait appeler « grand duc d'Occident » et le faste de son règne est à l'avenant de ce titre. Ses terres ont été majoritairement épargnées par la guerre de Cent Ans. Il possède les villes les plus prospères, Gand, Bruges, Anvers. Sa cour est la plus brillante, elle siège à Dijon mais surtout à Bruxelles. Les meilleurs artistes du temps, comme le célèbre peintre Van Eyck, sont à son service. Les événements les plus splendides et les plus délirants se succèdent, comme le « banquet des faisans » donné à Lille, une de ses riches capitales administratives, au cours duquel on présente aux convives d'immenses pièces montées emplies de musiciens, de jongleurs, et même d'un montreur avec son ours. Le duc s'attache ses vassaux en créant pour les plus fidèles l'« ordre de la Toison d'or ». La vie de sa cour est réglée selon un protocole très strict, qu'il invente, et qui sera bientôt, *via* sa descendance, copié dans toute l'Europe : l'étiquette.

Un seul détail, au fond, manque qui rendrait parfait ce prestigieux tableau. Il faudrait que ce qui n'est encore qu'un conglomérat complexe de provinces trop disparates devienne enfin un véritable

État. Ce sera la grande ambition du fils de Philippe, l'impulsif, le flamboyant Charles, resté dans l'histoire sous le nom du Téméraire. Il faut, pour que ce rêve devienne une réalité viable, réussir un pari risqué mais essentiel : joindre la partie sud des possessions bourguignonnes (le duché à proprement parler et la Franche-Comté qui le jouxte – dans la langue du temps on les appelle les *États de par-delà*) à la partie nord (ses « Pays-Bas bourguignons », qui couvrent alors l'Artois, la Flandre, le Brabant, etc. – les *États de par-deçà*). Il lui faut donc réussir à avaler la Champagne, la Lorraine, l'Alsace.

Seulement, à l'ouest, un autre est là qui rêve lui aussi d'agrandir son domaine, veille au grain, et n'a aucune envie de voir à ses frontières grossir un si puissant voisin : le cousin de France, un certain Louis XI.

Pour dépeindre comme il faut le duel entre les deux rivaux, il faudrait abandonner ce livre tel qu'on l'écrit et entamer un long roman à lui seul consacré[1]. Suspense psychologique, rebondissements multiples, qui va gagner ? Qui va tuer l'autre ? Rien ne manque pour réussir le *thriller* idéal. Sur le plan du caractère, de l'allure, du lustre, tout oppose les deux hommes. Charles est lettré et fin, mais aussi impulsif et colérique, et, comme son père, il est l'homme de la splendeur bourguignonne, portant beau, menant grand train. Face à lui, notre roi de France a des airs de cousin de province. Il est toujours mal vêtu, monte de mauvais chevaux, déteste la Cour et l'apparat, n'hésite pas à dormir dans de vilaines auberges quand il visite son royaume, suivi tout au plus des deux ou trois compagnons qui forment sa seule escorte. Bien des choses aussi les rapprochent. Nous ne sommes pas, ici, dans une de ces guerres entre étrangers, comme on en verra au XIXe siècle ou au XXe. Les deux hommes sont parents, ils se connaissent bien et depuis

1 - Beaucoup d'ouvrages ont été publiés sur la question. On lira avec un immense plaisir le *Louis XI* de l'historien américain Paul Murray Kendal (chez Fayard, pour l'édition française), précis et savoureux, publié dans les années 1970 et devenu un classique. Plus récemment, le grand médiéviste français Jean Favier a lui aussi consacré à notre « universel aragne » une biographie des plus complètes (Fayard, 2001).

longtemps. Louis, dans sa jeunesse, détestait tant son père, a tant comploté contre lui, tant suscité de révoltes pour tenter de lui ravir son trône qu'il a même été contraint, pour fuir la colère du roi, de se sauver loin du Dauphiné dont il était le seigneur. C'est Philippe le Bon qui lui a offert l'asile, près de Bruxelles : il y demeura des années, jusqu'à la mort du roi son père, observant à loisir cette cour de Bourgogne qui le fascinait autant qu'il la jalousait. Charles VII, connaissant son fils mieux que personne, avait dit, d'une formule restée célèbre : « Mon cousin de Bourgogne nourrit le renard qui lui mangera ses poules. »

Il lui faudra quelques années pour y parvenir. Dès le début du règne de Louis, le vent mauvais des retournements d'alliances se remet à souffler. Le nouveau roi doit déjà faire face à une fronde des grands du royaume, réunis dans « la ligue du Bien public », dirigée par le propre fils de son prétendu protecteur d'hier : celui qui ne s'appelle encore que le comte de Charolais, notre Charles, futur Téméraire. Gardons-en quelques images : celle de l'incroyable entrevue de Péronne (1468), par exemple. Louis XI se rend en Picardie, dans le château de son cousin devenu duc, pour négocier la paix. Celui-ci apprend le jour même que des émissaires du roi de France sont en train de fomenter une sédition à Liège, ville qu'il convoite. Hystérique, furieux, le Téméraire veut se venger de cette fourberie en tuant le roi de ses propres mains. Il se retient mais traîne le perfide jusqu'à Liège. Pour lui montrer qui est le maître, il fait brûler la pauvre ville et fait massacrer devant lui ses habitants qui osaient croire en son alliance. Puis il lui soutire d'énormes concessions territoriales pour lui et ses amis, les autres princes frondeurs. Louis, penaud, craintif, réussit à s'échapper des griffes du furieux en faisant toutes les promesses, et, sitôt rentré en sûreté à Paris, n'en tient aucune et relance de plus belle plans et manigances pour venir à bout du rival détesté.

Ce jeu de dupes, de colères, de retournements durera dix ans. Bien d'autres pions apparaissent sur l'échiquier. Pour mener à terme la jonction entre ses États, Charles mène la guerre à l'est, il combat les Suisses, qu'on dit payés par Louis XI, et qui lui infligent des défaites cuisantes. Le dieu des armes n'est plus avec le Bourguignon. Il s'entête, affronte maintenant un autre allié du roi de France, le duc de Lorraine, et meurt finalement en 1477, devant Nancy qu'il assiège. Il faudra plusieurs jours pour retrouver son corps, nu et gelé, à moitié dévoré par les loups. Splendeurs et déchéance de la puissance humaine. Le grand Michelet tirera de la scène des pages riches en frissons. Louis XI en tire le gros lot. La seule héritière de Charles le Téméraire est Marie de Bourgogne, une fille bien jeunette. Le roi perfide en profite pour confisquer les terres qu'il estime de sa suzeraineté, la Bourgogne, la Picardie, le Boulonnais.

L'histoire ne s'arrête jamais. Par ce geste même, Louis vient de semer les graines d'un autre conflit qui n'est pas près de finir. Par crainte d'une France si brutale, Marie de Bourgogne ira chercher un mari qui l'en protège : elle épouse un prince d'Empire, Maximilien d'Autriche. Cela fait naître une nouvelle rivalité qui déchirera l'Europe pendant des siècles, celle qui oppose la maison de France et la famille de Maximilien, les Habsbourg.

Mais le chapitre ouvert par Philippe le Hardi cent ans plus tôt est clos. Aucun nouvel État ne verra le jour entre la France et le Saint Empire, nul n'assistera à la résurrection de l'ancienne Lotharingie, ce royaume médian issu de l'empire de Charlemagne, comme l'avait imaginé Charles le Téméraire. Tous les historiens, à raison, enterrent cette espérance, et le font avec une formule consacrée, on la retrouve dans tous les livres : c'est la fin du « rêve bourguignon ».

Les choses auraient-elles pu tourner autrement ? Avec un Charles un peu moins fanfaron qui se serait gardé d'aller mourir bêtement devant Nancy et un Louis moins habile au jeu des alliances, la Bourgogne aurait-elle réussi son coup ? La France vivrait-elle aujourd'hui à côté de ce grand pays tout en longueur qui irait de Lyon à la mer du Nord et la séparerait de l'Allemagne ? Il est toujours trop facile ou trop difficile de remonter autrement le film des faits. On peut remarquer toutefois que la plupart des livres français le présentent avec une pointe à peine cachée de soulagement. Il est vrai que pour *notre* histoire, cet État bourguignon avait un grand défaut : il se serait bâti, pour partie au moins, au détriment de *notre* pays, il aurait été constitué de provinces qui sont *naturellement* les nôtres comme la Bourgogne, précisément. Voilà en tout cas ce que chaque Français a dans la tête, voilà ce que quelques siècles de construction nationale y ont mis : essayons donc maintenant d'interroger cette certitude.

Comment se constitue un royaume

Louis XI est, pour le faire, le roi idéal. Il est toujours aimé des historiens français, écrivions-nous, car il est un des souverains qui ont le plus agrandi le royaume. Il ne s'embarrassait pas toujours de morale pour parvenir à ses fins : on vient de le voir avec cette confiscation brutale des provinces appartenant à l'orpheline du Téméraire. Parfois aussi, il a attendu que les héritages lui arrivent de façon plus naturelle : ainsi celui de la famille d'Anjou, dont le dernier représentant, celui que l'on appelle le « roi René », lui a très officiellement légué le Maine, l'Anjou (par ailleurs déjà occupé par les troupes du roi, passons), mais aussi la Provence, qui était jusqu'alors terre d'Empire. Encore, il a su prendre la Cerdagne, dans le Nord de l'Espagne, ou le Roussillon – qui seront perdus juste après lui. Peu importe : Louis est donc un bon roi puisqu'il a « fait la France », comme d'autres à peu près à la même époque « faisaient le Royaume-Uni », ou « faisaient l'Espagne ».

Voici en effet comment peu à peu se sont constitués les pays d'Europe dans lesquels nous vivons : par cette sorte de Monopoly que l'on a déjà souvent vu à l'œuvre. On se bat avec les voisins, on conquiert, on achète, ou on tire une carte du pot qui est placé au milieu de la table de jeu : « Le roi René est mort sans descendance, il vous lègue l'Anjou. » Il faut pour réussir à ce jeu de l'habileté, de la force, souvent aussi de la chance. Les livres d'histoire racontent d'ailleurs toujours ces affaires avec moult détails, sans cacher les tricheries ou les ruses de tel ou tel roi pour obtenir telle province, on vient de le voir avec Louis. L'amusant est que, dans le même temps, les manuels nous vendent toujours ce *mercato* comme étant mû par une sorte de force qui dépasse le cours de l'histoire, et s'impose à lui puisqu'il aboutit nécessairement à ce que notre Hexagone prenne peu à peu la forme qu'on lui connaît, c'est-à-dire sa forme *naturelle*. Profitons donc de ce chapitre pour remettre un peu de prosaïsme dans cette digne poésie. Non, la formation territoriale de la France, comme celle des autres nations, ne doit rien à la nature, elle doit beaucoup à la force, au hasard et parfois aussi aux expédients les plus surréalistes.

Oublions, pour illustrer le propos, le règne précis de Louis XI. Élargissons un peu la chronologie pour puiser dans cette fin de Moyen Âge quelques exemples parlants.

Le Dauphiné

On a déjà parlé de l'acquisition du Dauphiné, au début du XIVe siècle. On a mentionné aussi la tradition qui commence alors d'attribuer cette province à l'héritier de la couronne, qui en tire son nom : le dauphin. On n'a pas expliqué comment s'est faite cette première grande extension du royaume capétien à l'est du Rhône. Si les habitants de Grenoble ou de Romans sont aujourd'hui français, ils le doivent tout simplement aux aléas du marché immobilier de l'époque.

Le prince de cette province d'Empire s'appelait Humbert II (1312-1355). Il adorait le faste et tenait une cour somptueuse dans une jolie petite ville qui n'a sans doute jamais rien vu de semblable depuis, Beauvoir-en-Royans. Il était aussi très pieux. L'envie lui vint de monter une croisade en Terre sainte : les derniers Francs avaient plié bagage depuis quarante ans. Peu importe, Humbert lance des préparatifs qui suffisent à le ruiner définitivement. Homme de foi, il entend néanmoins continuer sur la voie du salut : il émet le vœu de vendre sa province au pape. La transaction échoue. C'est donc par pur hasard que Philippe VI de Valois, roi de France, fait l'affaire. Elle est scellée par le traité de Romans (1349). La vente s'éleva à 200 000 florins, somme coquette. On ignore si Humbert en profita ou non. Il se fit moine dominicain, dans l'idée de devenir évêque de Paris d'abord, puis pape : il mourut avant d'être l'un et l'autre, nul ne sait donc s'il avait l'intention, une fois sur le trône de saint Pierre, de récupérer au profit du bon Dieu son premier patrimoine. Dans ce cas, à l'heure qu'il est, nos Dauphinois seraient peut-être italiens.

La Bretagne

Pour acquérir telle ou telle province, les mariages comptent pour beaucoup : on oublie l'obstination qu'il faut pour qu'ils réussissent enfin à produire le résultat qu'on en attend. Déplaçons-nous en Bretagne. Officiellement, son duc est vassal du roi de France, mais ceux qui se succèdent ont toujours été assez puissants pour secouer la tutelle quand elle leur pèse et toujours très tentés de s'en émanciper franchement. À la fin du XVe, le duc s'appelle François II. Il n'a pas de fils mais deux filles, dont l'aînée est la célèbre duchesse Anne (1477-1514). Elle est un parti très convoité. Le père est tenté par l'alliance anglaise. On fiance donc la fille à un prince de Galles. Il meurt. On trouve un autre héritier anglais, le mariage ne se fait pas. Changement de cap : Anne épouse, mais par correspondance, un autre héritier fort doté, Maximilien d'Autriche. Nous le connaissons déjà, c'est lui qui a épousé Marie de Bourgogne, la fille de Charles le Téméraire, dont il est tout juste veuf. Rage du roi de France, Charles VIII (le fils de Louis XI) : il avait déjà les Habsbourg à l'est, du côté de la Franche-Comté. Il les aurait en plus à l'ouest ! C'est impensable. Ses juristes ressortent donc un traité fort opportun qui interdit à l'héritière de Bretagne de se marier sans l'accord du trône capétien. On ne lésine pas pour le faire appliquer : l'armée est lancée sur la Bretagne. L'époque était d'un romantisme tout relatif, c'est après le siège de Rennes que Charles enlève Anne et l'épouse, sans même attendre l'annulation de son union avec

Maximilien. Nouveau coup du sort : il meurt jeune, sans laisser d'enfants (tous sont morts avant lui) et c'est un de ses cousins qui devient roi sous le nom de Louis XII. Que faire de notre Bretonne ? La mariée était trop belle, un autre traité avait prévu le coup : la pauvre est contrainte d'épouser aussi le nouveau roi de France. De ce mariage naît une fille, Claude de France. Pour être tout à fait sûr de son avenir et de celui de sa dot, on donne un nouveau tour d'écrou à l'alliance française. Anne n'est pas d'accord, mais elle est repartie s'occuper de sa Bretagne et on se passe bien de son avis. On marie donc Claude au jeune Angoulême, celui qui est destiné à son tour à devenir roi de France sous le nom de François Ier. Il faut attendre la mort de Claude pour que la vieille Armorique soit définitivement rattachée au royaume. On peut donc écrire que la Bretagne est devenue française par mariage, mais il ne faut pas oublier qu'il en aura fallu trois.

La Flandre, province perdue

Curieusement, les histoires de France aiment les provinces acquises et oublient celles qui furent perdues. La Catalogne, après le partage de Verdun de 843, était dans l'orbite de la Francie occidentale, mais elle devint assez rapidement autonome. Le comté de Flandre, en revanche, vaste territoire qui irait de l'actuel département du Nord à la Hollande, resta durant des siècles sous la dépendance du roi de France. Le peuple flamand, on en a parlé déjà, n'accepta jamais vraiment cette tutelle, et plus d'une fois il fallut lancer l'armée pour venir à bout de ses révoltes. Par ailleurs, on l'a vu plus haut, le mariage de Philippe le Hardi avec l'héritière de ce comté va modifier la donne, en créant une partie des *États de par-deçà* de la gigantesque Bourgogne quasi indépendante. Une telle appartenance rend la vassalité de la Flandre à l'égard du roi de France bien théorique. Bientôt, elle sera franchement impossible : au XVIe siècle, le comte en titre s'appellera Charles Quint, il est également roi d'Espagne, et empereur du Saint Empire romain, on imagine mal un prince aussi puissant plier le genoux devant un petit Capétien. N'empêche, durant plus d'un demi-millénaire, les choses furent différentes. Et cette autre configuration permet de nous interroger quant aux représentations que nous nous faisons aujourd'hui de la forme de notre pays, et de ses parentés européennes. Songez à l'idée que nous avons de la Belgique. Pour la plupart des Français, le lien est évident, il se fait avec la partie francophone du pays, la Wallonie : les Wallons sont nos frères, puisque nous parlons la même langue. Pourtant, durant plus d'un demi-millénaire, Namur et Liège étaient villes d'Empire, comme le furent Marseille ou Lyon. Du point de vue féodal, les cousins étaient à Gand ou à Bruges.

Le rêve italien

N'oublions pas enfin les acquisitions ratées, ces extensions de la France qui auraient pu être, et ne furent pas, par exemple l'Italie. L'idée vous choque : comment ce pays si différent du nôtre pourrait-il être français ? Les trois rois de France qui succédèrent à Louis XI en rêvèrent et, à leurs yeux du moins, cette prétention n'avait rien d'illégitime.

Louis XI avait hérité de René, le dernier chef de la riche maison d'Anjou, le Maine, l'Anjou et même une autre province qui était d'Empire, la Provence. Un dernier joyau complétait ce legs imposant : le royaume de Naples. René l'avait hérité lui-même d'une autre riche donatrice, la reine Jeanne, mais il n'avait jamais pu y régner. Le roi d'Aragon, maître de l'Italie du Sud, l'en avait empêché. Prudent, notre Louis préfère oublier ce cadeau qui lui semble empoisonné. Son fils Charles VIII n'est pas de son avis : un héritage est un héritage, il va faire voir aux Aragon de quel bois se chauffe un Valois pour arguer de ses titres. En 1494, à la tête d'une armée de 30 000 hommes, il franchit les Alpes et fonce sur Naples. Il y tiendra peu de temps. Son successeur n'abandonne pas ses ambitions d'au-delà des Alpes mais les amplifie. Charles VIII est mort sans enfants. Comme on l'a dit déjà, on fait appel à un de ses cousins, Louis XII. Celui-là est un Orléans. C'est son grand-père qui fut assassiné par le Bourguignon Jean sans Peur. Sa grand-mère était une Visconti, la famille des ducs de Milan. Charles VIII rêvait du Sud de la péninsule au nom de l'héritage reçu par son père. Louis XII se met en tête d'en conquérir le Nord au nom des droits de son aïeule. Pourquoi pas ? L'Italie aujourd'hui est unie et italienne. À ce moment-là, elle était morcelée entre les puissances les plus diverses. Au nord, les grandes villes, Milan, Florence, avaient réussi à s'ériger en « cités-État » quasi indépendantes, mais toute la région était toujours officiellement partie prenante du Saint Empire, comme du temps des successeurs de Charlemagne. Au sud régnaient des souverains espagnols. Pourquoi pas des Français ? Charles VIII, Louis XII et son successeur François Ier en seront convaincus. C'est pour cette raison qu'ils engagèrent et poursuivirent durant plus de soixante ans (1494-1559) une série d'expéditions que l'on appelle « les guerres d'Italie ». Selon le découpage traditionnel de l'histoire de France, elles en ouvrent un nouveau chapitre : la Renaissance.

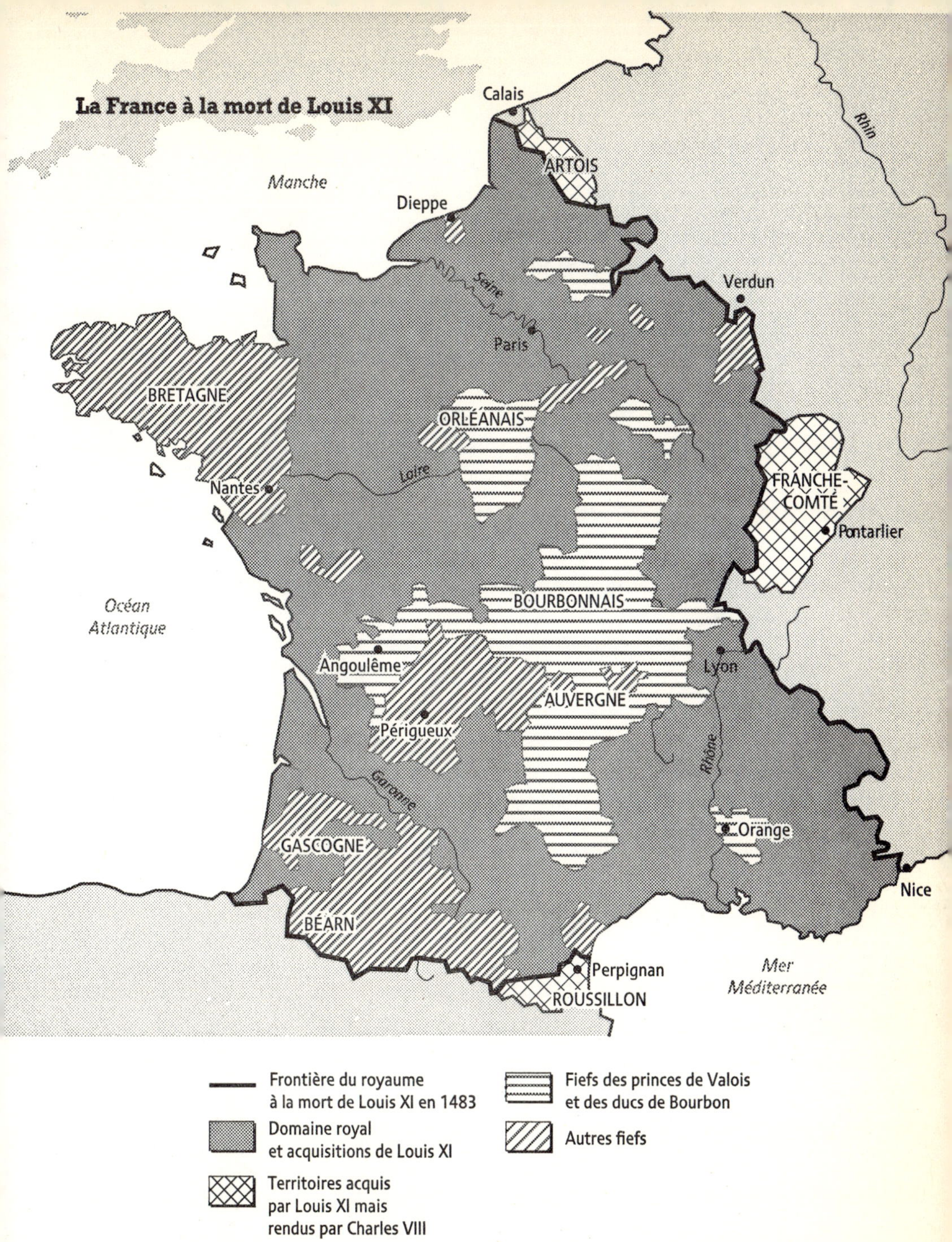
La France à la mort de Louis XI
Manche
Calais
ARTOIS
Rhin
Dieppe
Seine
Verdun
Paris
BRETAGNE
ORLÉANAIS
Loire
Nantes
FRANCHE-COMTÉ
Pontarlier
Océan Atlantique
BOURBONNAIS
Angoulême
Lyon
AUVERGNE
Périgueux
Rhône
Garonne
GASCOGNE
Orange
Nice
BÉARN
Perpignan
ROUSSILLON
Mer Méditerranée
Frontière du royaume à la mort de Louis XI en 1483
Domaine royal et acquisitions de Louis XI
Territoires acquis par Louis XI mais rendus par Charles VIII
Fiefs des princes de Valois et des ducs de Bourbon
Autres fiefs

Deuxième partie

LA FRANCE MONARCHIQUE

16 – La Renaissance

Questions sur une période

Trois rois, Charles VIII, son cousin Louis XII puis François Ier – gendre de Louis – embarquent donc le pays dans leurs rêves transalpins. Il en faudra un quatrième, Henri II (le fils de François) pour constater l'échec et signer avec les puissants Habsbourg le traité qui, en 1559, scelle la fin des « guerres d'Italie ». On peut s'en épargner le détail, on s'y perd toujours. Les souverains français sont entrés en Italie en se prévalant d'héritages lointains. Ils supposaient que l'opération serait facile à mener dans un pays sans unité, morcelé en petits États disparates, soumis à des maîtres divers et souvent lointains. Erreur ! Le pays est très divisé, en effet, mais ceux qui le contrôlent, l'empereur, les rois d'Espagne, les grandes cités du Nord ou de Toscane, le pape, sont toujours prêts à s'unir contre n'importe quel adversaire qui deviendrait trop puissant. La France

REPÈRES

- 1445 : naissance du peintre Botticelli à Florence
- 1456 : publication à Mayence de la Bible de Gutenberg
- 1483-1498 : règne de Charles VIII
- 1492 : découverte du Nouveau Monde par Christophe Colomb
- 1498-1515 : règne de Louis XII
- 1515-1547 : règne de François Ier
- 1521 : excommunication de Luther, moine allemand, père de la Réforme
- 1547-1559 : règne d'Henri II
- 1559 : paix du Cateau-Cambraisis, fin des prétentions françaises sur l'Italie

passera des décennies à affronter les ligues les plus variées, puis finira par renoncer. Elle y aura mis le temps.

Sortons donc pour l'instant de ce sac de nœuds et gardons l'essentiel. Des guerres d'Italie, nos rois n'ont rapporté ni un nouveau royaume ni même un petit duché, mais ils en sont revenus avec bien mieux : le goût de l'extraordinaire civilisation qui s'est développée depuis un ou deux siècles dans la péninsule. Arrivé à Naples en 1494, Charles VIII écrit à l'un de ses parents : « Vous ne pourriez croire les beaux jardins que j'ai en cette ville, car, sur ma foi, il semble qu'il n'y faille qu'Adam et Ève pour en faire un paradis terrestre tant ils sont beaux et pleins de toutes bonnes et singulières choses. » Cet Eden porte un nom : la Renaissance.

Voilà en tout cas comment, durant des décennies, on a fait entrer cette riche période dans les manuels. Michelet, le premier, avait raconté les choses de cette façon. L'histoire traditionnelle a gardé ce cadre. Aujourd'hui, de nombreux historiens remettent en cause ce schéma. D'autres pays européens ont connu le même bouleversement culturel sans avoir eu besoin d'envoyer un seul soldat de l'autre côté des Alpes. Par ailleurs, on ne peut limiter ce grand mouvement de civilisation à la seule question de l'art de vivre, de l'esthétique ou de l'éblouissement d'un roi devant des jardins, fussent-ils paradisiaques. Peu importe. Gardons pour le moment, comme tant d'autres avant nous, cette façon de raconter l'histoire politique, militaire et culturelle, elle a l'avantage d'être pédagogique.

Richesse des cités-États

La Renaissance est une secousse qui ébranle toute l'Europe. L'Italie en a été l'épicentre. Pourquoi ? À cause du développement économique si particulier de ces cités-États dont on a déjà fait mention. Elles ont donc profité depuis longtemps de la tutelle si molle et si lointaine de la couronne impériale et des rivalités avec Rome pour prendre leur indépendance politique. Elles sont devenues, comme Venise ou Gênes, des républiques tenues par de petits groupes de puissants (c'est ce que l'on appelle des *oligarchies*), ou sont peu à peu tombées sous la main de riches familles, les Visconti ou les Sforza à Milan, ou les célèbres Médicis à Florence. Elles ont surtout prospéré de façon incroyable. Tandis que la France et l'Angleterre s'épuisaient dans la guerre de Cent Ans, des mécènes, en Lombardie ou en Toscane, avaient assez d'argent pour aider l'art et les artistes, faire construire des palais, élever des cathédrales, commander des statues, des plafonds, des fresques.

L'immense poète toscan Dante Alighieri (1265-1321), celui dont on dit qu'il a inventé la langue italienne, est pris encore dans les querelles de son temps, les rivalités terribles entre partisans du pape et partisans de l'empereur – ce conflit que l'on appelle la « guerre des guelfes (pour le pape) et des gibelins (pour l'empereur) » – et il mourra en exil. Pétrarque, après lui (1304-1374), est aussi dans le tourment du temps, c'est parce que son père suit les papes dans leur exil en Avignon qu'il passe de nombreuses années en Provence. Mais combien d'autres génies, après eux, feront carrière sous la protection des princes italiens ou du pontife romain, et quelle époque et quel pays peuvent se targuer d'en avoir enfanté autant ? Dites Florence, situez-vous à peu près entre 1450 et 1550 et soyez éblouis par la moisson que vous allez faire, en comptant simplement ceux qui y ont vécu, ou au moins y ont travaillé un temps : Botticelli y est né (en 1445), le sculpteur Donatello y est mort (1466) et quand un jeune peintre nommé Raphaël, venu de sa petite ville d'Urbino, y passe, c'est pour y recevoir des leçons d'un Michel-Ange (1475-1564) ou d'un Léonard de Vinci (1452-1519). On peut en dire autant de Rome, de Venise, de Milan.

Tout change à l'époque grâce à ce foisonnement. Jusque-là, l'artiste était un modeste artisan. L'Italie en fait un être à part que l'on célèbre. Michel-Ange aura droit à des funérailles d'empereur.

En outre, le *trecento* et le *quattrocento* italiens – c'est-à-dire les *années treize cents*, et les *années quatorze cents*, soit les XIVe et

XVe siècles – sont au centre du grand mouvement de redécouverte de l'Antiquité qui bouleverse les repères culturels. Les Byzantins, chassés d'Orient par la conquête de leur vieil empire par les Turcs, apportent avec eux des manuscrits grecs que l'on redécouvre. On réapprend cette langue qu'on ne parlait plus. Les érudits plongent dans des textes et on les appellera pour cela des *humanistes* – du latin *humanus*, instruit, cultivé. Pour nous, le mot a un autre sens, qu'il a pris un peu plus tard : l'humaniste est celui qui croit en l'homme. La Renaissance nous a appris avec quel naturel on pouvait passer d'un sens à l'autre : ce sont bien ces érudits plongés dans les Grecs et les Latins qui ont redonné foi en l'espèce humaine. Les papes engagent à Rome de gros travaux de rénovation de leur ville et de leurs palais et, grâce aux excavations, ressortent des profondeurs de la terre des statues incroyables dont l'esthétique éblouit. En redécouvrant les merveilles antiques, on en vient à détester les « âges obscurs » dont on sort, ce monde gothique qui soudain sent le sombre, l'humide, le vieux.

Humanisme et contradictions

Oui, tout doit être neuf, soudain, et tant d'autres découvertes, dans tant d'autres endroits d'Europe, poussent elles aussi au changement. Dans les années 1440, à Mayence, un certain Gutenberg a mis au point le caractère mobile qui sert à reproduire des livres que l'usage du papier chiffon rend peu chers. En réalité, l'imprimerie et le papier sont des inventions chinoises, comme tant d'autres. Peu importe : cette « ré-invention » bouleverse la diffusion de la connaissance en Occident, et ravit les lettrés du temps, ces humanistes dont on vient de parler.

En 1492, comme chacun s'en souvient, un certain Christophe Colomb, aventurier génois au service d'Isabelle, reine de Castille, prend la mer dans l'espoir de trouver une nouvelle route maritime vers les Indes et, sans jamais s'en rendre compte, trouve mieux : un Nouveau Monde qui bouleverse les représentations de la terre que se faisait l'Ancien.

Bientôt, dans les années 1520, un petit moine allemand, Luther, va provoquer un schisme qui ébranlera la forteresse catholique déjà très lézardée et poussera la vieille religion chrétienne à entamer enfin sa réforme.

Tant d'innovations enthousiasment, bien des esprits du temps nourrissent de grandes espérances. Pour témoigner du climat mental de l'époque, l'historienne Janine Garrisson[1] cite en exemple la leçon inaugurale au Collège de France prononcée en 1534 par Barthélemy Latomus, un ami du grand Érasme : « Tous nous espérons voir à bref délai [...] un âge nouveau, la concorde entre les nations, l'ordre dans les États, l'apaisement religieux, en un mot la félicité d'une vie heureuse et l'afflux de toutes les prospérités. » Voilà ce dont on rêve, au début du XVIe siècle. On ne nous dit pas combien de temps il fallut pour déchanter.

C'est le problème. Dans tous les manuels, la Renaissance est toujours présentée comme on vient de le faire : on parle de l'efflorescence culturelle italienne, on énumère les bouleversements techniques et on débouche sur les grandes espérances qu'ils ont ouvertes. Le seul mot de Renaissance n'est-il pas beau comme le printemps, ne fait-il pas venir des images de rêve, les toiles de Botticelli, les inventions géniales de Léonard de Vinci, les fastes des cours princières, la beauté des châteaux de la Loire ? Il ne faut pas aller bien loin dans le même manuel pour tomber du haut de ce paradis dans l'enfer des désillusions. Dans tous les livres – comme dans le nôtre, nous le verrons bientôt –, les chapitres qui suivent ne parlent plus que d'horreurs : les interminables conflits entre François Ier et Charles Quint, les monstrueuses guerres de Religion, l'écrasement des Amériques sous la cupidité des conquistadors. Personne n'aurait l'idée de taire ces moments effroyables de l'histoire, évidemment. Il est frappant que si peu cherchent à faire le lien entre eux et les grands moments de raffinement dont ils ont dû parler quatre pages auparavant. Y en

1 - *Nouvelle Histoire de la France moderne*, t. 1, *Royauté, Renaissance et Réforme (1483-1559)*, « Point », Le Seuil, 1991.

a-t-il un à faire ? Et lequel ? Je ne sais trop. Après tout, c'est le fait de toutes les périodes que d'allier une face sombre à une face claire. Quel moment de l'histoire du monde échappe à cette dichotomie ? Il en est peu, toutefois, où le blanc et le noir sont aussi liés, où cette contradiction se marque aussi nettement.

Génocide indien et guerres de Religion

Qu'est-ce que le XVIe siècle ? On vient d'en parler. C'est la belle aventure des caravelles qui partent à la découverte d'un monde nouveau, c'est *aussi* l'asservissement ou l'anéantissement des millions d'individus qui y vivaient. C'est la Réforme, noble volonté de secouer un christianisme sclérosé, c'est *aussi* le sectarisme meurtrier à l'œuvre lors des guerres religieuses. Allons plus loin. Qu'est-ce que la Renaissance ? Ce sont les *humanistes*, dont on a parlé, qui apportent un vent de liberté sur la pensée, ce sont des lettrés qui transcendent les frontières, c'est Érasme, prince de la « république des lettres », qui, depuis la Suisse où il a élu domicile, communique avec tous les grands esprits de son temps ; ce sont ces princes lettrés comme notre grand François Ier, qui aiment tant l'art et les artistes. Ce même roi est aussi celui qui fait naître l'absolutisme, c'est-à-dire le rétrécissement de toute liberté au profit du pouvoir du seul monarque. Ce siècle est aussi celui qui voit se former les prémisses de l'esprit national si fermé quand on le compare au cosmopolitisme espéré. Tout est duel en ce temps. Jusqu'au rapport au corps, auquel on songe moins. Avec la redécouverte de l'esthétique gréco-romaine, la Renaissance dans l'art semble oublier de vieilles pudeurs et célèbre le corps de l'homme ou de la femme dans toute sa splendeur : voyez la magnifique *Vénus* de Botticelli ou le sublime *David* de Michel-Ange. Si l'on en croit l'historien Eugen Weber[1], les crispations religieuses aboutissent aussi au renforcement pour les individus d'un puritanisme étroit que le Moyen Âge ne connaissait pas : tous les bains publics qui existaient depuis des siècles dans presque toutes les villes européennes sont supprimés au XVIe. On

1 - *Une histoire de l'Europe*, Fayard, 1986.

a soudain trop peur de ce qui peut s'y passer. Du coup on ne se lave plus, il faudra attendre le XIXe siècle, nous dit l'historien, pour que l'Europe retrouve le sens de l'hygiène, et ce détail nous laisse, nous autres, avec ce paradoxe : quel drôle de siècle, tout de même, qui à Naples fleurait bon le jardin, et finit par sentir soudain si mauvais.

L'horreur de l'Inquisition espagnole

Citons encore un exemple, le plus frappant à mes yeux : l'Inquisition espagnole, cette folie policière qui s'empare de tout un pays à partir de la fin du XVe siècle, au moment de l'aboutissement de la *Reconquista* : la *reconquête*, par les Rois Catholiques, du Sud de l'Espagne sur les derniers émirs, chassés de Grenade en 1492. Après huit siècles d'Andalousie arabe, la population du royaume est très mêlée. Nombreux sont les Juifs et les musulmans. Ceux qui veulent rester fidèles à leur Dieu seront bien vite expulsés avec brutalité. Seulement, parmi ces populations, beaucoup ont choisi – souvent sous la contrainte – la conversion. Ces *conversos*, ou « nouveaux chrétiens », se retrouvent bientôt dans l'œil du cyclone, dans la ligne de mire de cette police religieuse mise en place sur la demande des Rois Catholiques et avec l'autorisation du pape : l'Inquisition. La sinistre institution durera trois siècles et demi et formera un des systèmes de terreur les plus efficaces que l'humanité ait connus.

Une broutille, un rien suffisait pour envoyer quelqu'un au cachot : des voisins affirment qu'on n'a pas vu de feu sortir de la cheminée un samedi ? C'est donc qu'on fait le sabbat des Juifs en secret. Un aubergiste affirme qu'on a refusé un morceau de porc ? C'est bien qu'on est toujours un chien de mahométan. La subtile organisation de la justice est à l'avenant de cette horreur : son principe de base est que le suspect, qu'on laisse moisir dans son cachot pendant des mois, ne doit jamais savoir de quoi il est accusé, ni qui l'a accusé. Puisqu'il est forcément coupable, il sait bien lui-même de quoi. Parfois on le relâche, souvent on lui fait expier ses fautes devant la ville tout entière rassemblée, dans ces grandes cérémonies où l'on brûle tout à la fois les livres et les hérétiques, les *autodafés*.

Et pourquoi donc, direz-vous, parler de l'Inquisition espagnole dans un chapitre qui entend traiter de « la Renaissance ». Précisément parce qu'on ne la traite jamais dans un tel endroit. Bien sûr, cette Inquisition-là (très différente de l'Inquisition médiévale dont on a parlé plus tôt) est un phénomène strictement espagnol (puis portugais). N'empêche : il est contemporain du grand essor humaniste qui saisit toute l'Europe, et ce pays n'a pas échappé au bouleversement des esprits alors à l'œuvre. Charles Quint lui-même a été conseillé par le grand philosophe hollandais Érasme et son pays a connu la même évolution artistique, littéraire que tous les autres pays européens et, à une génération près, autant de génies que l'on célèbre toujours : l'admirable Cervantès (1547-1616), père de *Don Quichotte*, l'inspiré Greco (1541-1614), peintre crétois mais qui fait la gloire de Tolède. Il a aussi connu, exactement au même moment, cette terreur religieuse avec ce qui l'accompagne, le bâillonnement de la pensée, l'instrumentalisation de la justice.

Quel lien faut-il faire alors entre la face radieuse de l'époque et son visage grimaçant ? Je le répète, je n'en sais rien précisément. Je note simplement qu'il faut se garder de parler de l'une et d'oublier l'autre, et qu'il faut conserver un œil critique sur la notion historique qui est au cœur même de ce chapitre, la notion de « période ».

Pour ce qui concerne la Renaissance, cette critique est faite, depuis fort longtemps, par les plus grands historiens et tout particulièrement ceux de la *période* qui précède : les médiévistes. On peut les comprendre. L'idée que le XVIe siècle renoue avec la grandeur de l'Antiquité suppose que les mille ans qui se sont passés entre les deux n'aient été rien d'autre qu'une parenthèse de déclin, les « âges obscurs » dont on parlait, le « Moyen Âge » c'est-à-dire littéralement un entre-deux sans intérêt. On explique parfois que les hommes du XVe et du XVIe ont eu le sentiment sincère de vivre des temps nouveaux en se référant uniquement à la sombre et courte période qui avait précédé : la Grande Peste de 1348, la guerre de Cent Ans et son cortège de ruine et de malheurs que le monde venait de vivre les aveuglaient. Faut-il pour autant, aujourd'hui encore, à cause d'un siècle terrible (la période qui va de 1350 à 1450), jeter l'opprobre sur mille ans ? On l'a vu, ce fameux « Moyen Âge » connut lui aussi des périodes de faste, d'allant, de prospérité, il eut aussi ses « renaissances » : la renaissance carolingienne, du temps de Charlemagne, la renaissance des XIIe et XIIIe siècles, avec, là aussi, ce grand bond en avant de la connaissance dû au développement des universités ; avec, déjà, la redécouverte des philosophes anciens grâce aux Arabes. De grands médiévistes comme Jacques Le Goff réfutent d'ailleurs le découpage traditionnel du temps et en proposent un autre : pour eux, la *renaissance* telle qu'on la présente est une notion creuse, il n'y a eu, depuis l'Antiquité, qu'une longue continuité, un Moyen Âge qui s'est terminé au XIXe siècle avec la révolution industrielle.

Précisément. La notion de « renaissance », comme elle nous est transmise, doit beaucoup aux historiens du XIXe siècle. Le mot lui-même apparaît au XVIe siècle sous la plume du père de l'histoire de l'art, Vasari, un Italien qui écrit la vie des artistes qu'il admire, Michel-Ange et les autres : il pense qu'ils ont fait *renaître* le génie, et donc qu'ils ont créé la *renaissance (Rinascità)*. Il faut attendre le siècle de Michelet pour en faire une période historique, fille de l'idéologie de ce temps-là, la religion du progrès : le XVIe siècle qui libère l'individu, qui secoue la domination sans partage de la religion est forcément « mieux », et, puisque la marche du temps pousse par essence vers la Civilisation, ce qui précède est forcément plus barbare, plus *médiéval*, en somme. Faut-il en rester aujourd'hui à ce schéma ? Il ne s'agit pas de nier le progrès technique, le progrès de la connaissance. Un livre imprimé, puisqu'il peut être diffusé auprès du plus grand nombre, apporte forcément un *mieux* par rapport au manuscrit, réservé à une petite élite. Bien sûr, la découverte extraordinaire du chanoine polonais Copernic, qui pose le premier que le Soleil est au centre de notre univers et non la Terre comme on le croyait, représente une formidable avancée de l'intelligence. Mais les massacres de masse des Indiens d'Amérique, mais les atrocités des guerres de Religion ?

17 – Les Grandes Découvertes

On ne peut être partout. Affairés à la vaine conquête de Milan ou de Naples, nos rois de France ratent le grand mouvement qui, à pareille époque, pousse quelques peuples intrépides à tenter l'aventure sur un autre terrain, la mer. C'est elle qui mène à la conquête de mondes inexplorés, elle qui permet une nouvelle épopée européenne, « les Grandes Découvertes ».

Deux pays tireront une immense fortune de cette intuition maritime. Le premier est le Portugal. Ce peuple de commerçants et de navigateurs est obsédé par l'idée de trouver de nouvelles routes de commerce. Au début du XVe siècle, le prince Henri, fils du roi, est passionné de voyages et d'aventures maritimes, cela lui vaut le surnom d'Henri le Navigateur (1394-1460). Il reste à terre mais use de ses richesses pour développer la cartographie, créer une école de navigation et impulser un mouvement qui se prolongera longtemps. Grâce à lui, les Portugais tentent peu à peu le voyage le long

REPÈRES

– 1492 : Christophe Colomb accoste aux Antilles
– 1519-1521 : Hernan Cortés conquiert l'Empire aztèque
– 1531-1535 : Pizarro conquiert l'Empire Inca, fondation de Lima
– 1534 : Jacques Cartier au Canada, prise de possession au nom du roi de France
– 1552 : publication par le dominicain espagnol Las Casas de la *Très Brève Relation de la destruction des Indes*, dénonciation des exactions commises contre les Indiens

Les Grandes Découvertes

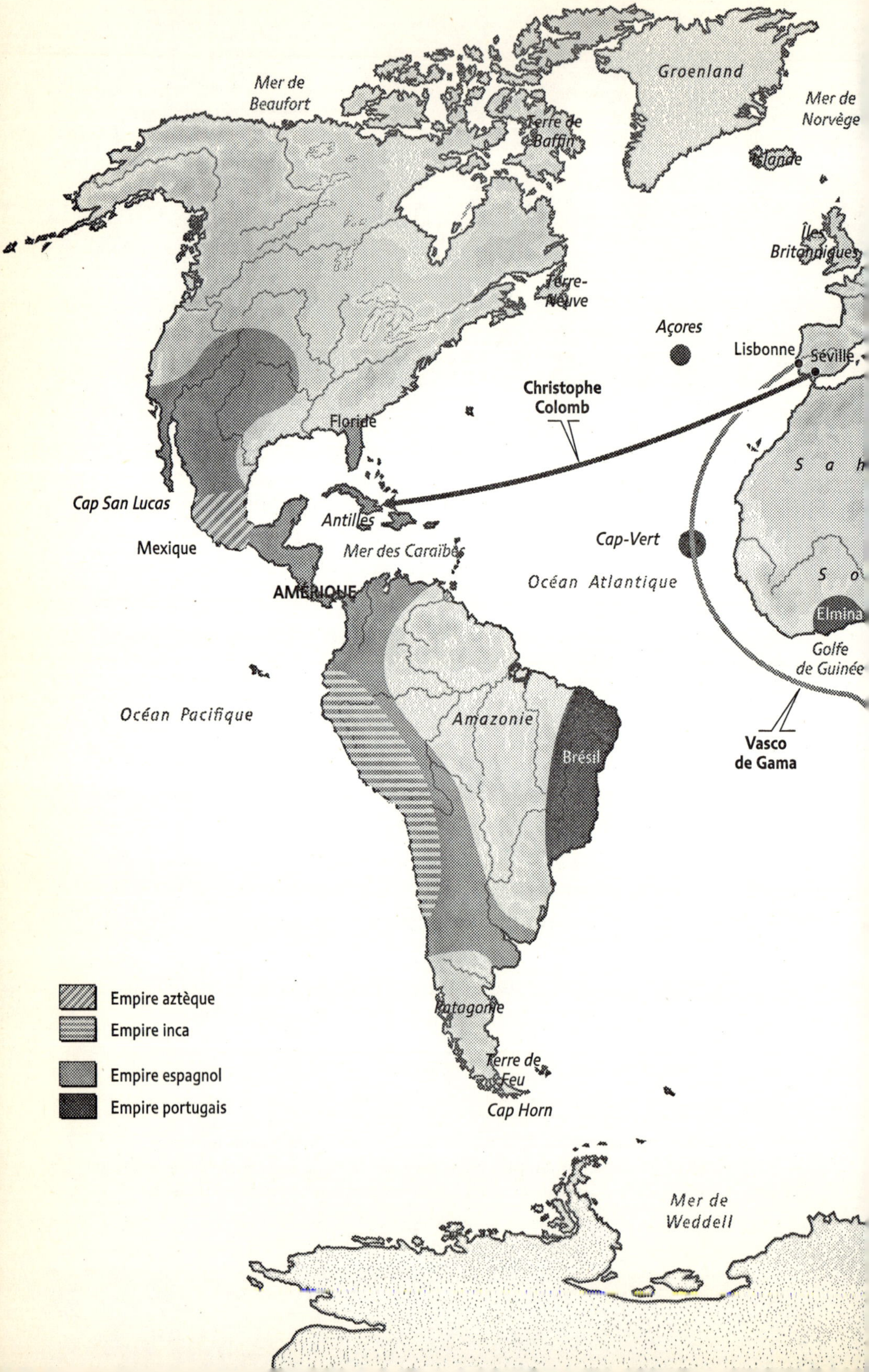

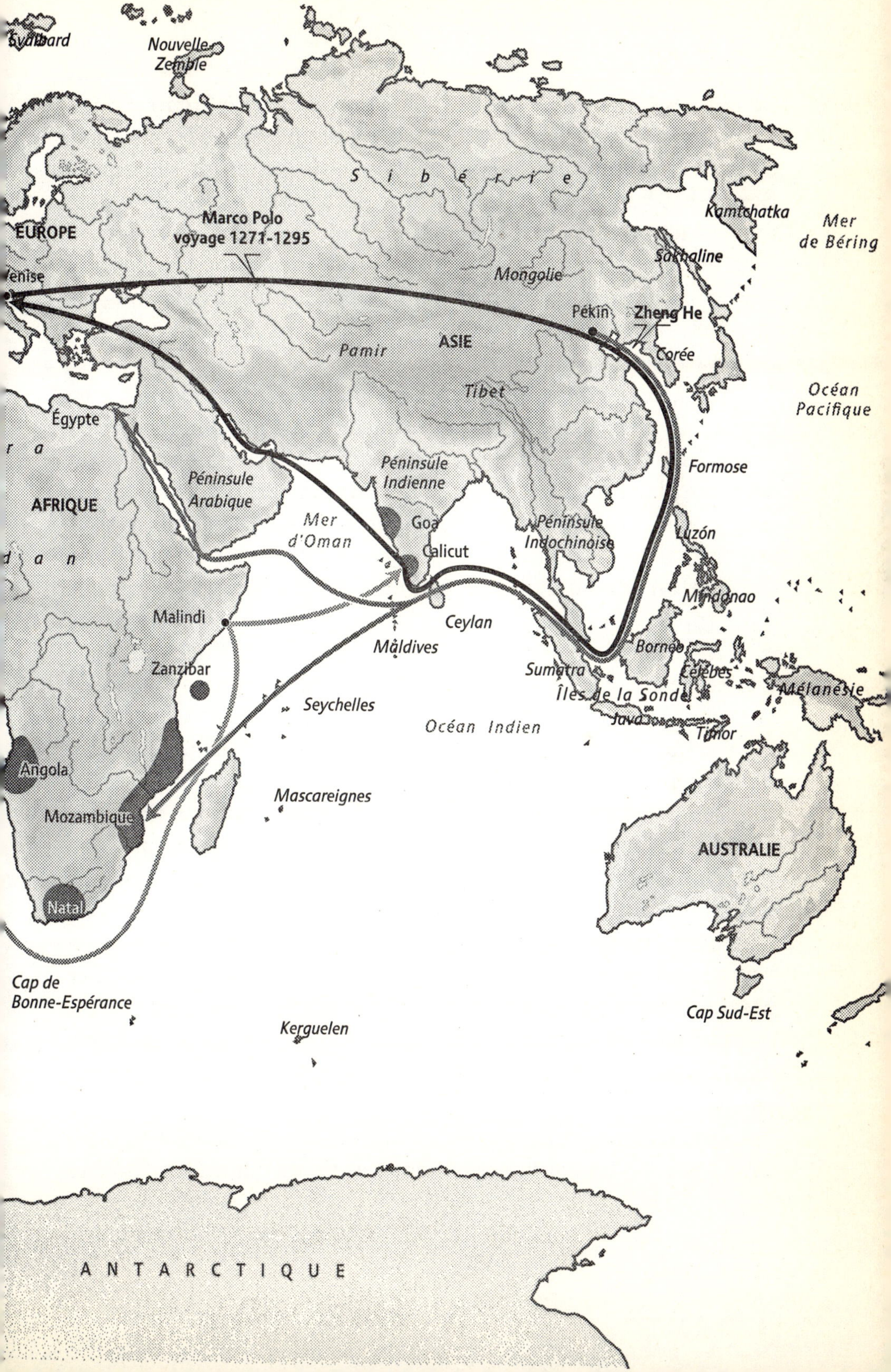
Svalbard
Nouvelle-Zemble
Sibérie
Kamtchatka
Mer de Béring
Marco Polo voyage 1271-1295
EUROPE
Sakhaline
Mongolie
Pékin
Zheng He
ASIE
Pamir
Corée
Tibet
Océan Pacifique
Égypte
Péninsule Indienne
Formose
Péninsule Arabique
AFRIQUE
Mer d'Oman
Goa
Péninsule Indochinoise
Luzón
Calicut
Mindanao
Malindi
Ceylan
Maldives
Bornéo
Zanzibar
Sumatra
Célèbes
Mélanésie
Îles de la Sonde
Seychelles
Java
Océan Indien
Timor
Angola
Mascareignes
Mozambique
AUSTRALIE
Natal
Cap de Bonne-Espérance
Cap Sud-Est
Kerguelen
ANTARCTIQUE

des côtes de l'Afrique, ce continent mystérieux. En 1434, ils sont au sud des Canaries ; en 1482 (bien après la mort d'Henri, donc), ils mouillent dans l'embouchure du Congo ; en 1487, ils franchissent la pointe sud du continent, qu'ils baptiseront « le cap de Bonne-Espérance » ; en 1498, enfin, le célèbre Vasco de Gama touche au but. Il aborde le port de Calicut, en Inde. Il en reviendra avec les épices convoitées, et une grande déception : là-bas, les grands rivaux des Européens, les Arabes, tiennent déjà tous les marchés, alors que ces longs voyages avaient pour but de contourner leur zone d'influence.

Tout à leur route africaine, les Portugais ont commis une erreur : ils n'ont pas cru la thèse audacieuse d'un Génois un peu exalté qui faisait un autre pari. Puisque la terre est ronde (point sur lequel la plupart des savants du temps étaient d'accord depuis longtemps), pourquoi ne pas essayer de passer par l'ouest pour atteindre les royaumes fabuleusement riches dont avait parlé naguère un Marco Polo ? L'homme, on l'a compris, s'appelle Christophe Colomb. Rejeté par les Portugais, il tente sa chance auprès d'Isabelle la Catholique, reine de Castille. Elle n'aura pas à le regretter. Le 12 octobre 1492, après deux mois et demi de voyage, Colomb accoste dans des îles qu'il pense être les Indes. Ce sont les Antilles. Il vient de découvrir l'Amérique, il vient d'ouvrir une voie où toutes les ambitions s'engouffreront bientôt : ce sera le temps des conquérants, les *conquistadors*. En 1519-1521, le premier d'entre eux, Hernan Cortés, pose pied en Amérique centrale, monte vers le nord et, avec une poignée d'hommes, en s'alliant habilement avec les tribus hostiles aux Aztèques, réussit à mettre à bas leur puissant empire, à en prendre la capitale Tenochtitlan, et, sur ses ruines, à fonder Mexico, centre de la *Nouvelle-Espagne*. En 1532, Pizarro, jouant perfidement des rivalités autour de l'Inca, l'empereur du lieu, défait la grande puissance qui depuis le Pérou dominait toute la cordillère andine.

Il aura fallu quarante ans pour que les Espagnols mettent la main sur la moitié d'un continent, s'emparent de ses immenses richesses et déversent sur l'Europe, par caravelles entières, l'or et l'argent qu'ils y ont pillés.

Les Portugais, grâce au navigateur Cabral qui y a accosté par hasard, ont conquis le Brésil en 1500. Très officiellement, dès la fin du XVe siècle, les papes eux-mêmes (traité de Tordesillas de 1494) ont garanti le partage entre les deux pays de ces immenses territoires encore inconnus que l'on va bientôt appeler « le Nouveau Monde ».

François Ier en sera furieux – « Le soleil luit pour moi comme pour les autres, s'exclamera-t-il, je voudrais voir la clause du testament d'Adam qui m'exclut du partage du monde » –, mais bien tard. Lui aussi rêve de la route fabuleuse qui doit mener vers les richesses et les épices. Mais le chemin du sud-ouest est déjà pris. En son nom, des marins téméraires essayent donc par le haut : c'est ainsi que le Malouin Jacques Cartier (1491-1557), cherchant le « passage du Nord-Ouest », commence par explorer l'embouchure du Saint-Laurent, remonte le grand fleuve, établit un poste à Montréal et revendique le Québec au nom de la France. Il faudra attendre près d'un siècle encore et Samuel Champlain (début du XVIIe siècle) pour que la colonie se développe.

Au XVIe siècle, la France, comme l'Angleterre d'ailleurs, a donc raté le coche, et n'est présente qu'à la marge dans l'épopée dont nous parlons. Faut-il pour autant, dans une histoire de notre pays, clore aussitôt ce chapitre ? Ce serait dommage. Ces « Grandes Découvertes » ont posé et continuent de poser de nombreuses questions philosophiques, humaines et historiques sur lesquelles on peut s'arrêter un instant.

Le génocide indien

Cette « conquête » du Nouveau Monde, vue du côté espagnol, est une page glorieuse. Vue du côté des vaincus, elle raconte l'histoire d'un effroyable anéantissement. Les historiens ne sont guère d'accord sur les estimations démographiques concernant le continent tout entier, la plupart des peuples qui y vivaient n'usaient pas de l'écriture, et le recensement est difficile à établir. Contentons-nous de chiffres parcellaires, ils sont éloquents : pour Hispaniola, la grande île que se partagent aujourd'hui la République dominicaine et Haïti, on estime une population indienne dépassant le demi-million à la veille de la conquête. En 1514, soit vingt-deux ans plus tard, elle tourne autour de 60 000 personnes. Pour le Mexique[1], on passe en un siècle de 20 millions d'Indiens à 2. La proportion est la même partout : près de 90 % de la population disparaît. Les causes de cet effondrement sont multiples. On parle beaucoup du « choc microbien », causé par les virus apportés par les Espagnols contre lesquels les populations autochtones n'étaient pas immunisées. Il ne faut pas oublier non plus les guerres, les massacres, la réduction en esclavage, les monstrueuses conditions de travail imposées dans les mines, par exemple, et enfin les suicides de masse qui ravagèrent des populations désespérées par l'effondrement si soudain de leurs valeurs, de leur univers.

Aujourd'hui, personne ne nie plus ces pages noires dont l'évocation soulève le cœur. Même le vocabulaire a changé. Nul historien ne parle plus, par exemple, de « découverte de l'Amérique », qui marque trop clairement le point de vue européen. Depuis les commémorations de 1992, on parle plus fréquemment de la « rencontre des deux mondes ». C'est encore un euphémisme. Les Indiens ont « rencontré » les conquistadors comme la victime rencontre les balles du peloton d'exécution.

Quoi qu'il en soit, plus grand monde aujourd'hui n'ignore cette façon de voir les choses, les mentalités ont évolué, et c'est heureux, car on sait tous qu'il y a peu de temps encore l'histoire n'était pas racontée ainsi. Ouvrons par exemple un des livres de référence des années 1970 chez les Anglo-Saxons, l'*Oxford History of American People*[2] de Samuel Eliot Morison, amiral et universitaire, fort célèbre en son temps. Il représente parfaitement le point de vue conventionnel de l'époque, c'est-à-dire celui qui dominait chez 80 % des Blancs. Voyons comment la conquête y est racontée.

1 - Selon les chiffres donnés dans *Une histoire du monde aux Temps modernes*, Larousse, 2008.
2 - Oxford University Press, New York, 1972.

C'est assez vite vu. Les Espagnols étaient des bienfaiteurs. N'ont-ils pas amené le vrai Dieu à ces « Indiens dont la religion exigeait le meurtre de milliers d'innocents chaque année » ? N'ont-ils pas amené ensuite « les beaux-arts » et les églises qui donnent à leurs villes « cet air de grandeur » ? En clair, les Indiens étaient des sauvages à qui les Européens ont donné « la civilisation », air connu. Que les mêmes « sauvages » aient payé ce merveilleux cadeau de millions de victimes, il n'est pas dit un mot, le fait ne passe pas sous la casquette de notre historien amiral.

Comme tant d'autres avec lui, l'homme raisonnait toujours, au milieu du XXe siècle, avec les schémas du XIXe et son idée-force de « mission civilisatrice » de l'Occident. Elle permit à un continent d'asservir le monde sans se préoccuper des dégâts occasionnés par cet asservissement. On oublie trop au passage que bien des grands esprits s'étaient scandalisés de cette contradiction longtemps avant notre époque. Nous croyons que l'intérêt pour le sort des populations découle de nos mentalités modernes. C'est faux. La mise en cause des horreurs du XVIe siècle occupait déjà nombre de contemporains. Citons le Français Montaigne, dans ses *Essais* (livre III, chap. VI) : « Tant de villes rasées, tant de nations exterminées, tant de millions de peuples passés au fil de l'épée et la plus riche et belle partie du monde bouleversée par la négociation des perles et du poivre... : méprisables victoires ! » Il écrit cela dans les années 1580, c'est-à-dire soixante ans à peine après les premiers pas des conquistadors au Mexique.

Le plus célèbre des dénonciateurs de l'horreur de la *Conquista* est espagnol : c'est le dominicain Las Casas. Il sait de quoi il parle, il fut colon dans les Antilles, puis, entré en religion, il devint évêque du Chiapas, au Mexique. Il n'a de cesse de dénoncer les massacres, les tortures dont les Indiens sont victimes. Et, contrairement à ce que l'on pourrait penser, ses protestations ne sont pas des cris isolés que personne ne veut entendre. Elles arrivent jusqu'à l'oreille de l'empereur et roi d'Espagne Charles Quint. Ému, scandalisé même par ce qu'on lui raconte, il ordonne qu'on mette fin aux abus, et promulgue les *leyes nuevas*, les « lois nouvelles », faites pour atténuer le système terrifiant mis en place, l'*encomienda*, c'est-à-dire la réduction en esclavage des Indiens. Mais les colons refusent de les appliquer et Las Casas, inlassable, reprend son combat. Il lui fera affronter un autre érudit de son temps, Sepulveda, lors d'une dispute publique, la « controverse de Valladolid[1] ».

Le point passionnant de la polémique est que les deux hommes partent des mêmes présupposés intellectuels : tous deux sont chrétiens, tous deux ont baigné dans la culture humaniste dont nous parlions au chapitre précédent. Las Casas bien sûr, mais Sepulveda aussi, qui est un homme instruit, un esprit qui se veut ouvert, qui a lu les bons auteurs. Seulement, lire les bons auteurs ne doit pas être suffisant pour penser juste, puisqu'il s'en sert pour arriver à des conclusions qui nous font horreur : en se fondant sur Aristote, il pose que certaines races sont vouées par Dieu à être asservies par d'autres. Son adversaire Las Casas a un point de vue plus proche du nôtre : pour lui, les Indiens sont des hommes, nos frères, nos égaux et il est scandaleux de les maltraiter. Hélas, son opiniâtreté et la justesse de ses vues ne serviront à rien : les conquérants continueront à piller et les Indiens à mourir sous leur joug.

C'est le point déprimant. Aujourd'hui, la conquête des Indes nous apparaît clairement comme un effroyable carnage, mais avec cinq siècles de recul, toute notre commisération ne fera ressusciter ni les victimes ni les civilisations séculaires englouties avec elles. Il y a cinq cents ans quelques hommes courageux tentèrent d'arrêter le massacre, leur époque était parfaitement capable d'entendre leurs arguments. Elle est restée sourde.

Qu'est-ce qu'une civilisation supérieure ?

Avec chacun une poignée d'hommes, Cortés au Mexique, Pizarro au Pérou ont conquis en un temps record deux empires extraordinaires et puissants, qui régnaient sur des terres immenses

1 - Un film écrit d'après un scénario de l'écrivain Jean-Claude Carrière l'a rendue célèbre en France.

et des centaines de milliers de gens. Il est difficile de nier l'évidence : si les Espagnols ont vaincu, c'est qu'ils étaient les plus forts. On peut néanmoins s'interroger sur les raisons avancées pour expliquer cette victoire. On le verra, cela permet un tour d'horizon de quelques-unes des facettes amusantes de l'ethnocentrisme.

Les conquistadors, bons chrétiens, étaient sûrs de leur supériorité sur les *sauvages* qu'ils ont dominés. On vient d'en parler, ils étaient assez mal placés pour donner à quiconque des leçons de morale. Il est un de leurs sentiments, toutefois, que l'on ne peut que partager : l'horreur qu'ils ont éprouvée devant un rite répandu, le sacrifice humain. Chez les Incas, il était rare. Les Aztèques, en revanche, le pratiquaient à très grande échelle, des dizaines de milliers de prisonniers de guerre étaient immolés chaque année à des dieux assoiffés. Quand les Espagnols sont arrivés à Tenochtitlan, du sang tout chaud encore, dit-on, ruisselait sur les escaliers majestueux des grandes pyramides où se consommait cet holocauste. Nul ne songerait à défendre cette épouvante. Pourquoi, cependant, personne ne songe à la mettre en parallèle ou au moins à tenter une équivalence avec ce qui se pratiquait, au même moment, en Occident ? Les bûchers de l'Inquisition espagnole, par exemple, ou encore les massacres presque contemporains des guerres de Religion. Comment ? Ça n'a rien à voir ! s'exclamera-t-on. Vous confondez tout ! Vraiment ? D'un côté, pour satisfaire ses dieux, on immole des innocents, de l'autre on en brûle, on en assassine au nom de la Sainte Foi ou de la conception que l'on se fait soi-même de son Dieu. L'intention n'est pas la même, le rite est tout autre, certes, mais pour la victime, franchement ? Entre celui qui périt sous le couteau d'obsidienne dont se servaient les prêtres indiens et celui qui meurt sur les fagots dont se servaient les prêtres catholiques, quelle différence ? Citons encore Montaigne, dont on ne se lasse pas : « Chacun appelle barbarie ce qui n'est pas de son usage. »

Les Indiens ont été victimes de leur crédulité. Les pauvres « bons sauvages » des Antilles qui accueillirent les premiers Espagnols avec des fruits et des présents, mais aussi les très civilisés Aztèques. Ainsi, lorsque paraît Cortés, blanc et barbu, sur son cheval, animal inconnu, l'empereur Moctezuma croit-il d'abord au retour du dieu Quetzalcóatl que l'on attend depuis si longtemps ? Il lui offre cadeaux et sacrifices humains, il le fait venir dans sa capitale. Quand il s'aperçoit de sa méprise, il est trop tard, le loup est dans la place. L'histoire est connue. Elle enfonce le clou à propos d'Indiens abusés par leurs croyances et leur mysticisme. Le point est indiscutable. Pourquoi oublier cependant qu'une même crédulité fut le principal moteur de la conquête par les Européens ? Qu'est-ce qui pousse au voyage, qu'est-ce qu'on vient chercher dans ces terres que l'on croit être les portes de la Chine ? Des certitudes ? Pas du tout : les richesses parfaitement légendaires décrites par Marco Polo dans le récit de ses voyages. Ou encore l'idée qu'en faisant le tour du globe, on va pouvoir prendre les musulmans à revers en faisant alliance avec le « Prêtre Jean » et son immense royaume chrétien d'Afrique – parfaitement légendaire également. Bien sûr, il y a, pour inciter à la première traversée de Colomb, une base juste : le pari sur la rotondité de la Terre. Qu'y a-t-il d'autre qui soit rationnel chez ce mystique exalté qui, après avoir cru des années qu'il était vraiment arrivé en Inde, mourra seul en Espagne, dans un pur délire, persuadé d'avoir découvert le paradis terrestre ? Partout les Européens sont à la recherche de ce qu'ils croient aussi réel que le fer de leurs épées : des royaumes dont les maisons ont des toits d'or, des villes dont les forteresses sont serties de pierres précieuses. Et à chaque fois qu'on leur en promet, ils foncent ! Si Cartier revient au Canada lors de plusieurs voyages, c'est que les Indiens rencontrés lui ont promis de l'amener au Saguenay, ce royaume où tout est pierrerie et où les hommes volent comme les chauves-souris. C'est même ce que vient raconter devant le roi et la Cour le chef iroquois ramené à Paris, et le roi comme la Cour le croient et financent l'expédition. Lors de ce dernier voyage, Cartier est d'ailleurs tellement certain de trouver des richesses qu'il en trouve ; il revient avec des caisses pleines de diamants et d'or du Canada. L'or est de la pyrite, les diamants du quartz. Il faudra qu'il soit en France pour s'en rendre compte.

Enfin, arme ultime, les Européens avaient pour eux la supériorité technique. Les empires de l'Amérique précolombienne étaient arrivés à un haut niveau de civilisation, la qualité des routes incas était exceptionnelle, l'urbanisme de Tenochtitlan, le système des canaux sur lesquels on se déplaçait, la propreté, la richesse des marchés éblouirent les conquérants qui n'avaient de leur vie jamais vu de ville plus belle. Mais ils avaient pour eux les chevaux – inconnus en Amérique –, les armes à feu – qui terrifièrent les Indiens –, et l'art maritime qui leur avait permis d'arriver jusque-là, les instruments de navigation et les bateaux à haut bord qui permettent d'affronter l'océan – les célèbres caravelles. Notons que rien de tout cela, ni la poudre à canon, ni la boussole, ni le sextant, n'était né en Occident, mais avait été inventé en Chine et était arrivé en Europe par l'intermédiaire des Arabes.

Ne l'oublions pas en effet : d'autres civilisations avaient montré avant la nôtre leur degré de développement. Avant les Portugais, combien d'autres peuples capables de former des navigateurs intrépides ! Les Arabes bien sûr, grands voyageurs sur les routes du monde durant ce que nous appelons le Moyen Âge, mais aussi les Chinois. Leurs explorations précèdent de peu les aventures de Colomb. Nombre d'entre elles furent entreprises dans la première moitié du XVe sous la conduite d'un incroyable personnage de la Chine impériale, Zheng He, amiral et eunuque. Elles permirent de nouer des relations de commerce en Insulinde, à Java, à Sumatra, en Inde, et d'établir des relations diplomatiques jusqu'aux royaumes de la côte orientale de l'Afrique. Il s'est même trouvé, il y a quelques années, un ancien marin britannique devenu historien, un certain Gavin Menvies, pour affirmer que les Chinois de Zheng He avaient « découvert l'Amérique » soixante-dix ans avant les Espagnols. La thèse a été démontée par tous les historiens sérieux. Prenons-la pour ce qu'elle nous offre : un peu de rêve. Imaginons que l'histoire se soit passée dans ce sens-là : les Chinois débarquent chez les Aztèques et les Incas par le Pacifique. Admettons qu'ils ne cherchent que le commerce et vendent ce qu'ils ont, la poudre à canon, les instruments de navigation, les bateaux. Que se serait-il passé ? Aurait-on vu, un demi-siècle avant Colomb, l'Inca en majesté, ou un cacique aztèque, couvert d'or et de plumes magnifiques, débarquer un beau matin, sur une plage, quelque part entre Lisbonne et Anvers ? Avançons sur cette pure hypothèse d'école et posons-nous la question : combien de temps aurait-il fallu aux Européens pour venir se prosterner devant lui en le prenant pour le Messie ?

Coureurs des bois et Indiens d'Honfleur

On ne saura jamais ce qu'aurait pu être une autre « rencontre de ces deux mondes », pacifique, heureuse, enrichissante pour l'une et l'autre parties. Seules quelques exceptions viennent nous en donner un aperçu. La plupart des conquérants furent cupides, cruels et racistes. Pas tous. On en a vu aimer et respecter les peuples qu'ils rencontraient. Nombreux sont même ceux qui ont décidé de refaire leur vie chez les Indiens. Ce sera le cas d'Espagnols ou de Portugais faits prisonniers au départ, et qui, *in fine*, choisiront de rester dans ce camp. Ce sera le cas de nombreux Français au Canada. Là-haut, dans un premier temps, il n'est pas question de conquête mais de commerce : les rares colons vivent surtout du trafic des fourrures. Parmi eux, quelques aventuriers intrépides s'enfoncent loin dans les terres inconnues pour acheter de la marchandise : ce sont les « coureurs des bois ». À force de côtoyer les tribus, ils finissent par adopter la vie et les mœurs des Indiens.

Le mécanisme inverse est beaucoup plus rare. Les Indiens transportés dans le monde des Blancs y dépérissent ou veulent repartir au plus vite. Il y a des exceptions. Citons, pour honorer sa mémoire et celle de son protégé, le nom du Honfleurais Paumier de Gonneville. Au début du XVIe siècle, il se rend au Brésil où les Français tentent de s'installer. Il tisse des liens avec le chef d'une tribu locale et le convainc de laisser partir Essomeric, son fils, pour lui faire découvrir le pays des Blancs, avant de le lui ramener, mieux formé, plus instruit. Lors du retour en France, son bateau fait naufrage devant le Cotentin. On finit à pied le voyage jusqu'à Honfleur. Le navire est irrécupérable, Paumier n'a plus de moyen de transport, il comprend qu'il ne pourra jamais honorer sa promesse de ramener Essomeric à son père. Il est scrupuleux et honnête homme : faute de pouvoir rendre sa famille au jeune homme, il lui ouvre la sienne. Il l'adopte, en fait son héritier et bientôt le marie à l'une de ses cousines. L'histoire rapporte que le mariage fut heureux et que, de cette union franco-brésilienne, naquirent douze enfants.

18 – Le temps des grands rois

Autres souverains, autres façons de régner

Nous voilà, *via* Honfleur, de retour au royaume de France. Revenons-en donc à ceux qui y règnent. On constatera, une fois encore, que l'étude des rois peut être plus riche d'enseignements que l'on ne l'a cru naguère. Renouons le fil dynastique. Après Louis XI vient son fils Charles VIII (né en 1470, règne en 1483, meurt en 1498), celui qui, le premier, a entraîné le pays dans les guerres d'Italie. Il est mort sans enfants. Puis son cousin, Louis XII (né en 1462, règne en 1498, meurt en 1515), mort lui aussi sans fils mais laissant une fille. C'est son gendre, le jeune Valois-Angoulême, qui régnera. Tous les Français le connaissent sous son nom de roi :

REPÈRES

– 1519 : Charles de Habsbourg, héritier bourguignon, roi d'Espagne, élu empereur du Saint Empire sous le nom de Charles Quint
– 1520 : entrevue du camp du Drap d'or entre François Ier et Henri VIII, roi d'Angleterre
– 1520-1566 : règne de Soliman le Magnifique
– 1539 : ordonnance de Villers-Cotterêts imposant l'usage du français dans les actes administratifs
– 1559 : traité du Cateau-Cambrésis

François Ier (né en 1494, règne en 1515, meurt en 1547). Il est celui qui nous intéresse.

L'homme est de son époque, la chose est évidente. Qui mieux que lui incarne cette période de transition qu'est la Renaissance ? Il a toujours un pied dans le Moyen Âge. On l'appelle le « roi chevalier », il aime le fracas des armes et les rituels qui rappellent les temps anciens : sa légende ne pose-t-elle pas qu'il s'est fait adouber en armure, un genoux planté à terre, par l'épée du prestigieux Bayard, au soir d'une victoire fameuse contre les mercenaires suisses dans les plaines lombardes lors des guerres d'Italie, Marignan, 1515 ? Son autre pied est solidement planté dans les temps nouveaux, ceux du raffinement et des plaisirs. Il est très grand, bel homme, aimable, porté sur les dames, aimant immodérément les dépenses et les bijoux. Rien n'est trop beau pour satisfaire et sa gloire et son goût, qu'il a très sûr. Il fait venir dans son royaume les meilleurs artistes transalpins, le Primatice, André del Sarte et le plus prestigieux de tous, l'immense Léonard de Vinci, qu'il appelle son « père », arrivé d'Italie en rapportant dans ses bagages une autre merveille, la *Joconde*. Il fait bâtir ou remanier des châteaux de la Loire, Blois, Chambord, ou encore son préféré, celui de Fontainebleau. Concentrons-nous sur un aspect de son action : la construction politique de notre pays. Le rôle de notre roi dans ce domaine est considérable. C'est sous son impulsion que s'accentue dans ce domaine aussi le lent passage de l'univers féodal à la nouvelle organisation qui peu à peu va dominer notre pays, la monarchie absolue. François, dans ses palais, est le premier à mettre en place autour de lui une institution apparemment frivole, et qui est appelée à tenir un grand rôle politique : la Cour. Au Moyen Âge, le mot désignait le conseil du roi, les grands qui l'aidaient à gouverner. La Cour prend la forme que nous lui connaissons : cet aréopage brillant de jolies femmes et de beaux messieurs, de nobles, de poètes et de savants qui forment l'entourage du roi. L'assemblée est nombreuse. Qu'importe. Le prince ne regarde pas à la dépense et il aime bouger, cela fait du mouvement sur les routes chaotiques du royaume. Quand il erre de château en château, de Blois en Chambord et de Chambord en Fontainebleau, la Cour le suit. Avec les domestiques, l'intendance, les gardes, on pouvait voir jusqu'à 15 000 personnes brinquebalées dans de beaux carrosses ou d'humbles charrettes, suivies par des malles débordant de vaisselle, de bijoux ou de tentes : il fallait bien coucher tout ce monde pendant les étapes. La Cour : des bals, des fêtes, un univers policé où tous les rapports se font sous le masque de la courtoisie et du raffinement. Mais aussi un redoutable instrument de pouvoir. Les apparitions extraordinaires du roi dans ses voyages servent à éblouir ses sujets. La Cour met en scène sa centralité ; elle donne le spectacle permanent de son omnipotence – tout émane de lui, grâces et disgrâces, fortunes et défaveur –, elle offre une représentation de sa majesté. Henri III perfectionnera le système, Louis XIV le poussera jusqu'à sa caricature, François en est le premier inspirateur.

Cette forme de pouvoir a un avantage d'importance que souligne l'excellente spécialiste de la période Janine Garrisson, déjà citée. Contrairement à ce qui se passe dans les systèmes où prévalent les « conseils » entourant le roi, ou les assemblées de barons, presque toujours exclusivement masculins, la Cour dans cette version moderne permet aux femmes d'entrer dans le jeu politique. En revanche, les grands seigneurs d'hier, devenus courtisans du prince, perdent nécessairement l'autonomie qu'ils avaient quand ils régnaient en maître dans leurs fiefs. Les temps du fief sont au bord de passer. Malheur à ceux qui ne l'ont pas compris !

On parlait beaucoup dans les manuels de jadis du connétable de Bourbon, le méchant du chapitre. Ce grand seigneur français, valeureux soldat et héros des guerres d'Italie, n'avait-il pas commis l'irréparable ? Il avait trahi son roi pour se rallier à l'ennemi de la France, l'empereur Charles Quint. On oubliait souvent de préciser les raisons de ce changement de casaque : le procès inique intenté par le roi (et sa mère, qui se prétendait héritière de son fief) au malheureux connétable, dans le seul but de mettre la main sur ses riches terres du Massif central, dernier grand domaine à échapper à l'autorité royale.

Sous François Ier, nous disent les spécialistes, on passe de la *suzeraineté* à la *souveraineté*. En clair, on oublie les hiérarchies complexes de la féodalité pour en venir à un principe plus simple : le royaume est la propriété du roi. François Ier est celui qui clôt les ordonnances royales par une formule que d'autres rois ont déjà employée avant lui, mais qu'il rend populaire : « Car tel est notre bon plaisir. » Sous son règne se développent les impôts et les fonctionnaires. On a besoin d'argent pour financer les dépenses et les guerres du roi, alors on vend les offices, c'est-à-dire les charges dans ce que nous appellerions l'administration, à une nouvelle classe montante : on l'appelle la « noblesse de robe » pour l'opposer à l'ancienne, celle qui se faisait sur les champs de bataille, la « noblesse d'épée ». Le système, pourquoi le nier, a laissé de grandes choses. Le roi veut que resplendissent les arts et les sciences. Il crée le « collège de lecteurs royaux » (qui deviendra notre Collège de France) pour que soient enseignées ces matières incroyablement nouvelles que l'université d'alors ignorait : l'hébreu, le grec, les mathématiques. Son besoin de centralisme nous a laissé un autre héritage précieux : par l'ordonnance de Villers-Cotterêts, il impose que tous les actes officiels, à la place du latin, soient rédigés dans une langue à laquelle les écrivains du temps commencent à donner ses lettres de noblesse : le français. Centralisme, unité, organisation de la chose publique : on l'a compris, le grand Valois est le premier à préparer le pays à ce cadre politique nouveau, l'État. Il est toutefois une question qu'on ne pose jamais, dans les livres, une fois que l'on a exposé tout cela : est-ce pour autant la seule organisation valable, est-ce la seule qui soit possible ?

Charles Quint

Pour le savoir, il faut aller voir ce qui se passe à la même époque dans d'autres pays d'Europe et même un peu au-delà. Il y a de quoi

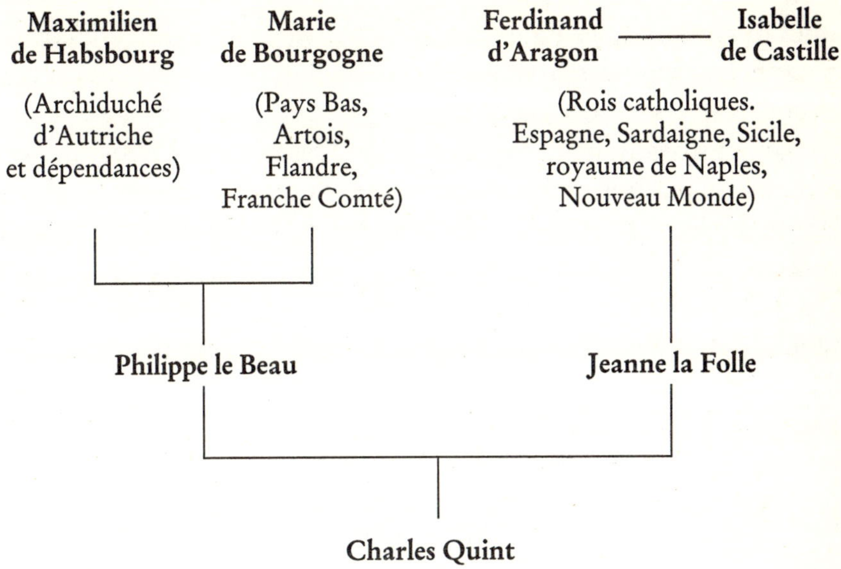

faire. Pour ce qui est des couronnes, ce moment de l'histoire est prodigue en noms fameux, c'est le temps des grands souverains. Dans les livres, en général, on ne les considère que sous l'angle de leur rapport avec la France ou plutôt avec son roi lui-même. Un demi-siècle vu comme un grand jeu de société, une sorte de gigantesque poker dans lequel quelques illustres personnages échangent coups fourrés et coups de bluff. Il est vrai que cette perspective ne manque ni de romanesque ni de rebondissements.

Au centre de la partie, un duel, celui que va mener François Ier avec *son* adversaire : Charles Quint.

Qui est-il ? Avant toute chose, un des plus incroyables héritiers de l'histoire du monde. Il est né en 1500, à Gand, dans ce que l'on appelle les Pays-Bas méridionaux, sous le nom de Charles de Habsbourg, dans une famille qui avait porté l'art du mariage d'intérêt à la perfection. Qu'on en juge. En remontant son arbre généalogique du côté de son père, Philippe, on tombe sur son grand-père, Maximilien de Habsbourg, empereur du Saint Empire germanique, heureux époux de sa grand-mère, Marie de Bourgogne, c'est-à-dire l'héritière de notre vieil ami Charles le Téméraire et de ses richissimes possessions, les Pays-Bas, la Franche-Comté, etc. Du côté de sa mère, Jeanne, c'est largement aussi bien mais au sud : ses grands-parents sont les « Rois Catholiques », Isabelle et Ferdinand, ce sont eux qui, unissant leurs royaumes de Castille et d'Aragon, sont devenus les maîtres de l'Espagne et de toutes ses immenses dépendances. Ensuite, le petit Gantois n'a plus qu'à attendre que les fruits tombent. Ils tombent vite. En 1506, à la mort de son père Philippe, Charles touche l'« héritage bourguignon » – c'est-à-dire l'actuel Benelux et la Franche-Comté. En 1516, à la mort de son grand-père Ferdinand, alors que l'on constate que sa mère Jeanne, dite Jeanne la Folle, est incapable de régner, c'est l'Espagne qui lui revient, et tout ce qui va avec, Naples, la Sicile, la Sardaigne, les Baléares et, bien sûr, les nouveaux empires des Indes – en clair l'Amérique centrale et la moitié de l'Amérique du Sud. En 1519 enfin, à la mort de son grand-père l'empereur Maximilien, lui reviennent ses quelques possessions personnelles (Autriche, Carinthie, Styrie, Alsace méridionale, on en passe) et il réussit dans la foulée à se faire élire à son tour empereur. Charles est le cinquième à s'appeler ainsi depuis Charlemagne, d'où son nom : Charles Quint. Il n'a pas vingt ans, il est à la tête d'un empire sur lequel, dit-on, « le soleil ne se couche jamais ». Il portera jusqu'à soixante-dix titres et couronnes, l'histoire ne nous dit pas s'il se souvenait de tous.

Sachant cela, on n'a plus qu'à jeter un coup d'œil à la carte pour comprendre le ressort du conflit qui va opposer notre Bourguignon à son lointain cousin Valois. Charles a un empire étendu, mais éclaté. Il jalouse un royaume qui sépare ses possessions et a pour lui l'unité territoriale. Par-dessus tout, il est hanté par un combat : récupérer le vrai berceau de sa famille, la vieille Bourgogne, scandaleusement confisquée par Louis XI à la mort de son aïeul Charles le Téméraire.

François est au centre du jeu, il se retrouve maintenant avec un rival qui peut le prendre en tenaille, par le nord-est et par le sud. D'où les quarante ans de guerre avec les « impériaux », comme on

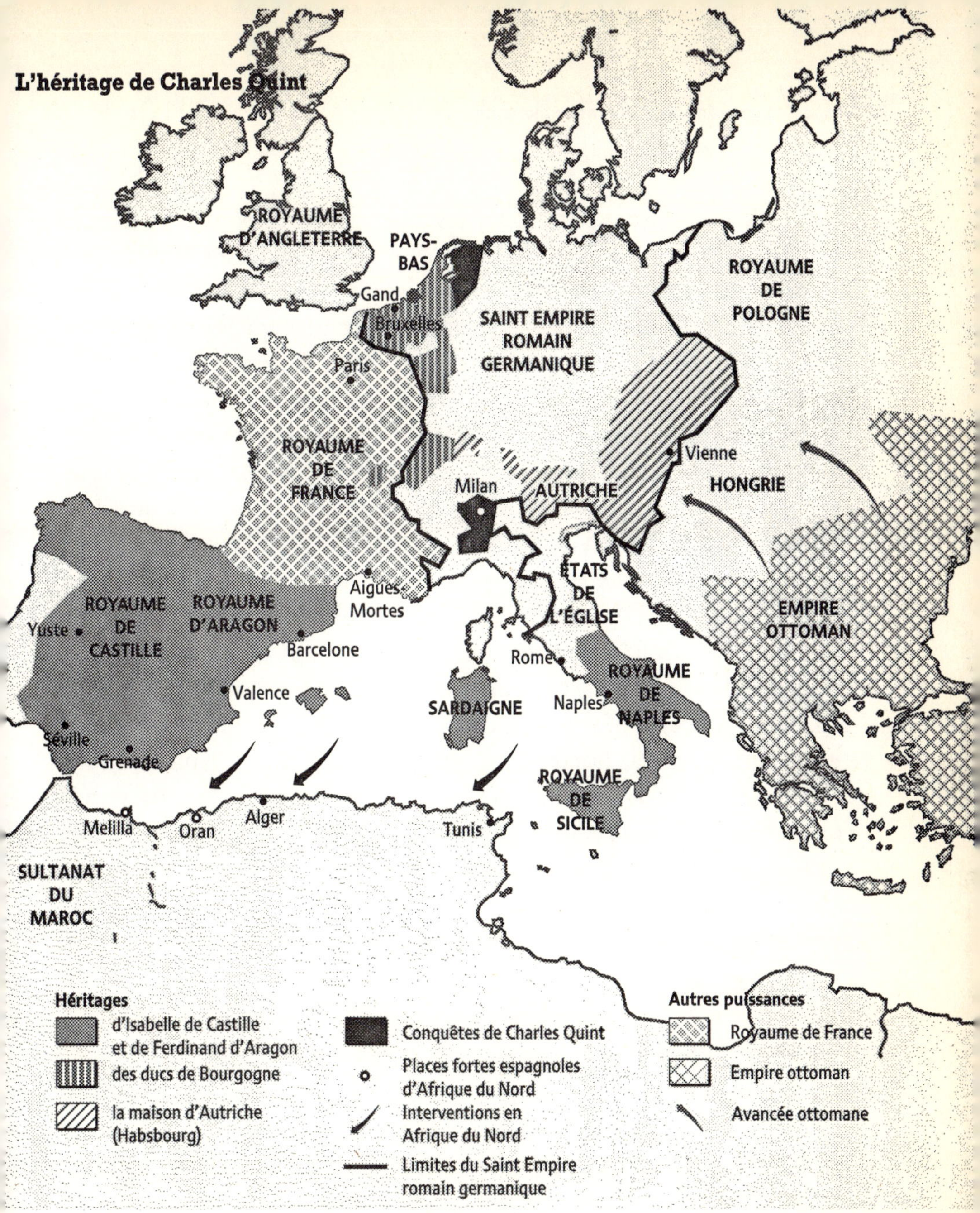

les appelle (elle s'achève avec le traité du Cateau-Cambrésis de 1559, signé après la mort des deux protagonistes), et des dizaines de milliers de morts pour pas grand-chose. On se bat en Provence, on se bat dans les Ardennes, on se bat aussi beaucoup en Italie, que les deux convoitent. En 1525, les Français subissent une défaite énorme à Pavie, non loin de Milan. Le sol est jonché de chevaliers français et François est fait prisonnier. Il passe de longs mois en captivité à Madrid, n'en sort qu'après avoir promis par traité, entre autres clauses, de rendre à Charles sa chère Bourgogne. Une fois rentré, il ne respecte rien, évidemment, et reprend la bagarre, l'air est connu. Cela n'empêche pas bien plus tard de brillantes réconciliations – on verra l'empereur traverser tout le royaume de France en grand équipage, avec fêtes et divertissements dans toutes les villes et réception royale à Paris, pour aller châtier une révolte à Gand – ni de nouvelles guerres, avec de nouveaux ennemis ou de nouveaux alliés. D'autres joueurs ne sont-ils pas prêts à alimenter la partie ? Oublions les seconds rôles, il y en a tant. Les petits nobles italiens, ducs de ceci, doges de cela ; le pape qui s'allie à l'un, s'allie à l'autre, n'hésite pas, quand il le faut, à prendre les armes lui-même et verra, horreur de l'horreur, sa ville de Rome mise à sac par les *impériaux* déchaînés ; ou même les princes protestants qui secouent l'empire du très catholique Charles Quint, et avec qui François Ier puis son fils Henri II n'hésiteront pas à faire alliance – il est vrai qu'en matière de politique étrangère, ils ne reculent pas devant grand-chose. Souvenons-nous des deux autres acteurs de premier rang.

Henri VIII et Soliman

Le roi d'Angleterre Henri VIII est célèbre pour avoir eu six femmes. De toute évidence, son cœur balançait beaucoup aussi en matière diplomatique – il n'eut de cesse de changer d'alliance, une fois l'un une fois l'autre, et toujours plus d'or et de promesses à chaque fois. Quand on est malin, le jeu peut rapporter gros. Un seul exemple, il est fameux : en 1520, François Ier est prêt à beaucoup pour séduire le Tudor. Il le convie à Guînes, non loin de Calais (toujours anglaise à l'époque), dans un endroit tout exprès préparé pour la circonstance : « le camp du Drap d'or ». Le nom seul dit la mesure des moyens déployés. Bals, fêtes, petits plats d'argent dans de grands plats de vermeil, une ville en miniature pour éblouir les hôtes, et peut-être une gaffe : lors d'un jeu de lutte, l'idiot de Français a le tort de ne pas laisser l'Anglais gagner, vous savez comme ces princes sont susceptibles. Une semaine plus tard, Henri VIII est à Gravelines, c'est-à-dire à deux pas mais dans les Pays-Bas de Charles Quint, et signe avec lui une alliance indéfectible. Il en changera un nombre incalculable de fois.

Reste, très à l'est, l'*outsider*, le trouble-fête inattendu de l'affaire : le « Grand Turc », Soliman le Magnifique, le sultan ottoman au faîte de sa puissance et qui n'en finit pas d'effrayer la sainte Europe : tous les Balkans sont déjà conquis, à force de pousser à l'ouest il est presque à Vienne, au cœur même des pays Habsbourg. François Ier voit l'intérêt stratégique d'une alliance de revers. Ambassades, cadeaux, il traite avec Soliman. Le geste est toujours présenté comme un sommet de l'audace ou du machiavélisme (ça dépend du point de vue) : incroyable ! Le « Très Chrétien » (c'est le surnom du roi de France) prend la main du musulman. Et plus encore : Turcs et Français se battront même côte à côte, entre autres lors du siège (raté) de Nice. L'alliance a tout de même valu à la France des « traités de capitulation », c'est-à-dire d'énormes privilèges commerciaux qui lui assureront pendant des siècles une place de choix au « Levant », comme on disait alors.

Oui, on peut, *ad libitum*, ne voir les choses que sous l'angle du grand jeu de stratégie à quatre ou cinq personnages. C'est dommage. Il est tout aussi instructif de s'intéresser un instant aux modèles que ces protagonistes, chacun dans leur empire, essayaient de bâtir.

Voyez Charles Quint. Dans nos mentalités françaises, qui ont du mal à raisonner hors de la référence *nationale*, on n'arrive jamais à le caser. La plupart des gens en font un roi d'Espagne. Dieu sait pourtant que le rôle ne fut pas facile à endosser pour lui. À Gand, Charles a été élevé en français. Quand il débarque en Espagne à dix-sept ans, il ne parle pas un mot de castillan, il est entouré de Flamands qui vont vite se faire détester, et il lui faudra mater bien des révoltes, bien des remontrances de parlements, bien des particularismes pour se faire accepter. Il n'est pas plus *autrichien* ni *allemand*. Il est un peu de tout ça, voyageant sans cesse d'un bout à l'autre de son empire, poursuivant partout un seul rêve, refaire ce qu'avait presque réussi Charlemagne, une monarchie universelle où régneraient la paix et la foi catholique. Cela n'a pas marché, c'est indéniable. Il y eut la guerre, et, pis encore à ses yeux, l'hérésie religieuse : c'est sous son règne qu'éclate la Réforme de Luther, qui va tenter tant de princes allemands et déchirer son univers. Brisé par la fatigue, les tensions, le découragement, Charles abdique en 1555 et meurt trois ans plus tard dans un sombre monastère d'Estrémadure, après avoir scindé son bien en deux. À son fils Philippe, l'Espagne, mise ainsi sur les chemins de l'État unifié. À son frère, le Saint Empire, éclaté par les querelles religieuses et qui ne sera plus bientôt qu'une coquille vide.

Un autre, qui sait ?, aurait pu lui inventer une autre unité. Un autre qui, lui aussi, s'était rêvé un moment en nouveau Charlemagne et avait, lui aussi, tenté sa chance lors de l'élection de 1519 à l'issue de laquelle les traditionnels sept « princes-électeurs » avaient préféré Charles Quint : un certain François Ier. En général, on présente cette candidature française comme une pure manœuvre pour faire enrager le vilain Habsbourg, ou comme le caprice d'un jeune prince vaniteux. On écrit aussi que Charles a gagné parce qu'il avait plus d'or pour acheter les votes. François en a dépensé beaucoup de son côté, et le résultat s'est joué à fort peu. Imaginons que notre roi ait gagné. Sur un plan géographique, en tout cas, l'union de la France et de la zone germanique était plus naturelle que le curieux mariage avec l'Espagne qui advint. Que se serait-il passé ? Aurait-on vu naître au cœur de l'Europe une gigantesque *Françallemagne* que le Valois aurait conduite sur les chemins de l'État centralisé et unifié, comme il le fit pour la seule France ? Ou aurait-il inventé un nouveau modèle d'État plus souple, presque fédéral, tenant compte des différents peuples et des différentes cultures le composant ?

Ailleurs, et à la même époque, d'autres souverains et d'autres peuples mettaient au point d'autres cadres. Ainsi Soliman et ses Ottomans dont nous parlions plus haut. Vu d'Europe occidentale, on ne peut s'empêcher le plus souvent de considérer comme d'exotiques Barbares ces Turcs, arrivés de l'Asie centrale, convertis à l'islam, qui en quelques siècles ont conquis l'ancien empire de Byzance. La prise de Constantinople par Mehmed le Conquérant est toujours tournée en catastrophe. C'est le point de vue de la propagande chrétienne. Les Ottomans ne l'ont pas vécue ainsi. Mehmed est lui aussi, à sa manière, un souverain de la Renaissance, lui aussi est un homme cultivé, lui aussi fait venir à sa cour des peintres italiens, lui aussi aime les classiques et admire l'Antiquité. Ainsi, sitôt entré dans Constantinople, il prend le titre de *Kayser-i-Rum*, c'est-à-dire « empereur des Romains ». On l'oublie toujours de notre côté de l'Europe : le rêve ottoman est, au nom de l'islam bien sûr, de refaire l'empire de Constantin. Cela nous paraît curieux. Pourquoi ? Charlemagne l'a bien refait. Pourquoi un Turc serait-il plus barbare et moins à même de restaurer la Rome antique qu'un guerrier franc ? Certains historiens prétendent qu'il était éventuellement prévu, dans l'alliance avec François Ier, un partage de l'Italie. Les Français au nord, les Turcs-nouveaux-Romains au sud. Cela ne fut pas. Cela n'empêcha pas les Ottomans d'inventer un modèle d'empire qui n'eut pas que des inconvénients. Il n'avait rien d'un univers idéal : on y pratiquait l'esclavage, on avait le goût de la guerre. Mais aussi, au fil des conquêtes, on apprit à composer avec les différentes nations dans un jeu subtil et assez respectueux. Ainsi les Ottomans, musulmans, entendaient-ils que l'islam soit la religion prépondérante. Les chrétiens ou les Juifs avaient un statut qui les plaçait en position d'infériorité, mais, jusqu'à la fin du XIXe siècle, ils ne furent jamais persécutés et purent toujours exercer leur culte et vivre leur foi. Par rapport à ce qui allait se passer bientôt en matière religieuse en Europe occidentale, c'était un luxe.

19 – Les guerres religieuses

Là où nous l'avions laissée, au tournant du XVe siècle, l'Église catholique, écartelée entre deux et parfois même trois papes rivaux, était dans un piètre état. Cent ans plus tard, elle ne vaut guère mieux. Les pontifes ont quitté Avignon et sont revenus à Rome, mais la loi qu'ils y font régner a un rapport très particulier avec les prescriptions évangéliques. Alexandre VI Borgia est célèbre pour les orgies qu'il organise au Vatican et passe pour avoir fait jeter au Tibre un jeune gentilhomme qu'il venait de violer. Jules II, un de ses grands ennemis, lui succède un peu plus tard. Il est plus raisonnable : il se contente d'avoir trois filles. Le clergé, sans formation, est inculte. Partout règne la prévarication. Tout s'achète, tout se vend, les titres, les abbayes, les âmes. Pour financer les travaux pharaoniques qu'ils ont entrepris à Rome, les pontifes ont inventé un nouveau mode de financement : tous les donateurs se voient accorder en échange de leur obole un certificat leur garantissant un

REPÈRES

– 1559 : mort d'Henri II ; règnes de ses fils François II (mort en 1560) puis Charles IX ; régence de Catherine de Médicis
– 1562 : début des guerres de Religion en France
– 1572 (24 août) : massacre de la Saint-Barthélemy
– 1589 : mort sans descendance d'Henri III, dernier des Valois ; le protestant Henri de Navarre roi de France (Henri IV)
– 1598 : édit de Nantes, fin des guerres religieuses

nombre plus ou moins élevé d'années de purgatoire à faire en moins après leur mort. C'est le « trafic des indulgences ». Tous les grands esprits du temps, ces humanistes dont nous avons parlé, sont convaincus qu'il faut « réformer » l'Église, c'est-à-dire, étymologiquement, lui faire retrouver sa forme d'origine. Souvent dans l'histoire de grands chrétiens ont rêvé d'un coup de balai qui viendrait dépoussiérer le vieux trône de saint Pierre. Pour la première fois se fait jour dans les esprits l'idée qu'il serait plus raisonnable de le balayer avec tout le reste.

Le plus fameux tenant de cette option radicale est un moine allemand, né dans une famille pauvre en Thuringe en 1483, devenu théologien : Martin Luther. Durant toute sa jeunesse, il est hanté par des angoisses profondes, il a peur de l'enfer. Puis un jour, à la suite de lectures assidues de saint Paul et de saint Augustin, la vérité éclate : la peur est inutile comme l'idée de la conjurer en se rachetant sans cesse, les *œuvres* ne servent à rien, seule compte la foi, c'est-à-dire la confiance dans la miséricorde de Dieu. Un christianisme rénové sur cette base commence à germer dans son esprit. En 1517, il placarde sur la porte de l'église de Wittenberg, où il est professeur de théologie, « 95 thèses » qui interrogent de nombreuses vérités tenues pour acquises par les papes et critiquent violemment certaines pratiques, comme ce « trafic des indulgences » qui le révulse. La rupture est entamée. En juin 1520 arrive la réponse de Rome : une bulle d'excommunication. En décembre, Luther la brûle publiquement. La rupture est consommée.

Le moine frondeur s'est affirmé. Rome ne veut pas de lui, quelle importance ? Un vrai chrétien doit se passer de Rome, cette « moderne Babylone » perdue par la débauche, où règne celui qui se dit pape et n'est que « l'antéchrist ». Son programme est simple : *Sola fide, sola gratia, sola scriptura, solus christus*. C'est-à-dire une seule foi – celle de la confiance totale en Dieu –, une seule grâce – celle que Dieu seul détient –, une seule écriture – la Bible –, un seul Christ. Rien d'autre ne vaut. Ni l'interprétation du message de Jésus qu'a élaborée Rome depuis des siècles (ce que l'on appelle chez les catholiques « la Tradition »), ni la nécessité d'un clergé.

Catholiques et protestants en Europe

Pourquoi faudrait-il des prêtres ? Pour Luther, tous les hommes sont appelés pareillement à conduire leur âme, c'est le « sacerdoce universel ». Tout ce qui n'est pas dans les Évangiles, comme le culte des saints, la dévotion à la Vierge ou la messe, est à jeter aux oubliettes.

On le voit, la doctrine nouvelle est d'une audace extrême, elle jette à bas le catholicisme tout entier. D'autres avant Luther ont tenté parfois d'avancer des idées aussi risquées. Le petit moine bénéficie d'un avantage que ne connaissent que rarement les révolutionnaires : parmi les nombreux chrétiens avides de changement et de pureté qui se sentent séduits par ses thèses figurent quelques personnages puissants, prêts à le protéger. Un grand nombre de nobles de l'Empire adhèrent très vite à cette doctrine antiromaine. Beaucoup le font par conviction religieuse. Beaucoup y voient aussi le moyen radical d'en finir avec l'emprise scandaleuse à leurs yeux de la papauté sur les riches abbayes allemandes, dont les bénéfices sont toujours attribués à des familles italiennes qui n'y mettent jamais les pieds.

En 1529, lors d'une des réunions des grands du Saint Empire que l'on appelle la « diète de Spire », Ferdinand, le frère de Charles Quint, ordonne qu'on en revienne aux saines pratiques de la foi et qu'on rétablisse partout la messe comme on doit la faire. Des princes allemands refusent et « protestent » de leurs convictions luthériennes, c'est-à-dire, dans la langue de l'époque, qu'ils les « affirment » (*pro-testare*, témoigner publiquement). Le « protestantisme » est né.

En cinquante ans, il va changer le visage du monde occidental. D'autres réformateurs viendront après Luther, comme le Français Jean Calvin, encore plus radical et intransigeant, qui fera de Genève, la ville où il a trouvé refuge, la « Rome protestante ». Partout les idées nouvelles chamboulent la carte politique. Chaque pays au cours du XVIe siècle trouvera à ce défi des réponses particulières.

En 1555, le vieux Charles Quint, épuisé, après avoir fait tout ce qu'il pouvait pour en finir avec ce qu'il considère comme une horrible hérésie, concède à l'Empire la « paix d'Augsbourg » pour éviter le pire, c'est-à-dire la guerre civile. Partout on appliquera désormais l'adage : *cujus regio, ejus religio*, c'est-à-dire littéralement « dans le pays du prince, la religion du prince ». En clair, c'est lui qui décidera du culte que l'on pratiquera dans ses États, les sujets n'ont qu'à suivre ou à s'exiler.

La Suisse est divisée, certains cantons restent catholiques, Genève suit Calvin, et Zurich, Zwingli, un autre réformateur. En Suède, le roi Gustave Wasa a été le premier à faire basculer son pays tout entier du côté protestant. L'Écosse devient calviniste. L'Angleterre mitonne une tambouille qui n'est qu'à elle. Henri VIII combat avec ferveur le luthérianisme dès son apparition. Mais il rompt avec Rome sur une question très temporelle : il veut pouvoir divorcer de sa première épouse pour épouser la deuxième et le pape refuse l'annulation du mariage. Lui aussi rompt donc avec le pape, mais garde les rites catholiques au sein d'une Église dont il se déclare le chef suprême, c'est *l'anglicanisme*. Les petits États italiens restent attachés à Rome, tout comme l'Espagne au catholicisme le plus austère, sous la poigne de fer du fils de Charles Quint, Philippe II. Sans aucun doute, la France aurait suivi cette voie, si le destin n'avait soudain frappé de sa pointe acérée...

À François Ier a succédé son fils Henri II (né en 1519, règne en 1547, meurt en 1559). Comme son père, il n'a pas hésité, dans sa politique étrangère, à s'allier à des princes protestants pour contrer Charles Quint. Comme son père, il est, pour ce qui est des affaires intérieures, d'une intransigeance catholique absolue. C'est une des raisons pour lesquelles il a enterré définitivement toute prétention italienne et terminé la guerre avec les Habsbourg qui durait depuis quarante ans (traité du Cateau-Cambrésis, 1559). Il veut avoir les mains libres pour « extirper l'hérésie » déjà très répandue dans son royaume. Il faut croire qu'un dieu (mais lequel ?) hésitait à le laisser faire. En juin 1559, on donne des fêtes. C'est là où vient la pointe :

le roi reçoit, au cours d'un tournoi, un coup de lance accidentel dans l'œil et meurt. Il laisse quatre fils, dont trois vont régner après lui, trois enfants faibles et inadaptés aux circonstances. C'est une des causes d'une des pages les plus sombres de l'histoire de France : les guerres de Religion. Elles dureront de 1562 à 1598.

Les guerres religieuses en France

La fièvre religieuse a touché la France comme le reste de l'Europe dès la première moitié du siècle. Un scandale avait même secoué le règne du farouche François Ier : par bravade, une nuit de 1524, d'intrépides inconnus avaient collé dans tout le pays des affiches hostiles à la messe et au pape, et certaines avaient été clouées non loin de la propre chambre du roi, dans son château d'Amboise (c'est « l'affaire des placards »). Les persécutions engagées alors n'y avaient rien fait, le « mal » avait continué à se répandre. Sous Henri II, le royaume compte environ 2 millions de rebelles de la foi. Ils sont principalement calvinistes, on les appelle, par déformation d'un mot suisse allemand, les *huguenots* ou, quand on ne les aime pas, les *parpaillots*. Ils sont artisans, bourgeois, hommes ou femmes du peuple, plus souvent des gens lettrés et parfois même des nobles de haut rang.

Avec la mort d'Henri II, la monarchie entre donc dans une mauvaise passe. Ses fils viennent trop tôt. François II monte sur le trône à moins de quinze ans et meurt au bout d'un an de règne seulement (né en 1544, règne en 1559, meurt en 1560). Son frère Charles IX lui succède alors qu'il n'a pas dix ans et meurt à vingt-quatre, sans enfants, faisant la place au dernier, Henri III, fantasque, inconséquent. Trois rois incapables, chacun dans un genre particulier, dominés par le grand homme de la période, leur mère, Catherine de Médicis. Quand j'étais écolier, elle jouait encore dans l'affaire le rôle de la méchante absolue, acariâtre, autoritaire, obsédée seulement du destin de ses enfants, impénétrable aux malheurs de la France : d'ailleurs elle était italienne, comment compter sur une étrangère ? Aujourd'hui, poussés par ces mouvements de balancier qui sont si fréquents dans le jugement de la postérité, les historiens tendent à réhabiliter son action pour tenter d'assurer l'autorité royale. Disons que cette femme a fait ce qu'elle a pu et qu'elle pouvait peu. Comme toujours lors des périodes d'instabilité monarchique, les grandes familles du royaume avaient senti leur heure venue, elles étaient prêtes à beaucoup pour dépecer le cadavre. Il faut ajouter à ce tableau cent fois vu la dimension religieuse. Les Bourbons, par exemple, personnages considérables, descendants de Saint Louis, devenus par mariage les rois de Navarre, sont protestants. Les Guises, une puissante et riche famille lorraine alliée de la France, sont les ultras-catholiques. Agitez devant le nez des puissants un pouvoir à prendre, vous pouvez facilement les rendre fous. Ajoutez le fait que chaque camp formé autour d'eux est persuadé d'agir au nom de la Vérité, du Bien et du salut éternel, et c'est un pays tout entier qui bascule. Cela a produit trente-six ans d'horreur.

Pourquoi en donner les détails ? Le processus est toujours le même. On en date, traditionnellement, le début à 1562. Le fragile François II, roi à quinze ans, totalement sous l'influence de la famille de sa femme, les Guises, est mort après un an de règne (en 1560). Catherine de Médicis, régente au nom du petit Charles IX, pour tenter de reprendre la main, décide de s'appuyer sur un autre clan, les Bourbons. On fait donc un édit qui donne à leurs amis huguenots certaines garanties, comme le droit au culte dans les faubourgs des villes. Les Guises en sont furieux. En 1562, sur la route de Paris, leur puissant duc fait halte à Wassy, un petit village de Champagne, lors même que les protestants du lieu célèbrent l'office. Insultes, provocations : près de cent malheureux sont assassinés par les soldats du duc. Un crime appelle toujours des représailles. Elles demandent des vengeances en retour. C'est le début de l'engrenage infernal, c'est la « première guerre de Religion ». Il y en aura huit, avec d'autres carnages, des provinces ravagées, des villes assiégées, des batailles rangées, des innocents tués par milliers, quelques rares esprits pacificateurs (comme le chancelier Michel de L'Hospital, ministre de Catherine de Médicis), beaucoup de psychopathes passant parfois d'un bord à l'autre pour assouvir leur soif de sang et quelques traités définitifs signés par des ennemis épuisés qui n'en attendent qu'un peu de répit avant de reprendre leur lutte folle.

Le sommet de l'horreur sera atteint en 1572, dans la semaine du 24 août, jour fameux, c'est celui de la Saint-Barthélemy. Depuis quelque temps, le jeune roi Charles IX est proche d'un grand réformé, de la famille des Montmorency, l'amiral de Coligny. Les temps semblent à la réconciliation. La reine mère Catherine, pour en donner l'éclatant symbole, a offert la main de Marguerite (la fameuse reine Margot), sa fille catholique, au chef du camp protestant, le Bourbon Henri de Navarre. Tous les chefs huguenots sont à Paris pour célébrer la noce. Est-ce un piège affreux qu'on leur a tendu ? Toujours est-il que le 22 août, quelqu'un, sans doute payé par les Guises, tire sur Coligny, qui par chance réchappe à l'attentat. Les huguenots crient vengeance. Le faible roi va réconforter Coligny, il promet la justice, puis il perd pied. On le croyait acquis à la paix. Les catholiques ultras, poussés par la reine Catherine, le retournent et le convainquent en une soirée qu'il faut profiter de ces troubles pour en finir avec les hérétiques. Selon sa légende noire, il accepte le pacte infernal en y ajoutant cette clause abjecte : « Tuez-les, mais tuez-les tous, qu'il n'en reste pas un pour me le reprocher. » Le 24 août avant la pointe du jour, les spadassins se ruent chez l'amiral, le tuent bel et bien et le défenestrent : son corps sera dépecé par la population hystérique. C'est le signal d'une semaine de sang et d'horreur, bientôt suivie d'autres semaines sanglantes dans toutes les grandes villes du royaume : 12 000 protestants, selon les estimations, sont tués de la façon la plus atroce.

On n'en est là qu'au début de la quatrième guerre. Il en faudra autant pour sortir de ce cycle infernal où se mêlent bientôt des armées étrangères : les soldats du roi d'Espagne viennent aider les Guises ; les protestants reçoivent les subsides d'Élisabeth d'Angleterre et l'appui des reîtres, mercenaires allemands qui sèment la terreur.

Dans les années 1580, le lancinant problème de la succession royale vient couronner le tout. Le troisième des frères, Henri III, n'a pas d'enfant. Il en restait un quatrième, François, duc d'Anjou : il meurt prématurément en 1584. Le seul successeur légitime au trône est un cousin très lointain, mais « prince du sang », c'est-à-dire de sang royal – son arbre généalogique remonte à Saint Louis. Par malheur, il est protestant. C'est notre Bourbon Henri de Navarre. La perspective déchaîne l'ire du troisième Henri de notre affaire : le duc de Guise. Jamais il n'acceptera un *parpaillot* qui conduirait le pays en enfer. À la tête de son parti, la Ligue, Henri de Guise fait tout pour empêcher cette perspective dantesque. Pendant un temps, le roi penche de son côté, puis il s'en détourne. Guise tente le tout pour le tout. En 1588, ses affidés fomentent une sédition à Paris, c'est « la journée des Barricades », elle oblige le roi à fuir sa capitale. Meurtri par cet affront terrible, Henri III fait venir Guise dans son château de Blois et le fait froidement assassiner par ses gardes. Un an plus tard, un moine catholique fanatique, Jacques Clément, plante en retour son couteau dans le corps du roi. Fin de la dynastie des Valois.

Place aux cousins, les Bourbons, c'est-à-dire Henri de Navarre, notre Henri IV, désigné par les lois de succession et par feu Henri III lui-même avant sa mort, mais rejeté par 90 % du pays. Il lui faudra du temps pour devenir le barbu débonnaire de nos livres d'histoire. Il lui faudra, pour pouvoir simplement poser la couronne sur sa tête, beaucoup, beaucoup d'énergie : assiéger Paris tenue par les *ligueurs* et leurs alliés espagnols (le siège, terrible, causera des dizaines de milliers de mort) ; se battre contre tous les grands qui ne veulent pas de lui, en acheter plus encore (ça le ruinera) et surtout « faire le saut périlleux », comme il le dira lui-même, c'est-à-dire se résoudre à abjurer le protestantisme et à rentrer dans le giron de l'Église catholique. Il le fait en grande pompe en 1593. Ça ne convainc pas tout le monde. Il lui faudra encore cinq ans pour mettre un terme au cauchemar avec un texte qui scelle la réconciliation : l'édit de Nantes. Il confirme que la France est un royaume catholique, mais garantit aux protestants la liberté de culte dans les villes où ils sont installés et de nombreuses « places de sûreté », des places fortes censées assurer leur sécurité.

Les « guerres de Religion » sont terminées. L'occasion est donc excellente pour tâcher de comprendre ce qu'elles ont encore à nous apprendre.

Ce que l'on peut retenir des guerres religieuses

L'édit de Nantes de 1598 a longtemps été considéré comme un texte fondateur de ce que nous appelons la tolérance. De fait, il permet pendant un moment aux frères ennemis catholiques et protestants de vivre ensemble dans le même royaume. On l'a vu, c'est un cas rare dans l'Europe de l'époque, seules la Pologne et la Hongrie connaissent pareille cohabitation paisible. La plupart des historiens actuels (comme par exemple l'excellente Arlette Jouanna[1]) estiment que la seule cause que le texte ait fait progresser en réalité fut l'absolutisme royal. Le texte ne cherche pas à réconcilier les deux camps – ils sont tellement sûrs de leurs vérités qu'ils sont irréconciliables –, il montre à chacun qu'il existe une autorité supérieure aux convictions : le roi, vrai vainqueur de l'histoire.

Sur un strict plan religieux, la seule valeur qui a vraiment progressé au XVIe siècle, ce fut le sectarisme. Il est à l'œuvre dans les deux camps. Parce que les huguenots en France furent minoritaires, parce que les grands historiens républicains qui nous ont enseigné cette histoire étaient très anticléricaux, on a souvent l'habitude de considérer les catholiques comme les méchants de l'affaire, et les Guises et leurs ligueurs comme d'horribles fanatiques. Ils le furent. La Saint-Barthélemy est une tache épouvantable sur le livre de comptes de leur camp. Elle fut saluée à l'époque par des cris de joie dans toutes les églises, le pape fit chanter un *Te Deum* et frapper une médaille pour saluer cette magnifique victoire.

1 - Coauteur d'une remarquable synthèse de la période dans *Histoire et dictionnaire des guerres de Religion*, « Bouquins », Robert Laffont, 1998.

Notons cependant, pour rétablir le fléau de la balance, que les protestants du temps étaient d'un humanisme très relatif. On peut, pour en donner une idée, rappeler deux exemples. Ils sont classiques mais ils sont parlants.

Le premier se passe dans l'Empire. Dès 1525, poussés par le vent que Luther lui-même a suscité, des paysans se révoltent en Allemagne contre les horribles conditions de vie qui sont les leurs. Le moine protestataire est effrayé par cette rébellion contre l'autorité et contre les princes dont il a tant besoin. Alors même que des milliers de ces malheureux sont victimes de la plus abominable répression, il écrit textuellement qu'il faut les frapper et les éventrer « comme on assomme un chien enragé ».

Le second a lieu à Genève. En 1553, un érudit espagnol, Michel Servet, y cherche abri parce qu'il défend des thèses audacieuses, lui aussi. Il attaque le dogme de la Trinité. Hélas pour lui, ce dogme-là ne déplaît pas à Calvin : sur son ordre, Servet est donc brûlé. Un seul de ses lieutenants contestera cette condamnation et rompra avec son maître. Il s'appelle Sébastien Castellion et écrira à propos de cette affaire une phrase admirable : « Tuer un homme, ce n'est pas défendre une doctrine, c'est tuer un homme. » Il était bien seul à penser de la sorte à l'époque.

La Genève du XVIe siècle – comment le nier ? – a plus de parenté avec un État taliban qu'avec le paradis des droits de l'homme : la danse, l'amusement, la fête y sont interdits et le seul fait d'oser porter un vêtement à la mode ou de laisser échapper un Ave Maria du bout des lèvres est un moyen très sûr de se faire traîner devant le « conseil », l'impitoyable tribunal de la moralité qui contrôle tout et chacun.

On dira que de tels excès sont le fait des doctrines nouvelles, trop incertaines pour être tolérantes. Le drame, c'est que par concurrence la vieille maison romaine va bientôt en arriver à se durcir tout autant. L'Église catholique du début du XVIe était un vieux monument vermoulu gouverné par des pontifes débauchés et corrompus. Justement, tout y était possible. Le séisme venu d'Allemagne la pousse à se ressaisir, pour ne pas s'effondrer tout à fait.

Vers le milieu du XVIe siècle, durant une vingtaine d'années, un interminable concile, le « concile de Trente », jette les bases de ce que l'on appelle « la Contre-Réforme » ou la « Réforme catholique ». La « Compagnie de Jésus », c'est-à-dire les Jésuites, un ordre fondé au début du siècle par un noble espagnol, en sera le fer de lance : elle se vit comme une « armée au service du pape », c'est dire les préoccupations de l'époque. Certaines décisions paraissent évidentes, comme celle qui prévoit de créer des séminaires qui serviront à former les prêtres. Mais aussi, du même mouvement, on voit apparaître un renouveau du mysticisme le plus délirant, la mode des interminables processions du saint sacrement, de nouvelles formes de dévotion qui sont à l'opposé de l'ouverture dont a été capable la pensée catholique à d'autres moments de son histoire.

Une haine durable

Ce siècle a laissé un autre legs durable : une haine farouche entre protestants et catholiques. Aujourd'hui elle paraît loin. Dans une société déchristianisée, la plupart des gens font mal la distinction entre les branches du christianisme, et cela pousse à des approximations qui auraient fait sortir les fusils il n'y a pas si longtemps. À la radio, à la télé, par exemple, le pape est souvent présenté comme « le chef des chrétiens ». Non, le pape est le chef des catholiques. Une partie des chrétiens se réclament de Luther et de Calvin, qui, précisément, ont fondé leur doctrine sur le rejet de cette hiérarchie, et avec quelle violence ! Celle-là aussi est oubliée. On croit souvent que l'hostilité anticléricale est une spécialité du XIXe siècle ou du XXe. Il faut alors relire les pamphlets calvinistes contre « la putain romaine », les « papes sodomites » et les couvents qui sont autant de « bordels » (on disait « bordeaux », mais le sens est le même). Le protestantisme rejette le culte des saints et des vierges : cela se traduira par d'innombrables dévastations d'églises, dont on brûle les reliques, les tableaux, les statues dans des manifestations de violence dont aucun des pires « bouffeurs de curé » du siècle dernier n'aurait été capable.

Les catholiques ne sont pas en reste, évidemment, quand il s'agit de rendre la pareille. Ils continueront à entretenir une haine qui durera fort longtemps et structurera profondément leur pensée politique. Nous avons tous une idée des ravages qu'a pu produire la haine antisémite, en France, au moment de l'affaire Dreyfus par exemple. Jusqu'au début du XXe siècle, pour les catholiques conservateurs, la haine antiprotestante était largement aussi forte. Pour Maurras, le très influent penseur de l'extrême droite, le protestantisme est un des poisons qui menacent la « fille aînée de l'Église », un protestant est un pilier de « l'anti-France », il est largement aussi dangereux pour l'identité nationale qu'un Juif ou un franc-maçon. C'est dire à quel niveau il le situe.

Mourir pour son Dieu

L'idée la plus commune à propos de guerres de Religion, c'est : « Comme c'est bête de se faire la guerre pour des raisons religieuses. » Un des points de dissension les plus aigus entre protestants et catholiques portait sur la présence réelle ou non de Jésus dans l'hostie consacrée. Pour tout esprit un tant soit peu éloigné du christianisme, concevoir qu'on ait pu s'entre-massacrer pour savoir si oui ou non on mange vraiment Dieu quand on communie à la messe paraît surréaliste. En même temps, la religion prétend jouer avec des questions fondamentales, des questions de vie ou de mort, littéralement. Quoi de plus naturel, quand on y croit, que d'aller jusqu'au sacrifice suprême, précisément, pour des choses d'une telle importance ? Luther, Calvin sont intimement persuadés d'agir pour le salut des âmes et pour sauver l'humanité tout entière. Nombre de protestants vont au bûcher comme on va au martyre, avec la certitude de gagner le paradis. Si les catholiques veulent « extirper l'hérésie », c'est parce qu'il en va du salut public d'éliminer ceux qui défient Dieu et qui vont donc hâter la fin des temps. Il ne s'agit pas d'excuser, il s'agit de comprendre la logique à l'œuvre. Pour nous aujourd'hui, elle est impensable. Est-elle la seule à l'être ? Prenons un exemple dans cette même période : peu avant les guerres de Religion, ce sont les guerres d'Italie, c'est-à-dire des dizaines de milliers de morts laissés sur les champs de bataille pour satisfaire le caprice de quelques rois désireux d'augmenter leur gloire et leur patrimoine en allant conquérir des duchés et des provinces. Était-il plus raisonnable de mourir pour la gloire de François Ier à Marignan que pour la plus grande gloire de Dieu un peu après ? Je ne justifie rien, je pose simplement cette question : les guerres religieuses sont absurdes. Quelle guerre ne l'est pas ?

20 – Henri III et l'homosexualité de son temps

Mignons et libertins

Nous l'avons à peine vu passer, pris dans la folie des guerres de Religion. C'était trop rapide, il y a bien d'autres choses à dire sur lui. Revenons donc à Henri III, dernier fils d'Henri II à régner, dernier des Valois. Il était, dit-on, le préféré de sa mère, Catherine de Médicis. Elle désirait tant qu'il eût lui aussi sa couronne qu'elle réussit à le faire élire roi de Pologne par la noblesse d'un pays dont lui ne voulait pas : trop froid, trop loin, trop rustre. Il y resta six mois, sauvé par le destin : la mort prématurée de son frère Charles IX. Elle lui ouvrait la voie d'un poste plus à sa convenance : le trône de France. On a raconté comme il y fit ce qu'il put pour naviguer entre les ultras-catholiques de la Ligue et les huguenots frondeurs. On a omis de mentionner un détail : ses mœurs. Et pourtant ! Ce sont elles qui l'ont rendu célèbre. Chaque roi de France, dans la mémoire nationale, a sa spécialité. Saint Louis a son chêne, Henri IV son panache blanc, le pauvre Louis XVI ses serrures, et notre Henri ses petites manières, comme on disait. La plupart des Français seraient bien incapables de le situer précisément dans une généalogie royale ou de savoir comment il a essayé d'affronter les problèmes de son temps. Presque tous connaissent sa légende rose. Henri III, c'est cette grande chose un peu fofolle, couvert de bijoux, portant la fraise, jouant au bilboquet entre ses grands chiens et ses courtisans au surnom célèbre : les *mignons*. En clair, c'est l'homo de la bande.

Le drôle de l'histoire, c'est que désormais de nombreux historiens doutent qu'il le fût. On peut douter de leurs doutes, bien sûr. Comment avoir des certitudes dans un domaine étouffé sous le puritanisme de tant de commentateurs ? Derrière la volonté de montrer qu'Henri III n'était pas homosexuel, on sent chez certains comme une volonté de le réhabiliter, de le laver d'une faute, comme si c'en était une. On peut néanmoins entendre un argument : plus qu'un autre, Henri III a été victime des haines de son temps, et donc des ragots de toute sorte. Tout était bon pourvu qu'il fût la cible. On l'a longtemps présenté comme faible, soumis à sa matrone de mère. En fait, il fut le seul des trois frères à réussir à s'en dégager. Il essaya bien mieux que ses prédécesseurs de défendre la majesté royale et de tenir une ligne médiane, ce qui aboutit à mécontenter les deux camps, et à déchaîner tout le monde contre lui, avec la rage pamphlétaire de l'époque. L'homme était un peu précieux : allons-y, visons au plus bas. Sans parler de la propagande de son successeur. Henri III est le dernier de sa dynastie, les Valois. C'est toujours, dans l'histoire, une position inconfortable. La dynastie suivante est prête à tout pour asseoir sa légitimité et donc à montrer combien la précédente était indigne de la place qu'elle occupait. La propagande Bourbon forgea la légende du « bon roi Henri », maître débonnaire d'un royaume pacifié, et n'hésita pas à en rajouter des tonnes sur le thème du Vert Galant coureur de jupon, ce gascon viril à qui l'on prête cette élégante formule : « Jusqu'à quarante ans, j'ai cru que c'était un os. » Autant dire pas une mijaurée comme le précédent.

De fait, Henri de Valois introduisit à la Cour (dont il contribua, on l'a dit, à codifier la vie) des pratiques qui firent jaser. Le *Dictionnaire des guerres de Religion*[1] en rapporte certaines, aussi

1 - *Op. cit.*

curieuses les unes que les autres : figurez-vous que l'homme aimait le linge propre, et qu'il adorait se laver et se parfumer. En clair, il bouscula les codes de la virilité, en un temps où les hommes, ces guerriers, ne devaient sentir que la sueur et la poudre à fusil. Qu'est-ce que cela prouve ? Moins d'un siècle après, un Louis XIV ne sortira jamais sans fard, sans dentelle, sans parfum, et personne n'a jamais remis en question son hétérosexualité, très démonstrative il est vrai. Bien sûr, notre Valois fut entouré des Maugiron et Quélus – à qui il fit élever un monument démesuré après sa mort lors du « duel des mignons » –, des Épernon et Joyeuse – ces deux-là conseillers de premier rang, et que l'on appelait les « archi-mignons ». Autant de favoris qu'il combla de cadeaux et dont les mœurs tapageuses, les dépenses effrénées et les caprices furent insupportables à l'opinion. Et après ? Comment savoir la nature des relations qui les unissaient à lui ? Tous les signes que nous envoie l'époque sont si difficiles à lire. Voyez l'anecdote que nous rapporte ce même *Dictionnaire des guerres de Religion* à propos d'Henri II, le père, donc. Pour fêter le vaillant Montmorency, le jour même où il revient enfin de captivité, le roi annonce à toute la Cour l'honneur qu'il lui fera le soir même : il lui ouvrira sa chambre et son lit. Cela étonne l'ambassadeur de Venise qui rapporte le fait mais n'en déduit rien, pour autant, sur la sexualité du monarque, amant notoire de la belle Diane de Poitiers.

Les berdaches des Amériques

Pourquoi se plaindre de ces doutes, puisqu'ils ouvrent la voie à une problématique historique passionnante ? Oublions le cas d'Henri III que l'on ne saurait trancher, restons sur le sujet : qu'est-ce qu'être homosexuel au XVIe siècle ? Est-il seulement pertinent, à propos de cette période, de parler d'homosexualité ? Depuis les travaux du philosophe Michel Foucault, dans les années 1960-1970, on a appris à prendre garde à ce genre d'anachronisme. Les mots par lesquels on désigne les choses modifient le réel ou tout au moins la représentation qu'on en a. Le terme d'« homosexualité » fut inventé par un médecin à la fin du XIXe siècle et cette invention correspond à une nouvelle façon de concevoir le fait. Désormais, un nouveau classement entre dans les esprits : les homos, les hétéros. Est-il légitime de l'utiliser pour parler des périodes qui précèdent le XIXe siècle ou des pays auxquels la notion est étrangère ? Cela ne signifie pas que ce que nous appelons l'homosexualité n'existe pas, cela veut dire simplement qu'on n'en range pas la réalité dans les mêmes cases. Restons-en aux XVIe et XVIIe siècles qui nous occupent, et allons voir par exemple ce qui se pratiquait dans les tribus indiennes d'Amérique du Nord telles qu'elles furent *découvertes*, comme on disait, à ce moment précis de l'histoire. Comme dans nombre de civilisations, chez ces peuples, la partition fondamentale entre les êtres était celle qui partageait le monde des hommes de celui des femmes. Pour autant, cela n'empêchait pas des accommodements. Ainsi les voyageurs européens, un peu partout sur le territoire de ce qui est aujourd'hui les États-Unis et le Canada, découvrent la pratique fort courante des *berdaches*, c'est-à-dire des hommes ou parfois des femmes qui, pour des raisons diverses, choisissaient de passer vers l'autre sexe et d'y vivre la vie assignée à ce genre-là. Selon les ethnologues qui l'ont étudiée, la pratique était codifiée, intégrée dans un système religieux complexe, en accord avec la nature et les éléments, elle ne causait aucune gêne à quiconque dans la tribu, ni moquerie à l'encontre des berdaches eux-mêmes, bien au contraire : presque tous étaient mariés. Les Européens de l'époque en furent horrifiés – en tout cas c'est ce qu'ils clament haut et fort dans les textes qu'ils nous ont laissés – et ils virent dans cette épouvante la preuve que ces *sauvages* l'étaient vraiment. Par ailleurs, ils étaient incapables de faire entrer cette réalité dans leurs façons de dire les choses. Le terme même de *berdache* (ou *bardache*) donné par les Français et utilisé par tous les autres ensuite est impropre : il dériverait de l'arabe et désignerait le *giton*, le jeune esclave dont on tire des avantages sexuels. Cela n'a que peu de rapport avec la réalité décrite qui implique une façon de vivre et pas seulement une pratique érotique. Mais nos voyageurs n'ont d'autre solution que de réduire ce qu'ils voient à des catégories mentales où cela n'entre pas. Et dans les nôtres, où devrions-nous classer ces mêmes hommes-femmes ? En fait-on des homos ? Doit-on parler de transgenre ? Où classer alors le mari du berdache, qui pouvait tout aussi bien, selon les récits, avoir déjà plusieurs autres épouses ? On en fait un bi ?

Louis XIII ou Jacques Ier d'Angleterre

Restent, au-delà de la sociologie et des cases dans lesquelles on range les individus, certains invariants. Un fait est là qui existe aujourd'hui comme hier, ici comme ailleurs : le désir qu'un certain nombre d'humains éprouvent pour les gens de leur sexe. Il n'est pas apparu avec le XIXe ou le XXe siècle. Il y a fort à parier qu'il était présent en même proportion dans la population d'Orléans ou de Marseille sous Philippe Auguste, sous Napoléon ou à la Renaissance. La seule différence est qu'aujourd'hui il peut s'exprimer plus librement, sans craindre les foudres de la société. C'est le problème. Comment trouver sa trace dans des sociétés où son expression publique était interdite ? Pour le savoir, l'historien en est réduit à se cantonner aux quelques franges de la population qui pouvaient échapper à la loi commune, ou qui vivaient tellement exposées au regard de tous qu'il leur était difficile de rien cacher.

Par exemple les rois. On vient de le voir pour Henri III, il faut faire attention aux sources utilisées. L'inclination de certains monarques pour des hommes est néanmoins bien établie. Richard Cœur de Lion eut de nombreuses aventures de ce type, il passe même, on l'a mentionné déjà, pour avoir eu une histoire de cœur avec Philippe Auguste. Édouard II d'Angleterre, gendre de Philippe le Bel, était fou d'amour pour le beau Gaveston. Christopher Marlowe, grand dramaturge du XVIe siècle, partageant ce goût, écrivit sur cette histoire une tragédie extraordinaire. Selon un chroniqueur du temps – mais un seul (cité par Georges Minois[1]), Philippe de Valois « aima d'un amour particulier » son favori, Charles de la Cerda. On sait aussi qu'il fallait littéralement traîner Louis XIII

1 - *La Guerre de Cent Ans, op. cit.*

dans le lit de sa femme pour tenter de donner une descendance à la dynastie, et qu'il se consuma de passion pour nombre de ses proches : Luynes, dont il fit un duc et son ministre, ou le superbe chevalier de Cinq-Mars, qui se perdit en osant comploter contre la Couronne. On ne sait pas de quelle manière la royale passion fut payée de retour.

Peu après Henri III règne en Angleterre Jacques Ier (1566-1624). Il ne cacha jamais non plus son amour débordant pour ses favoris successifs dont le plus influent, le plus célèbre et le plus haï, George Villiers, le duc de Buckingham. Eh oui ! Buckingham, celui-là même qui, dans *Les Trois Mousquetaires* de Dumas, fait la cour à la femme de Louis XIII, la reine de France Anne d'Autriche. Quand on vous dit que c'est compliqué. « Jésus a eu son Jean, moi j'ai mon George », osa affirmer publiquement le roi Jacques pour faire taire les commentaires. Cela ne l'empêcha pas de donner des directives pour renforcer dans les tribunaux la condamnation d'un horrible vice, la sodomie.

Le péché philosophique

Voici en effet l'autre grand angle d'attaque qui peut servir aux historiens : celui de la répression. *Grosso modo*, jusqu'au milieu du Moyen Âge, l'Église ne porte pas d'attention particulière à la question : les relations sexuelles entre gens de même sexe sont un péché, mais un péché parmi tous les autres, l'adultère, la zoophilie, etc. Puis, vers le XIIIe siècle, appuyé sur saint Paul et saint Augustin, on commence à concentrer le regard sur cette *abomination*. Toutefois, l'opprobre porté sur les *sodomites* fluctue.

Avec la Renaissance souffle un léger vent d'ouverture. La redécouverte des thèmes antiques permet à de nombreux artistes de s'aventurer sur des terrains interdits jusqu'alors. En se plongeant dans la culture gréco-latine, on redécouvre le tendre penchant qu'avaient Achille pour Patrocle, Apollon pour Hyacinthe, Hercule pour Hylas (ou Hilas) ou Zeus pour le jeune échanson Ganymède. Ces thèmes, reproduits sur les toiles, nous donnent des indices sur les préoccupations de ceux qui les ont peintes. Avec d'autres, le jeune Léonard de Vinci connaîtra, à Florence, la honte d'un procès pour « sodomie active » sur un jeune apprenti. Cela ne l'empêchera pas de continuer sa vie entouré d'une cour de jeunes gens plus beaux les uns que les autres. Michel-Ange ne cachera pas son amour fou pour Tomaso dei Cavalieri.

Comme on l'a vu, le XVIe siècle est aussi celui de la crispation religieuse. La haine de l'homosexualité y a sa part. On la retrouve souvent à l'œuvre dans la détestation que peuvent avoir les amis de Luther ou de Calvin pour le clergé romain au célibat fort suspect à leurs yeux, sans parler de leurs charges contre les monastères. À Genève, à Strasbourg, sous la nouvelle loi du Dieu réformé, la lutte est impitoyable contre tout manquement aux mœurs, l'adultère, la bigamie ou, bien sûr, horreur de l'horreur, le péché abominable.

Le côté catholique ne vaut pas mieux, même si les limites de la réprobation sont souvent floues. Un poète du temps, Marc Antoine Muret (1526-1585), professeur de Montaigne, maître de Ronsard, est accusé d'hérésie et de sodomie. Il doit fuir Paris, trouve refuge à Toulouse d'où des accusations identiques le chassent. Il trouve enfin un asile dans le seul lieu curieusement sûr : Rome. En tout cas le pape décide de le protéger *mordicus*. Sur le tard, Muret lui rendra la politesse : il entrera dans les ordres. Il y terminera ses jours, humaniste chargé de gloire et d'honneurs.

Les libertins

D'autres que lui connaîtront une fin moins heureuse. Avançons d'un pas dans la chronologie pour quitter le siècle d'Henri III et aller jusqu'au début de celui qui nous intéressera bientôt : le XVIIe. Attardons-nous sur un chapitre de son histoire culturelle : les libertins. La dénomination dira sans doute quelque chose à de nombreux lecteurs. On la trouve souvent dans les manuels de littérature. Ils nous enseignent qu'au XVIIe siècle, le mot (dérivé du latin *libertinus*, affranchi) désigne des écrivains ou des philosophes qui professent des idées hardies en matière religieuse, parfois proches de l'athéisme, souvent déistes et n'hésitant pas à moquer les dogmes catholiques. Ils ajoutent que ce n'est qu'au XVIIIe siècle que le terme – et son corollaire le *libertinage* – prendra la connotation sexuelle que l'on continue à lui attribuer. Voire.

Sur le plan philosophique, un des promoteurs les plus radicaux de ce courant s'appelle Lucilio Vanini. Il est italien, né dans les Pouilles en 1585. Il entre dans les ordres puis parcourt l'Europe pour y répandre des idées qui, peu à peu, deviennent de plus en plus audacieuses : il finit par réussir à démontrer que toutes les religions sont des impostures et à remettre en cause l'immortalité de l'âme. Dans la vie, il est d'un épicurisme qui le pousse à ne refuser aucun des excès de la chair, surtout ceux qu'il peut pratiquer avec des garçons : « Je suis philosophe, dira-t-il à ses juges, il est normal que je pratique le péché philosophique. » Comme Muret dont nous parlions peu avant, il fuit Paris pour Toulouse. Il y finira. En 1619, il est brûlé pour l'ensemble de ses crimes. Auparavant, à cause de celui de blasphème contre Dieu et la vraie foi, on lui a arraché la langue. On prétend que le cri terrible qu'il poussa alors s'entendit dans toute la ville.

À Paris, juste après, dans les années 1620, sous le jeune Louis XIII donc, ceux que l'on appelle « les libertins » sont quelques jeunes aristocrates joyeux drilles. Ils s'appellent Maynard, Saint-Amant, Boisrobert. Une bande de poètes remuants qui pensent qu'il est temps, dans les années qui suivent le long cauchemar des guerres de Religion, de respirer un peu ; qui passent plus de nuits à la taverne qu'à l'étude, qui riment avec grâce, mais quand ça leur vient ; et qui entendent profiter de toute leur liberté, y compris sexuelle. C'est le cas du plus célèbre d'entre eux à l'époque, Théophile de Viau (1590-1626). Son nom est bien oublié aujourd'hui, et pendant longtemps on ne l'a cité qu'à travers les vers méchants que Boileau, quelques décennies après sa mort, écrivit sur lui :

Tous les jours à la cour un sot de qualité
Peut juger de travers avec impunité,
À Malherbe, à Racan, préférer Théophile...

Lisez l'élégante poésie de celui-là, passez aux pensums du pesant Malherbe et vous verrez à quel point Boileau peut être injuste, ou à quel point les goûts changent.

Quoi qu'il en soit, notre Théophile, de son vivant, est le prince des poètes, il est célèbre, aimé, charmant. Il a un défaut, il aime les hommes, beaucoup, souvent, son cher Des Barreaux, poète comme lui, et bien d'autres.

La petite bande aime à rire, elle se commet dans une farce, le *Parnasse satyrique*, un recueil de textes irrévérencieux à l'égard de tous les pouvoirs, paillard, obscène, mais plein de vigueur, de drôlerie et de santé (1622). La coupe du vice est pleine. Le père Garasse, un jésuite, tombe sur l'ouvrage et en fait son prétexte. Il a enfin trouvé l'occasion d'en finir avec ces esprits forts qui défient le Vrai et se complaisent dans l'erreur. Garasse, c'est le modèle du dévot, de l'esprit borné, c'est la méchanceté incarnée, c'est la bigoterie dans ce qu'elle a de détestable. C'est aussi un homme d'une intelligence retorse et un polémiste redoutable. Il lance une campagne haineuse. Théophile en sera la principale victime. Pour des raisons d'irréligion, pour de complexes raisons politiques aussi (le poète est lié au grand opposant du moment, à la cour de Louis XIII). Et aussi pour ses mœurs. « Mon Dieu je me repens d'avoir si mal vécu / Je fais vœu désormais de ne foutre qu'en cu », plaisantait le gaillard dans le *Parnasse satyrique*. Avec Garasse sur le dos, le temps de rire est passé. Un procès est intenté. Théophile réussit à se cacher, mais il est condamné à mort par contumace et son effigie est brûlée. Plus tard, on le retrouve et on le colle en prison. Dans un sursaut d'énergie, grâce à quelques appuis, il réussit à retourner les juges et à sortir de sa geôle, mais il est épuisé de ce qu'il y a vécu. Il meurt un an plus tard. Les libertins se terrent, le parti dévot triomphe.

Entendons-nous bien maintenant sur le sens que l'on peut donner à ces deux dernières histoires. Elles lient libertinage et homosexualité. À l'époque, et surtout dans la tête des juges, cela allait de soit : le désordre des mœurs était la preuve de l'horreur à laquelle conduisait forcément l'impiété. Il serait aventureux aujourd'hui d'aller sur la voie d'une généralité aussi idiote : la liberté de pensée ne conduit évidemment pas à l'homosexualité. L'inverse est tout aussi vrai : l'homosexualité n'a pas forcément partie liée avec la liberté de pensée. Nombre d'homosexuels en matière politique et religieuse furent et sont d'un conformisme étouffant. Bien des esprits libres furent et sont des hommes et des femmes résolument hétérosexuels. Il se trouve que Vanini et Théophile étaient à la fois adeptes d'une forme de libre-pensée et de l'amour des hommes et qu'ils sont morts à cause des deux. Il est juste de ne pas l'oublier.

21 – La marche vers l'absolutisme

François Ier avait posé les fondations du système. Louis XIV en parachèvera la construction. Il fera de son royaume un univers dont il sera le centre absolu, et du XVIIe siècle celui de l'*absolutisme*. Il ne prend le pouvoir qu'en 1661. Pourtant l'empreinte sur notre histoire nationale de cette forme politique est tellement forte qu'on a l'habitude, dans les livres, de ne lire la période qui précède que comme une lente montée qui y conduit. Le règne de Louis XIII et le gouvernement à poigne de son ministre Richelieu ; la minorité de Louis XIV et le ministère de Mazarin ; et aussi les émeutes, les périodes d'instabilité qui secouent le royaume durant ce grand demi-siècle ne seraient qu'une sorte de répétition générale qui prépare la période suivante ou plutôt la rend indispensable. C'est une façon de considérer les choses. Elle peut s'entendre. On va essayer de montrer qu'elle n'est pas la seule.

REPÈRES

– 1610 : assassinat d'Henri IV, Louis XIII enfant, régence de Marie de Médicis
– 1624 : le cardinal de Richelieu au conseil du roi
– 1642 : mort de Richelieu
– 1643 : mort de Louis XIII, régence d'Anne d'Autriche pour Louis XIV ; gouvernement de Mazarin
– 1648-1653 : la Fronde ; révoltes des parlements, des nobles, des princes
– 1661 : mort de Mazarin, début du règne effectif de Louis XIV

Reconstruction

Pour comprendre où nous voulons en venir, il faut d'abord dérouler le fil des événements tels qu'ils se sont passés. On vient de l'écrire, la période qui nous intéresse se conclut en 1661, le jour où un jeune homme de vingt-trois ans décide de faire seul, et dans sa plénitude, le métier qui est le sien : roi. Elle commence là où nous avions laissé le déroulé chronologique de notre histoire, en 1598, c'est-à-dire à la signature de l'édit de Nantes, qui clôt les horribles guerres de Religion.

Henri IV est enfin reconnu comme roi par à peu près tout le monde, il peut s'atteler à une tâche qui n'est pas simple : tenter de reconstruire un royaume en ruine. Un de ses amis fidèles, un rigoureux protestant, le seconde dans cette œuvre : Sully (1559-1641), le premier grand homme d'État de ce siècle. On ne le sort jamais dans les manuels qu'avec sa célèbre maxime en bandoulière : « Labourage et pâturage sont les mamelles dont la France est alimentée. » L'image est hardie, mais réductrice : le brave Sully s'est occupé du reste du corps aussi. Tout était à refaire : relancer le commerce, sécuriser les routes, développer de nouveaux secteurs économiques et trouver beaucoup, beaucoup d'argent pour payer les millions de dettes accumulés : les guerres ont coûté cher. Le ministre fait des prodiges, il réussit à ramener le budget à l'équilibre. Il n'a rien négligé pour cela, et surtout pas d'augmenter les impôts, moyen très sûr de se rendre impopulaire. De leur vivant, le roi et son ministre le seront énormément. Henri est sauvé par le destin, en quelque sorte, en se faisant assassiner, en 1610, dans son carrosse bloqué à Paris dans un embouteillage, par un catholique fanatique dont chacun connaît le nom : Ravaillac. Pour la postérité, c'est imparable. L'assassinat crée un choc dans un pays qui ne veut pas revivre ce qu'il a trop connu au siècle précédent. De ce traumatisme national la légende peut naître. Comme l'écrit Yves-Marie Bercé, un des grands spécialistes de cette période[1] : « Henri IV

1 - *Nouvelle Histoire de la France moderne*, t. 3, *La naissance dramatique de l'absolutisme*, « Points », Le Seuil, 1992.

appartenait désormais à l'imagerie merveilleuse de l'histoire rêvée », celle du monarque débonnaire régnant sur un pays heureux et de la poule au pot.

Louis XIII enfant, régence de Marie de Médicis
Louis XIII adulte, ministère de Richelieu

Pour l'histoire politique, en revanche, l'assassinat est une catastrophe : son fils aîné, devenu aussitôt le nouveau roi Louis XIII (1601-1643), n'a que neuf ans. Il faut une régence. La reine mère, Marie de Médicis, l'assure. Assure est un grand mot. Elle met beaucoup d'énergie à vider consciencieusement les caisses royales et donne les clés du pays à un étrange aventurier italien nommé Concini, marié à son amie d'enfance, une créature de roman nommé la Galigaï qui finira brûlée pour sorcellerie. Le jeune roi grandit de son côté sans que personne ne se préoccupe beaucoup de son éducation. On le laisse passer son temps à la chasse, il n'aime que ça. Il est sentimental. Il s'entiche de son fauconnier, un nobliau de vingt-trois ans son aîné, sans grande intelligence politique, mais très bel homme. Le jeune Louis en est fou : il le fait connétable et duc de Luynes et, après avoir éliminé Concini, le met au pouvoir. Luynes a le bon goût de mourir assez vite, lors d'un siège, en 1621, foudroyé non par un boulet mais par la scarlatine – on ne peut pas être parfait tout le temps.

La première place est libre pour le deuxième des grands hommes d'État du siècle après Sully : le cardinal de Richelieu (1585-1642). Il rêvait, enfant, d'être homme de guerre. Il est devenu par hasard homme d'Église (on le fait évêque parce que son frère, à qui était destinée la place, a préféré devenir moine). Il campe à jamais le type parfait de l'homme de pouvoir : secret, froid, maître de toutes choses autant que de lui-même. Monseigneur l'évêque de Luçon est né pour gouverner : il le fera, sans partage, de 1624, date à laquelle il devient chef du Conseil du roi, à sa mort en 1642. Le premier il prépare la voie à l'absolutisme royal en en créant cette variante un cran en dessous, si l'on peut dire, que les spécialistes appellent « le ministériat » – un système dans lequel le roi supervise de loin et laisse, à ses côtés, un seul décider de tout à sa place.

Son Éminence aime l'ordre, l'unité et l'obéissance. Tout ce qui y contrevient doit disparaître.

Les protestants, depuis l'édit de Nantes, ont leurs « places de sûreté », des villes fortifiées. Ils y remuent souvent. Le cardinal craint qu'il ne s'y développe un « État dans l'État ». Il va les réduire les unes après les autres. L'épisode le plus atroce et le plus célèbre de cette campagne intérieure contre le « parti huguenot » est le siège de La Rochelle (1627-1628), que le belliqueux ecclésiastique vient superviser lui-même, pour être bien sûr que personne ne s'abaisse à la pitié, cette vertu des faibles. Il accueillera son roi dans la ville vaincue au milieu des cadavres et des fantômes d'humains qui ont attendu en vain l'aide des Anglais et n'ont mangé depuis des semaines que des chiens, des algues bouillies et le cuir de leur ceinture. Partout écrasés, les malheureux huguenots français gardent le droit de célébrer leur culte mais perdent tout le reste, leurs places, leurs canons, leurs droits politiques.

Ensuite il y a les grands. Ils continuent ce qu'ils font depuis des siècles, manigances et complots. Le cardinal entend, comme il l'écrira lui-même dans ses Mémoires, « abaisser leur orgueil ». Il a des espions pour le renseigner sur tout ce qui se trame, et des juges à sa main pour exécuter ses volontés de fer. Il fait tomber des têtes, même les mieux nées, même les plus joliment faites : au chapitre précédent nous avons mentionné les mésaventures du dernier favori du roi, le jeune Cinq-Mars. Convaincu de tremper dans une conjuration avec l'Espagne, il est décapité (1642).

Richelieu aime tant les nobles qu'il refuse même qu'ils se tuent entre eux. Il prend une mesure considérée par ce milieu comme très attentatoire aux libertés : il interdit le duel (1626). Si l'on veut user de son épée, on a mieux à faire que se battre entre soi, la violence privée doit désormais se fondre dans la violence d'État. Le cardinal va en effet relancer la guerre extérieure.

Le pays était en paix depuis plus de trente ans, cela commençait à faire long. À l'est, tous les pays germaniques, où, depuis la paix d'Augsbourg (1555), cohabitaient luthériens et catholiques, connaissent à leur tour la folie dévastatrice des luttes religieuses. Tous les États, duchés, principautés, villes libres, évêchés qui constituent le Saint Empire se déchirent dans un des conflits les plus atroces de l'histoire de l'humanité : la « guerre de Trente Ans » (1618-1648). Bientôt, tous les pays d'Europe vont se jeter dans la mêlée pour dépecer un empire qu'ils feront ressembler à un cadavre.

Richelieu en profite pour relancer la politique de François Ier ou d'Henri II. Il entre lui aussi dans cette guerre de Trente Ans, en s'alliant avec les princes protestants. À l'intérieur, les réformés sont à combattre, à l'extérieur ils sont utiles. Ils lui permettent de reprendre la lutte contre ces vieux ennemis, les Habsbourg, dont les deux branches cousines règnent sur l'Empire germanique et à Madrid. Nous revoilà donc en guerre avec l'Espagne (1635), c'est-à-dire au sud et aussi au nord-est – les Pays-Bas lui appartiennent toujours.

Louis XIV enfant, régence d'Anne d'Autriche, gouvernement de Mazarin

En 1642, épuisé, le cardinal s'éteint. Louis XIII ne peut décidément se passer de lui, il meurt cinq mois après. Nouvelle mauvaise passe pour le royaume : le successeur, un certain Louis XIV, n'a pas cinq ans. Nouvelle régence d'une nouvelle reine mère, elle s'appelle Anne d'*Autriche*, en fait elle est la fille du roi d'Espagne, c'est le charme des titulatures de l'époque. Au début tout va bien. Le premier cardinal-ministre, sur son lit de mort, en a légué un deuxième à la France, un proche qu'il a formé : Mazarin. De caractère, l'« Éminence seconde », comme on l'appelle parfois, est aussi différente de la première que l'eau du feu : il est rond, madré, sirupeux. Richelieu était d'Église par hasard. Mazarin, ancien diplomate pontifical, l'est quasiment par nature : onctueux, papelard, il campe le type même du « prélat » à la romaine. Surjouant l'humilité pour l'extérieur et jamais en reste, en privé, pour satisfaire sa noble personne : sa cupidité et son avarice deviendront légendaires. Richelieu était trop craint pour qu'on osât élever la voix contre lui de son vivant, mais sa mort fut saluée par des feux de joie dans tout le pays. Mazarin, sur ce terrain, le devance haut la main : même quand il est au pouvoir, on se gêne à peine pour le haïr. Quelques années après son arrivée aux affaires, il doit faire face à une série de révoltes qui auraient pu jeter le régime à bas : la Fronde (1648-1653), ou plutôt « les » Frondes, puisque plusieurs se succèdent en cascade. La « fronde parlementaire » d'abord, c'est-à-dire la révolte des magistrats qui siègent dans ces sortes de cour de justice de l'Ancien Régime que l'on appelle « les parlements ». Ceux de Paris protestent contre de nouveaux impôts. Le cardinal en fait arrêter un. Cela met le feu aux poudres. Les barricades couvrent la capitale. Le prince de Condé, héros national depuis qu'il a gagné une grande victoire sur les Espagnols, fait le siège de la ville pour protéger la Couronne. Ensuite, les grands se mettent à remuer à leur tour. C'est la « fronde nobiliaire ». Puis l'insupportable et vaniteux Condé, fâché avec Mazarin, est arrêté, puis libéré, et il s'y met à son tour, mais en s'alliant avec les Espagnols, c'est la « fronde des princes », ou « fronde condéenne ». Il y a péril dans le royaume, le cardinal cherche à calmer les choses, il part en exil. Les révoltés ne savent pas s'allier, le désordre gagne, la France se lasse, le cardinal revient et reprend les rênes d'un pouvoir qu'il ne lâchera plus qu'à sa mort, en 1661. Il n'a pas été aimé ; il a suscité des tombereaux de pamphlets tous plus virulents et diffamatoires (les « mazarinades ») ; il laisse derrière lui la plus grosse fortune d'Europe soigneusement amassée grâce aux sommes pillées dans les caisses de l'État, mais aussi un pays en ordre et en paix (signée avec l'Espagne lors du célèbre « traité des Pyrénées », 1659) et un élève qui a compris sa leçon. Après Mazarin, plus de grands ministres, plus de frondes ou de désordres non plus, Louis XIV prend le pouvoir. Il le tiendra, lui aussi, jusqu'à la tombe. On l'y mettra cinquante-quatre ans plus tard.

L'extrême violence politique des temps

Ayant en tête le film des événements comme on vient de le dérouler, on comprend aisément le raisonnement tenu si souvent dans les histoires de France. Il tient sur deux jambes. D'une part les deux grands ministres, Richelieu et Mazarin, en gouvernant d'une main ferme, en renforçant le rôle d'un État centralisé, ont montré l'avantage d'un pouvoir autoritaire et ainsi préparé la voie à l'absolutisme louis-quatorzien. D'autre part, cet absolutisme a eu un côté positif : il a permis à la France de ne pas retomber dans les ornières où elle s'était embourbée plusieurs fois durant la première moitié du XVIIe siècle, de ne pas connaître à nouveau les troubles terribles qu'elle a endurés, dès lors que le pouvoir était faible. La thèse n'est pas fausse. On peut même, pour l'étayer, aller plus loin encore. De la violence politique qui a régné durant les deux régences, celle de Marie de Médicis, la veuve d'Henri IV, et celle d'Anne d'Autriche, on n'a donné plus haut que l'écume : tel favori remplace tel ministre ; les parlementaires se font *frondeurs*, etc. À lire cette succession de ministères et de petites révoltes amusantes comme on le fait en regardant les chronologies, on pourrait presque prendre ce premier XVIIe pour un mélange de IVe République et de Mai 68. Erreur terrible ! Ces temps étaient autrement sanglants. Gardons-en quelques images qui en font saisir l'atmosphère.

Nous sommes passés assez vite sur l'éviction du premier des conseillers de la régente Marie de Médicis, Concini. Pour prendre le pouvoir alors qu'il ne lui en laissait aucun, et placer Luynes, son favori, le jeune Louis XIII – il a seize ans à peine – demande-t-il officiellement à l'Italien de démissionner ? Allons ! Nous ne sommes pas dans un aimable régime présidentiel. Il ordonne à son chef des gardes de l'assassiner. Cela sera fait en plein jour au beau milieu de la cour du Louvre, et ça n'était pas gagné d'avance, Concini ayant à sa disposition une armée privée de 7 000 hommes qui, pour son malheur, n'étaient pas avec lui ce jour-là.

Après l'exécution, le roi entre dans une longue brouille avec sa mère. Sait-on comment on gère les querelles de famille à ce moment-là ? Par la guerre. Dans un premier temps, le roi fait enfermer la retorse Marie au château de Blois. Elle s'en évade et, sitôt sortie, fait le tour du pays pour lever tout ce qu'elle peut d'armée contre son propre fils. Il faudra des sièges, des batailles et la finesse d'un Richelieu, alors au début de sa vertigineuse ascension, pour réconcilier par deux fois les deux parties, avant que la vieille ne se brouille aussi avec le cardinal et finisse en exil.

Quand ce n'est pas la mère qui conspire, c'est le frère : Gaston d'Orléans. C'est plus classique. Dans une monarchie, les premiers à tisser des manigances contre le souverain sont toujours les plus proches du trône. Comment n'y penseraient-ils pas ? C'est à eux que le trône reviendra si la partie est bien jouée. La tradition des frères comploteurs n'a rien de spécifiquement français, on la retrouve un peu partout. L'Empire ottoman de l'époque avait d'ailleurs résolu la question de façon radicale : pour éviter les problèmes de famille, il était entendu qu'après chaque succession, un sultan avait le droit de faire solennellement étrangler ses cadets.

Le drame des régences, ce n'est pas le gouvernement des femmes – dans d'autres pays d'Europe, au même moment, certaines reines prouvent qu'elles valent de loin les rois –, c'est la minorité du roi. Elle force à une parodie de pouvoir que tout le monde fait semblant d'accepter mais qui déstabilise : comment cela pourrait-il se passer autrement dans des têtes forcées à se courber devant un chiard parfois à peine sorti des langes ? Un exemple. Quand Anne d'Autriche, juste après la mort de son mari Louis XIII, veut faire casser son testament qui limitait trop son pouvoir, elle convoque le Parlement. Il se réunit sous le sceptre de la seule autorité légitime, le roi, c'est-à-dire un bambin qui n'a pas encore cinq ans. Pas encore cinq ans ! Imagine-t-on cela ? Seignobos, le grand historien républicain, nous rapporte la scène[1] : « La reine et la gouvernante levèrent le petit roi tout droit sur le trône. On lui avait appris à

1 - *Cours d'histoire*, Armand Colin, 1906.

dire "Je suis venu pour dire ma volonté à mon parlement, mon chancelier dira le reste". Il eut un caprice et se rassit sans vouloir rien dire... », et notre historien ajoute : « Mais on fit comme s'il avait parlé. » C'est tout le problème. Tout le monde fait « comme si », tout le monde regarde l'enfant en se disant, je lui ferai deux caresses et il me donnera tout, et toutes les ambitions se déchaînent : d'où les rivalités, les révoltes.

On ne sait ce qui se passa ce jour-là dans la tête du petit Louis XIV, lorsqu'il « eut son caprice » et que personne n'en tint compte : quand je serai grand, ils seront obligés d'être gentils ? Son éducation, nous raconte encore Seignobos, fut très négligée. On faisait tellement peu attention à lui qu'on faillit le laisser se noyer dans un bassin. On connaît d'autres scènes qui le marquèrent terriblement. Ainsi lors de la Fronde, qui plongea le pays au bord du chaos. On cite toujours la nuit terrifiante qui voit Anne d'Autriche, sur le conseil de Mazarin, quitter Paris de toute urgence avec ses deux fils parce que la révolte gronde tant que la ville n'est plus sûre. La reine se réfugie au château de Saint-Germain et comme on y arrive à l'improviste, le futur Roi-Soleil doit coucher sur de la paille. On cite aussi l'épisode plus tardif où le petit roi voit la foule entrer dans sa chambre pour vérifier que, pour une fois, il ne s'est pas enfui. Comment ne serait-on pas marqué par de telles peurs ? C'est sur elles, nous racontent toujours les historiens, sur la paille de Saint-Germain ou la terreur de se réveiller face à une foule menaçante, que croîtra le besoin d'autorité.

Une autre voie : l'exemple anglais

Dans la logique même de l'histoire personnelle de notre monarque, dans la logique même de l'histoire comme on vient de la raconter, l'absolutisme de Louis XIV s'explique donc aisément : quelle autre solution qu'une poigne de fer pour éviter au pays de sombrer à nouveau dans les tourments de ces frondes, de ces révoltes incessantes ? Ne réécrivons pas l'histoire. Elle fut celle-là. Contentons-nous de rappeler qu'ailleurs en Europe, d'autres pays trouvèrent d'autres voies pour résoudre des problèmes qui n'étaient pas si différents. Glissons un mot de ce qui se passe durant ce même XVIIe siècle de l'autre côté de la Manche.

Tout n'est pas comparable, c'est évident, notamment à cause de la question religieuse. Contrairement à la France, où les protestants ne sont qu'une petite minorité face à une énorme majorité catholique, l'Angleterre est partagée entre de nombreuses factions : elle est officiellement *anglicane,* mais les catholiques ou les diverses chapelles protestantes n'ont jamais renoncé à reprendre le pouvoir.

Par d'autres côtés néanmoins, l'histoire anglaise n'est pas si différente. Ainsi, là-bas, certains souverains sont-ils eux aussi tentés par l'absolutisme, et ce, bien avant que notre Louis XIV ne l'applique : c'est le cas de Charles Ier (règne en 1625, meurt en 1649), un roi de la dynastie Stuart, contemporain de Louis XIII. Il a face à lui un adversaire coriace, le Parlement. Le parlement français aurait pu le devenir. Au début de la Fronde, celui de Paris a pensé imposer au roi un renforcement de son pouvoir et un vrai contrôle de la monarchie. Faute de savoir fédérer les autres forces du pays, il n'y est pas parvenu. En Angleterre, pendant de nombreuses années, le roi Charles a réussi à le faire taire et à gouverner sans lui, puis peu à peu son parlement s'est relevé et cela a dégénéré en guerre civile. Charles aurait-il gagné cette guerre, sans doute l'Angleterre serait devenue vingt ans avant la France une monarchie aussi centralisée et autoritaire. Il la perd. Jugé, il perd aussi sa tête : en 1649, il est décapité et la monarchie est remplacée par une sorte de semi-république, le « Commonwealth », placée sous la direction d'un « Lord Protector », Cromwell (de 1648 à 1658). Malgré ce beau nom de république, le régime ne doit faire envie à aucun ami des libertés : c'est une dictature pire encore à vivre que la pire des monarchies. Au pouvoir absolu s'ajoute un puritanisme religieux qui interdit à peu près tout, les jeux, les bals, la taverne. Dans un deuxième temps, toutefois, le pays accouche enfin d'un vrai progrès. Après la mort de Cromwell, les rois Stuarts reviennent au pouvoir. Le premier, Charles II (né en 1630, règne en 1660, meurt 1685), rêve aussi d'établir un absolutisme à la française, n'y arrive pas, et son frère Jacques II fait poindre une menace encore pire : la restauration du catholicisme. C'est trop. Les forces parlementaires coalisées chassent ces maudits Stuarts et font appel en 1688 à un prince hollandais, Guillaume d'Orange, pour installer dans le pays un régime tempéré. L'épisode s'appelle « la Glorieuse Révolution », et celle-ci n'a presque pas fait couler de sang. L'arrivée du nouveau prince est assortie d'un certain nombre de textes qui garantissent des droits au Parlement et aux individus, limitent le pouvoir royal et instaurent un régime nouveau alors : la monarchie parlementaire. La France en est loin. C'est ce que l'on va voir maintenant.

22 – Louis XIV en majesté

Mazarin meurt dans la nuit du 9 mars 1661. Le 10 au matin, le roi fait tenir son conseil pour lui dire qu'il entend désormais gouverner lui-même. Il précise peu après la ligne qui sera la sienne. Elle tient dans sa célèbre réponse à une question que lui pose l'archevêque chargé des problèmes du clergé, qu'il croise : « Votre majesté m'avait ordonné de m'adresser à Monsieur le Cardinal pour toutes les affaires. Le voilà mort ; à qui veut-elle que je m'adresse ? », demande l'ecclésiastique. Et Louis : « À moi. »

Lui, gouverner ! Certains n'en reviennent pas. La reine mère, à la nouvelle, « rit ». La plupart parient pour une foucade. Allons, Louis, l'ami des plaisirs, l'homme des fêtes, des bals, le beau jeune homme ami des femmes et des danses, se perdre dans la lecture des tristes mémoires tendus par d'ennuyeux ministres ? Il s'en lassera ! Tous se trompent. Le jeune homme n'a pas vingt-trois ans. Jusqu'à sa mort, cinquante-quatre ans plus tard, il n'y aura, pour commander, d'autre prince que lui. Sa réponse à l'archevêque sera la loi et les prophètes, l'origine et la fin de toute action entreprise dans son

REPÈRES

– 1661-1715 : règne sans partage de Louis XIV
– 1665 : Colbert (1619-1683), déjà au service de Mazarin, contrôleur général des Finances
– 1682 : installation de Louis XIV et de la Cour à Versailles ; « Déclaration des quatre articles » rédigée par Bossuet pour défendre le gallicanisme

royaume : Moi. Louis XIV, le *monarque* dans le sens étymologique du mot, celui qui gouverne *seul*. Désormais il n'y aura plus de ministre omnipotent, comme le furent Richelieu ou Mazarin, ni même de surintendant des Finances contrôlant toutes les caisses, comme ce Nicolas Fouquet qui lui faisait de l'ombre – trop riche, trop puissant, trop brillant – et qu'il envoie en prison quelques mois à peine après son arrivée au pouvoir. Il n'y aura plus que des secrétaires d'État chargés de l'« aider de leurs conseils » et devant lui rendre quotidiennement compte de tout, jusqu'à, dit-on, la simple délivrance d'un passeport. Ils ne seront plus choisis chez les grands, chez les princes, dans le haut clergé ou – surtout pas – dans la famille royale. Ils viendront tous de la bourgeoisie, de la petite magistrature, de l'humble noblesse : le roi seul les aura fait monter, c'est la meilleure garantie pour qu'ils soient fidèles. Le roi décide de la paix, le roi décide de la guerre. Le roi pousse l'Église de France à être plus *gallicane*, pour la rendre moins soumise à l'autorité du pape. Le roi renforce le système des intendants envoyés dans tout le royaume pour en contrôler l'administration. Le roi décide aussi, immédiatement, d'user de son instrument de pouvoir préféré : la mise en scène de sa propre majesté. « Les peuples se plaisent au spectacle, écrira-t-il dans ses Mémoires. Par là nous tenons leur esprit et leur cœur. »

« L'État, c'est moi »

Il est, nous disent les chroniqueurs, d'une politesse exquise. On ne le voit jamais croiser une dame sans soulever son chapeau, ou faire au moins le geste de se lever si quelque autre entre dans une pièce. Il est aussi secret, dissimule ses sentiments, répond « je verrai » pour ne s'engager sur rien sans réfléchir et, en toute occasion, tient ses nerfs. Un jour, raconte Seignobos, que son ministre Louvois se mettait en rage devant lui parce qu'il n'avait pas obtenu la faveur qu'il convoitait, le roi jeta sa canne par la fenêtre pour ne pas avoir à la lui casser sur le dos. Il est l'homme du contrôle de soi, comme il entend contrôler le reste. Il tient le pays tout entier par l'intermédiaire de ses intendants, et si les nobles ont, comme ils l'ont toujours eu, le titre de gouverneur de telle ou telle province, ils doivent exercer leur charge là où sont désormais les nobles : à la Cour. C'est la place où il leur faut travailler comme tous les autres à la seule tâche qui vaille désormais, l'édification de la gloire du roi.

Comment ne pas en convenir, ce règne a quelque chose de fascinant. Si Louis XIV est toujours, avec Napoléon, le souverain français le plus connu au monde, c'est aussi à cause de ce tour de force : combien d'autres hommes peuvent se vanter d'avoir su ainsi plier un monde à leur désir, d'avoir à ce point aveuglé une époque qu'ils ont réussi à lui faire croire qu'ils en étaient la seule source de lumière ? On en a parlé déjà, cet éclat est si fort qu'il nous fait considérer de manière trompeuse les souverains qui l'ont précédé. Louis XIV incarne tellement l'idée de roi dans la mémoire commune qu'on en vient à penser que les Saint Louis, les Philippe le Bel, ou même les François Ier ou les Henri IV étaient aussi omnipotents, aussi centraux, bref aussi *absolus* que lui. Quelle erreur ! Sur tous ces plans, il est sans pareil.

Il n'a pas tout inventé. L'étiquette qui règle jusque dans le détail la vie quotidienne de la monarchie a été mise au point, on s'en souvient, à la cour de Bourgogne du duc Philippe le Bon, le père de Charles le Téméraire. Elle est arrivée en France *via* les Habsbourg d'Espagne. La Cour, on l'a vu également, s'est développée sous François Ier. La construction de la majesté royale, cette aura censée entourer le souverain partout où il se trouve, doit beaucoup à Henri III. Le droit divin, enfin, le précède. Il est supposé, dans la mythologie mise en place par les Capétiens, remonter au baptême de Clovis. Il a, en réalité, été lentement élaboré au cours du Moyen Âge. Ce sont les juristes de Charles V qui l'ont théorisé : en pleine guerre de Cent Ans, alors que le trône était constamment menacé par le cousin anglais, il était prudent de mettre Dieu de son côté. Depuis bien plus longtemps (c'est attesté depuis Saint Louis), on reconnaît aux souverains, dès le lendemain du sacre, les pouvoirs quasi miraculeux que cette onction du Ciel leur a conférés : celui de guérir les écrouelles, une forme de tuberculose donnant d'affreux ganglions au cou. Tous les rois, que ce pouvoir fait appeler des rois *thaumaturges* (littéralement : opérateurs de miracles), se plient, lors des grandes fêtes religieuses, à de longues cérémonies durant lesquelles ils imposent les mains sur des centaines, parfois des milliers de malades en prononçant la formule consacrée : « Le roi te touche, Dieu te guérit. »

Louis XIV concentre, cristallise tout cela d'une façon extraordinaire. Les historiens affirment qu'il n'a jamais prononcé la phrase qu'on lui prête : « L'État, c'est moi. » Quelle importance ? Toute sa politique l'incarne. Toutes ses actions sont conduites au nom de la raison d'État, et lui seul en connaît les mystères. Il n'est secondé par personne dans cette tâche et dans aucun dossier. Il accepte, par grandeur d'âme, d'« être aidé des conseils » de ceux à qui il les demande, nuance. Et qui oserait s'opposer à ses volontés ? Elles sont celles de Dieu lui-même, dont il est le lieutenant sur Terre. Bossuet (1627-1704), évêque de Meaux, précepteur du dauphin et idéologue en chef du régime, se charge de donner sa sainte bénédiction à toutes ces conceptions : « Dieu a mis dans les princes quelque chose de divin », écrit-il dans un des livres qu'il publie pour bénir encore et encore ce maître dont on oserait écrire qu'il l'idolâtre, si l'idolâtrie n'était un horrible péché de païens.

Que dire aussi de l'incroyable longévité de ce règne ! Louis est roi en 1643, prend le pouvoir effectif en 1661 et ne le cède qu'à sa mort, en 1715. Imaginons la même chose aux XXe et XXIe siècles. Cela signifierait un enfant arrivé sur le trône sous Pétain, gouvernant à l'époque de De Gaulle et réglant toujours le moindre dossier, la moindre directive, après Sarkozy.

Il y a de la prouesse dans tout cela et on peut comprendre qu'elle entraîne une certaine fascination. Comment ne pas voir aussi combien cette fascination aveugle ? Il se publie chaque année des quantités de livres sur le « Grand Siècle », comme on l'appelle. Ce sont presque toujours des livres de *fans*. À les parcourir, on a le sentiment que, trois siècles après sa mort, on ne s'autorise toujours à parler de Louis XIV que comme on en parlait de son vivant, pour en tisser de délirantes louanges. On force un peu le trait, bien sûr. Les grands historiens tranchent. L'excellent Pierre Goubert, par exemple, dont on ne saurait trop conseiller le livre le plus célèbre[1], remarquable d'intelligence et d'érudition. Sa qualité première est précisément de tenir toujours, vis-à-vis de son sujet, une saine distance critique. N'ose-t-il pas, dès la préface qu'il écrit pour une nouvelle publication de son ouvrage, ce petit crime de lèse-majesté : « L'homme jeune avait de la séduction [...], le vieillard infiniment de dignité [...]. L'homme mûr, ivre d'encens, cassant, vaniteux, souvent sot, m'a toujours paru assez insupportable. » Il avait prévenu quelques lignes auparavant : « Peut-être à tort, mais sincèrement, j'ai toujours pensé que le travail de l'historien ne se ramenait pas à l'exaltation des gloires nationales. » Quel dommage que dans la littérature historique, et surtout dans sa variante populaire, tant d'autres ne l'entendent pas ! Que de flatteries ! Que d'extases ! Avec eux, on a le sentiment qu'on ne peut visiter le règne de Louis XIV que comme on visite Versailles, en se sentant obligé de lancer des oh ! et des ah ! admiratifs devant chaque marche, chaque escalier, chaque statue. Allons ! Nous sommes en république, non ? On a quand même le droit de trouver Versailles un peu trop doré, un peu trop pompeux, et pour tout dire souvent lourdingue sans se faire traiter de mauvais Français. Essayons donc la même chose avec le Grand Roi ou, pour l'instant, avec le système politique qu'il a mis en place. (Nous étudierons les aspects culturels ou militaires dans les chapitres suivants.) Il ne s'agit pas, à ce propos, de sombrer dans un délire de dénigrement. À quoi cela servirait-il ? L'absolutisme a coulé depuis si longtemps. Il s'agit simplement de ne pas oublier que cette façon de gouverner a aussi bien des défauts et quelques aspects franchement ridicules. Reprenons en guise d'exemple trois traits déjà évoqués.

1 - *Louis XIV et vingt millions de Français*, « Pluriel », Hachette, 1998.

Les grands serviteurs

Louis XIV, donc, ne veut à son conseil ni évêque ni prince du sang mais de fidèles et loyaux ministres issus d'en bas, qu'il a fait monter jusqu'à lui. Les historiens du XIXe siècle ont voulu faire de ceux-là l'incarnation de la nouvelle classe montante, la bourgeoisie, et le modèle des bons serviteurs entièrement dévoués à leur roi et à leur pays. À leur roi, c'est sûr. Qui oserait, alors, ne pas l'être ? À leur pays, cela mérite nuance.

Parmi ces noms que tout le monde connaît (quelle ville ne les célèbre pas avec une rue, une place ou un boulevard ?), certains sont dignes de leur postérité. Ainsi Vauban (1633-1707), ingénieur, homme de guerre. Il est célèbre pour les fortifications qu'il a fait construire tout le long des frontières du royaume, cette « ceinture de fer » qui le protège, depuis Gravelines ou Bergues, au nord, jusqu'à Saint-Jean-Pied-de-Port, dans les Pyrénées, ou Antibes, sur la Côte d'Azur. L'homme était un grand bâtisseur, la plupart de ces constructions, avec leur fameux « plan en étoile » conçu pour résister aux boulets, sont encore là, trois cents ans plus tard, pour en témoigner. On sait moins qu'il fut aussi un des esprits les plus éclairés de son siècle : il sera l'un des seuls, dans l'entourage du roi, à oser une parole pour contrer les persécutions dont seront victimes les protestants. Il est un des rares à être accablé par la grande misère du peuple, et surtout à chercher les moyens de la réduire. Cela le conduit sur la voie d'un projet révolutionnaire : un impôt qui serait payé par tous. L'idée deviendra un des serpents de mer de l'Ancien Régime, et sera proche d'aboutir parfois. En attendant, le livre où il l'a présentée est mis au pilon.

L'autre grand nom, Colbert (1619-1683), est plus ambigu. Fils d'un marchand de drap de Reims – mais aussi d'une famille fort bien placée dans le négoce –, il a commencé sa carrière dans l'entourage de Mazarin. Dès sa prise de pouvoir, le roi fait du petit conseiller d'État le fer de lance de la politique financière et économique du pays. Obstiné et méthodique, celui-ci veut faire de la France, vieille terre agricole, une nation de manufactures, de marchands, de marins. Il développe de grandes fabriques comme celles des Gobelins – pour les meubles –, de Saint-Gobain – pour les glaces. Il impose des normes qui doivent garantir une même qualité des produits d'un bout à l'autre du royaume et des droits de douane qui les protègent de la concurrence étrangère. Il pense que, pour être riche, un pays doit vendre plus qu'il n'achète, car seul l'argent donne la richesse : on appelle cette théorie, dont il est partisan, le « mercantilisme ». On donne plus souvent à son action le nom de « colbertisme ». Il recouvre cette idée qu'une économie nationale est plus forte si elle est encadrée, protégée par l'État. Pourquoi pas ? La doctrine a souvent été critiquée par les ultras-libéraux, mais elle a fait ses preuves à certains moments de notre histoire. Le problème est qu'elle donne de notre homme une image de grand commis de l'État, une sorte de commissaire au Plan des années 1950, intègre et loyal, dévoué corps et âme au bien public. Quel regrettable anachronisme ! Le commissaire au Plan n'a pas été inventé alors, l'intégrité non plus.

Par bien des aspects, l'homme est un intrigant de la pire espèce. Il se fait valoir auprès de Louis XIV en organisant le procès contre Fouquet, le riche surintendant des Finances accusé des pires malversations. Ce n'était pas par amour de la justice (d'ailleurs nul ne sait trop ce qu'il a traficoté avec les pièces du dossier d'accusation), c'était pour se débarrasser d'un rival et pouvoir faire pareil à son tour. Il avait été à bonne école, il sortait de l'entourage de Mazarin, qui fut, selon l'historien André Zysberg[1] « le plus grand voleur de toute l'histoire de la monarchie ». Le bon Colbert n'oubliera jamais les leçons apprises comme secrétaire trésorier du cardinal : il mourra fort riche. Il ne s'agit pas pour autant d'en faire le type même du fripon. Il s'agit juste de rappeler que dans ce régime, la notion de service public et ce qu'elle implique d'honnêteté personnelle n'existe pas. Le roi demande qu'on lui soit fidèle, à lui. Qu'on se serve au passage dans les caisses de l'État est considéré comme allant de soi. Que l'on place les siens l'est tout autant. Colbert

1 - *La France de la monarchie absolue 1610-1715*, recueil d'articles de *L'Histoire*, « Points », Le Seuil, 1997.

n'aura de cesse de récompenser ses fidèles pour se constituer un clan d'obligés, de trouver des emplois à ses parents, et de marier ses filles le plus haut possible. On vante Louis XIV d'avoir su briser l'orgueil des grands en leur refusant l'accès au pouvoir qui leur revenait naguère de droit. N'exagérons pas pour autant le caractère démocratique de la manœuvre. Louis XIV ne chasse une caste qui accaparait le pouvoir que pour la remplacer par une autre, tout aussi cupide, tout aussi affairée à s'y accrocher par tous les moyens.

La mise en scène du moi

Principal instrument du pouvoir louis-quatorzien, la mise en scène de soi suppose, par essence, une abolition totale des frontières entre le public et le privé. Le principe n'est pas nouveau. Dans un système comme la monarchie, qui repose sur le lien du sang, les histoires de mariage, par exemple, et tout ce qui va avec (les relations sexuelles du roi et de la reine, les accouchements de la reine, etc.), appartiennent au domaine public, puisque cela implique l'avenir de la dynastie. Cela est vrai depuis très longtemps. L'accessibilité du roi est un autre trait traditionnel chez les Capétiens : on a, pour le XVIe siècle, des textes d'ambassadeurs étrangers stupéfaits de la facilité avec laquelle n'importe qui peut entrer dans le cabinet du roi, qui est obligé de parler fort bas pour éviter que l'on n'entende ses conversations. À l'inverse, le goût de l'isolement qu'ont les souverains espagnols, par exemple, choque les Français : si un roi de France agissait ainsi, lit-on chez les chroniqueurs, on le croirait mort. Louis XIV n'abolit rien de tout cela, au contraire. Comme à son habitude, il pousse le système jusqu'à sa caricature et en fait un principe de gouvernement. Il l'explique à son fils : « Les peuples sur qui nous régnons règlent d'ordinaire leur jugement sur ce qu'ils voient au dehors. » Donc il donne à voir. Sa vie amoureuse, bien sûr : nul n'ignore la succession des favorites, la Vallière, la Montespan, la Maintenon – et toutes les autres – et seuls quelques esprits étroits se scandalisent de ce fait plus rare : le premier, il légitime tous ses bâtards.

Mais aussi le roi offre à « ses peuples » le spectacle de son quotidien. Du matin au soir, sa vie est réglée selon la fameuse étiquette, et se passe au su et au vu de tous ceux qui veulent, la Cour bien sûr, mais aussi le tout-venant du public. Non. Le « petit lever » échappe à cette loi. Il est réservé à la famille et aux médecins – ce qui fait déjà environ une vingtaine de personnes. Quelques instants plus tard, le roi, toujours dans son lit, dit à son valet d'appeler « la grande entrée », réservée à d'autres importants, et il pourra ainsi faire sa toilette (c'est-à-dire se frotter les mains sous un peu d'esprit-de-vin) et sa prière, devant quelques intimes, grands dignitaires, chambellans, premiers gentilshommes de la chambre, etc. – on doit tourner à la cinquantaine de personnes. Et ainsi de suite, en faisant grossir le nombre de spectateurs, pour le déjeuner, pour la messe, pour la promenade, etc., jusqu'au soir – jeux d'argent, spectacle, bals quelquefois –, jusqu'au coucher, avec la même litanie, le grand, puis le petit. Le roi reçoit dans son bain, le roi reçoit sur sa chaise percée. Tout ce qui touche le roi n'est-il pas si important ? Jusqu'à ses maladies. Il en a sans cesse, c'est la loi du temps. L'une d'entre elles est restée célèbre : une fistule anale qui le fait fort souffrir. On est en 1686. Ses chirurgiens décident de l'opérer, entreprise hardie. De nombreux essais sont faits sur des cobayes que l'on va chercher dans les hospices. L'opération est tentée. La foule retient son souffle et prie dans les églises. Elle est couronnée de succès. Dès que la nouvelle est assurée, on fait chanter un *Te Deum*. Ne l'oublions pas : c'est aussi ça l'absolutisme à la Louis XIV, un régime dans lequel on fait chanter la messe pour célébrer le retour à la santé d'un trou du cul.

Grandeurs et misères de la Cour

Que pouvait-il se passer dans la tête d'un homme trouvant normal de prendre son bouillon, de faire trois pas, ou de lâcher un vent devant des centaines de spectateurs ? Que pouvait-il bien se passer, pourrait-on se demander tout autant, dans la tête de ceux qui venaient le regarder et prenaient pour un honneur insigne le fait d'avoir le droit de lui passer sa cuillère ou de ramasser sa canne ? Voilà encore un point étonnant de l'affaire. On l'a dit déjà, du point de vue du monarque, la mise en cage de la noblesse, derrière les barreaux dorés et grotesques de la vie de cour, est un coup de génie. Pour être sûr que plus aucun grand du royaume ne complote dans son coin, comme aux temps féodaux, ou ne manigance contre la Couronne comme sous la très récente Fronde, le monarque a organisé ce grand zoo où il les fait tous manger dans sa main. Malheur à ceux qui n'y viennent pas : un tel, qui se refuse à sortir de sa lointaine province, fait demander une place, une faveur. « Je ne le vois jamais », dit le roi. Adieu la faveur !

Toute la noblesse est ainsi réduite à l'état d'animaux de compagnie. Elle est partout où Il est, au Louvre ou à Saint-Germain, puis à Versailles, ce petit pavillon de chasse de Louis XIII où le fils a décidé de faire bâtir le plus beau château du monde, et où l'on emménage en 1682, alors que tout est encore en chantier. La vie dans ce château fait sans doute encore rêver 80 % des habitants de la planète entière : être marquise ou duc à la cour de Versailles, cela représente partout au monde l'idée du luxe, de la grandeur, du chic. Si ces gens savaient combien devait être pesante la vie dans cet univers confiné, sans confort, au rituel toujours répété, la chasse, les jeux, les jeux, la chasse et les commérages, les médisances, la promiscuité et les broutilles qui deviennent des affaires d'État !

Tout est code à Versailles. Pour les ambassadeurs, on ouvre les portes à un ou deux battants selon l'importance que l'on accorde aux relations avec tel ou tel pays. Pour les courtisans, les signes sont tout autant cryptés : pour signifier son contentement, le roi invite celui-ci à aller à la chasse, ou celui-là à venir nourrir avec lui les animaux de la ménagerie. Et selon qu'il parle à tel ou tel autre à voix un peu plus haute, ou un plus basse, tous les autres se perdent en commentaires qui peuvent durer la semaine.

Certains, les plus grands, les plus riches, obtiennent le droit de se faire construire des hôtels particuliers à Versailles, mais hors du château : ouf, ça leur permet au moins de souffler une nuit de temps en temps. L'immense majorité est logée dans des réduits miteux, sans le moindre confort, et tout le monde se retrouve dès le matin les uns sur les autres, à commenter des riens, à caqueter autour d'un rituel d'un grotesque total, à se monter la tête parce que tel prince plutôt que tel autre a obtenu l'insigne privilège, la veille au soir, de tenir le bougeoir au coucher ou de passer au roi sa robe de nuit. Et tous, princes et ducs, comtes et marquis, qui se croyaient depuis des générations l'élite du royaume, ont accepté le jeu et ont fait semblant de prendre cette vie de laquais pour le plus grand des honneurs. Misère de la vanité humaine !

23 – Des taches sur le soleil

Tempérons ce que nous avons écrit au chapitre précédent : l'histoire populaire est souvent confite en dévotion pour la personne de Louis XIV et les fastes de Versailles. Rares sont les livres qui n'admettent pas que, pour le reste, la France de ce temps a aussi connu ses zones d'ombre. La circonspection à l'égard du règne a d'ailleurs commencé fort tôt. Louis a laissé derrière lui un royaume ruiné par les dépenses somptuaires, le train de vie, les constructions prestigieuses, les guerres. En 1715, la dette royale représente trois fois le revenu. Le vieux monarque meurt dans son château transformé en sombre tombeau, haï par ses sujets et détesté par l'Europe qui voit en lui un nouveau Nabuchodonosor, l'odieux tyran de la Bible.

Depuis bien longtemps, les manuels scolaires ont tenu eux aussi à rappeler la face obscure de la période : d'accord, Louis a porté

REPÈRES

– 1661 : « famine de l'avènement »
– 1667 : prise de Lille
– 1678 : traité de Nimègue, la Franche-Comté française
– 1681 : annexion de Strasbourg
– 1685 : révocation de l'édit de Nantes
– 1689 : sac du Palatinat
– 1692 : très grande famine
– 1709 : « grand hyver »

haut la gloire de la France, mais au prix de combien d'erreurs humaines ? L'école républicaine ne pouvait pas s'abaisser à donner quitus, pour la postérité, à un roi. Il semble pourtant que le grand public, à qui l'on s'adresse, ait oublié la leçon. Dans la mémoire collective, Louis XIV, c'est toujours le grand genre, la perruque, la galerie des Glaces et rien d'autre. Tâchons donc à notre tour de la rafraîchir. Classiquement, dans la colonne où on tient le compte des aspects négatifs du Grand Siècle, on trouve trois sous-chapitres.

La révocation de l'édit de Nantes

Le premier est le plus connu. Il porte le nom de la mesure administrative qui en est le symbole : la « révocation de l'édit de Nantes » (1685). Il est bien autre chose : un véritable « crime d'État », selon le mot de l'historienne Janine Garrisson[1]. Il s'agit de la politique royale à l'égard des protestants. Dès les années 1670-1680, Louis XIV veut en finir avec eux. Le royaume en compte encore environ un million. Représentent-ils une menace ? On en doute. Richelieu a retiré au « parti huguenot » toutes ses places fortes et tous ses canons, les protestants n'ont plus pour eux que le droit d'aller au temple, quand il existe, et de pratiquer leur culte, et encore, pas partout. Au temps du catholicisme triomphant et de l'absolutisme, c'est encore trop. Le roi demande donc que tous les efforts soient faits pour pousser les sectateurs de la « religion prétendue réformée », comme on l'appelle avec mépris, à rentrer sagement dans le saint giron de l'Église romaine. Les méthodes employées pour y parvenir soulèvent le cœur.

On commence par mettre en place des mesures discriminatoires : interdiction des enterrements de jour, interdiction pour un catholique d'épouser une huguenote, interdiction pour un patron protestant de prendre des apprentis catholiques, etc. Partout où l'on peut, on trouve tous les prétextes pour abattre les temples. On pose que dès sept ans un enfant peut choisir le culte qu'il préfère, et

1 - *La France de la monarchie absolue*, *op. cit.*

naturellement on ne néglige aucune rouerie pour séduire et câliner les rejetons de parpaillots afin de leur faire préférer la Vérité à l'Erreur : en clair, les arracher à leurs parents pour les placer dans des écoles catholiques. La technique de conversion la plus barbare a laissé un nom célèbre et terrible : la *dragonnade*. On envoie dans une ville les *dragons* du roi, c'est-à-dire les soldats, on les fait loger chez les huguenots en leur donnant toute licence de comportement et on prévient les propriétaires infortunés qu'une seule chose pourra mettre fin à cet état de fait : leur promesse d'abjuration. Toute licence à un *dragon* : cela commence par la dévastation totale du logis, cela va jusqu'au viol de la fille sous les yeux des parents ou à la torture des vieillards. Nombreux sont ceux qui abjurent, au moins pour l'apparence. Qui peut résister à de telles méthodes ? Confiant dans les rapports qu'on lui remet, le roi est bientôt persuadé que le travail est fait et que l'*hérésie* est enfin extirpée : en 1685, il révoque le célèbre édit de tolérance qui avait fait la gloire de son grand-père Henri IV. Les rapports étaient faux, d'innombrables Français restaient fidèles à la foi de Calvin. Alors qu'on leur interdit l'exil, plus de 200 000 d'entre eux fuient ce royaume maudit par tous les chemins cachés qu'ils trouvent pour aller vers « les pays du Refuge », là où l'on veut bien d'eux, à Berlin, en Angleterre, en Suisse, dans les Provinces-Unies (les actuels Pays-Bas), ou même en Afrique du Sud. C'est une catastrophe économique : ces gens étaient artisans, boutiquiers, avocats, ils emportent avec eux leur savoir et leur force de travail. Ceux qui sont pris sont envoyés dans l'enfer des galères. Malgré cela, interdits de tout et fidèles à leur foi, de nombreux protestants se cachent mais n'abdiquent pas. Principalement dans le Sud du royaume, le Languedoc, le Massif central, ils se retrouvent pour célébrer le culte dans les endroits isolés, grottes, forêts, maquis : ce sont les « assemblées du désert ». Au début du XVIIIe siècle, dans les Cévennes, excédés par les persécutions, certains prennent les armes. Ce sont les *camisards*, ainsi nommés à cause de la chemise qu'ils portent. Ils sont quelques milliers. Ils réussiront à tenir en échec pendant deux ans (1702-1704) plus de 25 000 soldats.

La guerre, toujours la guerre

Le deuxième aspect négatif du Grand Siècle tient à une des conséquences de l'appétit de gloire du monarque, son goût immodéré de la conquête. Si l'on en croit Voltaire, Louis XIV l'avouera lui-même sur son lit de mort : « J'ai trop aimé la guerre… » Il l'aura faite durant trente-deux années sur cinquante-quatre de règne. Aux Espagnols, en Italie, dans le Saint Empire, aux Hollandais, aux Anglais, à presque tout le monde enfin et sans parti pris, si l'on ose dire, sinon celui de son propre intérêt : il n'hésitera jamais à s'allier à l'ennemi de la veille pour mieux contrer celui du jour. On voit passer dans les livres ces successions de conflits, avec leurs noms curieux – comme « la guerre de Dévolution » (menée contre l'Espagne) – ou plus simples – « la guerre de Hollande », qui vise à ravager ce petit pays –, toujours suivis de successions de traités (Aix-la-Chapelle, 1668 ; Nimègue, 1678 ; Ryswick, 1697 ; Utrecht, 1713) dans lesquels on se perd toujours. Oublions-en l'énumération fastidieuse et ne cherchons pas à analyser les motifs officiels de ces campagnes incessantes. En réalité, il n'y en a qu'un : l'insatiable volonté de puissance d'un roi.

En ce milieu de XVIIe siècle, le Saint Empire romain germanique, ruiné par la monstrueuse guerre de Trente Ans, est toujours à terre ; l'Espagne a vu se tarir l'or des Amériques, sur lequel elle avait imprudemment fondé toute sa puissance au siècle précédent ; l'Angleterre se perd dans des querelles intérieures. La France est le pays le plus puissant du continent. Louis en est le maître. Quand il veut la guerre, il fait la guerre et ne s'embarrasse d'aucun prétexte compliqué. Il demande à ses légistes et à ses diplomates d'en trouver un, c'est leur rôle. Une fois, on ressort une dette soi-disant non réglée issue du traité scellé lors de son mariage avec Marie-Thérèse, la fille du roi d'Espagne. Et hop ! Guerre de Dévolution contre les Espagnols qui tiennent les Flandres. Les Hollandais ont-ils le front de protester ? Un peu plus tard, on va châtier les « marchands de fromage », sans même leur déclarer la guerre. Le roi possède une partie de l'Alsace mais il lui manque Strasbourg, quel dommage !

Il ordonne donc qu'on en fasse le siège et, au grand scandale de l'Europe, il enlève la ville sans autre motif que celui de satisfaire son bon plaisir.

L'histoire nationale a beaucoup fermé les yeux sur ce genre de pratique, puisqu'elle allait dans le sens du bien indépassable : l'agrandissement du territoire. Artois, Roussillon, Sud de la Flandre, Franche-Comté, essentiel de l'Alsace : c'est indéniable, sous Louis XIV, la France a pris de l'ampleur. À quel coût ?

Toutes ces batailles dont on n'a en général pour seule représentation que les pesants tableaux qu'en ont donnés les peintres officiels, qui nous en dépeindra la sombre réalité humaine ? Au gré d'un livre ou d'un autre, on apprend que telle attaque s'est soldée par « de nombreuses pertes », que tel siège a été long. C'est à peu près tout. D'innombrables témoignages nous donnent une idée des souffrances endurées par les « grognards » lors des campagnes de Napoléon. Nous avons tous en tête l'horreur de la vie dans les tranchées de la guerre de 14-18. Et si peu pour celles du XVIIe. C'est dommage. On ne sait même pas pourquoi tous ces soldats acceptaient d'affronter le danger, le canon, le froid, la peur. Pour la patrie ? Ce n'est pas encore l'époque. Pour le roi ? C'est douteux. Les chefs eux-mêmes sont si incertains : après la Fronde et avant d'obtenir son pardon et de servir à nouveau Louis XIV, le grand Condé a servi le roi d'Espagne avec tout autant de panache et de vaillance. Lors de la bataille des Dunes, près de Dunkerque, il a même combattu face à Turenne, l'autre grand chef militaire de l'époque, ce qui ne l'empêchera pas de combattre à côté de lui un peu plus tard. Et encore, les maréchaux peuvent espérer de la guerre leur moisson de gloire, mais le fantassin ? La misère au village devait être bien grande pour qu'une mince solde ou la perspective de se payer en pillage en cas de victoire suffise à ce que l'on engage jusqu'à sa vie.

On connaît mieux une autre conséquence, pourtant bien oubliée, des conquêtes du Grand Roi : la profonde résistance qu'elles ont pu susciter chez ceux qui en furent victimes. Le prisme national nous a appris à ne pas trop nous attarder sur ce genre de détail gênant de la formation de notre pays. Patriotes naïfs, nous voulons toujours croire que partout où ils arrivent, les Français sont accueillis avec des petits drapeaux et des cris de joie : les populations ne sont-elles pas si fières, par principe, d'être soudain rattachées au plus beau pays du monde ? Eh bien non ! Il faudra des décennies pour mater l'héroïque résistance antifrançaise des Francs-Comtois. Lille voit elle aussi l'annexion comme une catastrophe : elle prive la ville de son commerce naturel avec les riches cités des Pays-Bas, Bruxelles ou Gand. La lutte des Lillois contre les Français sera farouche. Il faudra d'autres occupants un peu plus tard pour que la région change de position : au tout début du XVIIIe siècle, les Hollandais conquièrent brièvement la ville et font l'erreur de vouloir convertir la population au calvinisme. Les Français qui reviennent après 1713 semblent finalement préférables, mais ils ne sont qu'un pis-aller, on l'a compris.

Dans d'autres endroits enfin, les guerres de Louis XIV ont beaucoup contribué à cimenter une identité commune, sur une base à laquelle nous ne pensons pas souvent non plus : la haine de la barbarie française. Ce sera le cas après un des épisodes les plus atroces de la période, le sac du Palatinat (1689).

Une fois encore, le prétexte de la guerre était mince. Philippe d'Orléans, le frère de Louis, est marié à une princesse allemande que l'on appelle « la Palatine », parce que son père est le maître de cet État du Saint Empire. Le père meurt, l'héritage est disputé. Curieusement, Louis XIV se pique de défendre avec force les intérêts menacés de la pauvre belle-sœur (qui n'avait rien demandé et en sera horrifiée) : il lance ses troupes. Les méthodes employées sont de celles qui, aujourd'hui, conduiraient droit devant un tribunal. Elles font d'autant plus horreur, nous dit l'historien de l'Allemagne Joseph Rovan[1], qu'elles ne doivent rien aux aléas de la guerre mais sont froidement « ordonnancées dans le luxe d'un cabinet ministériel », celui de Louvois, élégant ministre de la Guerre et authentique criminel en dentelles. Quinze ans plus tôt, lors d'une précédente guerre, la région a déjà été *pacifiée* par Turenne. Le

1 - *Histoire de l'Allemagne, des origines à nos jours*, « Points », Le Seuil, 1999.

L'évolution du territoire français (du XVIe siècle à la Révolution)

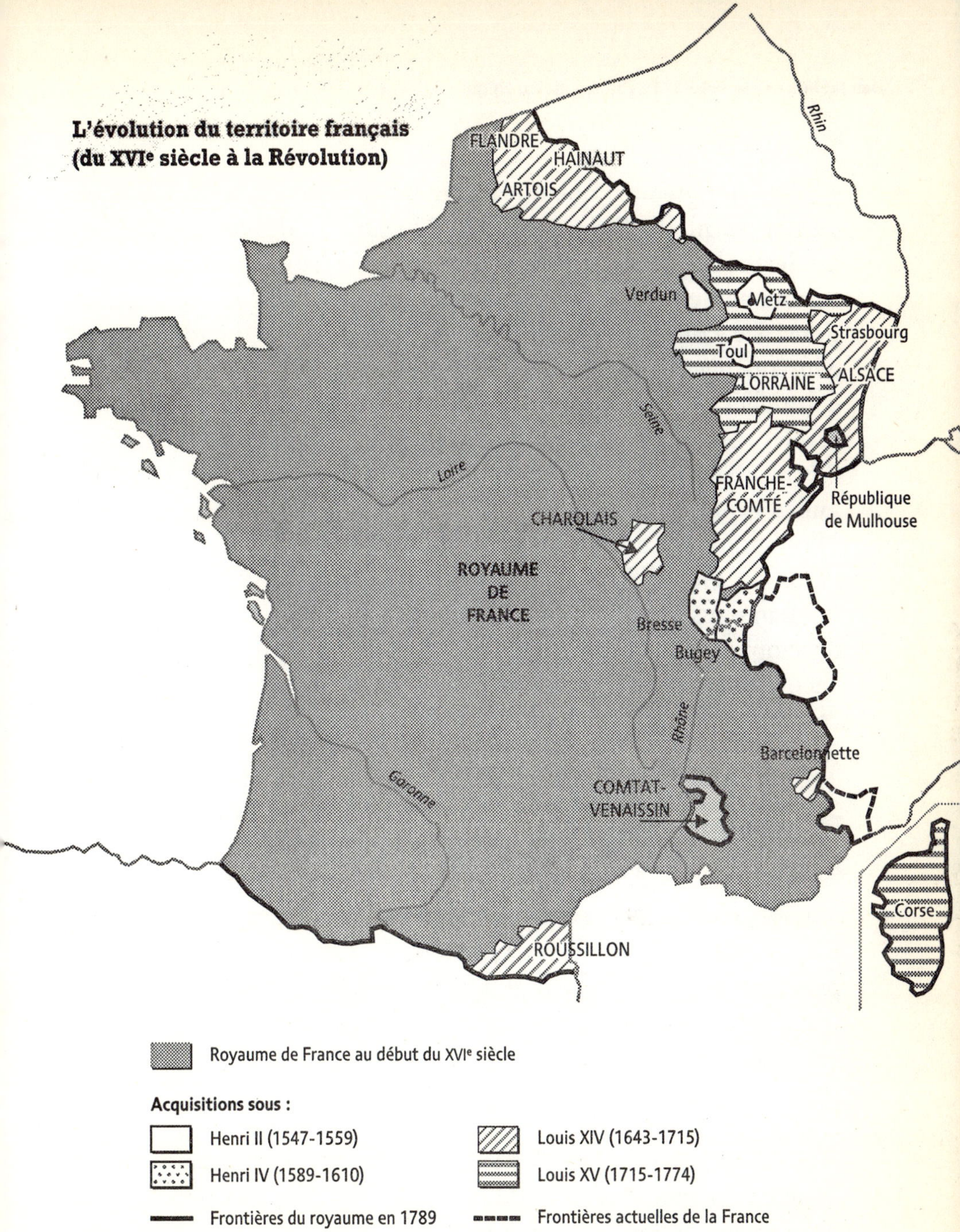

retour des Français dépasse tout ce qu'on peut imaginer, alors, en épouvante : la terre est brûlée, les villes et les villages sont détruits méthodiquement, les habitants qui n'ont pas fui et osent protester sont mutilés ou froidement assassinés. La ville d'Heidelberg gardera longtemps quelques ruines intactes pour montrer au monde de quoi la France était capable. Durant des décennies, nous dit Seignobos, dans le Palatinat même, par haine, on continuera à donner aux chiens les noms des maréchaux coupables de ces exactions. Le continent entier en sera atterré. On cite toujours les conséquences culturelles de l'hégémonie française sur les pratiques culturelles de la fin du XVIIe siècle et du XVIIIe : elles sont indéniables. Grâce ou à cause de Louis XIV, l'Europe parle français, l'Europe pense français et le continent se couvre des « petits Versailles » que les princes se font construire sur le modèle du nôtre. N'oublions pas non plus les conséquences des exactions des soudards du Grand Roi. Le sac du Palatinat, nous explique Henry Bogdan dans son *Histoire de l'Allemagne*[1], a beaucoup fait « pour développer un sentiment national allemand ». Le pays n'existe pas encore en tant que tel mais ses élites sont déjà soudées par un projet commun : pouvoir un jour se venger de ce que la France leur a fait subir.

La misère des campagnes et les grandes famines du règne

La société du XVIIe est profondément inégalitaire, nul n'en doute. Écoutons l'excellent Pierre Goubert, déjà cité, qui en a étudié de près la structure, et la résume ainsi : « Neuf sujets du roi Louis travaillaient de leurs mains rudement et obscurément pour permettre au dixième de se livrer à des activités bourgeoises [...] ou simplement à la paresse. » La vie paysanne, nous apprend-il, est dure et courte. On se marie tard parce qu'il faut un peu de bien pour s'établir, on meurt jeune, si on a la chance, bien sûr, d'avoir survécu à la petite enfance : les taux de mortalité infantile sont terribles. Et qui s'en soucie ? « La mort d'un cheval, dit notre historien, est plus grave que la mort d'un enfant. » Seule l'Angleterre et les Provinces-Unies voient leur population augmenter, ailleurs elle stagne. L'impôt est écrasant. Parfois, on n'en peut plus et une révolte

1 - « Tempus », Perrin, 2003.

éclate, vite réprimée dans le sang par les armées du roi. La misère est endémique, des bandes errent dans les campagnes et sont repoussés des villes par les « chasse-gueux », des hommes armés de bâtons que les autorités emploient spécialement à cet effet. On ne sait pas grand-chose des « sans feu ni lieu » qui couraient les chemins, louaient leurs bras pour une moisson ici ou un petit travail ailleurs, et dépérissaient quand il n'y en avait plus.

C'est que parfois, comme les plaies sur l'Égypte, tombent sur le pays ces fléaux qui le ravagent depuis toujours, cette maudite trinité : la peste, la guerre, la famine. On les prend pour des calamités contre lesquelles il n'y a rien à faire qu'à subir. Certaines, pourtant, par leur ampleur, dépassent l'imaginable. Goubert a étudié tout particulièrement la « famine de l'avènement » qui frappe en 1661. On cite aussi le « grand hyver » de 1709, tellement glacial, tellement sinistre qu'il vit les loups affamés entrer dans les villes pour y chercher un peu de chair à mordre. Arrêtons-nous un instant sur le pire de ces désastres : la très grande famine des années 1692-1694. Deux années de suite, les récoltes sont gâchées par des pluies, des gels, des printemps glaciaux suivis par des étés pourris. Le grain manque, les prix montent, les pauvres ne peuvent plus acheter. Les plus fragiles meurent d'abord – les bandes d'errants dont on parlait, les enfants abandonnés. Le reste suit peu à peu. Tout un peuple glisse au tombeau de faim, d'empoisonnement, de maladie – dans ce contexte sanitaire, le typhus et le scorbut ont bien vite fait leur réapparition. Au total, près d'un sujet du royaume sur dix disparaît. Entre un million et demi et deux millions d'enfants, d'adultes, de vieillards crevant au bord des chemins l'écume aux lèvres, ou agonisant sur des paillasses des pires fièvres, des maladies les plus atroces, usés d'avoir dû avaler pendant des mois des ordures, du pain de glands, de la bouillie d'herbe, des restes de carnes.

Voilà ce que l'on découvre au hasard des livres. Que faire de ce chiffre proprement ahurissant ? S'en servir pour montrer l'indifférence du temps à la souffrance des contemporains ? Ce serait faux. À chaque famine, des voix se sont élevées. En 1661 Bossuet, en chaire, sermonnait les puissants : « Ils meurent de faim ! Oui messieurs, ils meurent de faim dans vos terres, dans vos châteaux. » Au moment de la catastrophe de 1692-1694, l'autre grand évêque du siècle, Fénelon, écrit sa fameuse « lettre à Louis XIV », réquisitoire implacable contre un roi qui n'aime plus que « sa gloire et sa commodité », et ruine son pays pour faire la guerre : « Au lieu de tirer de l'argent de ce pauvre peuple, il faudrait lui faire l'aumône et le nourrir. La France entière n'est plus qu'un grand hôpital désolé et sans provisions. » L'évêque n'a pas signé la lettre, le roi ne la lira pas, mais l'accusation est là.

À quoi cela sert-il ? Pas à grand-chose. Partout, des actions de charité se mettent en place. À Paris, le roi, compatissant, fera distribuer « des aumônes à ses peuples… ». Ses ministres, successeurs de Colbert, font ce qu'ils peuvent pour trouver de l'argent. On essaie aussi de trouver du blé qui n'ait pas été accaparé par les armées, on fait même venir du riz d'Égypte, mais bien peu. Le clergé distribue du pain, sort les reliques et organise des processions. Cette famine, selon un spécialiste cité dans *France baroque, France classique*[1], « a fait pratiquement autant de morts que la guerre de 14 mais en deux ans ». Qu'y peut-on ? C'est Dieu qui l'a voulu. Faut-il tenir Louis XIV pour directement responsable de cette catastrophe ? Les choses sont plus complexes. On peut au moins garder à l'esprit cet autre visage du grand siècle, un temps où la mort de deux millions de personnes, faute de pain, n'apparaît comme rien d'autre qu'une fatalité.

1 - « Bouquins », Robert Laffont, 1999.

24 – La pensée du Grand Siècle

Nous sommes encore au temps du grand Louis. Comment ne pas parler de ceux qui, dans nos mémoires, forment sa suite extraordinaire ?

« Perchée sur la racine de la bruyère, la corneille boit l'eau de la fontaine Molière », marmonnait-on jadis dans les écoles pour être sûr de n'en oublier aucun, ce qui permettait d'en oublier autant au passage. Racine, La Bruyère, Corneille, Boileau, La Fontaine et Molière, donc, mais encore Bossuet et ses sermons, La Rochefoucauld et ses maximes, Mme de Sévigné et ses lettres. Le XVIIe est grand par le renom du puissant monarque qui l'a dominé, il l'est aussi par celui des architectes (Le Vau, après avoir bâti Vaux-le-Vicomte, le superbe château de Fouquet, s'attelle à Versailles), des jardiniers paysagistes (Le Nôtre), des peintres (Charles Le Brun) et surtout de tous ceux que l'on vient de présenter, nos hommes de lettres, nos chers *classiques*.

REPÈRES

- 1673 : mort de Molière
- 1677 : *Phèdre* de Racine
- 1680 : querelle des Anciens et des Modernes
- 1684-1687 : *Nouvelles de la république des lettres* de Pierre Bayle
- 1685 : *Histoire critique du vieux testament* de Richard Simon
- 1710 : destruction de l'abbaye de Port-Royal, bastion du jansénisme

Des baroques aux classiques

Nous étions retournés à l'école. Restons-y un instant pour revoir la structure de la vie littéraire au XVIIᵉ, comme on l'apprend en classe de première. En général, on oppose les deux moitiés du siècle : la première est jugée *baroque*, du nom de ce grand mouvement artistique né dans la Rome des papes, à la fin du XVIᵉ. Elle aime le mouvement, la ligne courbe, le foisonnant, l'alambiqué parfois. Elle pourrait nous ramener chez les joyeux poètes libertins dont nous avons parlé déjà. Nous faire rire à gorge déployée avec les audaces parfois triviales de l'irrésistible Scarron, auteur du *Roman comique*. Et tout aussi bien nous conduire au pays du raffinement le plus soigné, dans la chambre bleue de l'hôtel de Rambouillet, à Paris, ou chez Madeleine de Scudéry. Ces élégantes qui tiennent salon veulent mettre fin aux excès de la violence masculine. Elles aiment le langage policé à l'extrême, l'amour tel qu'il court sur les routes dessinées de la « Carte du tendre », et les vers délicats du poète Vincent Voiture. Ce sont les *Précieuses*.

Avec le second XVIIᵉ, celui de notre Grand Roi, arrive donc notre siècle *classique* : désormais doit régner l'ordre, le sentiment vrai, élevé et pur, et partout la ligne droite, comme dans un de ces beaux jardins à la française qui feront la gloire de Le Nôtre. Tout doit être clair et tenu, et les mouvements du cœur, les passions ne s'entendent plus que sublimés par les alexandrins que disent de lointains héros antiques, dans les grandes tragédies.

Les divisions sont toujours factices. Cent spécialistes s'insurgeront sans doute contre celle que nous venons d'établir. Le classicisme pointait sous le baroque, diront-ils, et inversement. Dès les temps de Richelieu, les tragédies en règle de Corneille, les vers austères de Malherbe, annonçaient un style qui n'a jamais fait non plus disparaître le précédent. Qu'importe. Contentons-nous de prendre une chronologie d'histoire littéraire et faisons le compte de ce que l'on y déniche durant le début du règne effectif de Louis XIV, entre 1660 et 1680. Vous êtes prêts ? *L'École des femmes*, *Dom Juan*, *Le Misanthrope*, *L'Avare*, *Les Femmes savantes*, *Le*

Bourgeois gentilhomme, *Le Malade imaginaire* de Molière ; *Andromaque*, *Britannicus*, *Bérénice*, *Phèdre* de Racine ; *Suréna*, dernier sursaut du très vieux Corneille ; *Les Maximes* de La Rochefoucauld ; les *Fables* de La Fontaine (presque toutes) ; *La Princesse de Clèves* de Mme de Lafayette, et avec ça une des plus grandes des célèbres oraisons funèbres de Bossuet, celle qu'il prononça pour enterrer Henriette d'Angleterre, la première femme du frère du roi (« Madame se meurt, Madame est morte ! »). Quelle moisson ! En vingt ans seulement, on a déjà la moitié du programme du bac français pour les trois siècles à venir ! En deux décennies, autant de chefs-d'œuvre appelés depuis à faire bâiller d'ennui des générations d'élèves, et se pâmer d'admiration les mêmes parmi eux qui, devenus adultes, se décident un jour à les relire.

Loin de nous l'idée de dénier leur génie à ces idoles de notre Panthéon. « Je le vis, je rougis, je pâlis à sa vue... » Quoi de plus beau que le vers racinien ? Quoi de plus savoureux que la verve de Molière, quoi de plus précis, de plus élégant que la langue de Boileau ? Combien de fois, encore, en écrivant ce livre, ne s'est-on répété le fameux adage de son *Art poétique*, formule souveraine pour tenter de coucher sur le papier une idée embrouillée dans l'esprit : « Ce que l'on conçoit bien s'énonce clairement / Et les mots pour le dire arrivent aisément... »

Les classiques furent célèbres de leur vivant et encensés dès leur mort. « Ce temps ne se retrouvera plus, où un duc de La Rochefoucauld, l'auteur des *Maximes*, au sortir de la conversation d'un Pascal et d'un Arnaud, allait au théâtre de Corneille », écrit Voltaire ému dans *Le Siècle de Louis XIV* après avoir cité Racine, Molière, Lully, Bossuet, témoignant au passage d'une maladie décidément éternelle : la nostalgie d'un âge d'or. Voltaire regrette le temps d'avant. Combien sont ceux qui, dès sa mort, regretteront son temps à lui ?

« La chose la plus précieuse, ma gloire »

Nous sommes néanmoins dans un livre d'histoire, et on ne saurait oublier une des lorgnettes qui est la nôtre : la politique. Voilà un point frappant où l'on veut arriver, car il est trop rarement mentionné en tant que tel. Tous ceux que l'on vient de citer étaient des génies, mais des génies qui ne travaillèrent que dans un sens, que vers un seul but, toujours le même, le renom du monarque. Ne faisons pas d'anachronisme. Le fait pour un artiste de se mettre au service d'un mécène n'est pas nouveau et n'a rien de très original : c'est le seul moyen de gagner sa vie, l'édition est misérable et le droit d'auteur n'existe pas. Par ailleurs, nous ne sommes pas en Corée du Nord, il ne s'agit pour personne d'avoir à ânonner des vers de pacotille devant un dictateur gâteux, en ayant dans le dos le revolver du chef de la police politique. À l'époque, le roi est tout, nul n'imagine une autre image de l'autorité. Chanter ses louanges paraît aussi naturel que de louer la patrie en 1914, ou de se dire le défenseur obstiné des libertés démocratiques aujourd'hui. Ne négligeons pas le fait pour autant, il nous offre une mise en perspective intéressante. Depuis Voltaire, dont nous parlions, ou bien plus tard Hugo ou Zola, nous nous sommes fait à l'idée qu'un penseur devait forcément penser contre le pouvoir. Il est bon de se souvenir que tous ceux qui précédèrent ont été, à son endroit, d'une déférence jamais prise en défaut.

Il est vrai que le pouvoir y mettait les moyens. L'historien Alain Viala[1] nous explique le système de pensions que Colbert tint à élaborer dès son arrivée aux commandes, en s'appuyant sur Chapelain, un écrivain du temps oublié aujourd'hui mais très courtisé à l'époque : c'est lui qui tenait la liste de tous ceux qui auraient le bonheur de toucher de l'argent (pas énormément d'ailleurs) pour mettre leur grand talent au service de la haute renommée du prince. Pas grand monde ne manquera à l'appel et tous viendront se mettre en ligne chaque année, nous raconte l'historien, à la distribution du

1 - *La France de la monarchie absolue*, *op. cit.*

prix : une petite bourse en cuir brodé remise en présence même du souverain.

Il est vrai aussi que celui-là, commanditaire suprême, n'a jamais caché à quiconque le sujet qui l'intéressait le plus. Un autre spécialiste, François Lebrun[1], cite cette phrase de Louis XIV, prononcée sans la moindre ironie lors de la création de l'« académie des Inscriptions » – c'est-à-dire celle à qui revient la noble tâche d'établir les compliments sur lui à écrire au fronton des bâtiments publics : « Vous pouvez, messieurs, juger de l'estime que je fais de vous puisque je vous confie la chose du monde qui m'est la plus précieuse, qui est ma gloire. »

Personne n'oublie la leçon. Dans les dédicaces de leurs pièces, leurs poèmes de commande, leurs œuvres de circonstance, les plus méconnus comme les plus grands y vont de leur flatterie au mètre : « Tous les mots de la langue, toutes les syllabes nous paraissent précieuses parce que nous les regardons comme autant d'instruments qui doivent servir à la gloire de notre illustre Protecteur. » Ça ne vaut pas les alexandrins d'*Athalie*, et pourtant c'est encore du Racine. Et Boileau, si sarcastique dans ses satires, voyez à quoi il descend : « Muses, dictez sa Gloire à tous vos nourrissons. »

Même dans les querelles, on arrive encore à se concentrer sur un seul sujet, le roi. La plus célèbre est celle qui, à la fin des années 1680, oppose ceux que l'on appelle « les Anciens » à ceux que l'on nomme « les Modernes ». On se souvient peut-être des tenants de la polémique. Les Anciens, avec Boileau, posent que tout ce qui se fait de beau ne peut l'être que dans l'imitation de l'Antiquité, puisqu'elle a créé des modèles esthétiques indépassables. Les Modernes, derrière Charles Perrault (l'auteur des *Contes*), tiennent que l'époque est bien assez grande pour créer un art qui vaut celui d'Homère ou de Pindare, puisque son prince égale largement Auguste ou Périclès. On a oublié sans doute ce qui en fut l'origine : un texte écrit par le même Perrault pour chanter la guérison du roi,

1 - *Nouvelle Histoire de la France moderne*, t. 4, *La Puissance et la guerre (1661-1715)*, « Points », Le Seuil, 1997, une autre excellente synthèse de la période.

après un épisode décidément *fondamental*, l'opération de la fameuse fistule.

Parfois le dur métier de courtisan littéraire prend des tours comiques. Ainsi les mésaventures de nos Racine et Boileau, lorsqu'ils furent nommés « historiographes du roi », c'est-à-dire chargés de tenir la chronique du règne. Les deux sont hommes de plume, pas du tout d'épée. Ils pensent pouvoir se contenter d'honorer leur charge devant un encrier, bien au chaud sous les lambris d'une bibliothèque. Hélas, le roi est d'un autre avis. Revenu d'une campagne où il ne les a pas vus, il l'exige désormais : ils doivent « être témoins des choses qu'ils auront à écrire ». Les voilà transformés en « correspondants de guerre », selon le mot de René et Suzanne Pillorget[1] qui racontent, non sans drôlerie, les mésaventures de nos deux plumitifs effarés d'avoir à affronter des horreurs auxquelles l'intense pratique de la rime et de l'hémistiche ne les avait pas habitués : voyager, monter à cheval, camper devant les villes assiégées, suivre des batailles au son du canon. Scrupuleux mais prudents, ils le feront de loin, derrière une lunette.

Répétons-le, il ne s'agit pas de se perdre dans des jugements hâtifs, dénués de tout sens historique. On ne cherche nullement à faire croire que nos grands auteurs ne furent rien d'autre que d'obséquieux valets. On en sait même qui ne le furent jamais : ainsi l'admirable La Fontaine, qui devait tout à son premier protecteur, Fouquet, et lui resta fidèle malgré sa terrible disgrâce.

On peut le reconnaître toutefois : vu sous ce seul prisme politique, le système soigneusement mis en place par Louis XIV est un brin étouffant. On prendra donc garde d'oublier, enfin, les quelques-uns qui réussirent à s'en échapper.

Port-Royal et le jansénisme

Glissons ici un mot d'une des dissidences les plus célèbres du XVIIe siècle : le jansénisme. La doctrine tire son nom de celui qui l'a

1 - *France baroque, France classique*, *op. cit.*

inventée, *Jansen* ou *Jansenius*, un évêque d'Ypres du début du XVIIe, inspiré par saint Augustin. Elle porte sur des points théologiques qui aujourd'hui paraîtront d'une grande abstraction. Ils rejoignent ceux que l'on a croisés déjà dans le chapitre sur les débuts du protestantisme et les premières interrogations de Luther et Calvin : un homme peut-il mériter son paradis par ses œuvres, ou la *prédestination* a-t-elle tout conclu par avance ? Jansen tire résolument du côté de la deuxième proposition : l'homme ne peut rien, sa grâce est tout et elle n'est qu'à Dieu. À l'époque, ces questions semblaient fondamentales à beaucoup. Le mouvement se répand en France, en particulier auprès d'une famille très influente, les Arnaud. Et trouve bientôt un bastion, l'abbaye des religieuses de Port-Royal, dont une des maisons est dans la vallée de Chevreuse, dans les Yvelines, et l'autre à Paris. De nombreux grands décident de se retirer du monde pour vivre non loin de l'une ou de l'autre, soit à Paris, soit « aux champs » : ce sont les « solitaires ».

Les jansénistes ont de grands ennemis, les Jésuites. Ils les haïssent parce qu'ils jugent leur morale trop laxiste : avec leur *casuistique* (c'est-à-dire l'étude d'un cas particulier à la lumière de principes moraux), n'arrivent-ils pas à trouver les arguments les plus alambiqués pour donner l'absolution à tout le monde, et surtout aux puissants ? Bientôt, les amis de Jansen trouvent un propagandiste de talent, Blaise Pascal, qui les ridiculise. Il exécute ces pauvres Jésuites sous le feu de son ironie dans les *Provinciales*.

Puissant dès les années 1640, le jansénisme précède le début de l'absolutisme louis-quatorzien et sa première condamnation officielle ne vient pas de Versailles, mais de Rome. Alerté par des théologiens parisiens, le pape donne son premier coup de crosse en 1653 et condamne cinq des propositions de Jansenius. Les jansénistes deviennent casuistes à leur tour : ils estiment que les propositions condamnées ne concernent pas leur doctrine. Voilà la polémique relancée. Elle ne s'arrêtera pas de sitôt. Les amis de Port-Royal continueront de faire des adeptes et Louis XIV devra s'y mettre de toute force pour en finir avec ces intransigeants qui osent mépriser le monde : en 1710, il ordonne enfin l'expulsion des dernières religieuses et la destruction de l'abbaye. On a du mal à imaginer aujourd'hui la puissance de ces querelles théologiques. Des évêques, des membres du Parlement, Jean Racine, seront tentés par le jansénisme. Bien après la fin de Port-Royal, son influence continuera à courir les milieux les plus divers et on en sentira encore les effets à l'époque de la Révolution. Son austérité, par certains côtés, pousse à un puritanisme absurde. Quand on entre dans une église trop belle, il faut fermer les yeux de peur d'être distrait dans sa prière... Mais cette même austérité représente aussi une forme de résistance à l'époque. Les jansénistes placent leur conscience et Dieu au-dessus de tout. À l'époque du Roi-Soleil, c'est déjà une façon de refuser l'ordre du monde.

Deux esprits libres : Pierre Bayle et Richard Simon

N'oublions pas enfin certains esprits qui, par la liberté dont ils font montre, ouvrent des fenêtres sur le siècle suivant, celui des Lumières. Là encore, le propos dépasse un seul règne. Dès la première moitié du siècle, Descartes, en usant du doute méthodique pour éclairer toute chose, pose les bases de la pensée rationnelle. La Sorbonne ne s'y trompe pas, qui fera interdire l'enseignement du *cartésianisme*, ce poison pour les consciences chrétiennes. Citons d'autres noms moins connus : celui de Pierre Bayle, par exemple (né en Ariège en 1647, mort à Rotterdam en 1706). Fils d'un petit pasteur protestant, il passe au catholicisme, revient à sa foi première, évolue ensuite vers une sorte de scepticisme. Il passe par Genève, enseigne à Sedan puis se fixe à Rotterdam où il est professeur. Dans *Pensées diverses sur la comète*, il met à bas méthodiquement et avec ironie la superstition communément admise qui voudrait que le passage d'un tel astre annonce des catastrophes. Il y glisse au passage des phrases d'une incroyable audace : « Il n'est pas plus étrange qu'un athée vive vertueusement qu'il n'est étrange qu'un chrétien se porte à toutes sortes de crimes. » Reconnaître une morale aux sans-Dieu en 1682, c'était fort. Toute son œuvre va dans cette voie, ainsi son fameux *Dictionnaire historique et critique*, qui pose par principe que la vérité naît de la contradiction et du croisement des points de vue divers. Il fera un journal qui sera lu dans toute l'Europe, les *Nouvelles de la République des Lettres*, et écrira bien d'autres d'œuvres qui lui vaudront d'être autant haï et critiqué des catholiques que des protestants. Dans son cas, c'est bon signe.

Citons enfin un nom bien moins connu encore, celui de Richard Simon (1638-1712). Ce prêtre commence sa carrière en défendant les Juifs de Metz d'une fausse accusation de meurtre d'enfant (un de ces prétendus « crimes rituels », dont on a parlé). Il s'attaque ensuite à l'œuvre de sa vie : l'étude critique de la Bible. Il n'agit pas en athée. Il est prêtre, croyant et respectueux, mais contrairement à l'immense majorité de ses contemporains, il ne prend pas le Livre pour la transcription d'une parole de Dieu droit tombée du ciel, mais pour un texte humain dont il faut étudier l'histoire, le contexte : quand tel texte a-t-il été écrit et par qui ? Pour son malheur, son ouvrage tombe par hasard sous les yeux de Bossuet. Dès les jours suivants, il est saisi, interdit, pilonné. Mettre ensemble les notions de « critique » et de Bible ! Pour l'aigle de Meaux, c'était trop. Le pauvre Simon abandonnera tout et finira sa vie retiré dans son prieuré normand. La voie qu'il a ouverte est énorme et n'a pas cessé d'être parcourue depuis, y compris par les plus éminents spécialistes de l'Église catholique elle-même, qui acceptent désormais très officiellement que l'on voie à l'œuvre dans la Bible des « genres littéraires ». En France, bien des écoles, bien des rues portent le nom de Bossuet, un styliste remarquable, un immense penseur et écrivain, nul n'en disconvient. Faut-il pour autant oublier celui de l'honorable Richard Simon, une des nombreuses victimes de son sectarisme ?

25 – Le Code noir

C'est à ce prix que nous avons mangé du sucre en Europe

Les chaînes, le fouet, les marchés d'êtres humains, le travail harassant dans les champs de canne à sucre, et l'Afrique vidée de ses hommes par les méfaits du commerce le plus infâme. Selon l'expression du grand spécialiste de cette question, l'historien Olivier Pétré-Grenouilleau[1], la traite négrière représente « la plus importante déportation d'êtres humains de tous les temps ». Selon un de ses confrères, Frédéric Régent, ce « commerce d'ébène », comme on l'appelait par euphémisme, pratiqué par de nombreux grands pays européens (Portugal, Pays-Bas, Danemark, France, Grande-Bretagne), a concerné du XVIe au XIXe siècle 11 à 12 millions d'hommes et de femmes, dont environ un sur dix sont morts pendant la traversée.

REPÈRES

– 1674 : Compagnie du Sénégal, essor du commerce triangulaire
– 1685 : promulgation du Code noir par Louis XIV
– 1788 : création à Paris de la Société des amis des Noirs
– 1794 : première abolition de l'esclavage par la Ire République
– 1802 : rétablissement de l'esclavage par Bonaparte
– 1848 : abolition définitive

1 - *La Traite négrière, essai d'histoire globale*, Gallimard, 2004.

Il y a plus incroyable encore que ces chiffres terribles : l'oubli dans lequel on a voulu les faire tomber pendant si longtemps. Jusque dans les années 1980, à quoi avions-nous droit, au mieux, dans les livres d'histoire à propos de l'esclavage ? À deux lignes pour en rappeler la fin officielle dans notre pays : le décret d'abolition, arraché par son courageux sous-secrétaire d'État aux Colonies Victor Schœlcher à la jeune république de 1848. Le geste est admirable, il valut à celui qui allait devenir député de la Martinique et de la Guadeloupe de dormir à jamais au Panthéon, honneur à lui. Ne soyons pas dupes pour autant de l'intérêt qu'avait la mémoire nationale à prendre les choses dans ce sens-là : parler de l'esclavage à propos de son abolition, cela posait la France comme elle aime à se regarder, généreuse, humaniste, toujours décidée à briser les chaînes de l'oppression. Belle manœuvre qui permettait d'effacer un peu vite une question plus navrante et pourtant évidente : si l'esclavage fut enfin aboli en 1848, c'est bien qu'il avait été autorisé, organisé, promu jusqu'à cette date incroyablement tardive, et il le fut pendant plus de deux siècles dans l'indifférence de la majeure partie de la population et de ses élites.

Tâchons donc de remettre les choses à leur place en les prenant à rebours. Abordons l'esclavage non par sa fin mais par un autre grand jalon qui marque son officialisation dans notre histoire : le Code noir. C'est aussi un texte de loi. Il nous raccroche à l'époque d'où nous sortons : il est de 1685 et fut signé par Louis XIV lui-même, comme tous les actes promulgués sous son règne, il est vrai. Pendant très longtemps, il est, lui aussi, tombé dans l'oubli. Sans doute nos lecteurs d'aujourd'hui ont-ils au moins entendu mentionné son nom. Il est réapparu sur notre scène nationale à la fin du XXe siècle lors du grand débat mémoriel conduit entre autres par la députée de la Guyane Christiane Taubira pour aboutir à cette mesure de justice : faire reconnaître l'esclavage pour ce qu'il est, un crime contre l'humanité.

Le Code noir, quand on le lit, est un texte assez étonnant. Il vise à régenter la vie des esclaves dans les colonies d'outre-mer qui en possèdent et commence par régler d'autres obsessions de

Le commerce triangulaire

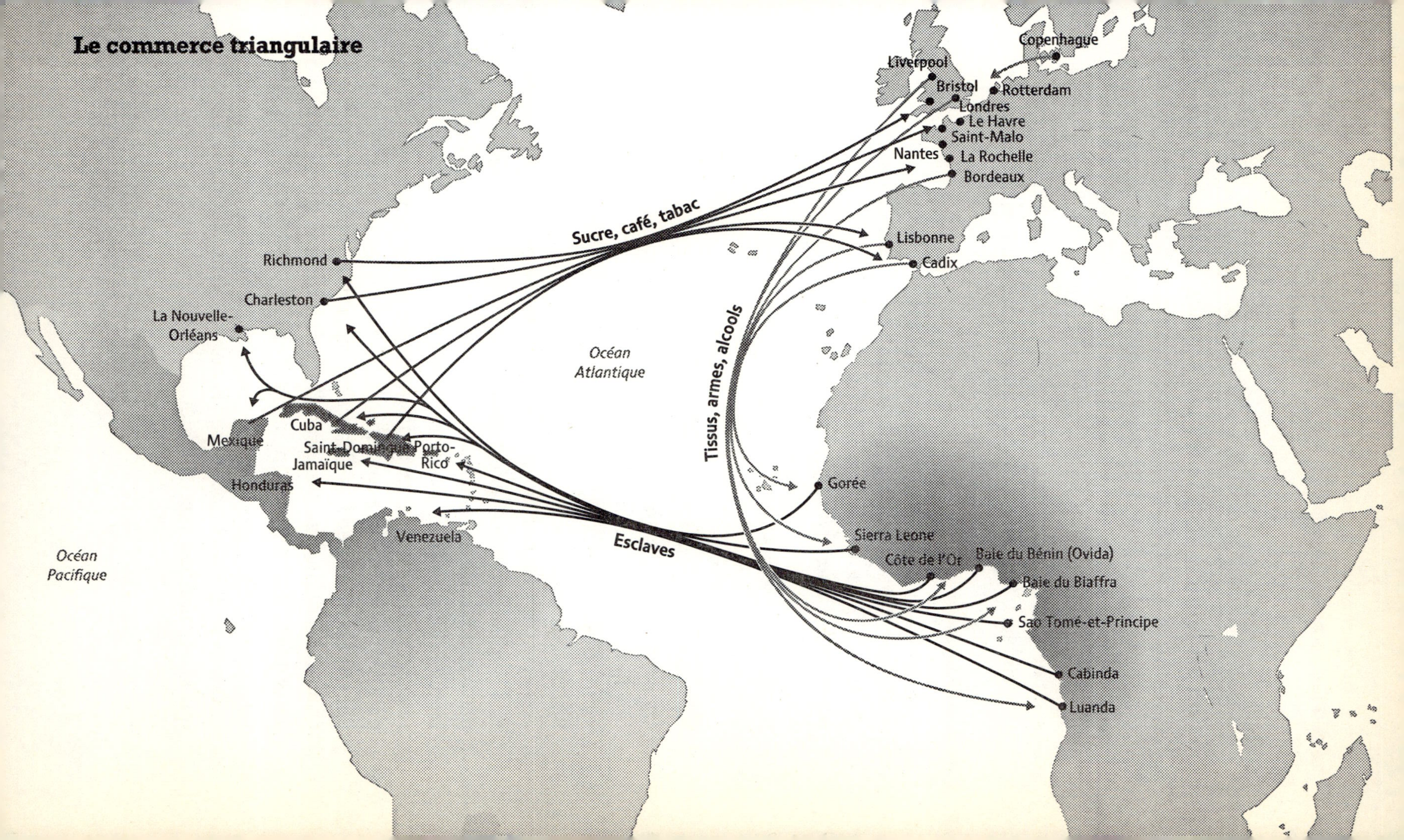

l'époque. Dès ses premiers articles, il ordonne par exemple l'expulsion des Juifs des Antilles et insiste ensuite sur l'interdiction faite aux protestants de participer à ce commerce d'humains : il serait trop navrant que ces réprouvés soient tentés de convertir les « Nègres » à leur hérésie. Pour autant, au milieu d'un amoncellement de dispositions qui nous semblent complexes, il sait montrer sa vraie nature. Retenons l'article 44, il résume la philosophie de l'ensemble. C'est donc Louis XIV lui-même qui parle. Écoutons sa parole très officielle, en 1685 : « Déclarons les esclaves être [des] meubles. »

Ainsi fut aussi le Grand Siècle, tutoyant le sublime dans les vers de Racine, portant au plus haut le raffinement et la civilisation sous les ors de Versailles, et capable, dans le même temps, de mettre des êtres humains au niveau des fauteuils.

La traite des Noirs

La Traite, comme on l'appelle, n'est pas spécifique à la France. Elle concerne bien d'autres pays d'Europe que l'on a cités, et elle est liée à toute l'histoire de la colonisation du Nouveau Monde. On la fait parfois remonter à l'initiative malheureuse de Bartolomeo de Las Casas. On a parlé déjà de ce dominicain espagnol, bienfaiteur des Indiens au XVIe, protagoniste de la célèbre controverse de Valladolid. Pour protéger ses chers « indigènes », il aurait eu l'idée de proposer qu'on fasse faire les travaux qui les tuaient peu à peu par des Africains, dont les Portugais faisaient déjà commerce depuis un siècle ou deux. Ce serait donc au nom de l'humanité de ceux-ci que l'on a déshumanisé ceux-là. Ce n'est ni la première ni la dernière fois que l'on rencontrera ce paradoxe dans l'histoire. On dit que Las Casas s'est repenti de cette erreur funeste avant de mourir. Peu importe. L'idée n'était pas si originale, un autre que lui l'aurait eue forcément. Tout le contexte, mental et surtout économique, poussait à sa mise en place.

Les Indiens étaient peu adaptés aux nouvelles sources de profit qui se répandaient aux Amériques, la canne à sucre, ou bientôt, dans les colonies anglaises, le coton. Un temps on fit appel à des Blancs misérables, les *engagés*, qui, en échange du prix de la traversée, devaient aux propriétaires des années de travail harassant et s'y soumettaient avec l'espoir de s'établir librement ensuite. Rares sont ceux qui y arrivaient. Rapidement, ils sont remplacés par ces Noirs qui présentent, aux yeux des colons, de grands avantages : on les trouve robustes, on les juge mieux capables de résister au soleil et, surtout, en exacerbant le traumatisme de la transplantation – non seulement on exile des individus dans ces pays lointains qu'ils ne connaissent pas mais on prend soin aussi de séparer les familles, d'isoler les gens de leurs proches, d'empêcher tout lien d'amitié, etc. –, on réussit à les briser plus facilement pour les réduire à l'idéal de ce que l'on veut en faire : des bêtes de somme.

Dès le XVIe siècle se met en place un système appelé le « commerce triangulaire », parce qu'il se joue en trois temps. Les bateaux partent de Lisbonne, de Liverpool, de Nantes, de Bordeaux. Chargés de leur monnaie d'échange, de la verroterie, des tissus, des armes, ils font du cabotage sur les côtes de l'Afrique pour acheter leur cargaison humaine à de riches marchands locaux, qui ont eux-mêmes raflé, ou fait rafler, leur marchandise de plus en plus profondément au cœur du continent et qui l'entassent dans des conditions épouvantables. Cette première phase peut durer des mois, c'est la plus atroce : les équipages sont d'une brutalité renforcée par la nervosité et la peur, les tentatives de fuite ou de révolte sont fréquentes tant que les côtes sont en vue. Les suicides aussi sont courants. Puis vient « le grand passage », c'est-à-dire la traversée, enchaînés à fond de cale – un mort sur dix, on l'a dit. Après un petit temps de repos près du port d'arrivée pour redonner à la marchandise une forme humaine qui permettra de la vendre plus cher, les bateaux finissent le triangle : ils repartent vers leur port de départ les flancs chargés de coton, de tabac, de cannes, toutes ces richesses accumulées grâce au travail d'autres esclaves.

Ce système permet à des familles d'armateurs ou de colons de se constituer des fortunes immenses. Il fait la prospérité de nombreuses villes européennes et le malheur des millions d'êtres qui en furent victimes. Sitôt débarqué, le captif est envoyé au marché. Contrairement à ce qui se fait en Virginie, aux Antilles françaises – Martinique, Guadeloupe, et surtout Saint-Domingue, perle des colonies –, l'esclave est vendu nu. Pourquoi se soucierait-on des pudeurs du bétail ? Puis il ou elle rejoint son maître et sa plantation où il se tuera à petit feu à des travaux harassants, la coupe de la canne, le fonctionnement des chaufferies où l'on fait le sucre ou le rhum, avec un seul jour à lui pour cultiver son minuscule lopin de terre qui permet au maître de le nourrir moins le reste de la semaine. Et avec ça, le fouet, les coups et la survie dans un monde qui a organisé sa propre paranoïa. Les planteurs et les Blancs en général sont une infime minorité par rapport à l'immense masse des esclaves qu'ils ont eux-mêmes fait venir. Ils vivent dans la hantise constante de la révolte ou des fuites et tentent de la conjurer dans un mélange toujours renouvelé de sadisme et d'ingéniosité. Dans l'excellente petite synthèse qu'il a consacré au sujet[1], l'historien Jean Meyer énumère quelques-unes des inventions essayées par les maîtres sur leurs « meubles » récalcitrants : le cachot, les fers, les mutilations bien sûr, mais aussi d'étranges couronnes de fer garnies de hautes cornes que des malheureux étaient condamnés à porter en permanence pour les empêcher de se cacher dans la broussaille.

Cette sombre histoire se met en place aux Antilles dans la première moitié du XVIIe siècle. Elle cesse en 1848. Elle aura donc duré deux siècles. On ne peut, dans ce livre, tourner la page sur cette immense tache sur notre mémoire sans évoquer les quelques réflexions qu'elle suscite.

L'esclavage, plaie universelle

L'esclavage n'est pas une spécialité réservée par l'Europe occidentale au Nouveau Monde qu'elle venait de conquérir. La plupart des sociétés humaines en ont fait usage. L'Afrique le connaissait bien avant l'arrivée du premier Blanc. La Bible ne s'en émeut guère,

1 - *Esclaves et négriers*, « Découvertes », Gallimard, 1986.

bien au contraire elle le codifie. Grèce, Rome, pour ne parler que des mondes dont nous nous sentons les héritiers, ont dû leur prospérité au travail servile. Comme on l'a mentionné déjà, et malgré ce que l'on a pu croire, il a survécu sous cette forme tout droit venue de l'Antiquité pendant très longtemps. En Italie, durant la Renaissance, la plupart des grandes familles, comme leurs ancêtres romains, possèdent des esclaves – souvent blancs, d'ailleurs. Dans *Une histoire de l'esclavage*[1], Christian Delacampagne rapporte que le dernier acte d'affranchissement d'un individu dans ce qui est aujourd'hui la France a été trouvé dans le Roussillon et date de 1612. Pourtant, depuis un noble édit de Louis X le Hutin, le royaume se targuait de rendre sa liberté à tous les asservis qui y poseraient le pied. C'est ce qui explique en partie, notons-le par parenthèse, pourquoi les Noirs furent si rares dans l'Hexagone durant l'Ancien Régime : les négociants ne voulaient pas être contraints si bêtement d'avoir à les relâcher.

Le monde musulman fut, lui aussi, un énorme consommateur d'esclaves. On a parlé de l'infâme trafic qui ravagea l'Ouest de l'Afrique. Pendant près de mille ans, les marchands arabes s'entendirent à en saigner la moitié est. Les routes passent par Zanzibar, où les bateaux viennent chercher les cargaisons qui iront alimenter les marchés des grands ports de la péninsule Arabique, ou coupent à travers le Sahara pour remonter jusqu'au Caire, ou au Maghreb. Olivier Pétré-Grenouilleau donne des descriptions de cette « traite transsaharienne » dont l'horreur n'a rien à envier à sa jumelle transatlantique : 3 000 kilomètres à pied, en longue caravane, avec un peu d'eau et une poignée de maïs pour seul viatique.

Il existe aussi, dans l'islam, de très nombreux esclaves blancs. On ne peut oublier la terreur que causèrent durant trois siècles (XVIe, XVIIe et XVIIIe) les raids lancés par les « Barbaresques », comme on les appelait, ces pirates partis des régences ottomanes de Tunis ou d'Alger pour rafler tous les malheureux qui avaient le tort de se trouver sur les côtes européennes de la Méditerranée. Un historien

1 - Le Livre de poche, 2002.

américain, Robert Davis[1], estime à un million le nombre de victimes de ces razzias, que l'on vendait aux locaux ou que l'on envoyait pourrir dans d'anciens établissements de bains – qui nous ont laissé leur nom de *bagnes* – en attendant leur hypothétique rachat par leurs familles européennes ou par des confréries chrétiennes entièrement dévolues à cette tâche.

L'Empire ottoman avait même systématisé le recours à l'esclavage de chrétiens pour en faire la base de son administration. Tous les ans, selon une pratique appelée le *devchirme* (la *récolte*, en turc), des soldats envoyés par le sultan parcouraient les villages chrétiens de l'Empire – par exemple les Balkans, ou encore le pourtour de la mer Noire – pour enlever ou, au mieux, acheter les enfants qui leur semblaient les plus beaux. Amenés à Istanbul, convertis, éduqués, ils étaient destinés à former l'armée d'élite du souverain : les janissaires. Le principe était brutal et simple : en coupant les enfants de leur religion et de leur famille, on était sûr d'en faire des serviteurs d'une loyauté absolue. Tout leur était permis alors, et on en a vu qui montèrent très haut. De nombreux grands vizirs, les Premiers ministres de l'empire, étaient d'anciens esclaves. Par un procédé similaire à celui des janissaires, l'Égypte avait ses mamelouks. Ils régnèrent sur le pays pendant des siècles, jusqu'à leur défaite devant les armées de Bonaparte, à la fin du XVIIIe. Des esclaves dirigeant un pays, ou devenus les plus proches conseillers du monarque, toutes choses impensables en Occident à pareille époque. Cela n'enlève rien à l'immoralité du système, ni à sa cruauté : le traumatisme d'un enfant de douze ans enlevé par des soldats turcs dans les montagnes serbes ou géorgiennes ne devait pas être moindre que celui de son lointain petit frère, arraché par des marchands à son village d'Afrique. Simplement le petit Africain pouvait être sûr d'une chose dès cet instant fatal : lui ne deviendrait jamais le premier conseiller du roi de France ou d'Angleterre, et ce, pour une raison simple : aucun Noir ne le fut jamais.

1 - *Esclaves chrétiens, maîtres musulmans*, « Babel », Acte Sud, 2007.

Voilà le point où nous voulions venir. Il ne faut pas faire de l'esclavage un mal propre à l'Occident de l'époque moderne. Il faut se souvenir des caractéristiques qui sont les siennes, et particulièrement le racisme qui en fut le fondement. Il donne au système une dimension spécifique. Il ne s'agit pas d'entrer ici dans une dichotomie stupide qui ferait de tous les Blancs des salauds éternels, et des Noirs pris dans leur ensemble des martyrs par essence. Bien des Blancs, on en parlera bientôt, luttèrent ardemment contre l'horreur servile. Et l'immense majorité des victimes de la traite furent vendues par d'autres Noirs, les roitelets et les marchands installés sur la côte qui tirèrent de ce commerce des profits immenses. Les faits sont là, néanmoins : aux Antilles, à la Réunion, à l'île Maurice (pour ce qui concerne la France), l'histoire de l'esclavage fut l'histoire d'un écrasement des Noirs par les Blancs, de la domination d'une couleur de peau sur un autre, et, comme dans tous les systèmes économiques, il fut servi par une idéologie construite peu à peu pour le justifier. Parce que les Blancs avaient besoin par intérêt d'asservir les Noirs, ils bâtirent un ensemble de justifications anthropologiques – ces sauvages ne sont-ils pas des sous-humains ? – ou théologiques – le noir n'est-il pas la couleur de l'enfer ? – qui inoculaient dans les esprits un poison durable. Des générations après la fin de l'esclavage, l'actualité le prouve sans cesse, il faut lutter encore pour s'en débarrasser.

L'interminable combat vers l'abolition

Certains intellectuels, lassés de ce qui leur semble une culpabilisation outrée de l'Occident, aiment à noter un autre fait : si les sociétés européennes pratiquèrent longtemps l'esclavage, elles furent aussi les premières à l'abolir. C'est une réalité indéniable. Toutes les autres sociétés qui ont connu l'esclavage s'en sont accommodé et elles ont fini par accepter d'y mettre un terme, parfois très tardivement, sous la pression de l'Occident. Acceptons ce fait. Apportons-y aussi quelques nuances. L'abolition est venue, c'est vrai, mais fort tard. Pendant très longtemps, ce qui frappe surtout, c'est l'indifférence avec laquelle est considéré le sujet. Les seuls à élever la voix au moment de l'adoption du Code noir, ce sont les colons : ils protestent contre ce qui leur paraît être une manifestation inutile de la bureaucratie. Un « code » pour gérer leurs Nègres, et quoi encore ? Qu'on les laisse s'occuper de leurs biens tranquilles !

Quelques décennies plus tard, les Lumières brillent surtout par leur absence. Dans *Candide*, Voltaire montre qu'il n'est pas insensible à la question : on cite souvent la rencontre entre le héros, en voyage aux Indes, et le pauvre Nègre du Surinam à qui son maître a coupé une main et une jambe. Il désigne son corps mutilé en disant : « C'est à ce prix que vous mangez du sucre en Europe. » Comme d'autres de sa génération, Voltaire est ému des conditions de brutalité dans lesquelles l'esclavage s'exerce, mais ne voit rien à redire au système lui-même. Il faut attendre la fin du XVIIIe siècle et la veille de la Révolution pour qu'enfin il soit remis en cause par quelques nobles esprits, l'abbé Raynal, l'abbé Grégoire, l'écrivain Bernardin de Saint-Pierre ou le philosophe Condorcet, qui participent à la « Société des amis des Noirs ». Et le grand mouvement abolitionniste qui réussira dans un premier temps à interdire la traite, puis l'esclavage lui-même, ne vient pas de France mais d'Angleterre, où il est promu avec ferveur par les quakers.

Ensuite, l'abolition ne fut pas qu'une affaire d'intellectuels blancs. Les esclaves eux-mêmes joueront un grand rôle dans la lutte pour leur affranchissement. On l'a dit, les révoltes ne sont pas si fréquentes, car le système coercitif mis en place pendant des siècles, basé sur la terreur et l'anéantissement des individus, est redoutablement efficace. Il peut être mis en défaut. En 1791, 50 000 des 500 000 esclaves que compte Saint-Domingue, le joyau des colonies d'outre-mer françaises, lancent la bataille. Ils sont bientôt si puissants, sous la bannière du grand chef Toussaint Louverture, qu'en 1793, le représentant sur place de la République française décrète leur émancipation. Et c'est sur proposition des envoyés spéciaux de ce mouvement à la Convention (dont l'ancien esclave Jean-Baptiste Belley, le premier député noir français) que la République vote en 1794 la première abolition totale et fait citoyens tous les habitants des îles, sans distinction de couleur.

Hélas, ce qui a été arraché par les Noirs est vite repris par les Blancs. En 1802, Bonaparte rétablit l'esclavage. Je sais, les défenseurs de l'Empereur trouveront la phrase inexacte, et argueront que les choses sont plus complexes : après avoir signé la paix avec les Anglais, le Premier Consul se contente, dans les possessions qu'il récupère, comme la Martinique, d'avaliser une situation existante. Les colons n'y avaient jamais voulu abandonner l'esclavage. Notons tout de même ces détails : quand il s'agit d'une position défendue par les planteurs, Napoléon leur donne raison. Quand en même temps à Saint-Domingue la révolte d'anciens esclaves continue, il envoie la troupe – un de ses plus grands désastres militaires, d'ailleurs, qui aboutira à l'indépendance d'une partie de l'île et à la création de la république d'Haïti. Toujours est-il que, grâce à cette loi de Bonaparte, il faut attendre encore quarante-six ans et 1848 pour qu'on en ait enfin fini avec l'esclavage en France. On voit à quel point notre pays tenait à l'abolition : il a fallu s'y reprendre à deux fois pour la rendre effective.

Comment on justifiait l'esclavage

Oublions maintenant l'abolition, et reprenons enfin l'histoire par son début. Que l'on ait décidé, en 1848, d'en finir avec un système qui nous semble aujourd'hui l'exact opposé de l'idée même d'humanité, cela nous paraît la moindre des choses. Comment a-t-on fait, durant les trois siècles qui ont précédé, pour le justifier ? On pose rarement la question ; c'est dommage, ce n'est pas la moins intéressante. La grande justification se compte surtout en bénéfices sonnants et trébuchants, c'est entendu. Ils sont immenses. Certains économistes en arrivent à calculer que toute la révolution industrielle qui a fait décoller l'Occident au XIXe doit son succès à l'accumulation du capital réalisée dans les siècles précédents grâce au profit tiré de la traite. Quoi qu'il en soit, au XIXe, ce sont presque toujours des arguments strictement économiques dont on se sert pour retarder l'abolition : bien sûr, dit candidement le lobby des planteurs, il faut mettre un terme à l'esclavage, c'est une nécessité morale, mais il faut attendre un peu avant d'y arriver car le coût de la mesure serait trop dur et ruinerait notre économie. Le chantage est connu, on l'entend encore pour barrer la route à toutes les réformes sociales.

Auparavant, on avait pu entendre d'autres arguments. On pouvait avoir recours, par exemple, au maquillage de la réalité : c'est la « folklorisation » du quotidien de l'esclave. Les toiles, les estampes représentent le brave Nègre sommeillant sous un cocotier, ou chantant dans son champ de cannes : n'est-il pas le plus heureux ? Le premier travail des abolitionnistes, comme l'abbé Raynal ou Bernardin de Saint-Pierre, consistera à rétablir, dans leurs écrits, l'horreur de la réalité de la traite, ou de la vie réelle des Noirs aux colonies, et cela contribuera peu à peu à faire basculer l'opinion publique, révulsée par ce qu'elle apprend.

Au-dessus de tous les autres, on trouve enfin le vrai grand argument pour défendre l'esclavage : Dieu. Sans doute les chrétiens seront-ils horrifiés de l'apprendre, c'est avant tout en son nom que l'on se débarrassa de tout scrupule pour asservir, durant trois siècles, des millions d'êtres humains. Aujourd'hui, il nous semble évident à tous, chrétiens ou non, que la parole du Christ, véhiculée par le Nouveau Testament, ne peut qu'aller à l'encontre d'une telle déshumanisation. Bossuet, derrière saint Thomas d'Aquin, tenait le raisonnement inverse : dans quelques-unes de ses épîtres, saint Paul prêche aux esclaves d'accepter leur statut puisque la seule vraie libération n'est pas de ce monde, elle vient après la mort. C'est bien la preuve que le grand saint, et donc Celui au nom de qui il parle, accepte l'esclavage.

Pour les pieux esprits du XVIIe siècle, une seule chose compte : il faut baptiser tous ces sauvages, c'est ainsi que nous les sauverons ; pour le reste, on peut bien faire d'eux ce que l'on veut. Voilà aussi le sens du Code noir, voilà pourquoi il insiste tant sur les questions religieuses. Ce n'est pas le moindre des paradoxes qu'il soulève : ce texte nous apparaît, à raison, comme une abomination. Il est probable qu'en le signant, Louis XIV comme ses contemporains étaient certains de faire œuvre d'humanité : ne sommes-nous pas admirables envers ces pauvres Noirs ? En les enlevant à leur monde sauvage, nous les avons sortis des ténèbres du paganisme pour les amener à la lumière du Christ.

Faut-il, pour autant, faire le procès du christianisme ? Certainement pas sur ce sujet. D'autres chrétiens eurent des positions diamétralement opposées à celle-ci. Dès le XVIe siècle, Paul III, pape, parlant pour les Indiens mais précisant que son texte concernait « toutes les nations », avait clairement condamné l'esclavage, comme inspiré par Satan. N'oublions pas enfin que la plupart des grands mouvements abolitionnistes, tout particulièrement en Angleterre, et plus tard aux États-Unis, furent menés par des chrétiens convaincus.

Que conclure alors de cette sombre histoire ? Se réjouir qu'elle appartienne au passé – tout au moins pour ce qui concerne notre pays. Certes. La garder en mémoire ? Évidemment. On l'a vu, l'écho de ces temps barbares sur le présent est trop important pour qu'on oublie d'où il vient. Garder aussi en tête tous les mécanismes que l'on vient de décrire. L'esclavage est une horreur en soi. Il l'est plus encore quand on songe à l'appareil idéologique qui s'est mis en place pour tenter de le justifier. Cela peut nous servir de leçon. La traite est interdite. Toutes les injustices qui aboutissent à nier d'autres humains ont-elles disparu pour autant ? Alors tâchons de les comprendre, de les dénoncer et apprenons à déjouer les mécanismes qui tentent de les déguiser. Ce sera une bonne manière d'honorer le souvenir des millions de déportés de l'Atlantique.

26 – L'Ancien Régime

Nous voici au XVIIIe siècle, moment béni, au moins pour les élèves des classes d'histoire, les noms des rois qui se succèdent sont faciles à retenir : avant le grand saut de 1789, il n'y en a plus que deux, et ils s'appellent tous Louis. Louis XIV est mort très, très vieux, en 1715, à l'âge canonique de soixante-dix-sept ans. Son fils a passé depuis longtemps, son petit-fils aurait été en mesure de lui succéder, seulement le grand-père prévoyant, à l'issue d'une des guerres européennes les plus atroces de son règne (la guerre de Succession d'Espagne), l'avait placé sur le trône espagnol : il y était devenu Philippe V et avait fondé la dynastie des Bourbons d'Espagne, qui, aux dernières nouvelles, est toujours au pouvoir. Faute de Philippe, après Louis le Grand vient un Louis tout petit, son arrière-petit-fils, un enfant de cinq ans. Il est né en 1710, devient Louis XV en 1715 et meurt après un nouveau règne interminable, en 1774. Il

REPÈRES

– 1715-1723 : régence de Philippe d'Orléans pour Louis XV
– 1720 : banqueroute du système de Law
– 1756-1763 : guerre de Sept Ans catastrophique pour la France ; perte de tout le premier empire colonial (Inde et Canada) au profit de l'Angleterre
– 1774 : mort de Louis XV, avènement de son petit-fils Louis XVI
– 1776 : chute du ministre Turgot, échec des réformes espérées
– 1778-1783 : guerre d'Amérique
– 1781 : édit de Ségur rappelant que seuls les nobles peuvent être officiers

faut à nouveau sauter une génération, déjà décédée. Voici un nouveau petit-fils. Il s'appelle Louis XVI, est né en 1754, règne donc en 1774 et ne va pas au bout de sa carrière, comme on s'en souvient sans doute. Déposé en 1792, il ne meurt pas sur le trône comme les autres mais sur l'échafaud, le 21 janvier 1793.

Louis XV est trop jeune pour régner à la mort du vieux Soleil. Son grand-oncle Philippe d'Orléans assure la régence, période restée fameuse pour son ambiance disons relâchée. La fin du règne précédent avait été sinistre. On se venge dans une fête perpétuelle. Le Régent organise des orgies avec ses amis qu'il appelle les « roués », car ils mériteraient tous la roue. « Ses ministres, ose écrire le fameux manuel Lavisse, qui régnait dans les écoles avant 1914, étaient surtout connus pour leurs vices. » On ne saura pas lesquels, dommage. On se doute que l'allusion devait produire un bel effet pour chauffer les imaginations des classes primaires. Aujourd'hui, les historiens ont tendance à réhabiliter une période qui mérite sans doute mieux que cette caricature pourtant tentante. Un principe la gouverne, la réaction contre la période précédente. Les nobles, dans leur cage de Versailles, étaient assujettis. Ils relèvent la tête. L'impétueux Louis le Grand n'aimait que la guerre. Les ministres qui gouvernent la France après sa mort cherchent les alliances qui peuvent garantir la paix. Le pays était ruiné. On sent poindre un décollage économique, porté par une nouvelle classe sociale pleine d'avenir, celle des grands financiers, de la bourgeoisie d'affaires dont l'arrogante prospérité crispe bien vite la vieille aristocratie.

Sur le plan monétaire, en revanche, les temps restent marqués par un célèbre ratage, celui du nouveau « système » testé par un Écossais, M. Law (en français, on prononce *Lass*) : le papier-monnaie. L'idée est bonne, mais notre banquier a voulu aller trop haut, et trop vite. Il gage ses billets sur des placements aux colonies qui paraissent admirables. Les millions volent, les fortunes se bâtissent à la vitesse de l'éclair, on voit, dit-on, des cochers devenir millionnaires, et des millionnaires passer au milliard. Hélas, les placements tardent à donner, la spéculation finit par effrayer et chacun se presse pour récupérer son or. C'est la

banqueroute (1720), catastrophe qui ruine de nombreux individus dans l'immédiat, et pèse à très long terme sur les mentalités collectives : il faudra longtemps pour que les Français acceptent à nouveau de placer leurs économies dans autre chose qu'un bas de laine empli de pièces d'or.

Quand il vient à régner, en 1723, Louis XV n'est encore qu'un adolescent. Il est fort sage à ses débuts, il se marie et, chose étonnante, réussit à être fidèle à sa femme durant dix ans, le temps de lui faire dix enfants : « Toujours coucher, toujours grosse, toujours accoucher », est la seule citation, probablement fausse, qui nous reste de cette brave Marie Leszczynska, reine de France. Puis ce bon Louis prend ce tour qui s'est figé dans la mémoire nationale. Il devient un bel homme gracieux à la perruque poudrée, ami des plaisirs et des femmes, d'innombrables femmes, ses fameuses *favorites* qui se succèdent et avec qui il n'est jamais ingrat : quand il se lasse de leur couche, comme avec la Pompadour, il les laisse s'occuper à des choses dont elles se piquent, nommer les ministres en charge, régler la diplomatie, régenter en tout point cette chose qui ne l'intéresse qu'épisodiquement : le gouvernement de son royaume.

Soyons fair-play, certains historiens nous aident à nuancer les couleurs de ce portrait pour bonbonnière de style *rocaille* – c'est le nom du goût de l'époque. Il n'y faut pas que du rose. Il y faut aussi du noir. Louis XV dit « le Bien-Aimé » n'était pas seulement le sauteur que l'on a dit, il pouvait être également froid, calculateur et rancunier. L'homme invente le « secret du roi », ce ministère de l'ombre qui le renseigne sur tous et sur tout, il n'aime que les cabinets noirs, les manœuvres de coulisses et de caniveaux. S'il aime l'amour, il lui arrive aussi de se repentir de « ses vices » dans des accès de bigoterie qui lui font alterner les phases maniaques d'exaltation et de déprime. Si tous les livres, enfin, affirment qu'il n'a jamais prononcé la fameuse phrase qu'on lui prêta plus tard : « Après nous le déluge », tout ce qu'ils racontent concorde à nous faire croire qu'il l'a pensé très fort.

Son règne représente-il, selon le mot de Chateaubriand, « l'époque la plus détestable de l'histoire » ? Bien des choses l'indiquent. S'il réussit, dans la paix, à agrandir son royaume de la Lorraine (héritage de sa femme) et de la Corse (achetée à Gênes), il est moins doué pour la guerre. Il tient à la faire, comme son illustre aïeul Louis XIV, mais même quand il la gagne, il n'en tire rien. Ainsi la guerre de Succession d'Autriche (1740-1748), menée contre l'Autriche et l'Angleterre, aux cotés de la Prusse. On peut l'oublier. Elle a valu au pays la dernière victoire de l'Ancien Régime, Fontenoy (1745), et pas grand-chose d'autre. Louis, vainqueur, veut traiter « en roi et non en marchand », ce qui est élégant mais permet à son allié Frédéric II de tout rafler. De la victoire, il n'est resté à notre pays qu'une expression qu'on prête à Voltaire, et qui est devenue proverbiale : on a pour la première fois « travaillé pour le roi de Prusse ».

À la suite d'un retournement d'alliances, voici le pays engagé dans la meurtrière guerre de Sept Ans, à côté de l'Autriche et contre la Prusse. Elle se joue en Europe, mais aussi dans bien d'autres endroits de la planète, à cause des rivalités coloniales qui opposent la France à un autre ennemi, l'Angleterre. Cette fois-ci le désastre est total. On n'a rien gagné sur les champs de bataille, sinon d'innombrables morts, et les traités sont terribles : il faut céder aux Anglais l'Inde et le Canada. Du premier espace colonial français, il ne reste presque rien.

Louis XVI

Louis XV a été « le Bien-Aimé » pendant quelques années, puis le « très détesté » pendant tout le reste d'un interminable règne – soixante ans. Une fois de plus, la mort du vieux roi est vécue comme une délivrance. On place tous les espoirs en un jeune homme un peu gauche mais que l'on sent bien intentionné : Louis XVI. Lui aussi, somme toute, est assez conforme à sa vignette de manuel, à deux ou trois détails près. Il est aussi emprunté et timide qu'on se l'imagine, bredouillant, mal à l'aise devant sa cour, et dépassé par sa charge avant même de l'avoir pesée. Selon l'historien André Zysberg[1] la parole historique qu'il répète au moment où le royaume lui échoit, c'est : « Quel fardeau ! » On prétendait jadis qu'il n'aimait rien tant qu'à chercher refuge dans l'atelier de serrurerie qu'il s'était aménagé pour assouvir sa seule passion. C'est

1 - Voir cette excellente synthèse de la période : *La Monarchie des Lumières*, « Points », Le Seuil, 2002.

inexact, il aimait aussi s'enfuir loin pour chasser. Il n'avait rien d'un benêt, pourtant. Il est sans doute, nous disent ses biographes, le plus instruit de nos rois. Il aime les sciences, l'histoire et, par-dessus tout, la géographie. Il se passionne pour les expéditions. Une toile, exposée à Versailles, le représente donnant lui-même ses instructions au célèbre La Pérouse, le grand navigateur. Hélas, la France a besoin d'un peu plus que d'un conseiller à la Marine, elle a besoin d'un souffle neuf, elle a besoin d'un roi. Il tente d'exercer ce métier avec l'intense bonne volonté qui le caractérise. Quelques vraies mesures d'humanité seront prises sous son règne, l'abolition de la torture, l'« édit de tolérance » en faveur des protestants. Il s'emploie aussi à essayer de trouver les ministres capables de redresser le pays en le changeant du tout au tout. Malheureusement, il ne les soutient qu'un temps, et les lâche les uns après les autres sitôt qu'ils ont heurté le moindre intérêt des gens de son milieu, la grande aristocratie, la Cour, ou surtout le mauvais génie de cette époque, sa femme Marie-Antoinette, dépensière et frivole, inconséquente quand il s'agit de comprendre l'intérêt de la France, butée quand il s'agit des siens. Il a un seul trait en commun avec son grand-père. Comme lui, il est fondamentalement incapable de comprendre les énormes enjeux de son temps.

Les trois ordres

Dans l'idée commune, le XVIIIe est un siècle charmant, causeur, brillant, le temps des belles marquises, des raffinements de l'esprit, des salons, des philosophes. Il le fut, on y viendra. C'est aussi un siècle qui étouffe dans un pays sclérosé par un vieux système qui n'en finit plus d'agoniser. À partir de la Révolution française, pour opposer la période dont nous parlons à celle qui lui succède, dès 1789 on lui donne le nom qu'elle porte toujours : l'Ancien Régime. On ne sait pas trop quand il commence. On voit bien où il finit. Son nom rend bien le parfum de l'époque : elle sent le vieux, elle sent l'étroit, elle sent la fin.

La société française du XVIIIe, par certains côtés, a encore un pied dans le monde féodal. Comme dans les théories élaborées près de mille ans plus tôt, on pose que la société est divisée en trois ordres, où chacun a une place qui lui est donnée non par le mérite, mais par la naissance. L'inégalité est la grande valeur de ce monde-là.

Le premier ordre est le clergé. Il guide les consciences, instruit les âmes et, accessoirement, prend en charge une partie de la charité publique. Il a donc droit à tous les égards et ne paie pas l'impôt. Il se contente de concéder au royaume, de temps en temps, un « don gratuit » dont il fixe généreusement le montant. Il pourrait donner beaucoup pourtant, sa richesse est colossale et intacte : dans un monde de célibat, le patrimoine n'est jamais menacé par des querelles d'héritage. Pour autant, les grandes abbayes, les grands domaines et leurs bénéfices reviennent forcément aux grands prélats toujours issus des grandes familles : on l'a compris, dans ce monde, on ne s'entend qu'entre grands. Les petits curés de paroisse n'ont droit, eux, qu'à la « portion congrue », ces miettes qui leur permettent à peine de tenir leur église et d'accomplir leurs devoirs, et les rendent amers : nombreux seront les membres du bas clergé qui joueront un rôle actif dans la Révolution.

La noblesse forme le deuxième ordre, le glaive du monde, celui qui est en charge de la guerre et de la défense du peuple et du roi. C'était l'idée de départ. Elle est bien loin. Le roi paie une armée permanente, il n'a plus besoin, comme au Moyen Âge, de convoquer le ban et l'arrière-ban des chevaliers pour aller guerroyer. De plus, l'ordre a bien changé. Parmi les 30 000 familles qui le composent – ce qui représente 140 000 membres –, 1 000 seulement, la « noblesse d'épée », descendent de la chevalerie féodale. Les autres forment la *noblesse de robe*, celle dont les titres ont été achetés avec une charge. Au sein de ce vaste ensemble, d'autres diversité existent : comme il y a un bas clergé, il y a des petits nobles qui seront tentés eux aussi d'appuyer la Révolution à ses débuts.

Mais la majorité préfère s'accrocher aux fameux *privilèges,* dont ses membres veulent croire que l'origine se perd dans les pages jaunies de grimoires immémoriaux : seuls les nobles ont droit de porter des chaussures à talons rouges, seuls ils ont droit de bâtir des tours, seuls ils ont droit aux girouettes, seuls ils ont droit d'être reçus à la Cour. Dans les seigneuries qu'ils possèdent encore, ils saignent les paysans avec des droits ancestraux, eux aussi. Et comme cela a toujours été, ils échappent à presque tous les impôts puisqu'ils sont censés payer « l'impôt du sang ».

La seule chose qui change, finalement, est que cet état de fait, figé depuis des siècles, devient de plus en plus insupportable à ceux que cette géométrie étrange a placés en bas de la pyramide, à devoir porter tous les autres. Ceux-là forment l'immense masse des sujets du roi, ils ne sont ni du premier ordre ni du deuxième : on dit qu'ils sont le tiers état.

Ils forment l'écrasante majorité. Par définition leur monde est composite. Des domestiques et des négociants, des vagabonds et des financiers, des artisans et leurs ouvriers, et surtout l'immense « paysannat », ses laboureurs et ses bergers, ses gros propriétaires replets et ses maigres cultivateurs. Tous ces gens ont au moins une chose en commun : ce sont eux, tous ensemble, qui font tourner vaille que vaille cette vieille machine encombrée de parasites grâce au produit de leurs impôts. Ils en paient tout le temps, sur tout, et à tout le monde, au châtelain, au clergé et aux représentants du roi, les fermiers généraux détestables et corrompus, et que l'on hait plus encore que les autres. Ils en paient en argent ou en nature.

Si la division de cette société se résumait à ce triptyque, elle aurait le mérite d'une certaine clarté. Raté. Il faut lui ajouter mille autres clivages. La France d'avant 89, dira Mirabeau au début de la Révolution, était « une agrégation inconstituée de peuples désunis ». Tenter d'aller d'un bout du royaume à l'autre, c'est accepter de se perdre dans un maquis linguistique, administratif, juridique, c'est passer du droit coutumier aux survivances du droit romain, c'est payer un octroi à l'entrée d'une commune ou au passage d'un pont : déjà à l'époque, personne ne s'y retrouvait. Les provinces ont leurs coutumes, les villes ont les leurs, les villages en ont d'autres, et les métiers leurs chartes et leurs usages qui varient selon les lieux. Rien n'est semblable, rien n'est unifié, ni les patois, ni les poids, ni les mesures.

Un seul, placé au sommet, est chargé de tenir toute la pyramide : le roi, clé de voûte fragile pour un édifice si branlant. Politiquement, le système n'a pas changé depuis le siècle précédent : nous sommes encore sous le règne de l'absolutisme de droit divin. On a vu combien cette forme de gouvernement convenait à Louis XIV. Les deux Louis suivants ont plus de difficultés à faire entrer leur main mal assurée dans ce gant de fer. Parfois, Louis XV fait des crises d'autorité, il ordonne, il trépigne, il se fâche. Cela dure peu. Louis XVI n'essaie même pas, il cherche une autre méthode pour gouverner, mais ne la trouve pas.

Le pouvoir garde quelques symboles de l'autorité absolue. Le plus célèbre est la « lettre de cachet », qui permet d'envoyer quiconque, sans jugement, moisir à la Bastille ou dans toute autre prison du roi. En réalité, les deux en usent peu, mais quand ils le font, on en parle bien plus qu'auparavant. Les mentalités, la société, le monde ont changé. La personnalité des souverains n'est pas tout. Qu'aurait fait un Louis XIV en 1788 ? Peut-être pas mieux que son descendant, sans doute encore plus mal. L'Ancien Régime, ce n'est pas seulement un moment d'incompétence royale, c'est un ensemble de forces contraires qui cherchent un point d'équilibre dans un univers bancal et n'y arrivent pas. C'est ce que nous allons étudier maintenant.

Pourquoi l'Ancien Régime a-t-il fini par s'effondrer dans le bruit sourd d'une tête qui tombe dans un panier rempli de son ? Ou, si l'on veut, pourquoi la Révolution ? On n'aura pas la prétention de donner à la question une réponse imparable. Cela fait deux cents ans que des milliers de spécialistes la cherchent sans la trouver. On peut toutefois tenter d'esquisser quelques pistes, ou plutôt montrer comment celles qui ont été suivies sont apparues comme des impasses.

La politique

Le XVIIIe est passionné de politique, mais la plupart du temps il la fait dans les salons ou dans les livres des philosophes, c'est-à-dire hors de la Cour et de ses clans, qui représentent les cercles du pouvoir. Au sein même du système monarchique, il n'existe qu'un organe qui peut essayer, fort modestement, de faire pièce au roi, c'est le « parlement », ou plutôt « les parlements », il y en a dans chaque grande province. Malgré ce nom, les parlements d'alors n'ont rien à voir avec les nôtres. Il s'agit d'assemblées composées de magistrats, une sorte d'équivalent de nos cours d'appel ou de cassation, à cette différence près que leurs membres ne sont pas des fonctionnaires dans le sens moderne du mot : ils forment la noblesse de robe dont on vient de parler, ils ont acheté leur charge et sont prêts à beaucoup pour qu'elle leur rapporte. Par des moyens divers, on peut se faire de l'argent alors en rendant la justice.

Comme les chambres ont, entre autres attributions, le devoir d'enregistrer les textes édictés par le monarque, il leur arrive à cette occasion de renâcler et même de faire au souverain des « remontrances ». Une partie de l'histoire politique officielle des deux tiers du XVIIIe siècle tient dans ce face-à-face, qui tourne au feuilleton.

Le roi veut imposer tel ou tel texte, le parlement de Paris murmure, puis se cabre, cela déclenche une crise, alors le roi se fâche, il exile les parlementaires en Bretagne ou ailleurs, en nomme d'autres, et les premiers finissent par revenir. Certaines crises d'autorité royale sont restées fameuses. En 1766, Louis XV décide d'assister à l'improviste à une réunion du Parlement pour lui dire son fait. Il demande à son ministre de lire le discours très sévère qu'il lui a inspiré : la réunion s'appelle « la séance de la flagellation », c'est dire si le discours était cinglant. Un peu plus tard, excédé, le même Louis fait un « coup de majesté », c'est ainsi qu'on appelle un coup d'État quand il est déclenché par le roi lui-même : il dissout les parlements.

Sur le moment, le geste parut à tous les ennemis de l'absolutisme comme le comble de l'horreur liberticide. Pour venir à bout des difficultés de l'époque et sortir du corset étouffant d'un système usé, la vieille institution parlementaire était pourtant bien inadaptée.

Le problème peut venir de son incapacité à se saisir des vrais sujets. Dans la première moitié du siècle, à l'époque du jeune Louis XV, une seule préoccupation domine les esprits, nourrit les haines et les passions, et vire à l'hystérie : la querelle janséniste que l'on rejoue une fois encore, comme au temps de l'abbaye de Port-Royal. Nos parlements sont en première ligne dans la bataille, car la plupart des parlementaires sont de cette tendance. La majorité des évêques est, quant à elle, du côté du pape, bien décidée à venir à bout de cette hérésie. En 1746, la dispute se bloque sur un point particulier : les « billets de confession ». Pour être sûr du salut ultime des âmes, l'archevêque de Paris a eu cette idée ingénieuse : désormais, avant de donner les derniers sacrements, les prêtres devront exiger des mourants un document signé dans lequel ceux-ci reconnaissent les « erreurs » du jansénisme. Hurlements horrifiés du camp janséniste, c'est-à-dire principalement des parlementaires : oser faire du chantage sur un lit de mort ! C'est parti pour une décennie de chicane, de bagarre, d'avancées, de reculs. Il est évident que, sur le moment, l'histoire devait sembler très importante. Dans un monde très religieux, on ne joue pas impunément avec le salut de l'âme. Songeons toutefois au décalage auquel cela conduit, quand on regarde les choses avec quelques siècles de recul : la France avait besoin de changements profonds dans l'agriculture, l'économie, la politique, l'administration. Ceux qui étaient en place pour les suggérer ne parlaient que de Dieu et s'envoyaient à la figure les œuvres de Pascal.

Sous Louis XVI, nouvelle problématique. À cause de la guerre farouche qui les a opposés à Louis XV, ce monarque détesté, à cause de l'exil auquel ils ont été contraints, les conseillers au Parlement apparaissaient à beaucoup comme des héros de la liberté. Le nouveau roi se veut conciliateur, il rappelle l'organe dissout par son grand-père qui se réunit à nouveau sous les bravos d'une partie de l'opinion. Les limites de son héroïsme apparaissent bien vite. Dans ces années 1770-1780, la grande question est celle des finances publiques. Les caisses sont vides, il faut trouver des moyens de les remplir. Tous les ministres tentent de vastes réformes qui ont toutes pour objectif de contraindre les privilégiés à accepter de contribuer à l'effort collectif. Ils trouvent toujours face à eux un grand ennemi : nos mêmes parlements, aussi enflammés, aussi ronflants, aux discours aussi élevés, mais pour une tout autre raison. Il s'agit cette fois de défendre bec et ongles les seuls avantages de leurs membres – tous sont nobles.

La dette

Le grand, l'immense problème du XVIIIe siècle porte donc un nom que le XXIe connaît bien : la dette. On croit souvent que le siècle des philosophes n'était agité que de la question des libertés et que c'est cette obsession qui a fini par conduire à la Révolution. C'est inexact. L'enchaînement des faits qui conduit à 1789 doit tout à une question plus terre à terre : comment combler les trous des comptes publics ? Le système fiscal est inadapté, les dépenses sont trop lourdes et, au fil du règne, quelques événements viennent les aggraver encore, comme la guerre d'Amérique (1778-1783). Pour se venger de l'humiliation reçue des Anglais durant la guerre de Sept Ans, la France, avec ses jeunes et brillants généraux, les La Fayette, les Rochambeau, se range au côté des colons des Amériques qui luttent pour leur indépendance et leur liberté. Le geste est admirable, mais ruineux.

Dès l'avènement de Louis XVI se succèdent une série de ministres qui, chacun à sa manière, tentent le tout pour le tout. Quelles que soient leurs théories économiques, tous sont d'accord sur un point : pour qu'il y ait plus d'argent dans les caisses, il faut étendre l'impôt à tous, on y revient. C'est toujours ce qui les perd. À coups de manœuvres, de pamphlets odieux, de médisances, de cabales, les aristocrates, les parlementaires, les prélats, la Cour, tous ceux qui perdraient quelque plume dans l'affaire réussissent à faire chasser les uns après les autres tous les ministres. Tous les livres, à raison, en font le récit navrant.

Ils oublient souvent au passage un autre épisode, non moins instructif. Il nous montre à quel point, même avec les meilleures intentions du monde, il est difficile de faire avancer ce qu'on estime être la cause du Bien.

Il concerne le plus célèbre réformateur du temps, Turgot. L'homme, ami des philosophes, est droit, honnête, estimable et très décidé à mener sa tâche à bien. Louis XVI le fait entrer « au ministère » juste après son avènement, en 1774. Turgot a déjà en tête de mettre fin à cette vieille société d'ordres, il demande aussi qu'on coupe dans les dépenses, même celles de la Cour ; il supprime des archaïsmes, comme les corvées royales. Il a également des idées économiques nouvelles, il pense qu'il faut sortir la production du carcan qui l'étouffe, la faire respirer, se fier au marché : il est ce que l'on appelle de nos jours un *libéral*. Précisément, il commence par ordonner la *libéralisation* du commerce des grains. Dans l'absolu, que dire ? Tout le siècle suivant ira dans ce sens qui semble celui de l'histoire. Sur le moment, cela se traduit par une catastrophe. La récolte de 1774 a été mauvaise, bientôt le blé manque dans certaines provinces. Dans le système bloqué comme il l'était, on aurait attendu le secours du roi pour approvisionner les endroits en disette. Avec la libéralisation, le grain qui abonde ici file là où on pourra le vendre très haut, et du coup il manque partout, et la spéculation fait valser les prix. Bientôt les gens ne peuvent plus acheter le pain, des émeutes terribles éclatent, c'est la « guerre des farines » que le ministre ne réussit à mater qu'en envoyant des milliers de soldats châtier les impudents. Turgot est alors face au peuple, le roi le soutient. Deux ans plus tard, il aura face à lui la Cour, dont il menace les privilèges, le roi le lâchera. Gardons à l'esprit la leçon que nous enseigne son expérience : avec sa « libéralisation des grains », il nous a montré qu'une réforme même nécessaire sur le long terme, mal préparée, et tombant au mauvais moment, peut s'avérer un désastre.

Les privilèges

Un mot enfin de ceux que l'on a vu passer souvent déjà : les aristocrates, la Cour, le haut clergé, les amies de la reine qui dépensent des millions au jeu ou les jettent par les fenêtres du Trianon, bref, les fameux privilégiés. N'en ajoutons pas trop sur leur compte, pourquoi les accabler ? Plus de deux siècles après 1789, il ne se trouve pas grand monde pour chercher à les défendre. Rappelons simplement un épisode étonnant de leur histoire : contrairement à ce que l'on pourrait penser quand on relit un enchaînement de faits qui nous semble évident, aucun d'entre eux n'a senti le vent de l'histoire. Aucun n'a accepté ce que son intérêt même lui aurait commandé : lâcher un peu pour garder l'essentiel. Au contraire. Juste avant un moment qui leur sera fatal, tous sont saisis d'une folie qui va dans le sens inverse : ils veulent encore plus de privilèges. On appelle cet épisode la « réaction nobiliaire », il se situe à la veille de la Révolution, à 1789 moins le quart, si l'on veut. Il prend des formes diverses. En 1781 encore, alors que la jeunesse, folle d'amour pour La Fayette, rêve de gloire et de batailles, est décrété « l'édit de Ségur » : il pose que seuls les nobles attestés peuvent devenir officiers et humilie un peu plus ceux qui ne le sont pas.

Au même moment, partout dans le royaume, alors que les paysans voudraient en terminer enfin avec les charges féodales qui les écrasent, les seigneurs ont la frénésie d'en trouver de nouvelles : ils emploient même à cet effet tout ce que le pays compte d'archivistes pour aller exhumer dans les vieux livres récapitulant leurs droits – on appelle ces livres les *terriers* – ceux qui y auraient été oubliés. Quelques années après, les *terriers* brûlaient avec leurs châteaux.

27 – Les Lumières

Notre tableau n'était pas complet. Le vieux système est moribond, toutes les béquilles dont on le flanque ne servent à rien. Il faut pour le soulever un levier puissant, une pensée forte qui donne envie de changement et d'action : cette pensée porte un nom de clarté, on l'appelle les Lumières.

Qu'est-ce que les Lumières ? La question nous plonge au cœur du sujet. Elle a été posée par un des plus grands noms de ce mouvement intellectuel, le philosophe allemand Emmanuel Kant (1724-1804). Il répondait : « Les Lumières, c'est la sortie de l'homme hors de l'état de tutelle dont il est lui-même responsable. » Désormais, on n'acceptera plus ces vérités tombées du ciel et posées comme immuables qui enfermaient la pensée dans un carcan. Désormais, il faut ouvrir : on ne tiendra pour vrai que ce que l'on peut étudier, prouver, comprendre grâce à son propre entendement. Une grande

REPÈRES

– Les Lumières : all. *Aufklärung*/angl. *Enlightenment*/esp. *Ilustración*/ital. *Illuminismo*
– 1687 : publication à Londres de *Principia Mathematica*, livre majeur d'Isaac Newton, découvreur de la gravitation universelle
– 1689 : publication à Londres du *Traité sur l'entendement humain* de John Locke
– 1716 : mort à Hanovre du philosophe allemand Leibniz
– 1748 : première édition à Genève de la grande œuvre de Montesquieu *De l'esprit des lois*
– 1751 : premier volume de l'*Encyclopédie* de Diderot et d'Alembert
– 1759 : publication à Genève de *Candide* de Voltaire
– 1762 : *Du contrat social* de Rousseau
– 1784 : *Qu'est-ce que les Lumières ?* du philosophe allemand Emmanuel Kant

soif de compréhension du monde s'empare de l'Europe. Citons encore Fontenelle – il est né au siècle précédent mais il est mort si vieux, à cent ans, qu'il enjambe largement le temps dont on parle : « Toute la philosophie n'est fondée que sur deux choses : sur ce qu'on a l'esprit curieux et les yeux mauvais. » La curiosité est le beau vice de l'époque.

Ainsi posés, ces principes nous paraissent évidents. Ils ne l'étaient pas. La religion était encore braquée dans une opposition frontale à la connaissance. Pour un Bossuet, le grand idéologue du règne de Louis XIV, seule la Providence règle le destin du genre humain. Si les rois gagnent des batailles ou si les peuples souffrent de mauvaises récoltes, il n'y a rien à y comprendre, il faut se contenter de voir à l'œuvre la main de Dieu. Lui seul dispense les châtiments et les récompenses, selon un dessein qu'il est seul à connaître.

Les mentalités de la première moitié du XVIIIe siècle sont encore imprégnées de cette façon de penser. Un des plus gros succès littéraires d'alors, nous rappelle Hubert Méthivier dans sa savoureuse synthèse du *Siècle de Louis XV*[1], s'intitule le *Spectacle de la nature* (1732). Il est signé d'un certain abbé Pluche, un brave curé interdit d'enseigner parce qu'il a des tendances jansénistes. Un esprit ouvert et sympathique au demeurant, et d'une splendide candeur. Si Dieu a donné la couleur verte au feuillage, explique-t-il dans un livre que des milliers de lecteurs lisent avec le plus grand sérieux, c'est pour reposer les yeux des hommes. S'Il a fait des marées, c'est pour permettre aux bateaux de rentrer dans les ports. Les Lumières vont nous apprendre à nous passer de Dieu pour poser des questions, et à regarder les choses comme elles sont, sans présupposés sur la façon dont elles ont été faites. Les Lumières vont nous apprendre à renverser les perspectives : en langage scientifique, cela s'appelle opérer une *révolution*.

1 - « Que sais-je ? », PUF, 1968.

Droits naturels et *Encyclopédie*

Le mouvement est *cosmopolite* dans son principe, c'est-à-dire qu'il entend parler à tous les hommes du monde. « Je suis homme avant d'être français », écrit Montesquieu. Se met en place la théorie des « droits naturels » qui, comme leur nom l'implique, appartiennent à tous les humains, sans considération de nation, de race, de culture. Nos « droits de l'homme » modernes en sont issus. Il est clair toutefois que cet embrasement intellectuel nouveau est surtout européen. Dans tout le continent, les esprits éclairés se connaissent, correspondent, se répondent. Les souverains eux-mêmes se montrent avides d'idées nouvelles et prétendent en appliquer les principes, sans rien céder pourtant de leur autorité, d'où leur nom de « despotes éclairés ». Frédéric II de Prusse, Catherine II de Russie ou plus tard Joseph II qui règne sur l'Autriche sont parmi les plus connus.

La fougue de renouveau dépasse le seul monde de la philosophie, elle embrasse tous les champs de la connaissance que l'on veut défricher, labourer, ordonner autrement. Le suédois Linné (1707-1778) est le père de la *taxinomie* moderne, l'art de donner un nom aux plantes, aux animaux, aux minéraux. Son grand rival français, naturaliste hors pair et styliste incomparable, est Buffon (1707-1788), qui comme lui a l'amour de la compréhension et du classement. La science suscite, dans les milieux les plus divers, une vraie passion, qui ferait rêver les scientifiques d'aujourd'hui, bien isolés dans leurs laboratoires. On a parlé déjà de la façon dont Louis XVI s'était investi dans la préparation du voyage autour du monde de La Pérouse. Louis XV assiste lui-même à l'expérience de grande ampleur de l'abbé Nollet, un savant du temps qui travaille sur le courant. Grâce à une bouteille électrique, il réussit à montrer l'onde du spasme qui saisit une ligne entière de deux cents gardes se tenant par la main. Le roi, dit-on, en sera très épaté.

Un pays, avec un peu d'avance, comme en toutes choses à l'époque, a ouvert le bal : l'Angleterre. Les idées politiques de Rousseau domineront la deuxième moitié du siècle. Cinquante ans avant lui, alors même qu'en France régnait encore sans partage le principe du « droit divin », le philosophe John Locke (1632-1704) avait déjà posé la nécessité d'un contrat passé entre le souverain et son peuple comme seul moyen d'arriver à la paix sociale. Isaac Newton (1643-1727), au-dessus de tous, est le génie que l'Europe nouvelle admire et commente. Sans doute ne comprend-on pas jusqu'au détail la science complexe de ce grand physicien. Peu nombreux doivent être ceux qui peuvent suivre les polémiques savantes entre ses défenseurs et son concurrent Leibniz à propos de l'invention du calcul infinitésimal. Mais on saisit l'essence de son travail, et sa portée : en formulant sa théorie de la gravitation universelle, en réussissant à poser que des lois physiques simples peuvent expliquer la marche du monde, il a ouvert la voie à cette passion du siècle nouveau : la quête de *systèmes*, la recherche d'une cohérence.

Rapidement, la France reprend le flambeau de ces Lumières naissantes. Elle le tiendra longtemps. Nous pouvons gonfler nos poitrines d'un juste orgueil national : le XVIIIe est le siècle français par excellence, et pour une fois notre gloire n'est pas assise sur des massacres et des batailles, mais sur l'esprit et la plume. L'Europe entière a ses grands noms : le penseur du libéralisme économique, Adam Smith (1723-1790), est écossais ; Beccaria (1738-1794), qui refonde la conception du droit pénal, est italien ; Kant, cité plus haut, est de Prusse. On peut même traverser l'Atlantique, pour ne pas oublier le savant américain Benjamin Franklin (1706-1790). Tout ce monde n'a qu'une capitale : Paris. Dès le début du siècle, les fameux salons y bourdonnent d'admiration pour les beaux esprits qui parlent de changer le monde et vont dominer l'époque de leur haute stature : ce sont les « philosophes ». Quelle moisson, une fois encore ! Comment les citer tous ? Ils sont légion et ce livre n'apporterait rien de neuf en les énumérant. Contentons-nous de nous souvenir de ce fait très simple : leurs œuvres continuent à vivre aujourd'hui, la plupart ont tracé des routes que nous suivons encore. Montesquieu (1689-1755), juriste bordelais, et son *Esprit des lois* posent le principe de la séparation des pouvoirs sous lequel nos démocraties vivent toujours. Jean-Jacques Rousseau (1712-1778), un des plus célèbres penseurs français qui, comme chacun sait, est suisse, devient une gloire de son vivant car il colle parfaitement à son époque. La première moitié du XVIIIe aimait l'ironie et les raisonnements. La deuxième aime *Jean-Jacques*, comme toute l'Europe l'appelle, car comme lui elle est passée de la raison au cœur, elle est tourmentée, sensible, prête à s'exalter devant la nature, à se faire rêveuse comme un promeneur solitaire. Mais les écrits politiques du Genevois – le *Contrat social*, le *Discours sur l'origine de l'inégalité* – lui survivent : ils forment l'évangile de la Révolution française, qu'il n'a pas connue, et portent un espoir de régénérer l'homme et la société dont nous aurions tort de faire le deuil. Notre monde est-il si parfait qu'il faille s'abstenir de réfléchir à la façon de le changer ? Comment oublier, à l'heure où l'on croit voir se concrétiser, avec Internet, le rêve d'une bibliothèque mondiale, l'incroyable chantier qui lui a ouvert la voie, et dont l'intrépide Diderot, avec son ami d'Alembert – qui s'occupait de la partie scientifique –, a été le maître d'œuvre acharné : l'*Encyclopédie* ? Demander des contributions aux meilleurs spécialistes de toutes les disciplines pour faire entrer toute la connaissance du temps dans un livre, délire grandiose. Et mené à bien dans une lutte épuisante contre les cabales, les dévots, la censure, la police.

Nos philosophes, en effet, rayonnent dans l'Europe entière : on les y lit d'autant plus aisément que le français a remplacé le latin comme langue internationale et qu'il est parlé partout. En France, le régime leur montre ses crocs vieillis. Il est vrai que, sans le vouloir vraiment, les penseurs ont commis un véritable crime de lèse-majesté : ils ont ringardisé Versailles. Sous Louis XIV, la Cour était tout. Dès le règne de Louis XV, figée dans son étiquette d'un autre temps, elle est un théâtre d'ombres qui ne signifie plus rien. La vie souffle désormais dans les salons et dans les livres. Et le pouvoir, ce pouvoir brinquebalant et inadapté ne sait trop que faire pour contenir un vent nouveau dont il sent bien qu'il pourrait finir par tout emporter. Parfois il réprime : plus d'un homme de plume connaîtra la prison. Parfois il prétend s'adoucir :

Mme de Pompadour s'est laissée convaincre qu'elle se grandirait à s'entourer d'écrivains. Les encyclopédistes viennent lui faire leur cour en espérant que cela leur permettra de publier en paix. Parfois, le régime est d'une brutalité inouïe : en 1766, après une enquête bâclée concernant la profanation d'un crucifix sur un pont d'Abbeville, le chevalier de La Barre, vingt et un ans, a le poing, la langue puis la tête tranchés par cinq bourreaux : il n'avait pas retiré son chapeau devant une procession et possédait dans sa chambrette un exemplaire du *Dictionnaire philosophique*, c'est bien la preuve qu'il était coupable.

Défense de Voltaire

Oui, nous pourrions ici, dans la perspective qui est la nôtre, tourner la page de ce chapitre. Que dire d'autre qu'on ne trouve chez tant d'excellents spécialistes[1]. De plus, montrer tant d'admiration pour ce mouvement des Lumières, comme on vient de le faire, ne revient-il pas à enfoncer une porte ouverte ? Quel besoin de les défendre ? Eh bien justement.

Pour comprendre ce point, attardons-nous enfin sur un nom, un nom immense que l'on n'a pas encore prononcé, celui de Voltaire. Nous le gardions, pour ainsi dire, pour la bonne bouche.

L'homme (1694-1778) résume le siècle. Il lui a donné sa grandeur, il en a connu les bassesses. À trente-deux ans, il est rossé dans la rue par les laquais d'un noble à qui, la veille, il avait parlé un peu vertement. Il veut obtenir réparation de cette humiliation. C'est lui qu'on embastille – telle était la justice. Il a écrit sur tout, beaucoup. Il a touché à tous les genres, surtout ceux qu'on ne lit plus, des tragédies pompeuses, d'interminables poèmes épiques. Il nous a aussi fait deux cadeaux admirables. Le premier est une arme : l'ironie, la célèbre ironie voltairienne dont il se sert pour railler ses adversaires ou toucher au cœur son grand ennemi, le fanatisme,

1 - Outre les synthèses déjà citées de Zysberg et Méthivier, on peut suggérer *Histoire et dictionnaire du temps des Lumières* (« Bouquins », Robert Laffont, 1995) de Jean de Viguerie, et citer, parmi les grands dix-huitiémistes, les noms des historiens français Arlette Farge et Roger Chartier, et de l'Américain Robert Darnton, grand spécialiste de l'histoire du livre.

qu'il appelle l'« infâme ». « Écrasons l'infâme » est un leitmotiv qui revient dans ses lettres dès qu'il s'agit de ce qu'il déteste, la superstition, le sectarisme, l'étroitesse d'esprit, les vérités qui se croient révélées. Le second est un principe, il est fort nouveau pour son temps et toujours jeune dans le nôtre : la tolérance. Il la met en œuvre dans ses livres, il la pratique dans la vie. Avec l'affaire du chevalier de La Barre, dont on a parlé – les livres coupables retrouvés dans la chambre du jeune homme sont de sa plume –, le moment emblématique de la légende voltairienne est l'affaire Calas.

À Toulouse, on retrouve pendu un des fils de cet homme sans histoire qui n'a qu'un défaut : il est protestant. La cause est aussitôt entendue : le père a assassiné l'enfant car celui-ci voulait revenir de l'« Erreur » et se faire catholique. Calas est torturé atrocement et condamné à mort par le parlement de Toulouse. Voltaire, mis au courant par un autre des fils, doute d'abord, puis peu à peu comprend l'horreur d'une instruction à charge, qui n'a été dictée que par les préjugés religieux. Il entame à ses frais une entreprise qui nous semble commune et qui ne l'était pas : une contre-enquête. Il découvre la réalité : le fils s'est suicidé. Le père est mort pour rien. Il faudra à celui que l'on appelle le « patriarche de Ferney », du nom de son domaine de la frontière suisse, soulever les montagnes de l'indifférence et du mépris, envoyer des lettres enflammées à tous les esprits influents, à tous les puissants et à ceux qui ne le sont pas, pour obtenir enfin ce qui n'est que justice : la réhabilitation du faux coupable.

Nous voulions, un instant, nous attarder sur le grand Voltaire pour nous intéresser à un aspect de sa postérité sur lequel on insiste trop peu : la haine dont il est encore l'objet. Le sentiment n'est pas nouveau. L'auteur du *Traité sur la tolérance* est mort célébré par l'Europe, encensé par Paris, et détesté par le parti réactionnaire et dévot qu'il n'avait jamais ménagé, il est vrai. L'attaque reprend de plus belle depuis la fin du XXe siècle. Elle le dépasse d'ailleurs, et va de pair avec un mouvement de pensée qui a un but plus large : instruire un nouveau procès aux Lumières dans leur ensemble. Il recoupe des intellectuels divers, le plus souvent de sensibilité religieuse, qu'importe leur religion, chrétienne, juive, musulmane. En France, le très célèbre archevêque de Paris, Mgr Lustiger, avait tiré les premières cartouches dans les années 1980. Le cardinal allemand Mgr Ratzinger est vite venu le seconder avec une puissance de feu décuplée par son nouveau statut : sous le nom de Benoît XVI, il est devenu pape. On peut résumer leur raisonnement ainsi : en tuant Dieu et en prétendant libérer l'homme, les Lumières n'ont fait que déchaîner son orgueil, et cette folie a conduit à toutes les horreurs du XXe siècle, les totalitarismes, les camps de concentration. Quand il s'agit de Voltaire, la plupart se contentent d'une exécution encore plus sommaire : comment peut-on aimer Voltaire ? Il est antisémite. L'attaque se répand. Ne l'esquivons pas.

On peut même aller jusqu'à comprendre le fondement psychologique de ce ressentiment. Les Lumières ont été très dures avec la religion en général et l'Église romaine en particulier. On a parlé déjà du leitmotiv voltairien « écrasons l'infâme », dont de nombreux catholiques pensent qu'il les vise particulièrement. Citons, parmi cent autres exemples, cette lettre de l'auteur de *Candide* à son ami le philosophe Helvétius, pour se moquer des querelles spirituelles qui agitaient l'époque : « Il faut étrangler le dernier jésuite avec le boyau du dernier janséniste. » On peut entendre que les descendants actuels des deux tendances aient toujours du mal à digérer la plaisanterie.

Par ailleurs, on l'a dit, Voltaire en a connu d'autres. On pourrait s'amuser à suivre la trace de toutes les attaques dont il a fait l'objet de son vivant et depuis sa mort, et constater à quel point elle s'adapte aux préoccupations de l'époque. Dans le manuel d'histoire de France de Segond, diffusé à des milliers d'exemplaires au début du XXe siècle, l'auteur s'offusque d'abord de ce que ce « brillant touche-à-tout fit un mauvais usage de son génie en s'attaquant à la religion chrétienne ». Il ajoute ensuite : « On ne peut oublier enfin qu'il eut le triste courage d'applaudir aux victoires de Frédéric II sur la France. » Le point est exact, il le fit. Au XVIIIe siècle, on considère encore les campagnes militaires comme de nos jours les matchs de football, on se sent le droit d'être d'un camp ou d'un autre, le nationalisme absolu du XIXe siècle n'est pas né, et Voltaire par ailleurs n'est jamais en retard d'un compliment à tous ceux dont il cherche la protection. On comprend l'intérêt de balancer l'anecdote à la veille de 1914 : c'était un mauvais Français ! Aujourd'hui, tout le monde s'en fout bien. On a donc changé d'accusation. Cela la rend-elle plus juste ?

Soyons clair. Aucune critique n'est interdite contre quiconque. Les philosophes ont souffert dans leur chair des lois réprimant le blasphème. On ne va pas les rétablir pour punir ceux qui blasphèment les philosophes. En outre, il y a tant de vraies critiques à faire des Lumières. La plupart des penseurs luttaient pour les libertés individuelles, de pensée, de croire, mais quand ils se sont piqués de s'engager dans la politique de leur temps, ils se sont bien trompés. Catherine II de Russie pouvait faire croire à son ami Diderot à quel point il inspirait son action, elle a écrasé la Russie comme tous les autres avant elle. Voltaire, dans un rôle fantasmé de conseiller suprême de son cher Fréderic, chez qui il vivait à Berlin, s'est cru l'Aristote d'un nouvel Alexandre le Grand. Il n'a été que le courtisan d'un roi autoritaire. Aucun n'a jamais voulu comprendre qu'un despote éclairé est d'abord un despote. Nul d'entre eux n'a vraiment aimé le peuple, ni compris ses aspirations à la démocratie. « Je ne saurais souffrir, disait Voltaire, que mon perruquier soit législateur. » Enfin, en prétendant débarrasser l'homme de la tutelle religieuse, ce siècle nous a vendu une pensée religieuse elle aussi, par bien des aspects. Songez à cette grande invention d'Adam Smith et des économistes d'alors, qui est toujours un dogme aujourd'hui de la pensée libérale : on peut laisser se défouler les intérêts privés en libérant totalement le marché du commerce et de l'industrie parce qu'une « main invisible » le rend vertueux par nature. Remplacez la main par la Providence, c'est du Bossuet.

Que dire de la notion de progrès, imposée par cette époque, l'idée d'un continuum qui mène forcément l'humanité vers un mieux toujours et finira dans l'apothéose et le bonheur éternel ?

On se croirait dans la Bible. Le XXe siècle, avec ses guerres, ses horreurs, nous a appris qu'aucun progrès n'est jamais continu, et que certains ratés peuvent être des désastres.

Revenons à ce point : Volaire serait donc antisémite. Qu'en est-il exactement ? Une chose est sûre : à maintes reprises, Voltaire a écrit des choses sur les Juifs qui nous heurtent profondément : « le peuple le plus abominable de la terre » n'est pas la pire. On a souvent expliqué cette animosité tenace par sa haine du catholicisme : en tapant sur le peuple de l'Ancien Testament, il frappait à la source, en quelque sorte. On peut faire un raisonnement parallèle avec ses écrits contre les musulmans. Sa pièce *Mahomet ou le fanatisme* est insupportable aujourd'hui, à moins qu'on ne lui rende son sous-texte : l'auteur était d'autant plus dur avec le *fanatisme* du prophète de l'islam qu'il était très dangereux de l'être contre celui des chrétiens.

De grands voltairiens expliquent aussi qu'il est anachronique de parler d'« antisémitisme » à propos des Lumières. La notion est du XIXe siècle. On ferait mieux de parler d'« antijudaïsme », c'est-à-dire de haine d'une religion, et non d'une communauté considérée comme une « race », cela nuance les choses. Peu importe. En tant que telles, d'innombrables phrases écrites par Voltaire sont devenues illisibles. Cela ne concerne pas seulement les Juifs. On a cité ses horreurs sur la démocratie. On peut en trouver d'autres, plus terribles encore, sur les Noirs. Pour contrer, une fois encore, le récit biblique de la Genèse, notre philosophe était *polygéniste*, c'est-à-dire intimement persuadé que les Noirs et les Blancs ne descendaient pas du même couple et n'étaient donc pas de la même espèce, postulat aussi faux qu'intolérable.

Qu'est-ce que cela signifie ? Tout simplement que Voltaire était, comme tout autre, englué dans les préjugés de son temps. Il en a combattu beaucoup. Comme n'importe quel individu vivant à n'importe quelle époque, il en a conforté d'autres. Il faut se souvenir toutefois d'une chose qui change tout. En nous montrant qu'il n'existait pas de vérité révélée, mais que la vérité était un but ultime qui ne pouvait se dévoiler que peu à peu, il est le premier à nous avoir donné les outils intellectuels qui nous permettent de remettre en cause les préjugés. Les catholiques de son époque ne disaient pas moins de bêtises sur les Juifs, les Noirs, la religion. S'ils avaient triomphé et réussi à faire taire à jamais toute parole critique, les Juifs d'aujourd'hui vivraient toujours dans des ghettos, les protestants continueraient de ramer aux galères, les esclaves n'auraient toujours, pour se consoler du fouet, que les sermons de braves curés leur enseignant que la vraie liberté n'est pas de ce monde.

Ne mélangeons donc pas tout. Hitler n'avait pas besoin de Voltaire. Souvenons-nous que tous ceux qui ont combattu le nazisme l'ont fait au nom de la liberté, de l'égalité, et de la tolérance : ce sont les principes que nous ont légués les Lumières.

28 – La Pompadour

Son siècle, son genre

Avant de voir s'effondrer l'Ancien Régime, restons un instant encore sur un nom du temps : la marquise de Pompadour. Nous n'avons fait jusqu'ici que l'évoquer au passage. Revenons-y, elle va nous servir.

Cadrons brièvement les choses, pour la clarté du propos. La Pompadour est née en 1721 Jeanne Antoinette Poisson dans un milieu assez modeste dont elle change vite : elle est élevée par le riche amant de sa mère, un financier qui lui donne une bonne éducation et un petit titre, en lui faisant épouser son neveu. Sa beauté, son esprit, la font remarquer dans les salons. Le petit clan qui l'entoure cherche un moyen de se rapprocher du pouvoir, il la lance comme un appât dans les pattes du roi. Le monarque est un gibier facile quand le chasseur a de tels charmes : il succombe. Elle n'a que vingt-trois ans, il en fait sa maîtresse et la présente à Versailles. Elle y régnera vingt ans en véritable vice-roi, sur tous et sur tout, jusqu'à sa mort en 1764.

REPÈRES

- 1740-1780 : règne de l'impératrice Marie-Thérèse de Habsbourg
- 1745 : Jeanne Antoinette Poisson élevée au titre de marquise de Pompadour
- 1762-1796 : règne de Catherine II de Russie
- 1774 : Marie-Antoinette reine de France
- 1791 : Déclaration des droits de la femme et de la citoyenne, par Olympe de Gouges

Détachons-nous maintenant des détails de la biographie pour nous intéresser au poids symbolique du personnage. Mieux que quiconque, la belle marquise nous offre un condensé de son siècle. Elle le représente même d'une double manière, par son style et par son genre. Les deux éclairent le temps d'une façon différente, lumières et ombres.

Liberté des mœurs

La Pompadour, ses joues teintées de rose, sa taille fine, ses bijoux, ses robes somptueuses, son *style,* tout de courbes et de matériaux précieux, bois de rose et palissandre. Une rumeur persistante affirme que l'on a inventé les premières coupes à champagne en les moulant sur son sein. Peu importe qu'elle soit vraie. En nous amenant sur un plateau d'argent la blancheur d'une gorge et le pétillant d'une bulle, elle nous conduit où nous voulions aller, au cœur d'une certaine légende de ce siècle, celui des marquises, des boudoirs et des perruques poudrées, celui de la belle société, du raffinement, de la grâce, de l'esprit. C'est l'aspect lumineux de notre chapitre.

Cela va de soi, il n'éclaire qu'une partie infime de la société. La vie dans les campagnes a fort peu bougé depuis le Moyen Âge. Les agronomes, en cette période de grande inventivité, travaillent d'arrache-pied à imposer de nouvelles techniques et de nouvelles cultures (la plus célèbre est celle de la pomme de terre), mais les progrès qui augmenteront les rendements et amélioreront l'ordinaire sont lents à se mettre en place. En ville, et pas seulement dans les faubourgs, règnent une saleté et une misère dont on n'a pas idée. Le malheur du peuple est grand même si, hélas, il ne sait pas qu'il connaîtra encore pire : la vie de l'apprenti d'un artisan, du commis d'un gantier, du garçon d'un ébéniste dans une bourgade du temps de Louis XV devait être dure, mais elle le fut assurément moins que celle d'un ouvrier assommé par les cadences et le bruit des machines dans les immenses usines du XIXe siècle.

L'effervescence culturelle, de la même manière, ne dépasse pas les limites d'un tout petit public. L'Europe cultivée, on l'a dit, lit avec passion et parle français. La France dans sa majorité ne le parle pas et ne l'écrit guère : la plupart des paysans, des humbles, s'expriment dans les patois, dialectes, ou langues différentes attachés à chaque province.

Il n'empêche, pour ceux qui ont eu le privilège d'en jouir, ce temps a porté haut une élégance que l'on ne retrouvera pas de sitôt. C'est le siècle de l'*esprit*, du *mot*, de la *saillie*, celui du moraliste Chamfort, celui du polémiste Rivarol, si méchant et si brillant. Il a débuté avec les comédies de Marivaux (*La Surprise de l'amour*, 1722), il se ferme avec celles de Beaumarchais, personnage multifaces, espion, vendeur d'armes aux insurgés d'Amérique, horloger, inventeur et même dramaturge, nul n'est parfait. Le triomphe de son *Mariage de Figaro* (1784) sonne le dernier acte de l'Ancien Régime, dans les rires et le pétillement. La pièce avait été interdite pendant six ans. Du point de vue des six censeurs successifs que le pouvoir dut nommer pour trouver un moyen de se débarrasser de ce bâton breneux, cela pouvait se comprendre : la charge était aussi brillante que ravageuse pour la société qu'ils étaient censés défendre. Une seule réplique, pour mémoire. Le comte, un peu énervé : « Les domestiques ici... sont plus longs à s'habiller que les maîtres ! » Et Figaro, malicieux serviteur : « C'est qu'ils n'ont point de valets pour les y aider. »

L'époque, enfin, professe une liberté étonnante dans un domaine que le siècle suivant s'emploiera à serrer dans un corset étouffant : les mœurs. L'exemple vient de haut. On a déjà parlé des orgies de Philippe, duc d'Orléans, régent du royaume durant la minorité de Louis XV (1715-1723) et homme fort sympathique au demeurant. Dans son *Histoire du libertinage*[1], Didier Foucault nous rappelle la morale qu'il s'était donnée : « Par le penchant de mon cœur, je voudrais rendre tout le monde heureux. » Quelle meilleure ligne

1 - Perrin, 2007.

politique ? Arrivant après lui, Louis XV a moins d'humanité – pour ses sujets, il n'en a même aucune –, mais il surpasse vite l'oncle sur le plan sexuel. Aujourd'hui, sauf son respect, on l'enverrait sans doute soigner ce qui passerait pour une addiction : son goût de la chair a quelque chose de compulsif. Au fameux « Parc aux cerfs », la discrète petite maison de ville que la Pompadour elle-même lui avait fait installer à Versailles, il lui fallait chaque jour son content de chair fraîche, soubrettes ou filles de famille offertes en obole en échange de faveurs espérées, tout lui était bon pourvu que cela portât jupon. Au moins, il avait le panache de donner à certaines liaisons une publicité impensable cent ans plus tard pour n'importe quel dirigeant. Elle choquait déjà, il est vrai, même à l'époque. En 1744, alors qu'il assiste au siège de Metz avec sa maîtresse du moment – la quatrième de quatre sœurs d'une famille de petite aristocratie qu'il a séduites à la suite ! –, il tombe gravement malade et se croit perdu. L'évêque de Soissons, son aumônier, profite de sa terreur pour en finir avec tant de désordre et faire revenir la royale brebis à la vertu : il le contraint à une confession humiliante. Elle sera lue au prêche dans toutes les églises de France. La reine, le parti dévot triomphent. De fait, ce sera une erreur politique majeure : en rendant ainsi publique l'inconduite du roi, l'évêque imbécile a lancé une machine à rumeurs qui ne s'arrêtera plus, et il a surtout contribué à discréditer la monarchie qu'il croyait défendre. Cela n'a même pas servi à sauver une âme : sitôt rétabli, Louis XV reprend la vie qu'il entend mener, il chasse les dévots et rappelle la maîtresse du jour. Il y en aura beaucoup, beaucoup d'autres. La dernière favorite célèbre, arrivant bien après la mort de la Pompadour, est Mme Du Barry, frivole, charmante, qui venait de loin, elle avait commencé sa carrière dans la « galanterie ». En langue moderne, on appelle cela la prostitution.

Le couple formé par Louis XVI et Marie-Antoinette est un peu plus plan-plan, c'est le moins que l'on puisse dire : le pauvre Louis s'est marié trop jeune, il est contrarié par un petit problème mécanique à un endroit stratégique, mais personne ne l'aide à s'en débarrasser. Il faudra l'intervention énergique du frère de la reine, maître du Saint Empire, venu quasi spécialement de Vienne à Versailles, pour que l'affaire soit résolue et qu'enfin l'époux honore l'épouse : il était temps, le mariage avait été célébré sept ans avant. La haute société, de son côté, continue de vivre dans la plus grande liberté. « Qui n'a pas vécu dans les années voisines de 1789 ne sait pas ce que c'est que la douceur de vivre. » Tout le XIXe répétera en rêvant ce mot de Talleyrand. Au vu de la rigueur de la sinistre *morale bourgeoise* qui règne alors, cela se conçoit aisément. Maupassant mettra en scène ce décalage dans une nouvelle trop peu connue intitulée *Jadis*. Vers les années 1840, une grand-mère dialogue avec sa petite-fille et est horrifiée par les propos de la gamine. L'idiote croit au mariage et à l'amour unique ! L'aïeule, vieille aristocrate, s'en étrangle : « On vous dit aujourd'hui : il ne faut aimer qu'un homme ! Comme si on voulait me forcer à ne manger toute ma vie que du dindon ! » Et elle rappelle les sages préceptes avec lesquels elle a été élevée, elle, soixante ans plus tôt : « Si une de nous était restée sans amant... toute la Cour en aurait ri ! » Peut-être Maupassant force-t-il le trait. Il est nouvelliste, pas historien. Il souligne toutefois un fait auquel nous pensons trop peu. De notre point de vue du XXIe siècle, compte tenu de l'histoire qui fut la nôtre dans les années 1960-1970, il est entendu que les jeunes générations sont plus libres que les anciennes, que la libération des mœurs suit forcément le sens d'un progrès constant. La confrontation du XIXe et du XVIIIe nous rappelle que cela n'est pas vrai. Il y a des raisons politiques à cela : si le XIXe affecte à ce point cette rigueur bourgeoise et pincée, c'est aussi par réaction au précédent. Dès 1789, le libertinage est associé à l'aristocratie, aux mauvais rois, à ce que l'on appelle désormais la *débauche* d'une société dont on a voulu se débarrasser. N'empêche, sous ce seul angle, la leçon est sans appel : comparer le siècle qui joue infiniment les « fêtes galantes » de Watteau à celui qui fait un procès à *Madame Bovary* pour attentat aux bonnes mœurs, c'est faire la preuve qu'il est des domaines où l'on n'avance pas toujours dans le bon sens.

Importance des femmes

Maintenant l'ombre. La belle Pompadour n'en a sans doute jamais eu conscience, elle a rendu un fort mauvais service à son genre en jetant pour longtemps l'opprobre sur un domaine particulier : le rapport au pouvoir.

A priori, son siècle est celui des femmes. La vie intellectuelle, au temps des philosophes, se passe dans les salons. Qui règne sur ces endroits où se font et se défont les réputations, les carrières, les succès ? Des femmes. Les puristes tempéreront l'assertion : de nombreux salons furent aussi tenus par des hommes. Qu'importe. Les noms retenus par la postérité sont presque tous féminins : citons, pour la première moitié du siècle, celui de Mme de Lambert ou celui de Mme de Tencin, redoutable personnage au bras fort long. Elle était – entre autres amants – la maîtresse du Premier ministre du Régent, un cardinal. Ses *mardis* étaient réservés à ses amis des lettres, Fontenelle, Marivaux, tant d'autres. On lui prête ce mot fort juste : « À la façon dont il nous a traitées, on voit bien que Dieu était un homme. » Dans les années 1750, Mme Du Deffand prend la relève : fameuse est sa rivalité avec Julie de Lespinasse, pauvre jeune fille de province timide et douce qu'elle recueille par charité, et qui bientôt lui vole un à un tous ses invités de marque, les d'Alembert et les Diderot, pour monter, dans sa propre chambre sans grâce, un salon concurrent...

Il ne faut pas se méprendre néanmoins. Ces reines de Paris ont un rôle important, mais qui ne sort jamais de la fonction qui leur est assignée : l'influence. Les femmes font et défont les carrières, mais ce sont toujours les hommes qui en ont les bénéfices. On admire toujours les œuvres de ceux qu'elles recevaient. Qui se souvient des livres qu'elles aussi ont pu écrire ? Ou plutôt de ceux que les mentalités du temps les empêchèrent d'écrire. Parmi les contributeurs de l'*Encyclopédie*, nous rappelle André Zysberg, on trouve une seule contributrice : on lui fit écrire un article sur les bébés et un autre intitulé « Falbalas ». Diderot en a écrit 5 000. Rares sont les philosophes qui cherchèrent à repenser clairement la place des femmes dans la société : Condorcet, sans doute sous l'influence de son épouse, la brillante Sophie, est un de ceux-là. Les autres s'accommodèrent fort bien de l'état des choses. Mais au moins le rôle joué par les femmes dans la république des lettres ne fut pas remis en question par les époques suivantes : de grands salons tenus par d'autres femmes continuèrent à jouer leur rôle d'animation de la vie intellectuelle française jusqu'au milieu du XXe siècle.

L'histoire est moins rose pour ce qui concerne un domaine encore plus névralgique : le pouvoir politique.

Notre Pompadour y joue son rôle, en négatif, on l'aura compris. Pendant ses vingt ans à Versailles, son emprise venait des coulisses, mais elle était réelle. La marquise fit et défit les carrières de tel ou tel ministre, influa sur la politique étrangère, contrôla la politique tout court, représenta si bien le règne qu'on finit dans l'opinion du temps et la mémoire qu'on en garda par lui faire porter la responsabilité de ses pires défauts. Cette femme eut effectivement beaucoup d'influence auprès d'un très mauvais monarque. On en arriva à tordre le raisonnement pour en arriver à ce sophisme : voyez à quoi le pouvoir est conduit quand il est sous l'influence d'une femme.

Elle ne fut pas la seule sur la liste noire des grandes impopulaires. Une autre après elle fut encore plus haïe : Marie-Antoinette, *l'Autrichienne* conspuée par le peuple, celle que l'on appelait Madame Déficit à cause de sa propension (réelle) à creuser des trous un peu plus profonds dans des caisses déjà vides. Deuxième exemple qui tombait à pic pour discréditer un peu plus l'Ancien Régime et justifier ce à quoi le nouveau, après 89, va aboutir : exclure les femmes de la vie publique de la cité.

Soyons bien clair : le procès qui est fait en particulier à nos deux antihéroïnes n'est pas sans fondement. La Pompadour, protégeant les arts et les artistes (Voltaire en tête), fut un vrai mécène. Elle ne fut pas une politique de grande ampleur, ne songeant qu'à servir son clan, jouant des carrières sur des caprices, poussant la France à un renversement d'alliances catastrophique juste avant la guerre de Sept Ans, se piquant de stratégie militaire, à laquelle elle ne connaissait rien : on prétend qu'elle suivait les mouvements des armées en posant ses mouches sur les cartes pour y faire des repères. Et dépensière avec ça. Il lui fallait des résidences et des palais, dont le plus célèbre, offert par le roi, se trouve toujours à Paris, rue du Faubourg-Saint-Honoré : l'Élysée.

Marie-Antoinette le fut encore plus. Ses malheurs pendant la Révolution la transformèrent : elle n'entendit rien aux aspirations profondes du pays, elle poussa à des décisions catastrophiques mais elle eut, au moment de la prison, du procès, de l'échafaud, une attitude d'une indéniable dignité. Que d'inconséquence, que de frivolité avant 89 ! Elle joue, elle dépense, elle rit, elle s'amuse sans rien comprendre de ce qui se passe dans le pays dont elle est reine et fait tout pour l'empêcher de changer. Elle prend part à la cabale contre le réformateur Turgot et sa vertueuse volonté de mettre un peu d'austérité à la tête de l'État : il a osé demander au roi de refuser les pensions énormes qu'elle espérait pour sa grande amie la Polignac. Turgot est remplacé par Necker. Elle se déchaîne contre Necker parce que, en rendant publics les comptes du royaume, l'impudent a osé publier aussi le détail des dépenses de la Cour.

Et après ? En quoi toutes les femmes devraient payer pour deux exemples ? L'injustice du raisonnement tient bien sûr à ce qu'on fait porter les défauts de deux individus à un genre tout entier. Louis XV était un gouvernant encore plus pathétique que ne l'était sa favorite ; les aristocrates bornés qui formaient la Cour au temps de Louis XVI étaient encore plus acharnés que la reine à faire barrage au changement : tous étaient des hommes. Personne n'en a jamais déduit qu'il aurait donc été raisonnable d'écarter à jamais le genre masculin d'un pouvoir dont tout montre qu'il est incapable de le gérer.

Bien entendu, les raisons profondes qui expliquent la domination masculine sont complexes et viennent de loin : ni notre marquise ni notre reine ne suffisent à l'expliquer. Mais leurs exemples serviront beaucoup pour le justifier au passage. 1789 veut rompre en tout point avec tous les vices qui ont conduit la France à sa perte : le gouvernement des femmes est de ceux-là. Pour ne plus jamais revoir de Pompadour, faisons simple : renvoyons toutes les femmes « aux devoirs de leur sexe », la cuisine et les enfants jusqu'à la fin des temps.

Aurait-on regardé au-delà de nos frontières, on aurait pu s'apercevoir pourtant du nombre impressionnant de femmes d'État que compta ce siècle. Après Pierre le Grand, et pendant près de cent ans, la Russie fut presque en continuité gouvernée par des tsarines, jusqu'à Catherine II, la « Grande Catherine ». L'Autriche et la Hongrie connaissent au temps de Louis XV leur plus grande souveraine, l'impératrice Marie-Therèse – mère d'une certaine Marie-Antoinette, mais d'une tout autre stature. On se garde bien également, à l'époque, d'étudier la solution proposée par certaines femmes pour faire sortir leurs sœurs du piège où les enferment ces rôles de favorite ou de « femme d'influence ». Dramaturge, essayiste, Olympe de Gouges écrit au début de la Révolution une « Déclaration des droits de la femme et de la citoyenne » qui demande une chose simple : l'égalité des droits politiques et sociaux pour les deux sexes. Elle meurt sur l'échafaud, son idée est enterrée avec elle, sous le mépris et les railleries.

Troisième partie

LA FRANCE DEPUIS LA RÉVOLUTION

29 – La Révolution

Fin de la monarchie (1789-1792)

Rappel de l'épisode précédent : les caisses sont vides. Louis XVI se résout au dernier expédient qui lui reste. Demander à ses sujets de l'aider à trouver une solution à la crise financière. C'est le but officiel de la grande assemblée qu'il convoque : les États généraux du royaume. Créés au Moyen Âge par Philippe le Bel, ils n'ont pas été réunis depuis l'enfance de Louis XIII, en 1614, on a même

REPÈRES

1789
– 5 mai : ouverture des États généraux à Versailles
– 20 juin : serment du Jeu de paume
– 14 juillet : prise de la Bastille
– 4 août : abolition des privilèges
– 26 août : Déclaration des droits de l'homme et du citoyen
– 5 et 6 octobre : journées révolutionnaires à Versailles, le roi et la reine ramenés à Paris

1790
– 14 juillet : fête de la Fédération

1791
– 20-22 juin : fuite du roi de Paris, arrestation à Varennes
– 1er octobre : Assemblée législative (la Législative)

1792
– 20 avril : déclaration de guerre à l'Autriche
– 10 août : prise des Tuileries, le roi prisonnier
– 2-7 septembre : massacres dans les prisons parisiennes
– 21 septembre : abolition de la royauté, premier jour de l'an I de la République

oublié selon quelle procédure. Quelle importance ? Les temps ont tellement changé. Il y a deux siècles, la répartition de la société en ordres distincts était à peu près acceptée. Elle crée le nœud du problème aujourd'hui. Partout, dans les bourgs et les campagnes, souvent avec l'aide du curé, et souvent aussi à partir de modèles établis dans les villes, comme le pensent maintenant les historiens, on rédige les fameux « cahiers de doléances », qui expriment respectueusement au bon roi les souhaits que l'on forme. Chacun de son côté élit ses représentants, le clergé, la noblesse, et tous les autres. Mais les autres, c'est-à-dire le tiers état renâclent. En janvier 1789, un certain abbé Sieyès, alors inconnu, devient célèbre en quinze jours grâce à un petit pamphlet dont les formules simples expriment avec justesse l'état de l'opinion : « Qu'est-ce que le tiers état ? Tout ! Qu'a-t-il été jusqu'à présent dans l'ordre politique ? Rien ! Que demande-t-il ? À y devenir quelque chose. » Il y est presque.

Des États généraux au serment du Jeu de paume

Retenons notre souffle. 5 mai 1789, à Versailles, grandiose cérémonie d'ouverture des États généraux. Plus de 1 400 députés s'étirent en une longue procession. En tête, le tiers état, vêtu de l'humble habit de drap noir auquel le protocole le contraint. Derrière, les nobles dans leurs parures chamarrées, les riches prélats dans leurs robes somptueuses, le roi, la Cour. Leur rutilant défilé est la parade funéraire d'un monde à l'agonie, et ils ne le savent pas. Dès les jours suivants, les habits noirs se cabrent. La querelle porte sur la façon dont on doit voter. Il faut voter par ordre, disent les grands de la noblesse et du clergé : à deux contre un, ils sont sûrs de pouvoir bloquer toute décision qui leur déplaira. Il faut voter par tête, dit le Tiers, énorme par son nombre de députés. Chicanes juridiques pendant un mois et demi, blocage. Le 17 juin, le Tiers, rejoint par quelques membres du clergé et une partie de la petite noblesse, fait son coup de force : il se déclare « Assemblée nationale ». Le 20, cette assemblée nouvelle veut se réunir dans la salle habituelle des États de l'hôtel des Menus-Plaisirs. Elle est curieusement close « pour travaux ». On trouve asile dans la seule salle voisine ouverte, le tennis-club de l'époque, la « salle du jeu de paume ». L'assemblée tout entière y prête son fameux serment : on ne se séparera pas avant d'avoir donné une constitution au royaume. Le roi fait semblant de n'avoir pas entendu. Le 23, il fait lire à ses États généraux un long discours lénifiant, quitte la salle, et ordonne que chacun en fasse autant. Le clergé, la noblesse sortent, le Tiers ne bouge pas.

Le maître des cérémonies, le jeune et somptueux marquis de Dreux-Brezé, costume d'apparat, plumes au chapeau, lance à la salle : « Messieurs ! N'avez-vous pas entendu l'ordre du roi ? » Un certain Mirabeau, aussi laid qu'il est imposant, se lève et lui rétorque de sa voix de stentor : « Allez dire à ceux qui vous envoient que nous sommes ici par la volonté du peuple et qu'on ne nous en arrachera que par la puissance des baïonnettes ! » Un instant auparavant, Bailly, le président de l'aréopage, en se tournant vers ses pairs pour avoir leur approbation, avait risqué : « Il me semble que la nation assemblée n'a d'ordre à recevoir de personne. » La légende a retenu la phrase de Mirabeau. C'est dommage, celle de Bailly résumait mieux la situation politique.

Le roi hésite, puis cède. Tous les députés ont ordre de rejoindre l'organe nouvellement créé qui a tout pouvoir pour trouver une solution aux problèmes du royaume. Début mai encore, pour s'adresser à ses sujets, Louis disait « mes peuples ». Désormais, il a face à lui une « nation », cette « nation assemblée » dont a parlé Bailly et qui vient, d'un coup d'éclat, de se déclarer souveraine. Fin de la séparation en trois ordres, fin de mille ans d'histoire, fin de l'absolutisme. En moins d'une semaine, l'Ancien Régime est tombé. La Révolution française vient de commencer.

Nous sommes donc fin juin 1789. Début novembre 1799, un coup d'État conduit par un jeune général nommé Bonaparte emmène le pays vers un nouveau système. Cela fait donc dix ans. La décennie la plus riche, la plus troublée, la plus controversée aussi de l'histoire de France. Le point qui nous intéresse le plus dans ce livre, si l'on s'en tient à son idée directrice, c'est de voir à quel point cette épopée pèse encore aujourd'hui sur notre fonctionnement politique et notre rapport au monde. Pour rendre le propos intelligible, tâchons d'abord de rappeler sommairement les faits. On s'y perd toujours un peu. Pas de complexe à avoir, personne ne s'y retrouve jamais. Il s'est passé plus de choses en dix ans qu'en un siècle. Les Mirabeau, les La Fayette, les Danton, les Robespierre, s'y sont succédé à un train d'enfer : la plupart des rois ont régné des décennies, le rôle effectif de ces chefs révolutionnaires sur la vie politique a rarement dépassé un an ou deux. On peut ajouter en outre que, d'une certaine manière, leur célébrité compte double : selon le point de vue de celui qui les examine, chacun d'entre eux peut être plusieurs hommes dans le même, au choix, un héros, un traître infâme, ou un tyran sanguinaire.

Essayons de ne pas juger pour l'instant, attelons-nous donc avant tout à une entreprise autrement difficile : tenter d'établir une synthèse claire et rapide de la période. Au moment où nous en sommes, l'absolutisme vient d'être jeté à terre, mais la tête de l'État n'a pas changé, c'est toujours le roi. Il règne jusqu'à sa déposition en août 1792. Le cadre du premier épisode s'impose : la fin de la monarchie.

L'été 1789

Reprenons le cours des choses où nous étions, fin juin 1789 : dès les semaines qui suivent, les événements, dont la plupart sont encore gravés dans notre mémoire, vont se bousculer à une vitesse inimaginable. La belle saison de 89 a été, écrit l'historien François Furet, « l'été le plus extraordinaire de notre histoire ». Il présente aussi, sur un strict plan pédagogique, un avantage dont nous allons nous servir. Dès ce moment se mettent en place une nouvelle configuration politique et de nouveaux rapports de force que l'on va retrouver à peu près jusqu'à la fin de la période révolutionnaire. Plutôt que de suivre la stricte chronologie de cette saison essentielle, tâchons donc de comprendre quelles sont les règles du jeu nouveau qui s'ouvre, et qui en sont les acteurs.

Au centre du pouvoir, désormais, l'organe né sur les décombres des États généraux : l'Assemblée nationale. Elle s'est assignée pour tâche première de donner une constitution au royaume, on l'appelle donc la « Constituante ». Les assemblées qui lui succèdent, selon les fonctions qui seront les leurs, porteront des noms différents (la « Législative » puis la « Convention ») ; elles garderont toujours cette place éminente, elles représentent la nation. Dans la fougue, la passion, la fièvre des mouvements de tribune, on s'y invective, on y délibère, on y abat aussi un travail considérable. Deux séances historiques l'indiquent très vite : dans la nuit du 4 août, sur proposition de deux aristocrates, et dans des transports d'émotion, on vote l'« abolition des privilèges », la fin des droits seigneuriaux, la fin de l'inégalité devant les emplois, la fin des charges héréditaires, c'est-à-dire la fin définitive du monde issu de la féodalité. Le 26 du même mois d'août est voté un texte qui, en quelque sorte, en est le pendant. Il représente la charte de la société nouvelle que l'on entend élever sur les ruines de l'ancienne, une société dans laquelle le mérite prime le sang puisque « tous les hommes naissent libres et égaux en droit » (article 1). C'est la « Déclaration des droits de l'homme et du citoyen ».

Le deuxième acteur important de notre nouvelle pièce, dans les bons vieux manuels d'histoire républicains, s'appelle « le peuple ». « Le peuple prend la Bastille », « le peuple renverse la monarchie » : il est omniprésent, mais de façon floue. Qu'est-ce au juste que ce « peuple » ?

À l'époque, dans sa majorité, il est constitué de paysans. Curieusement, de ceux-là, dans les dix ans qui viennent, on entendra fort peu parler. La seule irruption d'importance du monde rural dans le cours de la Révolution arrive durant notre été 89. On l'appelle la « Grande Peur », il s'agit d'une étrange émotion collective qui saisit les campagnes dans diverses provinces, à la fin de juillet. Des rumeurs courent les plaines et les halliers, ayant sans doute pour base les nouvelles confuses qui arrivent de Paris : on parle de troupes de brigands qui seraient sur le point d'attaquer fermes et villages, et que l'on croit parfois envoyées par les aristocrates. On s'arme pour se défendre contre ces bandes qui n'apparaissent jamais mais on s'échauffe les sangs, et dans maints endroits on finit par brûler les châteaux. C'est aussi pour tenter de calmer cette furie que l'Assemblée fait sa fameuse nuit du 4 Août.

Pour le reste, le « peuple » de la Révolution est surtout celui de Paris et de ses faubourgs, de pauvres gens poussés par la misère et de nobles idéaux, ou, on le reverra souvent aussi, des bandes violentes instrumentalisées par ceux qui se servent d'elles pour se débarrasser de leurs rivaux. Les hommes ne portent pas les souliers à boucle et l'habit des bourgeois mais les pantalons flottants des ouvriers, d'où le surnom qu'on leur donnera bientôt : les sans-culottes. Ce sont eux qui surgissent, armés de piques, de quelques fusils ou de leur seule rage et qui animent les « journées révolutionnaires », ces émeutes qui ponctuent la Révolution et en font basculer le cours à maintes reprises. Deux *journées* de 1789 sont entrées dans l'histoire. À la mi-juillet le bruit s'est répandu que le roi faisait masser des troupes autour de Paris pour briser la Révolution. Des tribuns, comme le jeune Camille Desmoulins, appellent les Parisiens à se défendre. Des foules parcourent la ville à la recherche d'armes. On en trouve d'abord aux Invalides puis, avec les canons qu'on vient de prendre, on fait le siège d'une forteresse-prison de l'est de la ville, où l'on sait qu'on en trouvera d'autres. Premiers affrontements, premiers morts (plus d'une centaine parmi les assaillants), premières têtes coupées (celle du gouverneur). On l'a compris : la forteresse s'appelle la Bastille, et la France vient de vivre son 14 juillet inaugural.

Deux autres *journées* ont lieu début octobre. Paris a faim. Des Parisiens, et surtout des Parisiennes, partent en procession à Versailles pour réclamer du pain. La foule est également troublée par d'insistantes rumeurs qui disent qu'un régiment royal a piétiné la cocarde tricolore, adoptée depuis juillet comme emblème de la nation. La colère gronde. Les plus énervés investissent le château. Quelques gardes sont tués. La reine s'échappe *in extremis* par une porte dérobée et seul La Fayette, accouru sur place, réussit à calmer le jeu. La foule revient à Paris en ramenant un butin précieux : le roi et les siens, muets dans leur carrosse, littéralement consternés, précédés des piques portant les têtes des gardes tués la veille. La fin d'un autre monde encore. Le rideau tombe sur Versailles, la coquille désormais vide d'un pouvoir qui s'en va.

Voici donc, dans le délabrement du vieux palais des Tuileries où on l'a installé le soir-même, la troisième pièce de notre échiquier : le roi. Il semble dépassé par les événements. Il ne les maîtrisera jamais. En juin, il a finalement accepté l'Assemblée nationale. Depuis août, il refuse de promulguer ces horreurs qu'elle a votées – l'abolition des privilèges, les droits de l'homme. Il finira par le faire quand même, inaugurant cette valse-hésitation perpétuelle qui sera son mode de fonctionnement jusqu'à la fin. Auprès de lui, la reine, rendue soudain grave par ces événements qui l'effraient. Viscéralement *réactionnaire* (le mot est d'époque, il apparaîtra bientôt pour désigner ceux qui s'opposent au mouvement de la Révolution), elle ne sera pas toujours de bon conseil, mais elle, au moins, lui sera toujours fidèle.

D'autres n'ont pas ses scrupules. Parmi toute cette cour, hier encore prête à toutes les manigances pour se gaver de pensions et de prébendes, nombreux sont ceux qui, dès l'été 89, choisissent sans états d'âme une solution peu glorieuse : ils s'enfuient. Quelques jours après le 14 juillet, le comte d'Artois, le propre frère de Louis XVI, a été un des premiers à partir. Bien d'autres suivront. Au fil des ans, ils iront s'installer de l'autre côté du Rhin, ou en Suisse, ou en Angleterre, ou en Russie, dans des petites cours ou auprès de rois puissants, partout où ils espèrent trouver les appuis qui serviront le dessein qui les anime désormais : revenir en France pour restaurer le seul ordre qui leur semble naturel et châtier cette canaille qui a osé l'ébranler. On les appelle les « émigrés ».

La Constituante (1789-1791) : l'illusion de l'unité

L'assemblée issue des États généraux a donc pour mission de donner une « constitution au royaume ». La Constituante aussi a quitté Versailles pour Paris. Elle siège deux ans et ne chôme pas. En quelques mois sont jetées les bases d'une organisation de la société qui est toujours la nôtre : création des départements (il y en a 83 à l'origine), premiers pas vers le système métrique, laïcisation de l'état civil, organisation de l'égalité devant l'impôt. Les débats y sont passionnés, ils accouchent de la vie parlementaire comme elle existe encore. Il n'y a pas de partis politiques, mais déjà, dans la salle, les plus avancés prennent l'habitude de se placer à gauche et les plus conservateurs à droite. À l'extérieur, on se retrouve dans d'autres hauts lieux de la vie révolutionnaire : les clubs. Il y en a de toutes tendances, le « club des Feuillants » sera rapidement assez marqué à droite, le « club des Jacobins » et celui des « Cordeliers » seront les cénacles de ceux qui veulent pousser plus loin la Révolution. Tous ont des noms qui nous semblent étranges. Ce sont ceux de vieux ordres monastiques. Tout simplement parce que ces clubs ont élu domicile dans leurs anciens couvents.

14 juillet 1790, grande date de la période : en souvenir de la Bastille, immense cérémonie sur le Champ-de-Mars. À côté du fringant général La Fayette, chef de la garde nationale, le roi prête serment à la Nation assemblée. C'est la « fête de la Fédération », ainsi nommée parce qu'elle célèbre l'union de tous les départements, qui viennent marquer leur attachement à la France renouvelée. Cent ans plus tard, la IIIe République choisira ce jour-là comme fête nationale : contrairement à ce que l'on croit, tous les 14 juillet nous ne commémorons pas la prise de la Bastille mais cette « fête de la Fédération » qui en marqua le premier anniversaire. Il fallait, pour honorer la nation, un jour d'unité, un jour heureux, un jour acceptable par tous. Il n'y en aura pas tant d'autres.

Sous la Constituante s'ouvre déjà, en effet, une fracture qui n'en finira plus de déchirer le pays : la fracture religieuse. Il faudra un temps pour qu'on en comprenne la gravité. Pour trouver de l'argent, dès le mois de novembre 1789 on a procédé à la nationalisation des biens du clergé et on les a mis en vente sous le nom de « biens nationaux ». Ils sont gagés sur des bons, qui serviront de monnaie : les « assignats ». Des bourgeois, des paysans un peu fortunés achètent les terres qui appartenaient à l'Église et ce transfert de propriété est plutôt un élément de stabilisation du nouveau régime : ces nouveaux propriétaires lui sont tout acquis, ils ne redoutent désormais qu'une chose, un retour à un régime qui leur reprendrait leur bien. Mais cette nationalisation implique par contrecoup une réorganisation de l'Église et de son personnel, en voie d'être nationalisé à son tour. L'assemblée révolutionnaire vote une charte qui formalise ce nouvel état des choses : « la Constitution civile du clergé » et, pour être bien certains de leur fidélité, demande aux prêtres d'y prêter serment. *Quid*, dans ce cas, de leur allégeance à Rome ?

Le pape n'avait dit mot dans un premier temps. Poussé sans doute par sa haine des idées impies qui se répandent en France, il jette son sceptre dans la balance en avril 1791 et déclare la Constitution civile « hérétique ». Schisme dans le clergé de France entre les « assermentés » fidèles à la nation, et ceux qui refusent le texte maudit, les « réfractaires ». Tempête dans les âmes tourmentées des fidèles.

Le roi est un de ceux-là. Jusque-là, il est resté comme nous l'avons laissé, hésitant, gauche, ballotté par les événements. Le grand homme de la période pourrait lui être d'un appui solide : Mirabeau. Ce roi du double jeu est à l'Assemblée un tribun emporté, il conseille aussi en secret la famille royale. Il est débauché, corrompu, mais son intelligence est vive et son talent politique immense. Hélas, il meurt début avril après, dit la légende, une nuit de débauche entre deux danseuses. Louis est hanté par les affaires religieuses. Il veut communier pour ses Pâques auprès d'un prêtre proromain, c'est-à-dire un « réfractaire ». On l'en empêche. Tout ce qui se passe dans son royaume achève de le déstabiliser. Poussé par un petit clan ainsi que par la reine, il se résout à un acte qui se révélera une erreur funeste. Fin juin 1791, il s'enfuit de Paris pour retrouver dans une place forte de la Meuse les troupes complices de Bouillé qui l'aideront à rétablir l'ordre comme il l'entend. Le 20 juin, déguisé en bourgeois, accompagné de la reine et de leurs deux enfants, il quitte secrètement les Tuileries dans une sombre berline et prend la route de l'Est. Le 21 il est reconnu, puis arrêté à Varennes. Le 25 il est ramené à Paris, au milieu d'une foule muette car les autorités, craignant des débordements, ont ordonné le silence. La confiance entre Louis et son peuple est rompue, elle ne se rétablira jamais. La Constituante finissante a toutefois besoin du roi pour faire fonctionner la fameuse Constitution enfin élaborée, dont il est une pièce majeure. Début juillet, une manifestation au Champ-de-Mars qui demande sa déchéance est réprimée dans le sang. Les autorités, officiellement, se résolvent à une fiction, elles acceptent de faire croire que le prince et sa famille ont été enlevés. Personne n'est dupe.

En septembre, la nouvelle assemblée prévue par la première Constitution de la France se réunit. On voit qu'elle n'est pas assise sur une base très saine.

La Législative (1er octobre 1791-septembre 1792) : le début de la guerre, la fin de la monarchie

Ce nouvel organe est fait pour écrire les lois, on l'appelle « la Législative ». Il poursuit l'énorme travail de réforme entrepris depuis 1789. L'acte le plus important de cette période a trait toutefois à la politique extérieure. Il a lieu au printemps 1792 : c'est la déclaration de guerre à l'Autriche. Depuis quelques mois déjà, l'Assemblée s'agaçait des provocations répétées des émigrés, massés à Coblence, et de l'écho favorable que leurs manigances trouvaient parmi les souverains d'Europe, de plus en plus hostiles à cette horrible Révolution. Peu à peu, pour des raisons antagonistes, en France deux camps opposés vont se résoudre à une entreprise militaire. Les Girondins, ainsi nommés parce que plusieurs de leurs députés viennent de Gironde, forment la gauche du moment, c'est-à-dire le groupe le plus progressiste de la Législative. Ils espèrent que les armées de la liberté aideront les peuples à se défaire de « leurs tyrans » – c'est le vocabulaire de l'époque : ils rêvent d'une « guerre de propagande ». Ils pensent aussi qu'un affrontement contraindra Louis XVI à dévoiler son jeu trouble. Précisément, Louis XVI, poussé par la reine, se résout au conflit car il espère en secret que celui-ci permettra à ses parents, les monarques d'Europe, de venir le délivrer. Le 20 avril 1792, la guerre est donc déclarée à François Ier d'Autriche, roi de Bohême et de Hongrie, et neveu de Marie-Antoinette. Elle doit être courte et ciblée. Elle entraînera bientôt l'Europe dans une tourmente qui durera de façon quasi ininterrompue pendant vingt-trois ans et ne se terminera qu'avec Waterloo, en 1815. Elle doit servir à clarifier les choses. Elle aboutira à bouleverser le cours de la Révolution.

Tout va si vite, alors. Le 20 juin 1792, journée révolutionnaire : le peuple veut être sûr des sentiments patriotiques du roi. Une foule immense de sans-culottes entre aux Tuileries et le cherche. Ils le trouvent, le coincent dans l'embrasure d'une fenêtre, le forcent à porter le bonnet rouge de la Révolution. C'est un avertissement à la vieille royauté capétienne, c'est un chiffon écarlate brandi au nez des puissances, ces Autrichiens et leurs alliés prussiens et émigrés qui se rassemblent aux frontières. Le 11 juillet, l'Assemblée nationale décrète « la patrie en danger ». Quelques jours après, le chef des Prussiens, Brunswick, certain d'être sur le point d'occuper la capitale française, fait une proclamation véhémente : si on touche à un cheveu du roi, Paris sera soumis « à une subversion totale ». La menace est faite pour terrifier les Français. Elle les galvanise. Les sans-culottes forment à Paris une « commune insurrectionnelle », c'est-à-dire qu'ils prennent l'Hôtel de Ville pour en faire une des bases d'un gouvernement révolutionnaire. Le 10 août 1792 – date fondamentale de notre histoire –, aidés par des fédérés marseillais de passage avant de rejoindre le front, ils investissent à nouveau les Tuileries. Le roi se réfugie à l'Assemblée toute proche. Celle-ci prononce sa déchéance puis le fait enfermer avec sa famille dans la prison du Temple. La monarchie entame son agonie.

La France nouvelle, la nation France montre déjà un double visage. Face au péril extérieur, c'est l'héroïsme. Sursaut patriotique, courage des volontaires, discours enflammés et formules fameuses : « De l'audace, encore de l'audace, toujours de l'audace et la France est sauvée », s'exclame le 2 septembre Danton, ministre depuis quinze jours. À l'intérieur, c'est le dérapage sanglant. Ce même 2 septembre débutent trois jours d'horreur. Rendus fous par les nouvelles dramatiques qui disent que les Prussiens sont près de marcher sur Paris, dans un effrayant climat de paranoïa, excités par des voix haineuses comme celle du journaliste Marat, des centaines de sans-culottes se ruent sur les prisons et, après quelques simulacres de procès, y exécutent de façon épouvantable tous ceux qui, à leurs yeux, peuvent ressembler à l'ennemi de l'intérieur : des prêtres sans défense, des aristocrates désarmés, des femmes, des malheureux qui se trouvent là par hasard. Ce délire fait entre 1 200 et 1 400 victimes, ce sont les « massacres de Septembre ».

Plus de roi, la Législative est morte, on vote donc début septembre pour réunir une nouvelle assemblée. Le 20 se déroule un fait extraordinaire au pied d'un petit moulin, dans la Marne : après une courte canonnade, sous le commandement du général Dumouriez, les soldats français ont réussi à faire battre en retraite les Prussiens. Tous les experts sont d'accord aujourd'hui : militairement, il ne s'est pas passé grand-chose à Valmy. Les envahisseurs ont plus été vaincus par la dysenterie qui ravageait leurs entrailles que par la vaillance des tricolores qui leur faisaient face. Le symbole est immense : la première armée d'Europe a été vaincue par des va-nu-pieds. Et le soulagement général, la France est sauvée. Le 21, la nouvelle assemblée se réunit et abolit immédiatement la royauté. Le mot n'est pas prononcé mais chacun a compris ce qui vient implicitement de se jouer : la république est née. Le nouveau calendrier révolutionnaire que l'on mettra bientôt en place commence ce jour-là. Pour les contemporains, la France entre dans une nouvelle ère. Contentons-nous d'ouvrir un nouveau chapitre.

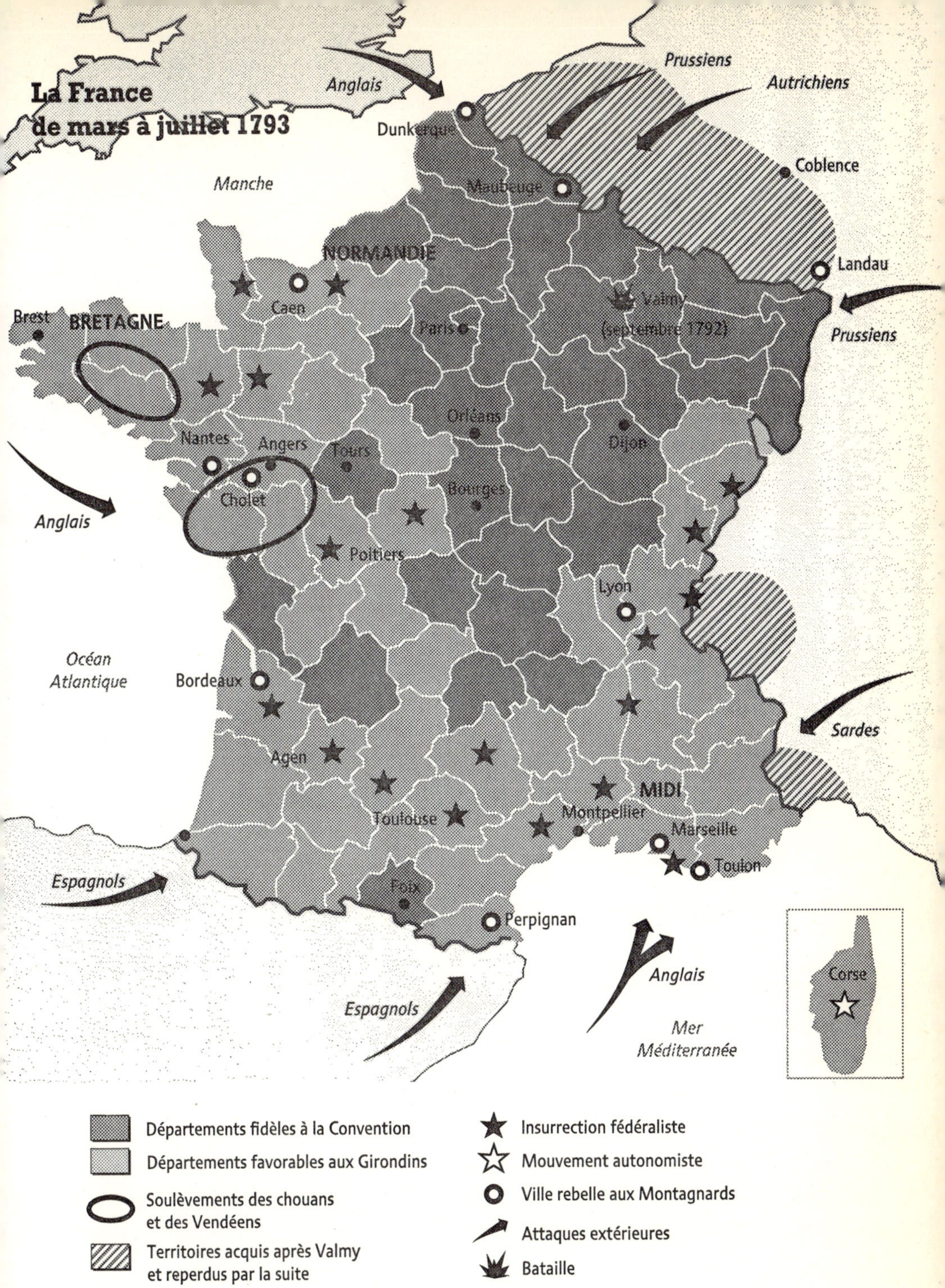
La France
de mars à juillet 1793
Anglais
Prussiens
Autrichiens
Dunkerque
Coblence
Manche
Maubeuge
NORMANDIE
Landau
Caen
Brest
BRETAGNE
Paris
Valmy
(septembre 1792)
Prussiens
Orléans
Nantes
Angers
Tours
Dijon
Cholet
Bourges
Anglais
Poitiers
Lyon
Océan
Atlantique
Bordeaux
Sardes
Agen
MIDI
Montpellier
Toulouse
Marseille
Toulon
Espagnols
Foix
Perpignan
Anglais
Corse
Espagnols
Mer
Méditerranée
Départements fidèles à la Convention
Départements favorables aux Girondins
Soulèvements des chouans
et des Vendéens
Territoires acquis après Valmy
et reperdus par la suite
Insurrection fédéraliste
Mouvement autonomiste
Ville rebelle aux Montagnards
Attaques extérieures
Bataille

30 – La Première République

de 1792 à 1799

Louis XVI ou plutôt Louis Capet, comme on préfère appeler le *ci-devant roi* pour lui faire tomber la couronne jusque dans son état civil, est en prison avec sa femme et ses enfants. La Constitution de 1791, monarchique dans son principe, ne peut plus fonctionner. Il faut en donner une autre au pays. C'est pourquoi la nouvelle assemblée s'appelle « la Convention » (ou, plus exactement, la « Convention nationale »), un synonyme de « constituante ». Sa première décision, prise à l'unanimité le 21 septembre

REPÈRES

– 1793 (21 janvier) : exécution de Louis XVI
– 1793 (mars) : début de la guerre de Vendée
– 1793 (6 avril) : premier Comité de salut public dominé par Danton
– 1793 (31 mai-2 juin) : chute des Girondins
– 1793 (juillet) : début de la prépondérance de Robespierre au Comité de salut public
– 1793 (5 septembre) : « la Terreur à l'ordre du jour »
– 1793 (17 septembre) : loi des suspects
– 1794 (10 juin) : loi de prairial instituant la Grande Terreur
– 1794 (26 juin) : victoire de Fleurus (en Belgique)
– 1794 (27 juillet-9 thermidor) : chute et exécution de Robespierre et des siens
– 1795 (26 octobre) : début du Directoire
– 1796-1797 : campagne d'Italie de Bonaparte
– 1798-1799 : expédition d'Égypte

1792, a été d'abolir la royauté. Dès le lendemain, elle entend dater ses actes de « l'an I de la République », la première dans notre pays. Officiellement, celle-là prend fin en 1804, avec le couronnement de Napoléon comme empereur. De fait, elle bascule dans un autre système dès le coup d'État de novembre 1799 qui l'avait fait consul. Sept ans à peine, donc, mais si tumultueux, passant par des phases si différentes qu'il convient, pour s'y retrouver, de les diviser encore.

Les débuts de la Convention et la Terreur (1792-1794)

En septembre 1792, la République. Au mois de décembre, début du procès de Louis XVI. Le 21 janvier 1793, digne comme il l'est depuis son emprisonnement, livide, le roi monte les degrés sinistres de l'échafaud installé sur la place de la Révolution, notre actuelle place de la Concorde. Quelques instants plus tard, au son des roulements de tambour prévus pour couvrir sa voix, à côté de son confesseur qui s'exclame « Fils de Saint Louis montez au ciel ! », sa tête tombe dans un panier rempli de son. En avril, pour faire face aux périls extérieurs, instauration d'un premier Comité de salut public dominé par Danton. En juin, avec l'appui des sans-culottes, le groupe le plus avancé de la Convention, les Montagnards – ou Jacobins – éliminent leurs ennemis, les Girondins. En juillet 1793, un nouvel homme fort se distingue au Comité de salut public, Robespierre. La France glisse dans la Terreur. Loi des suspects, exécution de Marie-Antoinette, condamnés montant à la guillotine par charrettes entières, guerre civile en Vendée, à Toulon, à Marseille, à Lyon, à Caen, nouvelles exécutions de nouvelles factions, mais aussi Carnot réorganisant l'armée grâce à la « levée en masse » ; les fameux « soldats de l'an II » chantés par Victor Hugo, ces va-nu-pieds qui donnent à la patrie d'éclatantes victoires (Hondschoote ou Fleurus, en Belgique). Et enfin, le 9 thermidor an II, selon le nouveau calendrier révolutionnaire en vigueur depuis quelques mois, c'est-à-dire le 27 juillet 1794, chute et exécution de Robespierre et des siens.

On le voit, tout y est. En moins de deux ans, aucune image ne manque à la grande galerie de la Révolution française telle que nous l'avons en tête. Charrettes de condamnés et victoires à l'extérieur, guerres de clans et fièvre parlementaire. Au cours de ces vingt-deux mois, la Terreur, qui, pour ses thuriféraires (il en reste encore quelques-uns) ou ses détracteurs horrifiés (plus nombreux) résume la Révolution tout entière, aura duré un an. Ce court moment compte toutefois pour des siècles, puisque, plus de deux cents ans plus tard, il continue à hanter les esprits et à agiter d'interminables controverses. On y reviendra. Ne cherchons pas ici à entrer dans le déroulement chronologique précis d'une histoire mouvementée et complexe, ce n'est pas le propos de ce livre. Contentons-nous, pour essayer de la comprendre un peu mieux, de rappeler les lignes de force qui la traversent.

Luttes fratricides

Montagnards contre Girondins, Danton contre Robespierre et règlements de comptes pour tout le monde à coups de procès expéditifs et de nuques tranchées. Même ceux qui ne connaissent rien à la Révolution ont en tête cette idée des luttes fratricides perpétuelles qui l'ensanglantèrent. C'est une idée juste. À partir de 1793, la Révolution semble devenue folle : « Comme Saturne, elle dévore ses enfants », dira le conventionnel Vergniaud, qui en sera victime lui-même. Depuis septembre 1792, tout tourne, en France, autour de la Convention. À partir d'avril 1793, à cause de la guerre et des menaces qui pèsent sur la Révolution, un Comité de salut public de douze membres fera office de gouvernement. Il émane de l'Assemblée, pouvoir central et unique du pays, puisqu'il n'y a, pour le contrebalancer, plus de roi et pas encore de président de la République. Est-ce pour cette raison que les frères conventionnels vont s'entre-tuer ?

La première grande opposition se joue donc, on vient de le dire, entre les Girondins et les Montagnards. Nous connaissons les premiers, ils étaient l'aile avancée au temps de la Législative, ils représentent maintenant les modérés. La place d'ultras leur a été ravie par ceux que l'on appelle les Montagnards, parce qu'ils siègent sur les bancs du haut de la Convention, ou encore les Jacobins, parce que c'est le nom du club où leurs leaders se réunissent. Au centre, la majorité de la chambre compose la « plaine » ou le « marais ». Certaines oppositions sont circonstancielles : quel sort doit-on faire au roi ? Faut-il ou non punir les responsables des massacres de Septembre ? Certaines autres engagent l'organisation sociale tout entière. Notre langue politique en garde d'ailleurs le souvenir : si on parle toujours de « jacobinisme » pour désigner une politique centralisée, c'est en référence aux lignes de fracture de 1793. Les Jacobins prônaient la supériorité de Paris. Les Girondins, favorables à un équilibre de toutes les régions, estimaient, selon le mot fameux d'un parlementaire, qu'il fallait réduire la capitale à son « 1/83 d'influence » – c'est-à-dire à n'être qu'un département parmi les 83 autres.

À partir d'avril 1793, les Girondins tentent de faire cesser les attaques inouïes lancées constamment contre nombre d'entre eux par les sans-culottes de la Commune de Paris, ce gouvernement parallèle qui tient l'Hôtel de Ville, appuyé par des meneurs comme Marat et Hébert : les deux sont mis en accusation mais ils sont aussitôt acquittés par des jurés acquis d'avance. Fin mai-début juin, la Commune répond par un coup de force : elle envoie ses canons devant l'Assemblée pour la sommer de lui remettre les députés girondins. L'Assemblée cède, les députés demandés sont arrêtés dans la foulée. La voie est libre pour les Montagnards. Ils peuvent donc commencer à se déchirer entre eux : Danton en était le grand homme, il prend du champ, appelle à la modération, et laisse la place, en juillet, à son rival Robespierre, qui, bientôt, doit lutter contre d'autres rivalités au sein du Comité de salut public ou, du côté des sans-culottes, contre la surenchère des *hébertistes*, ou *enragés*. On le voit, la capacité à se subdiviser semble infinie.

Qui, dans cette affaire, avait tort, qui avait raison ? Chacun, depuis deux siècles, essaie d'apporter à la question des réponses qui occupent des bibliothèques entières. On insistera sur un seul point : ces luttes sont d'autant plus tragiques que tous les conventionnels et leurs partisans étaient d'accord sur un point essentiel, ils étaient tous de fervents républicains. Il convient de le rappeler quand la propagande a parfois brouillé notre mémoire. Considérons par exemple un des actes les plus célèbres de la Révolution : l'assassinat de Marat dans sa baignoire (en juillet 1793) par une jeune Normande, Charlotte Corday. Contrairement à ce que croient trop de gens abusés par un reste de propagande jacobine, cette jeune femme n'avait rien d'une royaliste exaltée, elle était une jeune révolutionnaire girondine éprise de liberté, écœurée par le coup de force sans-culotte de juin, qui pensait qu'il en allait du bonheur commun de débarrasser le pays du fou sanguinaire qui l'avait inspiré. Il suffit de lire Marat pour constater qu'elle n'avait peut-être pas tout à fait tort.

Certains Girondins sont restés célèbres comme le philosophe Condorcet, qui dort au Panthéon, ou Mme Roland, femme d'un ministre et âme de ce courant politique. Elle mourut sur l'échafaud en s'écriant « Liberté ! que de crimes on commet en ton nom ». Certains autres n'ont guère eu le temps de se faire connaître. Vergniaud, cité plus haut, a été, nous disent les historiens, un des meilleurs orateurs de son temps et un des plus talentueux politiques. N'eût-il été victime de la guillotine – le 31 octobre 1793 avec 21 de ses pairs –, il aurait sans doute pu le prouver plus longuement.

Il ne s'agit pas pour autant de réécrire l'histoire. Les Girondins auraient-ils fait mieux que leurs ennemis s'ils l'avaient emporté ? Nul ne le saura jamais. Ils se targuaient de faire plus de cas des libertés publiques que leurs rivaux, ils aimaient la modération. La modération était-elle de mise en juin-juillet 1793, au moment où la Montagne, et Robespierre, le chef qui s'y impose, prennent le pouvoir ? Les circonstances alors sont terribles. Pour les partisans de l'Incorruptible, elles seules expliquent le système dictatorial qui se met en place.

Guerre extérieure, guerre intérieure

C'est indéniable, à partir du printemps de 1793 les *circonstances* – c'est-à-dire le contexte intérieur et international – sont terribles. Pour en mesurer l'importance, il faut faire un retour en arrière de six mois et revenir au 21 janvier, jour de l'exécution de Louis XVI. Un grand symbole. De lourdes conséquences. Depuis des semaines, l'Angleterre était inquiète de voir les armées françaises progresser en Belgique et menacer le port d'Anvers, essentiel à son commerce. Le sacrilège commis sur la personne du souverain a été un bon prétexte : elle se lance dans une guerre contre la France. L'Espagne suit. L'Autriche et la Prusse étaient déjà dans la danse. Au total, cela fait presque un continent entier contre un seul pays, et encore, un pays bien divisé.

La République a besoin de soldats, elle en ordonne partout la levée. Parfois, les paysans refusent. C'est le cas dans l'Ouest. Au printemps 1793, à Machecoul, des villageois massacrent les recruteurs. Les républicains engagent des représailles pour châtier cet affront. Bientôt les prêtres, quelques nobles, et les nostalgiques du temps des rois s'en mêlent. L'engrenage infernal est lancé. C'est le début d'un horrible conflit intérieur qui s'ajoute à celui qui se mène aux frontières : la guerre de Vendée.

Après juin et l'élimination des Girondins, parce qu'elles sont indignées par le coup d'État de la Commune et l'arrestation de leurs députés, d'autres provinces, d'autres villes, Lyon, Marseille, se soulèvent à leur tour. Partie de Normandie, une petite armée progirondine marche sur Paris. Elle est arrêtée de justesse en juillet à Pacy-sur-Eure. C'est un fait : à l'été 1793, vue du Comité de salut public, la situation est dramatique.

La Terreur

Est-ce pour autant qu'il faut refuser de voir la nature du système que Robespierre et ses amis mettent en place à ce moment-là ? Son nom seul fait frémir : la Terreur. Il n'a pas été donné *a posteriori* par ses détracteurs, il est revendiqué par ceux-là mêmes qui l'ont promu. Le 5 septembre 1793, Barrère, un des membres les plus influents du Comité de salut public, a fait passer un décret à la Convention qui déclare « la terreur à l'ordre du jour ». Le principe en est simple : la Révolution doit être impitoyable avec ceux qui la menacent. Il faut régner par la crainte. « Pas de liberté pour les ennemis de la liberté », a résumé Saint-Just dans une de ces formules dont l'énoncé seul montre l'absurdité et la limite. Le mode opératoire est à la hauteur de l'enjeu. Dès le 17 septembre, une « loi des suspects » permet d'envoyer à peu près n'importe qui devant le tribunal révolutionnaire subir les réquisitoires du redoutable procureur Fouquier-Tinville. Il suffit de s'être montré « partisan de la tyrannie, du fédéralisme ou ennemi de la liberté ». Cela fera du monde. Les estimations font état de 17 000 personnes guillotinées après procès – plus de 500 000 furent arrêtées.

Il faut ajouter à cette sinistre cohorte les victimes des innombrables exactions commises partout dans le pays par quelques-uns des « représentants en mission » de la République, qui en sont la honte. Citons Fouché ou Collot d'Herbois, envoyés pour réduire l'insurrection de Lyon, qui y firent des milliers de morts à la mitraille, parce qu'ils estimaient que la guillotine était « trop lente ». N'oublions pas le martyre de l'Ouest du pays : d'abord victorieux, les Vendéens essaient de faire la jonction avec les révoltés de Bretagne et du Cotentin qu'on appelle les « chouans ». C'est la « virée de Galerne ». Elle échoue. Après avoir redressé la situation à l'automne 1793, les républicains usent, pour organiser la répression dans l'Ouest, de méthodes révoltantes : à Nantes, Carrier fait noyer les suspects dans la Loire, un peu plus tard le général Turreau invente les « colonnes infernales », des troupes de soldats chargés de massacrer toute la population et de faire un désert d'un pays jadis prospère.

Une économie dirigée

La Convention montagnarde au temps du Comité de salut public, c'est donc avant tout une dictature sinistre qui règne par la peur. Seulement, on ne peut comprendre la faveur dont a joui ce gouvernement auprès d'une partie du peuple si on le réduit à cela. La Convention montagnarde, c'est aussi une politique sociale. Là encore, les *circonstances* sont pressantes. Dans le pays, la misère est grande. Les assignats ne valent plus rien. Les récoltes donnent mal. L'armée prend tout. Le rationnement est drastique. On fait aux boulangeries des queues interminables. On a faim. Poussé par les hébertistes, le Comité de salut public cherche comme il peut à résoudre cette situation, ou tout au moins à l'améliorer. Dès le printemps 1793, on a tenté une « loi du maximum » qui impose un plafond au prix de nombreuses denrées. Elle sera étendue plusieurs fois. Au printemps 1794, avec les décrets de Ventôse, Saint-Just propose que soient redistribués aux indigents les biens confisqués aux suspects. Les détracteurs de ces mesures ont beau jeu de noter que la première n'a servi qu'à augmenter la pénurie en freinant le commerce (les paysans cachaient leurs denrées pour ne pas les vendre à vil prix) et que la seconde, faute de temps pour l'appliquer, est restée un vœu pieux. Il n'empêche. Quoi que l'on pense de 1793, on ne peut nier ce fait. 1789 avait posé l'égalité politique entre citoyens. Avec cette tentative d'économie dirigée, les Jacobins ont été les premiers dans l'histoire de France à tenter de corriger les inégalités sociales.

Robespierre

On a cité son nom maintes fois, disons enfin un mot de Robespierre, petit avocat d'Arras devenu à trente-cinq ans le quasi-maître du pays. Il ne régna jamais seul. Au temps du Comité de salut public, le pouvoir était par essence collégial. Bien d'autres de ses membres furent tout aussi influents, Barrère par exemple, déjà nommé. N'empêche, Robespierre reste l'homme symbole de la période. Quel souvenir en garder ? Ses ennemis en font un monstre sanguinaire prêt à tout au nom de la vertu, un maniaque enivré par son rêve de pureté : « Il ira loin, avait prédit Mirabeau, il croit tout ce qu'il dit. » Ses admirateurs voient en lui le seul homme d'État qui fut capable de conduire la France dans les périls et qui chercha toujours à placer l'intérêt de la patrie au-dessus des factions. Le fait est qu'il n'hésita jamais à faire couper des têtes, mais prit un soin extrême à frapper de tous les côtés. En mars 1794, il fait exécuter les principaux *enragés*, ces sans-culottes ultras, les amis de Hébert. En avril, c'est déjà le tour des *indulgents*, c'est-à-dire ses anciens amis Danton et Camille Desmoulins, à qui ses sbires ont collé quelques accusations de malversations financières, et qui, dans la réalité, ont commis un outrage bien plus grand : ils ont eu le front de se montrer publiquement écœurés par les dérives de la Terreur.

Sur bien des plans, l'homme est insaisissable. À l'automne 1793, au plus fort de la déchristianisation, au moment où les hébertistes veulent faire de Notre-Dame un « temple de la Raison », il réprouve, comme Danton, les « mascarades antireligieuses ». En juin 1794, étonnant pontife moderne, il fait organiser les « fêtes de l'Être suprême », un sommet du kitsch révolutionnaire mis en scène par le peintre David. C'est l'apogée de son règne, et donc le début de la fin. Peu après, durant ce même mois de juin, à l'instigation d'autres membres du Comité, débute la « Grande Terreur » : officiellement, il s'agit d'en finir avec les exactions incontrôlées et d'en rester à la « sévérité nécessaire ». Concrètement, cela aboutit à une folie toujours plus meurtrière. Les suspects ont encore moins de droits qu'ils n'en avaient, les juges et les jurés sont encore plus hystériques, les charrettes de condamnés se succèdent à un rythme effréné. La France n'en peut plus. Du front arrivent des nouvelles de victoires. Pourquoi verser encore tant de sang ? On suspecte Robespierre de vouloir devenir dictateur. Le Comité lui-même, dont il s'éloigne, est prêt à se retourner contre lui. Ses anciens amis sentent le vent tourner, ils le lâchent. Il tente de retrouver la faveur de la Convention par un discours célèbre, qui le perd car il y parle de « ses ennemis » sans les nommer et ne réussit qu'à effrayer tout le monde. On le « décrète d'accusation » – selon la terminologie de l'époque – comme il l'a fait pour tant d'autres. Saint-Just veut le défendre, on ne le laisse pas parler. L'Incorruptible cherche refuge à l'Hôtel de Ville. Échec d'une tentative d'insurrection en sa faveur, arrestation de tout le monde. Nous sommes le 9 thermidor (27 juillet). Le 10, couvert de sang, ne laissant échapper que des borborygmes de sa bouche brisée la veille par une balle, à côté de 21 de ses compagnons, Robespierre est exécuté. Fin d'une époque.

Thermidor et le Directoire

La France est toujours dirigée par la Convention. Y manquent tous les députés victimes de la Terreur, évidemment. Pour le reste, elle n'a pas changé. Elle entre dans sa troisième et dernière phase, la période dite « thermidorienne » – on a compris d'où vient le nom. Fin de la dictature mais aussi fin des mesures sociales qui accompagnaient l'escalade révolutionnaire. On sent le changement de régime : quelques-uns des terroristes les plus excessifs de la veille paradent en nouveaux amis de la liberté pour garder leur place, comme le terrible Tallien par exemple. D'autres sont quand même jugés et punis pour leurs crimes. Partout, les proscrits d'hier sortent du bois. Leur vengeance peut être violente : dans maints endroits, et tout particulièrement dans le Midi, à la Terreur bleue (couleur de la République) succède la Terreur blanche : ce sont les Jacobins, désormais, que l'on massacre. Ailleurs on respire. La Convention se souvient qu'elle avait été élue pour donner une Constitution au pays, elle en produit une à l'été 1795. Nouvelles élections, nouveau régime : traumatisé par la dictature d'un comité appuyé sur une assemblée unique, on a tout joué sur un savant équilibre des pouvoirs. Deux chambres (le Conseil des Cinq-Cents, ainsi nommé à cause du nombre de ses membres, et le Conseil des Anciens) sont censées faire contrepoids à un exécutif lui-même partagé en cinq membres égaux qui forment un « directoire ». Il donne son nom à la période. Le système est admirable, et parfaitement inopérant.

Voici donc le second et dernier épisode de la Ire République. Comme tous les autres, il est écrasé depuis deux siècles sous une rude mythologie. Il est vrai qu'il ne s'est jamais trouvé grand monde pour le défendre : les Jacobins ne pardonnent pas à Thermidor d'avoir enterré leur révolution, les bonapartistes ont grand besoin de trouver tous les défauts au Directoire pour montrer à quel point leur héros a eu raison d'y mettre fin. Considérée en soi, la période ne manque pas d'aspects folkloriques. Après la dictature de la vertu du sinistre Robespierre, place aux joies du vice. Dès Thermidor, tous ceux qui avaient courbé la tête pour ne pas la perdre la redressent avec effronterie. C'est l'époque des « bals des victimes » réservés à ceux qui ont perdu un proche sur l'échafaud. Les sans-culottes peuvent raser les murs, une nouvelle jeunesse arrogante et dorée tient le haut du pavé : les fameux « muscadins » qui, entre deux bals, courent les rues avec des gourdins qu'ils appellent leur « pouvoir exécutif ». Ils laissent bientôt la place à d'autres fils de riches, d'autres dandys, accoutrés incroyablement et prêts à toutes les extravagances : les Merveilleuses et les Incroyables, ou plutôt les Me'veilleuses et les Inc'oyables, ces jeunes gens mettant un point d'honneur à bannir de la langue la lettre « r » qui rappelle trop de choses ennuyeuses : les Rois, les Révolutions, la TeRReur. On a abandonné toute velléité de politique sociale. La disette est plus sévère que jamais, la misère terrible dans les faubourgs, mais pour d'autres, l'argent coule à flots. Les lieux à la mode fourmillent de « nouveaux riches », l'expression nous est restée, elle date d'alors, c'est le nom d'une pièce à succès. Barras, un des directeurs, est le grand nom politique de l'époque. Il a été vicomte sous l'Ancien Régime, est devenu républicain sous la Convention. Il mène désormais grand train, passe pour organiser des orgies fastueuses avec l'argent de toutes les corruptions. Les corrupteurs n'en manquent pas, qui amassent de leur côté des fortunes immenses en trempant dans tous les trafics liés à l'approvisionnement des armées.

Car les armées font merveille. Le pauvre Robespierre pensait que seule la vertu pouvait conduire au salut de la patrie. Le Directoire prouve le contraire. Le régime passe pour un des plus vénaux de l'histoire, rarement le pays a connu autant de victoires. Le péril n'est plus aux frontières, et à force de repousser l'ennemi, les soldats réussissent à bâtir autour de la patrie, en Belgique, aux

Pays-Bas, en Italie, une ceinture de « républiques sœurs ». De nombreux généraux, les Jourdan, les Hoche, connaissent alors la gloire qui leur vaut d'avoir laissé leur nom à des places et des lycées. Le plus fameux est un jeune officier d'origine corse. Il a brillé au siège de Toulon, au temps de la Terreur. Ses sympathies robespierristes lui ont valu un court emprisonnement sous Thermidor. Mais Barras connaît ses qualités militaires et l'envoie en Italie combattre les Autrichiens. Il y révèle les qualités qui feront sa légende : un sens de la stratégie hors pair qui anéantit l'ennemi ; une ambition démesurée qui le fait se comporter en véritable vice-roi de tous les territoires qu'il conquiert et un sens de sa propre propagande tout aussi exceptionnel. En une campagne (1796-1797), Napoléon Bonaparte est devenu le plus populaire des militaires français.

La période mérite-t-elle mieux que le mépris dont on l'accable en général ? De nombreux historiens, aujourd'hui, trouvent le jugement injuste. La Convention thermidorienne et le Directoire ne se sont pas contentés de mettre un frein à la Révolution, ils l'ont continuée de bien des manières. C'est à eux que l'on doit par exemple la création de l'Institut de France ; la première école normale – faite pour enseigner l'art d'enseigner – ; la création de l'Institut des langues orientales ; du Conservatoire des arts et métiers ou la première séparation des Églises et de l'État. Le principal reproche qu'on ne peut manquer toutefois d'adresser à ce régime, c'est d'avoir été incapable de se maintenir. On l'a vu, par sa nature même il était instable et parfaitement ingouvernable. Du coup, il passe son temps à lutter contre tous ceux qui veulent l'abattre. Un jour (5 octobre 1795, ce qu'on appelle « journée de Vendémiaire »), il faut faire tirer au canon contre des royalistes (et c'est déjà le jeune Bonaparte qui dirige le feu). Un autre (en 1796), il faut frapper à gauche en stoppant la « conjuration des Égaux » de Gracchus Babeuf qui rêvait d'abolir la propriété et d'établir l'égalité absolue entre les hommes. À force, l'idée se fait jour dans plusieurs têtes de mettre en place un pouvoir fort. « Je cherche une épée », dit Sieyès, l'âme du complot. Plusieurs noms reviennent. Un certain général Joubert a les faveurs de beaucoup, mais il est tué au combat de Novi en Italie. Pourquoi pas ce Bonaparte ? Après l'Italie, on l'a envoyé en Égypte pour y établir une belle colonie qui coupe la route des Indes aux Anglais. Militairement, l'opération a été désastreuse. Sitôt à l'ancre, la flotte a été coulée par l'amiral Nelson à Aboukir. Mais le général a le sens de l'organisation, des grands mots – « du haut de ces pyramides, quarante siècles vous contemplent » – et de la communication : des savants, des écrivains composent sa suite pour donner du prestige à l'expédition. Flairant qu'il y avait à faire à Paris, Bonaparte a laissé l'armée rôtir dans les sables du désert et s'en est revenu. Retour triomphal, délire d'amour populaire, illumination dans les villages où il passe. Décidément, l'épée s'impose. Les 18 et 19 brumaire an VIII (9 et 10 novembre 1799), le Directoire connaît un ultime coup d'État qui manque de rater et réussit quand même grâce à l'intervention de la troupe et à un homme bien placé : Lucien Bonaparte, un des frères du général, qui est président d'une des chambres. Le pays connaîtra un nouveau système : le *Consulat*, dirigé en principe par trois consuls. Un seul comptera : Bonaparte. Première proclamation officielle du nouveau régime, au mois de décembre 1799, lors de la mise en place de la Constitution : « Citoyens, la Révolution est fixée aux principes qui l'ont commencée, elle est finie. »

31 – La Révolution

Quel bilan ? Quel avenir ?

Elle a inventé la nation, et cela a pu déboucher sur le nationalisme. Elle a proclamé les droits de l'homme, et on ne peut s'empêcher de l'associer à la guillotine. Elle a ouvert la voie à la démocratie, et a fini par accoucher de l'Empire. On vient de le voir, il n'est pas facile de s'y retrouver dans le récit de la Révolution française. En penser la cohérence non plus. Le problème n'est pas nouveau. Dès la fin de la période révolutionnaire s'ouvre une autre querelle, celle de son interprétation.

Pour Michelet, et la gauche de la première moitié du XIXe siècle, la Révolution française est une heure bénie de l'histoire puisqu'elle voit enfin le triomphe du vrai héros, « le peuple » – même si, on le sait, « le peuple » est un héros très flou dont personne n'a jamais réussi à déterminer l'identité. Pour la droite catholique de la même époque, elle est maudite dans son essence, pour avoir osé ébranler les bases saines d'une société d'ordres, Dieu, le roi, l'Église. Lamartine, le romantique au grand cœur, exalte les Girondins, dont il écrit l'histoire. À la fin de ce même siècle, les grands historiens socialistes n'en tiennent que pour Robespierre, précurseur d'un idéal de société égalitaire. Pour les contrer, leurs rivaux radicaux-socialistes célèbrent Danton, son rival et sa victime, Danton qui désapprouva la violence, et dont on répète les nobles envolées : « mieux vaut cent fois être guillotiné que guillotineur », « après le pain, l'éducation est le premier besoin du peuple ». En janvier 1891, lors d'un débat parlementaire exalté pour savoir s'il faut ou non interdire à la Comédie-Française de jouer une pièce antirobespierriste parfaitement oubliée aujourd'hui (*Thermidor*, de Victorien Sardou), Clemenceau croit en terminer en assommant ses adversaires de sa formule choc : « La Révolution française est un bloc ! » Le trait se veut définitif. Il n'en finit avec rien, les polémiques reprendront à la première occasion et chaque camp continuera à fissurer le « bloc » comme il en a toujours été.

Mythologie révolutionnaire

Durant les deux siècles qui l'ont suivie, la passion autour de la Révolution a été tumultueuse. De nos jours, sans aucun doute, la Seconde Guerre mondiale a pris cette place d'événement historique fondateur de notre mythologie politique : Vichy contre la Résistance, collabo contre armée de l'ombre et « les pires heures de notre histoire », formule convenue ressassée à propos de tout et n'importe quoi. C'est désormais entre 1940 et 1945 que se tient le nœud névrotique de la mémoire nationale. Pendant les cent cinquante ans qui précédèrent, 1789 et 1793 jouèrent ce rôle. Dans la vie politique française, au moins jusqu'à la première moitié du XXe siècle, c'est dans la mythologie révolutionnaire que l'on va piocher les références que l'on s'envoie à la figure. « Terroriste ! » était un mot courant qui ne désignait alors ni un islamiste barbu ni un indépendantiste basque poseur de bombes, mais un partisan des Montagnards. « Septembriseur ! » était une insulte que tout le monde comprenait : elle désignait les auteurs des massacres de septembre 1792 dans les prisons parisiennes. L'historiographie est à l'avenant. Peu de périodes ont été aussi décortiquées, tant coupées en petits morceaux que l'on oppose les uns aux autres, peu ont suscité autant d'interprétations aussi divergentes. Sur le plan universitaire, une des grandes batailles du XXe siècle a eu lieu dans les années 1960 quand l'historien François Furet et quelques-uns de ses proches (comme Denis Richet ou Mona Ozouf) ont décidé de rompre avec la domination communiste sur l'histoire de la Révolution et de jeter à terre le « catéchisme » sectaire qui, selon eux, lui servait de grille de lecture. Pour les marxistes, 1789 est une « révolution bourgeoise » qui invente des « libertés formelles », cette poudre aux yeux qui n'a d'autre intérêt que de permettre à la bourgeoisie de détrôner l'aristocratie et d'asseoir le système qui lui convient, le capitalisme. 1793 et la Terreur, en donnant le pouvoir aux sans-culottes, préfigurent la seule révolution qui compte, puisqu'elle est censée avoir apporté aux hommes la paix et le socialisme, la révolution russe de 1917. François Furet passera une partie de sa vie d'universitaire à démonter patiemment cette thèse : pour lui, grâce à des élites éclairées, 1789 nous a apporté des libertés indispensables, et la Terreur est un dérapage sinistre. Aujourd'hui, les derniers admirateurs de la révolution russe ont du plomb dans l'aile, les thèses de Furet dominent, et, selon le jeu de balancement le plus classique dans l'histoire de la pensée, ce sont celles-là, considérées comme trop *libérales*, que de jeunes historiens cherchent à remettre en cause.

De son côté, le vieux courant contre-révolutionnaire n'a pas désarmé. On l'a vu refleurir à la fin de ce même XXe siècle, au moment où les célébrations de son bicentenaire replaçaient 1789 sous les feux de l'actualité, derrière un autre grand historien comme Pierre Chaunu et quelques polémistes, liés au courant de la droite catholique. Bien sûr, l'arsenal idéologique de ce camp s'était alors considérablement modernisé. Aucun de ses penseurs n'aurait eu l'idée de voir dans la Révolution le résultat d'un « complot maçonnique » inspiré par Satan, comme le faisaient leurs aînés au XIXe siècle, en suivant la thèse alors très populaire d'un auteur jésuite, l'abbé Barruel. Le raisonnement qu'ils utilisent recoupe celui dont ils se servent contre les Lumières, et dont nous avons parlé déjà. Il prétend juger la Révolution non pas tant au nom de ce qu'elle a détruit (la monarchie, la société d'ordres, etc.) qu'au nom de l'avenir funeste qu'elle aurait annoncé : les grands totalitarismes du XXe siècle. En gros, Robespierre a enfanté Hitler, Staline et Pol Pot, et la Révolution française est mère des révolutions qui ont suivi, la russe, la chinoise. Ne méprisons pas cet argumentaire, utilisons-le, il nous permettra quelques précisions d'importance.

Contrer les contre-révolutionnaires

Comme l'URSS, comme les fascistes, disent nos pamphlétaires, la Révolution n'a-t-elle pas voulu faire table rase du passé et créer un homme nouveau ? Songez aux horreurs du « vandalisme révolutionnaire », ajoutent-ils, songez à la rage des destructions d'églises et de monuments. Ces faits sont indiscutables. En quoi doivent-ils nous pousser à faire un parallèle avec ce qui a suivi, plutôt qu'avec ce qui a précédé ? La Révolution a-t-elle été le premier régime à vouloir régénérer l'humanité ? Allons ! Les grands monothéismes n'y ont-ils pas prétendu longtemps avant elle ? En voulant transformer les églises en temples de la raison, en voulant donner un nouveau sens à la vie humaine, la fin du XVIIIe siècle n'a jamais fait que répéter ce que le christianisme a fait à ses débuts (ou ailleurs l'islam) en saccageant les temples existant auparavant pour remplacer les anciennes divinités par un dieu nouveau, décrété unique.

On peut se moquer du calendrier républicain, officiel en France à partir du « 14 vendémiaire an II » (c'est-à-dire le 5 octobre 1793) qui prétendait commencer une ère nouvelle au premier jour de la République (22 septembre 1792). En quoi est-ce plus ridicule que d'imposer aux innombrables non-chrétiens de la planète un calendrier qui débute à la naissance de Jésus ?

Mais les massacres au nom du Bien, de la Vertu, du Progrès humain ?, continuaient les amis de Chaunu. Comment ne pas les rapprocher de ceux du XXe ? Certains intellectuels utilisaient particulièrement, pour ce faire, l'exemple des guerres de Vendée, rebaptisées par l'un des leurs le « génocide franco-français ». On voit l'importance du mot. Il posait l'événement comme une sorte de sinistre répétition de ceux opérés plus tard par Hitler ou Pol Pot. Une chose est certaine : au moins cette polémique a-t-elle servi à pousser de grands historiens à étudier de près un aspect atroce de notre histoire qui – pourquoi le nier ? – était minimisé jusque-là. Ainsi les travaux très précis de l'universitaire Jean-Clément Martin sur tous les soulèvements de l'Ouest. Ils aident, faits à l'appui, à démonter la thèse soutenue. Les horreurs furent réelles. On a parlé dans le chapitre précédent des épouvantables noyades commises par Carrier à Nantes, ou des « colonnes infernales » du général Turreau. Au total, selon Martin, on peut estimer à plus de 200 000 le nombre des victimes de la répression républicaine, chiffre insupportable. En quoi cela permet-il à quiconque d'y voir à l'œuvre la même machine de mort que celle qui conduisit à Auschwitz ? Nul Jacobin, même le plus sanglant, n'a voulu alors anéantir une population particulière sur la seule base d'une « ethnie », comme les nazis cherchèrent à le faire avec les Juifs ou les Tziganes dont ils prétendaient qu'ils formaient des « races ». Dans les années qui ont suivi 1793, on s'est battu bleus contre blancs, c'est-à-dire républicains contre monarchistes. Certains Vendéens étaient bleus, et si la Convention a effectivement donné des ordres affreux de saccage total de la région, considérée comme un nid d'ennemis de la Révolution, si elle a pu demander qu'on n'épargne pas les populations civiles, elle n'a jamais ordonné qu'on aille traquer les Vendéens à Marseille ou à Dunkerque pour leur appliquer une « solution finale », comme les nationaux-socialistes le firent avec les Juifs dans tous les pays qu'ils occupaient.

Et la Terreur ?, diront alors nos polémistes. Et ces charretées envoyées à la guillotine au nom de la Raison ne forment-elles pas l'avant-garde des cortèges horribles qu'on envoya au goulag ou dans les camps chinois au nom du socialisme ? Une fois encore, il ne faut nier ni les faits ni les contradictions qu'ils portent. Le même Saint-Just pouvait prononcer des phrases admirables de joie et d'espérance, comme sa formule fameuse : « Le bonheur est une idée neuve en Europe », et se montrer dans les actes un pourvoyeur de la grande machine sanglante mise en place sous le gouvernement de ses amis. Une telle schizophrénie doit nous interroger. La Terreur a fait 20 000 morts « officiels », sans doute des centaines de milliers dans la réalité. N'aurait-elle d'ailleurs envoyé qu'un seul homme à la guillotine pour le punir de penser mal, c'était encore un de trop. Pourtant, y voir à l'œuvre la première matrice du totalitarisme nous semble anachronique et faux. Le totalitarisme, comme l'indique ce nom lui-même, vise à étouffer l'individu dans un système posé comme un tout, dans un système fermé sur lui-même, un système fait pour que nul ne puisse y échapper.

Dans sa nature même, la dictature de 1793-1794 est très différente pour une raison simple : elle finit abattue par le même régime que celui qui l'avait mise en place. On oublie trop ce fait pourtant essentiel. Robespierre, aidé, il est vrai, par un coup de force (celui du 2 juin 1793, qui permit l'arrestation des Girondins), règne au nom de la Convention. C'est cette même Convention qui, le 9 thermidor, vote sa chute, décide de mettre fin à la Terreur et de châtier certains de ceux qui en furent les instigateurs. Trop peu, sans doute. Nombre de terroristes passent entre les mailles du filet. Certains, pis encore, feront d'admirables carrières sous tous les régimes suivants, comme l'exécrable Fouché, Jacobin forcené qui deviendra un serviteur zélé de l'Empire, avant de revirer de bord pour devenir un éphémère ministre au moment du retour des Bourbons. D'autres furent punis. Carrier, le boucher nantais, croit s'en tirer en étant du complot de Thermidor contre Robespierre. Les horreurs qu'il a commises lui reviennent dans la figure. La Convention thermidorienne exige qu'il soit jugé. Quelques semaines plus tard, il est condamné à mort pour ses crimes. Fouquier-Tinville, l'accusateur public, connaîtra à son tour les sévérités du tribunal révolutionnaire où il s'était illustré. Il finira sur la guillotine où il avait envoyé sans scrupules tant de malheureux.

Pour qu'enfin s'effondre le régime soviétique après soixante-dix ans de règne, il fallut la rébellion de l'Europe de l'Est et des satellites que l'Empire russe avait créés. Il fallut des années de guerres menées par des puissances étrangères à l'Allemagne pour venir à bout de Hitler. Les principes seuls de la Révolution suffirent à mettre fin aux excès causés par la Révolution, sans doute parce que ces principes, dans leur essence, n'étaient pas totalitaires mais démocratiques.

La patrie des droits de l'homme

On aura compris le sens de notre raisonnement. Il ne s'agit pas de faire de 1789 ou de 1793 les sommets indépassables de l'histoire. On vient de le voir, la période ne manque pas de contradictions. On aurait pu s'étendre sur bien d'autres. Sur un plan social, l'évolution a été timide. On peut même parler, pour les plus pauvres, d'une régression. Dans sa volonté de faire sauter les verrous économiques de l'Ancien Régime, la Révolution a cassé nombre de mécanismes qui protégeaient les humbles. Les lois nouvelles (comme la fameuse loi Le Chapelier de 1791), au nom de la liberté du commerce, suppriment les corporations et interdisent toute forme de regroupements, ce qui revient à rendre illégale toute possibilité pour les ouvriers de s'unir, de faire grève, ou de former ce que nous appelons des syndicats. Il leur faudra près d'un siècle pour reconquérir ce droit.

D'autres oppositions méritent d'être relevées : la Révolution n'a à l'esprit que de nobles principes universels, elle entend éclairer le genre humain de ses lumières. Dans la pratique, elle l'éclairera souvent à la lueur de ses canons : les offensives de « libération » lancées au-delà du Rhin ou des Alpes au cri de « guerre aux châteaux, paix aux chaumières ! » deviennent vite des guerres de conquête. Certains bataillons étrangers enrôlés au service de la République portent sur des écussons cette magnifique devise « Tous les hommes libres sont frères », mais souvent, en cette époque qui voit naître le patriotisme, et son jumeau grimaçant, le nationalisme, Paris estime que les Français méritent d'être un peu plus libres que les autres. Quand, sous le Directoire, le général Bonaparte pille consciencieusement l'Italie qu'il a conquise, il ne choque pas grand monde : les vaincus n'ont qu'à payer.

Il ne faut pas non plus surestimer le rayonnement de la Révolution française sur le reste du monde, comme on le fait trop spontanément dans notre pays. Les événements français sont commentés à l'étranger, ils enthousiasment des peuples entiers et aussi de grands esprits, Goethe, Kant, le poète anglais Wordsworth. Ils servent vite également – on l'oublie – d'opportuns contre-exemples : pendant des années, les princes, les rois, tous les pouvoirs en place en Europe écraseront sans états d'âme la moindre velléité de réforme avec l'assentiment de la bourgeoisie, traumatisée par avance : tout plutôt que la Terreur comme en France.

Plus tard, à cause de la parenté qu'elles lui trouvent avec leur révolution à eux, la Russie puis la Chine développeront l'intérêt pour notre histoire. Aujourd'hui encore, certains des plus grands historiens de la Révolution française sont anglo-saxons. Pour autant, il faut arrêter de croire que la France peut seule se targuer d'avoir donné à la planète des leçons de liberté. Songeons à cette expression toujours répétée : notre pays est la « patrie des droits de l'homme ». Elle part d'un noble sentiment – comment reprocher à quiconque de revendiquer d'aussi admirables principes ? –, mais elle est fausse, ou plutôt elle n'est que partiellement vraie. La Constituante accoucha le 26 août 1789 de la fameuse « Déclaration des droits de l'homme et du citoyen ». Elle ne les a pas inventés pour autant, ou plus exactement elle n'est pas la seule à s'en croire l'auteur. Demandez à des Anglais : pour eux, l'invention de la liberté politique est anglaise, elle prend sa source dans la « Grande Charte » du Moyen Âge et surtout dans la Glorieuse Révolution de 1688 et son *Bill of Rights* (1689) qui donne aux sujets du roi des droits fondamentaux. Demandez à un habitant des États-Unis : il pense à la fameuse déclaration d'indépendance de 1776 (« tous les hommes sont créés égaux »), que les constituants français avaient d'ailleurs en tête en août 1789. Un Hollandais pensera à la tolérance qui fit la réputation de la république des Provinces-Unies au XVIIe siècle. Un Polonais à la révolution héroïque que menèrent ses compatriotes avant d'être écrasés par les Russes à la fin du XVIIIe siècle et ainsi de suite. Tous les peuples, en somme, estiment avoir donné leur obole à la lutte pour la liberté, et c'est très bien ainsi. Cela nous permet au passage de rappeler cette évidence : les droits de l'homme concernent tous les habitants de cette planète. Par définition, ils n'ont donc pas de patrie.

Reste ce qui nous semble à la fois d'une grande simplicité et d'une grande importance. Quoi qu'on pense des accidents qu'elle a connus et des hommes qui l'ont faite, la Révolution française est un moment fondamental de notre histoire parce qu'elle a accouché de tous les principes qui sont encore les nôtres plus de deux cents ans après : la démocratie ; le droit de vote ; l'abolition de l'esclavage (rétabli par Napoléon) ; la liberté religieuse ; l'émancipation des Juifs, devenus enfin des citoyens à part entière ; le divorce ; la liberté sexuelle (c'est sous la Constituante que disparaissent, pour la première fois dans l'histoire européenne, les lois interdisant l'homosexualité) ; l'égalité entre tous ; cette belle idée qu'un individu doit être jugé pour son mérite et non pour sa naissance ; la fin des temps de prosternation devant des idoles ou des monarques. Une fameuse maxime de l'époque le proclamait : « Les rois ne sont grands qu'à ceux qui sont à genoux. » Oubliez tout le reste et souvenez-vous de cette seule phrase, elle est, à sa manière, un résumé de ce que cette période bouillonnante nous a légué de plus précieux.

32 – Napoléon

Nous l'avions laissé juste après son coup d'État du 18 brumaire, c'est-à-dire en novembre 1799 : il s'appelait Bonaparte, jeune et mince général aux joues hâves, inaugurant le nouveau régime du « Consulat » qui lui permit bien vite d'être seul maître du pays et d'accomplir son destin exceptionnel. En juillet 1815, on le nomme Napoléon. Empereur déchu, il n'est déjà plus grand-chose : regardons-le s'éloigner sur l'océan à bord d'un bateau anglais, petit homme en redingote, ventripotent et dépressif. Les ailes de l'aigle sont brisées. Il a voulu soumettre l'Europe, l'Angleterre l'a soumis, qui l'emporte sur une île perdue au milieu de l'Atlantique. Il en rendra le nom célèbre, Sainte-Hélène. Entre les deux, il ne s'est pas passé seize ans, bien moins que le temps du règne de tant de rois dont on a oublié l'existence, à peine plus que le double mandat de

REPÈRES

– 1799 (9 novembre-18 brumaire an VIII) : coup d'État de Napoléon Bonaparte créant le Consulat
– 1801 : retour de la paix religieuse marquée par le Concordat entre Pie VII et la France
– 1804 (2 décembre) : sacre de l'Empereur à Notre-Dame
– 1805 (2 décembre) : victoire d'Austerlitz
– 1807 (juillet) : traités de Tilsit entre Napoléon et le tsar Alexandre Ier
– 1808 (2 mai) : soulèvement de Madrid contre les occupants français
– 1810 (avril) : mariage de Napoléon avec Marie-Louise, fille de l'empereur d'Autriche
– 1812 (octobre) : début de la retraite de Russie
– 1813 (octobre) : bataille de Leipzig, la plus grande défaite de Napoléon
– 1814 (avril) : première abdication, départ pour l'île d'Elbe
– 1815 (mars-juin) : retour de l'Empereur, les Cent-Jours

quelques-uns des présidents de la Ve République. Seize ans pour devenir un des personnages les plus connus de l'histoire du monde, avec Jules César, Alexandre le Grand ou Gengis Khan ; un des plus aimés, un des plus haïs aussi, et dont la vie ne cesse de fasciner.

Tentons tout d'abord un exercice qui n'est pas simple, celui de résumer brièvement ce parcours.

Napoléon Bonaparte est d'abord l'inventeur d'un régime politique nouveau pour la France. Rapidement, l'ambitieux général capte le pouvoir pour lui seul. Dès 1802, celui qui était déjà Premier Consul se fait nommer Consul à vie. Le pas suivant est presque une formalité : en 1804, comme Charlemagne un millénaire avant lui, il se fait sacrer plus que roi, empereur. Contrairement au Franc, il n'est pas allé jusqu'à Rome chercher l'onction de Dieu et de son représentant sur terre. Il a fait venir le pape à Paris et pris soin, lors de la cérémonie du sacre à Notre-Dame, de se couronner lui-même. Prudent, il avait consolidé cette nouvelle fonction par plébiscite : l'onction de Dieu associée à celle du peuple citoyen, voilà tout l'Empire, ce mélange étonnant d'archaïsme monarchique et de modernité révolutionnaire. L'Empereur est le « représentant couronné de la Révolution triomphante », écrit Jean Tulard[1], le grand spécialiste de la période, pour décrire ce jeu d'équilibre complexe.

Après le sacre de Notre-Dame, il se fait couronner roi d'Italie. Bientôt, au gré de ses conquêtes, il distribue les couronnes à l'ensemble de ses frères et sœurs et quand il a enfin un fils, en 1811, il parle de fonder une « quatrième dynastie », c'est-à-dire une famille qui succéderait sur le trône aux Mérovingiens, aux Carolingiens et aux Capétiens. Par bien d'autres côtés, toutefois, il parachève 1789. C'est le second aspect de l'œuvre impériale, souvent mis au crédit de l'homme et de la période. Napoléon est le consolidateur de l'État, l'homme qui a arrêté la tourmente de la Révolution, mais a su en préserver les acquis pour en faire les fondations

1 - L'œuvre de Jean Tulard est monumentale. Ceux qui en cherchent un excellent résumé liront avec profit son *Napoléon*, chez Hachette Pluriel, 2002.

d'un pays fort et stable. Avant tout, il rétablit la paix intérieure. La tranquillité avec les catholiques est assurée par la signature du « Concordat », ce traité signé avec le pape Pie VII qui organise l'Église de France et régit les relations avec Rome. Toutefois, contrairement à ce qui se passait sous l'Ancien Régime, les droits des religions minoritaires, juive et protestante, sont reconnus, et l'exercice de leur culte organisé dans la foulée. En même temps, le prudent Bonaparte rassure ceux à qui les ennuis de l'Église après 1789 avaient bien profité, c'est-à-dire les riches paysans ou les bourgeois qui avaient acheté ses biens ou ceux des émigrés alors mis aux enchères, les fameux « biens nationaux ». Au cœur même du serment qu'il prête lors de son sacre, l'Empereur confirme que leur vente est « irrévocable ». En créant la Banque de France, le Code civil, les lycées pour dispenser l'éducation secondaire, la Légion d'honneur ou les préfets, il dote le pays d'institutions si solides qu'elles existent toujours.

La conquête de l'Europe

Enfin, ou surtout, pourrait-on dire, Napoléon Bonaparte est un conquérant. Qui l'ignore ? La République avait dû affronter l'Europe entière liguée contre elle et conspirant à sa perte. Le Consul commence par calmer les choses. En 1801 et 1802, il signe la paix avec l'Autriche et l'Angleterre (paix de Lunéville en 1801 et traité d'Amiens en 1802). Sitôt devenu empereur, sitôt que son pouvoir est assuré à l'intérieur, il révèle sa vraie nature et inverse la perspective d'hier : ses ennemis sont les mêmes que ceux qui menaçaient la France de 1792 – en gros le continent tout entier –, mais il ne s'agit plus de s'en défendre. Au contraire. L'homme n'aura de cesse de les attaquer pour assouvir sa soif inextinguible de victoires et de domination. Elle fera sa gloire, elle fera sa perte.

Ulm, Iéna, Eylau, Wagram, chaque Français a dans l'oreille le nom de ces batailles qui ont permis à un petit Corse de régner sur tout un continent. Elles ont toutes servi à baptiser des avenues et des places, des rues et des stations de métro. La liste en est fastidieuse. Ne gardons que les lignes de force qui en gouvernent la succession. Le principe de départ est simple, on vient de l'évoquer : sitôt qu'il a sur le front la couronne impériale, Napoléon n'a plus qu'une idée en tête, agrandir son empire. Son ambition démesurée le poussera à défier les unes après les autres toutes les puissances du temps, grandes ou petites, qui entourent la France, ou à briser les « coalitions » qu'elles mettent en place pour tenter de le contenir. Il leur en faudra cinq pour en venir à bout.

Quels pays peuvent lui tenir tête ?

À l'est de la France, le fameux « Saint Empire germanique » n'est plus qu'un conglomérat de principautés, de villes libres, de petits États plus ou moins indépendants. Sur ses débris, et en s'appuyant aussi sur de vastes territoires extérieurs, plus à l'est, se sont créés deux États forts, puissants et redoutés. Le premier est l'Autriche. François de Habsbourg, son « archiduc héréditaire », qui règne aussi sur la Bohême et la Hongrie, est, en titre, le dernier empereur du Saint Empire. Mais à l'heure où cette pauvre vieille couronne ne représente plus rien, il s'en est forgé une autre, toute nouvelle : il se proclame François Ier « empereur d'Autriche ». Le deuxième est un État plus récent, dont la capitale est Berlin, dans le Brandebourg, mais dont le berceau est loin au nord-est, sur la Baltique : le royaume de Prusse.

Plus à l'est encore reste l'immense Russie, sur laquelle règne Alexandre Ier, un autre César – en russe, le mot se prononce *tsar*.

À partir de 1805, et en deux ans, Napoléon les affronte tous les trois, et les vainc, ensemble ou séparément, au cours de batailles[1] où son génie militaire fait merveille – rapidité, puissance de frappe, imprévisibilité. Le 2 décembre 1805, un an après son sacre, 70 000 Français rencontrent 90 000 Austro-Russes entre quelques collines de ce qui est aujourd'hui la République tchèque : c'est Austerlitz. Les Russes se retirent, l'Autriche s'agenouille, signe un traité et perd des territoires de partout, en Italie, en Allemagne. Quelques mois plus tard, Iéna, nouvelle victoire : l'armée prussienne, réputée

1 - *Les Batailles de Napoléon*, de Laurent Joffrin (Le Seuil, 2000), très didactique et très bien écrit, est parfait pour comprendre le génie stratégique de l'Empereur.

la meilleure du monde depuis un siècle, est défaite, le petit Corse entre dans Berlin et bientôt le pays tout entier est occupé par les Français ou leurs alliés. Poursuivant sa marche vers l'est, l'Empereur traverse ce qui reste de la Pologne, emboutit les russes à Eylau – boucherie terrible mais sort militaire incertain – avant de les anéantir à Friedland, en juin 1807. Quelques jours plus tard, sur une barge flottant sur le Niémen, notre César français rencontre le César russe. Il en sort les traités de Tilsit (juillet 1807) qui organisent la paix nouvelle – je te laisse la Finlande, tu me laisses dépecer la Prusse et on invente un grand-duché de Varsovie, etc. –, en clair les deux hommes se partagent l'Europe. Un an plus tard, à Erfurt, ils se revoient devant un aimable parterre de princes, de ducs, d'altesses et de roitelets qui ne sont là que pour jouer les utilités. Napoléon est roi d'Italie, la Hollande est à sa main, l'Autriche et la Prusse à sa merci, sur les débris de feu le Saint Empire romain germanique il a créé quelques royaumes fantoches pour former une « Confédération du Rhin », dont il est le protecteur : tous ces gens sont les figurants d'un grand film dont il est le producteur, le scénariste et l'acteur principal. On peut dire qu'à ce moment, vers 1807-1808 donc, si l'on accepte de ne regarder que de ce côté-là du continent, la « gloire de l'Empire » est au plus haut et le maître impérial à son zénith.

Seulement, il faut aussi regarder de l'autre côté de la carte, où veille et agit notre quatrième puissance, l'Angleterre, ou plus exactement le *Royaume-Uni*, nom né de l'union de la Grande-Bretagne et de l'Irlande en 1801.

En 1803-1805, Bonaparte voulait lui régler son compte, il avait massé son armée au « camp de Boulogne », face à elle, pour l'envahir. Le plan n'avait pas marché, c'est pour cette raison qu'il avait fait volte-face pour affronter d'abord ses rivaux du continent qui tentaient de l'attaquer à rebours. À l'automne 1805, juste avant Austerlitz, au large de Cadix, la flotte française avait subi la terrible défaite de Trafalgar. L'amiral anglais Nelson, atteint par un boulet, y avait laissé la vie mais son vieux pays conservait la maîtrise des mers. Dès lors, l'Angleterre avait tenté de bloquer tout le trafic

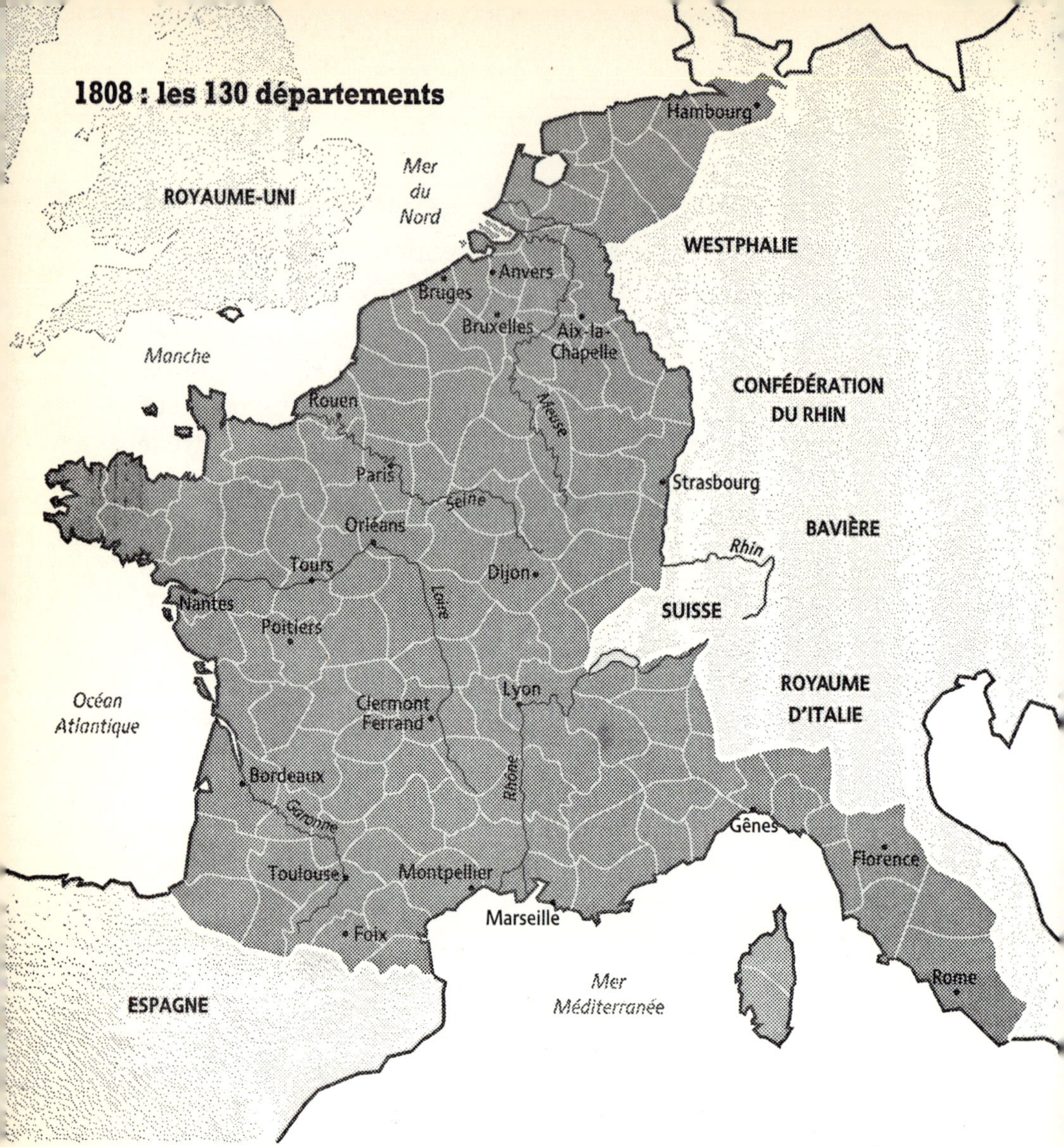

maritime français. Napoléon avait répliqué en organisant le « Blocus continental » : aucun des nombreux alliés de la France n'avait plus le droit de commercer avec l'Angleterre. L'idée peut sembler de bonne tactique, elle s'était avérée impossible à réaliser : comment surveiller ces interminables kilomètres de côtes ? Comment empêcher tel ou tel petit État de s'enrichir avec une contrebande très lucrative ? À l'automne 1807, la paix est scellée avec le Russe. L'Autrichien et le Prussien ont un genou à terre. L'Empereur croit le moment venu pour faire la police à l'ouest. Le Portugal est le pays où le viol du Blocus est le plus évident : il envoie une armée sur Lisbonne et, pour clore le dossier au plus large, il a l'idée de régler au passage le sort de l'Espagne en éjectant du trône les Bourbons qui y règnent depuis un siècle pour y placer son frère Joseph. Funeste erreur. Un détail avait échappé au grand stratège : la résistance opiniâtre des Espagnols. Jusque-là, les Français ont eu contre eux des armées. Cette fois, ils doivent affronter une *guérilla* (le mot est de l'époque), c'est-à-dire une guerre de harcèlement menée par tout un peuple. Celle-là est faite avec une férocité désespérée et inouïe. Avec ça, les Anglais ont débarqué au Portugal. La campagne devait être une promenade de santé, elle sera sanglante, durera jusqu'en 1814 et aura un coût humain faramineux.

Le « commencement de la fin »

Nous sommes toujours en 1807-1808. À l'ouest, donc, le vent a commencé à tourner, mais l'Aigle, ivre de tant d'autres succès, ne le sait pas encore.

1809 : appuyée par l'Angleterre dans une nouvelle « coalition », l'Autriche sent venir le temps de la revanche. Elle attaque en Bavière. Faux départ, elle rate ce match de retour : nouvelle campagne, nouvelles victoires françaises, Essling, Wagram. L'Autriche est battue à nouveau. Napoléon gagne même dans l'affaire un nouveau traité de paix et une nouvelle épouse, offerte, selon les mœurs du temps, pour sceller l'alliance. En 1810, il prend pour femme la jeune Marie-Louise, fille de François, empereur d'Autriche, et donc petite-nièce de Marie-Antoinette – appelons cela un clin d'œil de l'histoire. Le vaniteux Napoléon n'y sera pas insensible.

Il est toujours au sommet. Sa France compte cent trente départements qui vont de Hambourg à Rome. Elle est bardée de sept royaumes vassaux. Il a dans son lit une Habsbourg qui, en 1811, lui donne un fils, celui qu'on appellera *l'Aiglon*. Il a tout loisir de commettre l'irréparable : il lance la guerre contre la Russie.

1812 : le « commencement de la fin », dira Talleyrand. L'Empereur ne connaîtra pas, en Russie, une défaite militaire traditionnelle. Il sera confronté à pis, une catastrophe d'une ampleur inouïe. Elle est due à la stratégie imprévue jouée par le tsar, quoiqu'on ne sache toujours pas clairement si elle fut voulue ou subie : dès le début de l'offensive napoléonienne, les Russes reculent et refusent systématiquement le combat. La « Grande Armée », gigantesque barnum dans lequel s'agglutinent des soldats de plus de vingt nationalités différentes (tous les alliés ont dû fournir leur contingent), court derrière un ennemi qui s'enfuit toujours, dans un pays de plus en plus désert, où l'on trouve de moins en moins à manger. On arrive à Moscou. La ville est ravagée par les flammes. Que faire d'autre, sinon repartir ? Il faut affronter alors un ennemi autrement meurtrier qui ne fuit pas mais attaque à tout instant, en tous lieux : l'hiver. C'est la fameuse « retraite de Russie », un des plus grands désastres militaires de l'histoire humaine, des milliers d'hommes en guenilles, transis de froid, de faim, harcelés par les Cosaques, mourant par centaines lors de sinistres bivouacs, devant de pauvres feux éteints, faute de bois. L'épisode le plus célèbre en est la bataille désespérée et terrible menée par les soldats de l'Empereur pour tenter d'aider l'armée à passer une rivière. Elle se trouve aujourd'hui en Biélorussie, c'est la Berezina. Quatre cent mille hommes ont fait la campagne à l'aller. Au retour, on en retrouve à peine 40 000. Napoléon ne les accompagne pas. Il est reparti depuis longtemps. Il a préféré rentrer à Paris à la hâte pour ne pas assister à la débâcle.

Son temps est compté. Les vieux ennemis, l'Autriche, la Prusse se relèvent. 1813 : le Français tente de se ressaisir, la chance n'y est plus. Il est battu à Leipzig. Grisés par cette immense victoire, les coalisés sentent qu'il faut en finir. Vaste mouvement de leurs troupes qui convergent vers la France. Tactiquement, l'Empereur a gardé de bons réflexes, il tente de résister à l'invasion, joue encore des coups brillants. Ce sont autant de coups perdus. Les dieux de la guerre l'ont abandonné. En mars 1814, les *Alliés*, comme on appelle les princes qui l'ont combattu, entrent dans Paris.

Napoléon est à Fontainebleau. Poussé par ses maréchaux lassés, il abdique en faveur de son fils de trois ans. Le petit ne régnera jamais, sa mère l'a déjà enlevé avec elle en repartant à Vienne. Il ne reste plus à l'ex-maître du monde qu'à se résoudre au destin de poche qu'on a prévu pour lui. Les Alliés en ont fait le roi de la minuscule île d'Elbe.

À Paris, l'inusable Talleyrand, serviteur de tant de maîtres, est à la manœuvre. Il a réussi à ressortir de son chapeau des fantômes qu'on avait presque oubliés : les Bourbons. Après vingt-trois ans d'émigration, le frère de Louis XVI monte sur le trône sous le nom qu'il a pris dès la mort de Louis XVII, le fils du roi décapité : Louis XVIII.

Un dernier tour de piste : les « Cent-Jours »

L'histoire ne se répète jamais. Comme chacun sait, souvent elle bégaye. En mars 1815, exactement un an après sa chute, l'aigle débarque sur la Côte d'Azur, à Golfe-Juan, avec quelques centaines d'hommes. Le retour du roi, les prétentions des émigrés, l'arrogance des ultras ont déjà lassé les Français, qui ont eu le temps d'oublier les souffrances de l'Empire. Tout le long de la route des Alpes qui porte désormais son nom – la route Napoléon –, ils font un accueil triomphal au revenant. C'est le « vol de l'Aigle ». Retour à Paris, promesse d'un nouvel empire, plus libéral, plus ouvert, plus populaire. Il durera « cent jours ». Un peu plus de trois mois plus tard, en effet, le 18 juin 1815, dans ce qui est aujourd'hui la Belgique, l'Empereur vieilli affronte les troupes envoyées à la hâte par les Alliés. Elles sont commandées brillamment par l'Anglais Wellington et le Prussien Blücher, qui infligent à l'ennemi la défaite la plus fameuse de l'histoire de France : Waterloo. Cette fois l'aigle est rôti. Il pense un moment fuir aux États-Unis, monte sur un navire anglais qui se transforme en piège. La bête est prise, on ne la lâchera plus. Il lui restera six ans à vivre sur un rocher au milieu de l'eau. En 1821, il meurt à Sainte-Hélène d'un cancer de l'estomac.

Napoléon, star absolue de l'histoire

Deux cents ans après sa mort, il jouit encore d'un incroyable fan-club, souvent composé d'hommes, et souvent marqué à droite, mais pas toujours. La plupart du temps, ce goût leur est venu de l'enfance. Les napoléoniens adultes sont d'anciens petits garçons qui ont rêvé de gloire et de batailles devant les vignettes de leur manuel scolaire, et les impressionnantes cartes des conquêtes de l'Empire qui les illustraient. Comment leur en faire grief ? On ne reproche pas à quelqu'un ses rêves d'enfant pas plus qu'on ne les discute. Je me garderai donc bien de le faire, d'autant que ma peine serait perdue : l'admiration que les fous de l'Empereur vouent à leur idole relève de la croyance, elle est imperméable à toute forme de distance ou de critique. Je ne puis donc que leur conseiller de sauter les paragraphes qui suivent, ils ne sont pas écrits pour eux, mais pour le reste du public. En général, hors du cercle des dévots convaincus, dans la mémoire commune donc, le souvenir du Premier Empire est associé à quelques idées assez vagues mais toujours très ancrées. On peut les résumer ainsi : Napoléon est un homme au destin exceptionnel, qui a eu le mérite de stabiliser notre pays que la tourmente révolutionnaire avait laissé à la dérive, et si ses conquêtes ont fait beaucoup de morts, elles ont su aussi porter haut la gloire de la France. On peut donc essayer de revenir là-dessus point par point.

Le destin incroyable de l'homme est une évidence. À peine français à sa venue au monde (la Corse n'est rattachée au royaume qu'un an avant sa naissance), sans appui et sans fortune, il est général à vingt-quatre ans, maître du pays à trente, empereur à trente-cinq, et quasi-maître du monde à quarante. Son ambition était hors du commun, il en avait les moyens intellectuels et physiques (tout le monde connaît sa prodigieuse capacité de concentration et de travail). Il n'a aucun a priori politique. On lui en fait souvent crédit. Il n'a aucun problème à nommer ministre un Talleyrand qui descend de la plus vieille aristocratie à côté d'un Fouché, qui fut un partisan de la Terreur des plus exaltés. Il se rallie les catholiques avec le Concordat, en 1801. Moins de dix ans plus tard, quand le pape lui pose problème en refusant d'appliquer le blocus antianglais dans les ports de ses États pontificaux, il occupe les ports et le fait arrêter.

Cette attitude apparemment affranchie de tous préjugés va aussi de pair avec une absence totale de morale et un cynisme poussé à un point rare. « *Tragediante, comediante !* », dira le pauvre Pie VII de son impérial geôlier, qui, face à tous, est capable d'alterner flatteries et menaces, cris effrayants et chuchotements complices, compliments outranciers et mensonges éhontés dans le seul but d'obtenir ce qu'il veut. Quel homme d'État, remarquera-t-on, n'est pas capable d'un peu de tromperie pour faire triompher sa cause ? Certes, mais quelle est la cause que défend Napoléon ? On se le demande, c'est bien la question. Jeune, il était robespierriste et ardent républicain. Arrivé au pouvoir, il ne rêve que d'offrir des couronnes à son clan. Au général Dumas (père d'Alexandre), ancien membre de la Convention, l'Empereur dit : « Vous étiez donc de ces imbéciles qui croient à la liberté ! » Lui ne croit en rien, sinon en lui-même. C'est sa limite.

N'empêche, noteront les contradicteurs, d'une certaine manière il a quand même préservé les acquis de la Révolution. Nous l'avons nous-même écrit plus haut. On peut y revenir : l'assertion est vraie et fausse à la fois. En poursuivant le travail de réorganisation et de modernisation de la France sur le plan de son administration, le Consulat et l'Empire poursuivent l'œuvre commencée par la Révolution. En même temps, ce régime en méprise très ouvertement les aspirations les plus nobles : ainsi, par exemple, l'idéal démocratique. Napoléon est parfaitement capable de dépasser les préjugés de classe quand il s'agit de couvrir d'honneurs ses fidèles : Ney, le « brave des braves », maréchal et « prince de la Moskowa », est fils de tonnelier. Murat, qu'il fera roi de Naples et à qui il donne en mariage sa sœur Caroline, est fils d'aubergiste. En règle générale, il n'a que mépris pour « la canaille ». L'idée, née en 1789, d'un pouvoir émanant du peuple citoyen lui paraît une chimère idiote. Il prend soin, bien au contraire, d'appuyer l'ordre social sur les vrais gagnants de son régime : les notables. Ce sont eux qui peuvent voter, eux qui peuvent détenir les fonctions administratives d'importance, eux qui sont les courroies de transmission du seul pouvoir qui l'intéresse, le sien. Une certaine mythologie romantique a voulu faire croire que la gloire de l'Empire appartenait aux généraux de vingt ans. En réalité, sa solidité administrative devait tout à de tristes bourgeois pansus. Si on ne considère que sa politique intérieure, la France napoléonienne préfigure bien plus la société étriquée de Balzac qu'elle ne poursuit l'élan généreux impulsé par la République.

Bonaparte peut se montrer sur certains sujets d'une grande étroitesse d'esprit : c'est lui qui insiste pour qu'on inscrive dans le Code civil que la femme « doit obéissance » à son mari, quand la Révolution était favorable à une égalité civile entre l'homme et la femme. Il refuse l'éducation publique pour les filles dont le destin, à ses yeux, est fort simple : « Le mariage est toute leur destination. »

Enfin il restaure la paix civile, c'est vrai, mais à quel coût ? Le régime qu'il instaure a un nom qui nous est bien connu, la dictature. Dès son arrivée au pouvoir, les élections sont truquées. Le vote se pratique à livre ouvert. À chaque consultation, on doit écrire publiquement son choix en face de son nom. Et si ça ne suffit pas, les préfets bien intentionnés se chargent de rectifier les décomptes. L'Empereur, avec ses plébiscites, prétend s'appuyer sur l'assentiment du peuple. On voit le cas qu'il en fait.

Partout, dans l'Empire comme évidemment dans les pays occupés, la censure est absolue, les journaux sont muselés. Le courrier est ouvert systématiquement, les lettres privées recopiées. Tout ce qui se met en travers du chemin du pouvoir personnel doit être balayé. « Je n'ai pas encore compris les avantages d'une opposition », avoue candidement notre grand homme. Dès les premières années suivant le coup d'État, Bonaparte va généreusement piocher ses conseillers dans tous les partis, mais il est d'une férocité sans nom avec ceux qui lui résistent. Prenant comme prétexte une tentative d'assassinat contre lui, dont tout indique qu'elle est l'œuvre des royalistes, il fait déporter, en 1801, 130 Jacobins. Les détenus politiques seront toujours nombreux. Le culte du chef est sans limites. Passons sur les initiatives personnelles des flagorneurs, il y en a sous tous les régimes. Souvenons-nous des moyens officiels mis au service de la propagande : le « catéchisme impérial » ordonne aux curés d'enseigner aux ouailles, entre autres grands principes théologiques et sacrés, « le devoir d'obéissance » envers l'Empereur et sa politique. Les bulletins de la Grande Armée qui chantent les triomphes de l'Aigle indomptable sont lus dans les écoles, sur les scènes et dans les prêches, avec cette obsession du bourrage de crâne qu'on ne retrouvera à ce niveau que dans les régimes les plus sinistres du XXe siècle.

L'ogre et les grognards

Tout de même !, s'exclamera-t-on. Et la gloire, les victoires, toute cette épopée qui fit tant rêver les générations qui suivirent ? Et la grandeur de la France, rendue à son sommet ? Vraiment ?

Le premier revers de cette belle médaille qui vient à l'esprit est évidemment son coût humain. Un million de morts français selon la plupart des estimations, trois millions de victimes au total, cela fait cher payé le défilé sous l'Arc de Triomphe. On dira que la critique n'est pas neuve. C'est exact. Elle apparaît dès la restauration sur le trône des Bourbons, pour saper le souvenir de celui que la propagande royaliste nomme le « boucher ». Dès la fin de son règne, dans les campagnes, en murmurant, on l'appelait l'« ogre », parce que ses besoins en hommes étaient tels qu'il faisait enlever les enfants de plus en plus jeunes. Nombreux sont ceux qui refusèrent d'ailleurs de s'enrôler. Vers la fin du régime, on comptait plus de 100 000 réfractaires cachés dans les forêts et les montagnes pour échapper à ce qui ressemblait à un voyage vers l'abattoir. On reste à s'interroger sur les motivations des centaines de milliers d'autres qui y sont allés. La légende napoléonienne a essayé de forger le souvenir des « grognards », ces râleurs invétérés mais toujours tellement valeureux, prêts à mourir pour leur empereur. Sans doute y en avait-il. Et combien d'autres, pauvres gosses emmenés de force, à qui on a fait parcourir l'Europe à la marche, les pieds saignant dans de mauvaises chaussures, écrasés par un barda, pour finir fauchés par une fusillade dans ces batailles terribles qui laissaient, au soir, 20 000 ou 25 000 cadavres sur un champ d'herbe, sans autre dernier hommage que la visite des détrousseurs. Morts pour quoi, morts pour qui ?

Et après ? diront les cocardiers, finissons-en avec cette vieille chanson de pacifistes d'arrière-garde chantée cent fois ! L'Empereur a quand même fait beaucoup pour la France. Ce point-ci est important, tant il passe pour une évidence. C'est en effet une évidence, mais elle joue à l'inverse : si l'on s'en tient à un seul point de vue patriotique, le bilan de l'Empire est clair, c'est un désastre. Napoléon a beaucoup gagné, c'est vrai, mais il n'a su consolider aucune conquête et a tant perdu au final qu'il laisse la France beaucoup plus petite qu'il ne l'a trouvée. Le Directoire, en partie grâce à lui d'ailleurs, avait agrandi considérablement le territoire et constitué autour de la République une ceinture de « républiques sœurs » qui la protégeaient. Quinze ans plus tard, les conquêtes sont parties en fumée. Nice et la Savoie sont perdues, elles ne redeviendront françaises qu'en 1860. Le Rhin, pour les révolutionnaires, faisait partie des « frontières naturelles » de la France, exactement comme le sont toujours pour nous les Pyrénées ou l'Atlantique. La France ne reprendra jamais pied sur sa rive gauche. Enfin, tout à ses chimères de domination de l'Europe, dans le vague espoir de s'attirer le soutien des Américains contre l'ennemi anglais, Bonaparte a commis ce qui peut sembler une erreur incroyable : il a vendu aux États-Unis, et pour une bouchée de pain, l'immense Louisiane – environ le quart du territoire américain actuel. Nous parlions du rayonnement de notre pays. Imagine-t-on sa puissance si cette gigantesque province était restée pendant quelques décennies encore notre cousine ?

« Guerres de la liberté » contre tyran français

N'oublions pas, enfin, un point de vue trop facilement omis par les Français : celui des Européens. Vu sous cet angle, une fois encore, le procès est sans appel. Le bilan des guerres napoléoniennes est dramatique. Cela se ressent dès la chute de l'Aigle. Après leur entrée dans Paris en 1814, les vainqueurs se sont retrouvés au congrès de Vienne pour refaire l'Europe à leur manière, ou plutôt à la manière de l'homme fort du moment, le ministre autrichien Metternich. Le « système » qu'il met en place prétend chercher un savant équilibre entre les puissances, pour éviter qu'aucune ne soit tentée de commander à toutes les autres. Politiquement, ses idées sont moins subtiles : il pousse, partout où c'est possible, au rétablissement des monarchies les plus réactionnaires et réussira pendant plus de trente ans à faire régner un ordre de fer sur l'Autriche et la moitié de l'Allemagne.

Du temps de Napoléon, l'occupation de l'Europe n'avait déjà eu qu'une vertu : susciter l'explosion du nationalisme antifrançais le plus agressif. « Les peuples n'aiment pas les missionnaires armés », avait prévenu Robespierre quand les Girondins, en 1792, avaient déclenché ce qu'ils pensaient être une « guerre de propagande » au service d'idéaux qu'ils croyaient universels. Partout, le drapeau tricolore provoque des rejets puissants. Partout, les mythologies nationales, si importantes en ce XIXe siècle qui les forge, vont se construire sur le souvenir exalté des nobles batailles contre le tyran français. En Allemagne, pays qui n'existe pas encore, tous les cœurs vibreront pendant des années à l'évocation des *Freiheitskriegen*, les guerres de la liberté. L'Angleterre n'oubliera jamais qu'elle fut la seule à rester invaincue et à maintenir cette même flamme de la liberté quand le continent tout entier était asservi, et tous les écoliers britanniques pendant des générations apprendront par cœur les exploits de deux grands héros, Nelson et Wellington. L'Espagne tient pour sa grande œuvre patriotique le *Dos de mayo* et le *Tres de mayo* de Goya, ces deux toiles saisissantes racontant les premières révoltes des Madrilènes contre les soldats de Murat. À la fin du siècle encore, Tchaïkovski écrit son « Ouverture 1812 » pour chanter la gloire de la patrie qui a su résister aux barbares venus de l'ouest. Surtout, et c'est beaucoup plus grave, dans beaucoup d'endroits la haine des Français conduira à la haine des principes qu'ils prétendaient défendre. Voilà bien le reproche le plus lourd que l'on peut faire à l'Empereur : en croyant habile de déguiser ses conquêtes sous le noble masque des idéaux révolutionnaires, il a contribué à les dévaloriser aux yeux de ceux qu'il soumettait. Dans tout le monde allemand, nous explique Joseph Rovan dans son *Histoire de l'Allemagne*, « la démocratie ou le parlementarisme sont repoussés comme appartenant au monde de l'ennemi ». Par réaction, le nationalisme, que les premiers grands philosophes comme Fichte développent à l'université de Berlin à cette époque, est construit sur d'autres mystiques : l'exaltation du passé germanique, du peuple éternel, le *Volk*. Bien plus tard, on fera reproche à l'Allemagne de la mauvaise tournure que peut prendre un tel idéal national. Il est juste de ne pas oublier ce qu'il doit à un empereur français.

33 – Trois rois, deux républiques, un empereur

Un siècle d'histoire politique

Les siècles des historiens ne correspondent jamais à ceux des mathématiques. Pour eux, le XIXe commence à la fin de l'Empire et se termine au début de la Première Guerre mondiale : 1814-1914. Au moins, en nombre d'années, le compte est-il rond. Politiquement, l'époque est plus tourmentée. Elle verra passer trois rois (Louis XVIII, Charles X puis Louis-Philippe), deux révolutions

REPÈRES

– 1814-1830 : la Restauration ; règne de Louis XVIII (mort en 1824) puis de son frère Charles X
– 1830 (juillet) : les Trois Glorieuses, Louis-Philippe Ier roi des Français, début de la monarchie de Juillet
– 1848 (février) : révolution, début de la Seconde République
– 1848 (décembre) : élection à la présidence de la République de Louis Napoléon Bonaparte
– 1851 (2 décembre) : coup d'État de Louis Napoléon Bonaparte
– 1852 (2 décembre) : proclamation du Second Empire
– 1870 (4 septembre) : déchéance de Napoléon III, proclamation de la république
– 1871 (18 mars-28 mai) : la Commune
– 1875 : vote des « lois constitutionnelles » qui établissent définitivement la Troisième République

(celle de 1830 et celle de 1848), une république très éphémère (1848-1852), un nouvel empereur (Napoléon III), puis, après une guerre (la guerre franco-prussienne de 1870), le retour – définitif – de la république. Un vrai feuilleton à rebondissements. Tâchons d'en faire apparaître les lignes de force, elles nous aideront à mieux situer les grandes questions thématiques que nous traiterons ensuite. Ce survol intéressera aussi tous ceux qui ont l'esprit civique. Les noms des partis ont beaucoup changé depuis le XIXe siècle, mais la vie démocratique prend peu à peu son essor à cette époque et c'est alors que se forment les grandes familles d'idées qui la structurent toujours aujourd'hui.

La Restauration

Le retour des Bourbons commence donc par un faux départ. En avril 1814, juste après la première abdication de Napoléon, Louis XVIII, frère de Louis XVI, est monté sur le trône de France. En mars 1815, il en est déjà chassé par celui que les siens appellent « l'usurpateur », ce tenace petit Corse dont on n'arrive pas à se débarrasser, revenu de son île d'Elbe sous les vivats de ceux-là mêmes qui juraient deux mois plus tôt fidélité éternelle au nouveau roi. La parenthèse dure donc « cent jours », elle est close par Waterloo qui scelle la victoire définitive des Alliés. En juillet, le vieux Bourbon peut faire son deuxième retour. Le voici donc qui remonte sur le trône, auprès duquel reviennent à la hâte nombre de ceux qui l'avaient lâché quelques semaines plus tôt et acclamé un an avant. Un des best-sellers de l'époque s'appelle le *Dictionnaire des girouettes* – en ces temps où le vent avait tourné tant de fois, l'art du retournement tenait pour certains du génie.

D'autres, trop éloignés des cercles du pouvoir, n'eurent pas la chance d'exercer le leur. Dans les provinces, et tout particulièrement dans celles du Sud, la « Seconde Restauration » commence, à l'été 1815, par une épuration horrible. Les royalistes extrémistes font régner la « Terreur blanche », ils massacrent tout ce qui de près ou de loin ressemble à un républicain ou à un bonapartiste. La suite est plus calme. Sous le sceptre bonasse de Louis XVIII, le régime se montre plus modéré qu'on aurait pu craindre. L'homme est sans charme et sans allure, obèse, rendu impotent par la goutte. Il ne peut monter à cheval. Bientôt ses jambes enflent tellement qu'il ne peut plus marcher du tout. On le dit en privé dur et égoïste, sauf pour son favori, le beau Decazes, qu'il fera ministre et à qui il cédera tout. Sa politique, elle, est prudente. Ses vingt-trois ans d'exil ne l'ont pas rendu aigri et revanchard, comme le sont devenus tant d'autres de ces émigrés dont il a partagé le sort. Au contraire, il est convaincu que son rôle, après tant d'années de guerres civile ou étrangère, est de réconciliation et d'apaisement. À l'instar de ses prédécesseurs, il se pense toujours un monarque de droit divin, mais, dès 1814, il a fait un petit pas en direction d'une monarchie constitutionnelle : il a « octroyé » aux Français une « charte » qui garantit certaines libertés – comme celle de la presse – et ouvre la voie à un début de vie électorale et parlementaire. On ne peut, bien sûr, parler de démocratie. Le vote est *censitaire* : seuls ceux qui paient un certain montant d'impôt y ont accès. Cela fait moins de 100 000 électeurs pour représenter un pays de 30 millions d'habitants. Les ministres ne sont responsables que devant le roi. Le pouvoir de la Chambre est limité, mais le goût du débat et de la contradiction s'y fait jour, et une partie de l'opinion se passionne pour les joutes qui y opposent deux des grandes tendances du moment : les libéraux – en qui nous verrions la gauche modérée – et les « ultras » – c'est-à-dire les ultrasroyalistes, en qui nous verrions la droite la plus radicale.

Les premières élections favorisent plutôt les premiers. Les seconds l'emportent à partir des années 1820. Leur heure semble sonner en 1824. À la mort de Louis XVIII, son frère, le comte d'Artois, qui est le chef de leur coterie, devient roi sous le nom de Charles X. Politiquement, le personnage est assez fascinant. Il représente le type le plus achevé du *réactionnaire*, c'est-à-dire celui qui, littéralement, pense qu'on peut faire avancer l'histoire en revenant en arrière. Toutes les premières mesures qu'il prend ne visent qu'un but : effacer les trente-cinq ans d'horreur que son pauvre royaume vient de subir et lui faire reprendre le cours du temps dont il n'aurait jamais dû dévier, celui d'avant 1789. Pour montrer que Dieu l'a choisi, il renoue avec la pratique du sacre à Reims dans sa forme la plus traditionnelle, aucun rite n'est oublié, pas même l'onction par l'huile de la « sainte ampoule » apportée à Clovis par une colombe divine. Les révolutionnaires avaient pourtant tenu à la détruire, mais un « miracle » a permis d'en retrouver quelques gouttes.

Le nouveau monarque fait voter des indemnités faramineuses aux émigrés qui avaient perdu leurs biens sous la Révolution. Il impose la « loi sur le sacrilège » qui punit de mort quiconque aurait profané des hosties consacrées. Il finit par tant exaspérer la Chambre, où la majorité a tourné, qu'il porte la tension avec elle à son comble. En 1830, il prend de force quatre ordonnances qui restreignent les libertés et dissolvent le Parlement. Ce sont les quatre gouttes qui font déborder la patience de l'opposition.

On se met à manifester à Paris. Les polytechniciens, la jeunesse est dans la rue, le peuple dresse des barricades. Nous sommes les 27, 28 et 29 juillet, ce sont les « Trois Glorieuses », les trois journées de la révolution de juillet 1830, immortalisées par une toile fameuse de Delacroix *(La Liberté guidant le peuple)* et une colonne qui orne la place de la Bastille, à Paris. Charles X essaie de résister, il sent vite qu'il ne tient plus rien, il abdique et reprend le chemin de l'exil – une vieille habitude. Mais par qui le remplacer ? Parmi le peuple, beaucoup ont dressé les barricades en espérant la république. Nombreux, chez les bourgeois, sont ceux qui la redoutent : le cauchemar, les exactions, la guillotine vont donc recommencer ? Un petit groupe d'influents, parmi lesquels un jeune avocat marseillais ambitieux et plein d'avenir nommé Adolphe Thiers, en profite pour placer son candidat : le duc d'Orléans. L'homme paraît l'incarnation même du consensus du moment. Son père, du temps de la Révolution, était le rebelle des sang-bleu, on l'appelait Philippe Égalité, il avait voté la décapitation de son cousin Louis XVI. Son fils, le présent duc, alors jeune homme, a été lui-même soldat à Jemmapes, une des grandes victoires de la République de 1792, avant de passer à l'émigration, puis de revenir en France pour faire figure d'opposant convenable – et discret – à Charles X.

Le 31 juillet, il apparaît au balcon de l'hôtel de ville de Paris à côté du vieux La Fayette, dans son dernier grand rôle. Tous deux se sont entourés dans les plis d'un immense drapeau tricolore, la scène fait sensation. Avec ça, on habille l'entourloupe d'un peu de modernité : notre duc ne sera pas « roi de France », il sera « roi des Français », il ne s'appellera ni Louis XIX ni Philippe VII, mais Louis-Philippe Ier, et promet de moderniser la charte pour transformer le pays en une royauté constitutionnelle. À cause de la révolution qui l'a fait naître, la séquence qui s'ouvre s'appelle « la monarchie de Juillet ». Les tenants de l'ordre soupirent. Les républicains ont perdu la manche, ils resteront longtemps à espérer la belle.

La monarchie de Juillet

De près étudié, le régime n'est pas si tranquille. Les légitimistes – ainsi qu'on appelle désormais ceux qui ne jurent que par le retour des rois *légitimes* (à leurs yeux), c'est-à-dire les Bourbons – ne pardonnent pas au cousin félon d'avoir ravi le trône. La gauche lui en veut de perpétuer la monarchie. Et de nombreux républicains, faute de pouvoir faire entendre leur voix publiquement, entrent dans des sociétés secrètes. On voit se multiplier les conspirations, les complots et les attentats, souvent très violents, ourdis par toutes les tendances. Avec ça, la dureté abominable des conditions de travail dans les ateliers et les usines conduit à quelques terribles explosions sociales. Les plus célèbres sont les deux révoltes des canuts de Lyon, les artisans de la soie. En 1831, puis en 1834, ils investissent Lyon pour protester contre la baisse de leurs salaires, et le roi, pour toute réponse, fait envoyer la troupe.

Pour autant, malgré son goût de la répression la plus musclée, le régime se vit comme celui du raisonnable, du ni trop ni pas assez. On parlerait aujourd'hui de centrisme, on disait à l'époque « le juste milieu ». On a pu dire d'hommes d'État du XXe siècle comme le président Giscard d'Estaing, ou l'ancien Premier ministre Édouard Balladur qu'ils perpétuèrent cette tradition de l'*orléanisme* : un peu de modernité dans la manière, aucun changement dans l'ordre social, et une confiance absolue dans les vertus de la prospérité économique – mais uniquement celle des possédants, cela s'entend. Louis-Philippe se veut le « roi bourgeois » ; il dédaigne le cérémonial ; on le voit promener dans Paris sa fameuse silhouette en forme de poire, portant au bras son légendaire parapluie et soulevant son chapeau de l'autre main pour saluer les commerçants. En fait, il n'aime rien tant que les comptes et les banquiers. L'austère Guizot, son plus célèbre ministre, n'est pas fermé au peuple, il a favorisé l'instruction primaire en imposant à chaque commune de posséder au moins une école. Il a aussi donné le ton en lançant un jour sa plus célèbre formule : « Enrichissez-vous ! » Amasser du bien, donner au pays un destin d'épicier, tel est tout l'horizon. L'époque est gaie comme un conseil d'administration un jour de dividendes. Ceux qui n'y ont pas accès n'ont qu'à ronger leur frein. « La France s'ennuie ! », s'écrie bientôt Lamartine, le grand poète, et le plus célèbre leader de gauche de cette époque.

À la fin des années 1840, le pays fait plus que se morfondre, il étouffe. L'opposition est muselée, le droit de réunion bafoué. Les républicains organisent des banquets, c'est le seul moyen qu'ils ont trouvé pour s'exprimer. Le gouvernement enrage. En février 1848, un de ces banquets est interdit à Paris. Le 22, les étudiants, bientôt joints par une foule immense, manifestent leur colère. Ils obtiennent un premier succès : le départ de Guizot. Le 23, une seconde manifestation dégénère ; la troupe tire, il y a des morts. Le 24, on promène les cadavres dans une charrette. Le 24, Louis-Philippe abdique, Lamartine proclame la république. Elle succède à celle de 1792. On pense qu'elle sera définitive et qu'il n'y en aura pas d'autre après, on l'appelle donc la Seconde République.

La Seconde République

Au départ, elle est généreuse. La révolution de 1789 ne jurait que par l'égalité et la liberté. Celle de 1848 adjoint la dernière carte du brelan : la fraternité. On veut cette fois changer le monde sans effusion de sang. Deux jours après la fin de la monarchie, la peine de mort en matière politique est abolie, puis bientôt l'esclavage. Dans les villages, les prêtres bénissent les arbres de la liberté. En ville, où le droit de réunion est redevenu total, la société est prise d'une inextinguible envie de paroles. On débat à n'en plus finir. Quelques pages magnifiques de *L'Éducation sentimentale* de Gustave Flaubert rendent compte de ce joyeux bordel. Il n'est pas sans rappeler celui qui saisira la France cent vingt ans plus tard, en mai 1968. Il ne dure pas, hélas.

Depuis son accouchement, le régime est boiteux. Au moment même de la révolution, deux gouvernements concurrents s'étaient formés dans Paris. Ils avaient vite décidé de s'unir pour n'en former qu'un seul, mais il était bien mal assorti. Depuis fin février, le pouvoir est donc partagé entre une tendance qu'on pourrait dire républicaine – avec des gens comme Lamartine, Arago, ou, à leur gauche, Ledru-Rollin – et une autre, plus franchement socialiste – représentée par des personnalités comme Louis Blanc ou son ami, le journaliste et fils du peuple qu'on appelle « l'ouvrier Albert ». Les seconds, au nom de leurs idéaux, ont poussé à proclamer un « droit au travail ». En a découlé l'idée de démarrer de vastes chantiers publics appelés à donner de l'ouvrage aux nombreux chômeurs que compte la ville : les « ateliers nationaux ». Leur mise en œuvre est-elle sabotée par le haut, par ceux à qui le gouvernement demande de s'en occuper, et qui, comme par hasard, sont ceux qui en étaient les opposants de principe ? C'est ce que pensera plus tard la gauche. Sont-ils au contraire une utopie stupide, une chimère détachée de toute faisabilité économique et vouée par essence à l'échec, comme l'a pensé dès le départ la droite ?

Le fait est que très vite, quelle que soit la cause du dysfonctionnement, ces ateliers se révèlent un gouffre financier ingérable. En juin, le gouvernement, poussé par l'assemblée conservatrice sortie des élections en avril, décide de leur fermeture. Émeutes de protestation de la part des ouvriers que la perte de ce maigre emploi rejette dans la misère. L'homme fort du gouvernement, le général Cavaignac, ne s'embarrasse guère de considérations philanthropiques : il envoie l'armée. La répression sera d'une férocité inouïe. En quelques jours, elle fera des milliers de victimes. Une haute muraille de cadavres et de sang qui crée une rupture totale entre les prolétaires et la jeune république.

Les possédants soupirent de soulagement. Toujours cette même hantise, toujours cette « peur du rouge », un leitmotiv politique que l'on commence à entendre. Le « parti de l'ordre », conglomérat de monarchistes déguisés en républicains modérés, règne. En décembre 1848, comme la nouvelle Constitution l'a prévu, on organise une élection présidentielle, la première au suffrage universel masculin en France. Moins de 1 % des voix pour Raspail, le socialiste ; à peine 5 % pour Ledru-Rollin, l'homme de gauche ; 19,5 % pour Cavaignac, le républicain autoritaire. La mise est raflée par un *outsider* surgi de nulle part : Louis Napoléon Bonaparte (1808-1873), 75 % des votes !

Un an auparavant, personne n'aurait parié cent sous sur cet obscur aventurier. Neveu de l'Empereur (il est fils de son frère Louis), il était, depuis la mort de l'*Aiglon* en 1832, le chef de la famille impériale. Qui croyait en son destin, sinon lui-même ? Par deux fois, il avait tenté de s'emparer du pouvoir grâce à des conspirations de vaudeville qui l'avaient conduit en prison. Depuis la révolution de Février, certains lui avaient concédé un rôle, celui d'utilité. « C'est un dindon qui se croit un aigle, c'est un crétin que l'on mènera », aurait dit Thiers, en le poussant dans le dos. Devenu le « prince-président » à quarante ans tout juste, le volatile se révèle futé. Il joue sur la corde du souvenir impérial qu'il teinte de vagues promesses sociales pour se gagner les cœurs cocardiers et les suffrages des couches populaires. Il se montre homme d'ordre et d'autorité pour rassurer les puissants. Partout, il tisse ses réseaux et place ses amis.

Le 2 décembre 1851, jour anniversaire d'Austerlitz et du sacre de son oncle, il abat son jeu : le coup d'État. Dissolution de l'Assemblée et pleins pouvoirs. En province, on se bat au nom de la légalité, beaucoup plus que nous l'a fait croire longtemps la propagande impériale, nous disent aujourd'hui les historiens, mais la répression est farouche et étouffe vite la résistance. À Paris, on monte quelques barricades. Baudin, un député héroïque, est tué. D'autres sont emprisonnés, d'autres encore prennent le chemin de l'exil. Les faubourgs populaires, eux, ont été très calmes. Qui aurait eu envie de se battre pour défendre une assemblée qui, trois ans auparavant, avait fait tirer sur le peuple ? Un an plus tard, le prince-président suit les traces de l'oncle, il prend le titre d'empereur. Le chiffre II était celui du fils de Napoléon Ier. Le neveu se fait donc appeler Napoléon III. Victor Hugo, son plus célèbre opposant, exilé du début à la fin du régime pour ne pas se compromettre avec celui qui a tué la république, ne l'appelle que *Napoléon le Petit*.

Le Second Empire

La période est riche : dix-huit ans, ce n'est pas rien dans la vie d'un pays. Tâchons de les résumer.

À l'intérieur, le Second Empire, comme le premier, est d'abord une dictature. Sur la fin, dans les années 1860, l'empereur fera mine de desserrer les écrous en faisant succéder « l'Empire libéral », à « l'Empire autoritaire ». En fait, du coup d'État à la chute du régime, les principes appliqués sont simples : censure de la presse ; opposition muselée ; élections faussées (le préfet nomme des « candidats officiels » qui seuls ont droit à l'affichage et à la publication de leur programme, ce qui ne laisse quasiment aucune chance à leurs rivaux) et, parfois, des « plébiscites » pour faire semblant de quérir l'assentiment populaire, comme du temps de l'oncle.

Depuis la fin du XXe siècle, en France, de nombreux historiens ou hommes politiques ont écrit des livres pour tenter de réhabiliter la période, à leurs yeux trop décriée jusqu'alors. Le phénomène est normal, le balancier est parti dans un sens, il part dans l'autre, dans quinze ans on écrira à nouveau le contraire. N'oublions pas toutefois à quel point le Second Empire fut détesté par ses opposants, n'oublions pas ce que la république qu'ils fondèrent ensuite doit à cette réaction quasi allergique au régime : les principes posés alors sont toujours les nôtres et ils viennent de là. Si la IIIe République fut à ce point déterminée à promouvoir et à défendre les libertés publiques – presse, réunion, etc. –, c'est aussi parce qu'elles avaient été bafouées pendant vingt ans. Si toutes les Constitutions depuis, même celle qui laisse beaucoup de place au président, celle de la Ve, ont pris garde à maintenir les droits et la puissance du Parlement, si elles se méfient du « césarisme », comme on l'appelle en politique, c'est-à-dire le pouvoir autoritaire d'un seul, c'est toujours à cause du mauvais souvenir laissé par un certain prince-président-empereur.

En économie, c'est l'explosion. La période est celle de l'essor industriel et financier, les usines couvrent de nombreuses régions françaises, les villes se développent et se métamorphosent à une vitesse jamais vue jusque-là. Le grand nom est celui d'Haussmann, préfet de la Seine, qui refait Paris, détruit les quartiers insalubres, perce, creuse, trace de grands boulevards qui ont toutes les qualités : ils assainissent l'urbanisme et peuvent servir à transporter la troupe en cas de désagréments sociaux.

Napoléon III, pourtant, aime à se souvenir qu'au jeune temps où il se disait socialiste, il avait écrit un ouvrage intitulé *L'Extinction du paupérisme*. Il fait parfois quelque effort envers les classes populaires : c'est lui qui, en 1864, donne le droit de grève aux ouvriers. Pour autant, les grands bénéficiaires du système se trouvent de l'autre côté de l'échelle sociale. Les spéculateurs règnent, dont le moins scrupuleux campe au sommet de l'État : le duc de Morny, demi-frère de l'empereur. Il bâtit une immense fortune en jouant ses meilleurs coups dans l'immobilier ou l'industrie grâce aux renseignements qu'il tient de sa position. À travers l'histoire de la famille Rougon-Macquart, Émile Zola entreprendra plus tard de

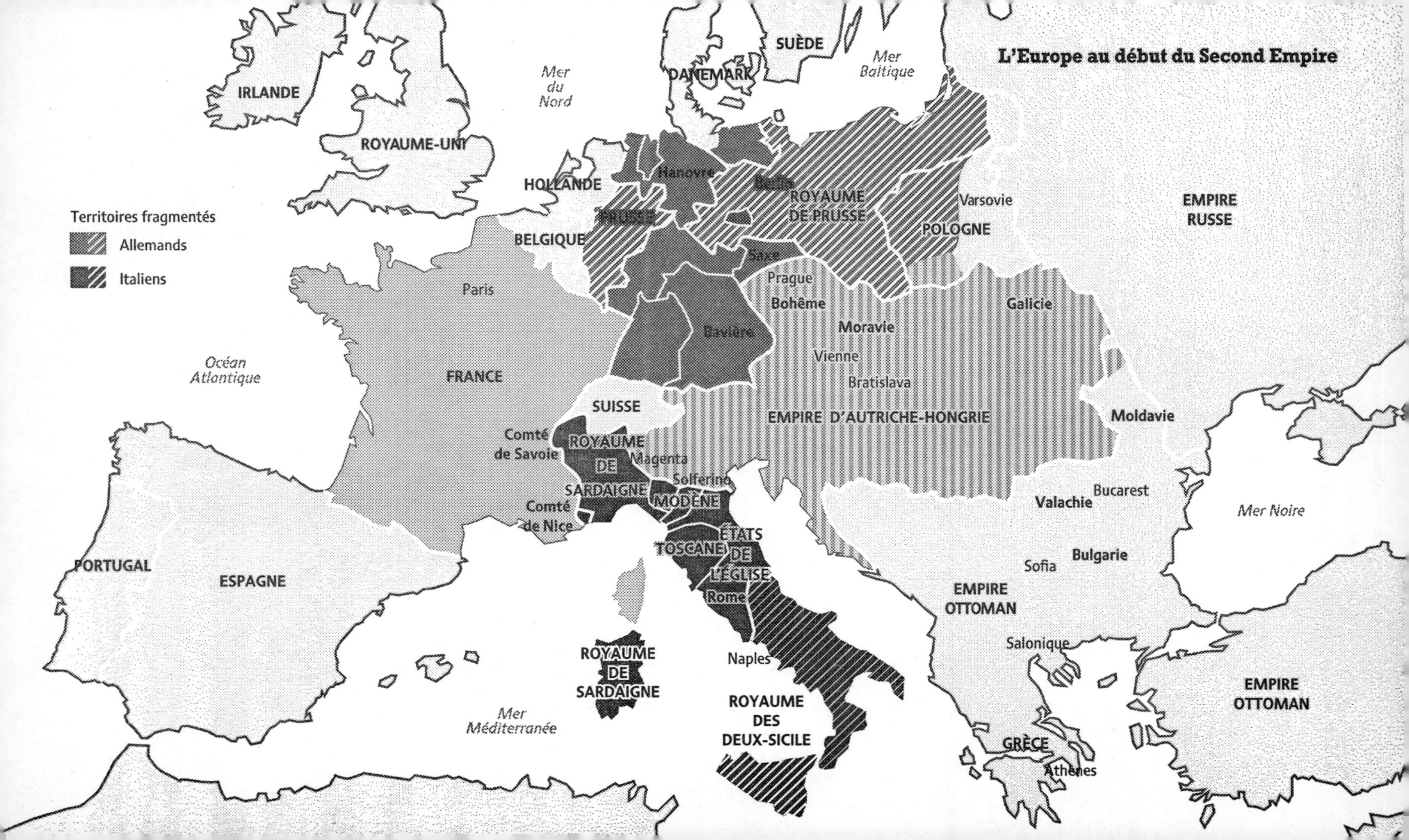
L'Europe au début du Second Empire
Territoires fragmentés
Allemands
Italiens
IRLANDE
ROYAUME-UNI
Mer du Nord
SUÈDE
DANEMARK
Mer Baltique
HOLLANDE
Hanovre
Berlin
ROYAUME DE PRUSSE
PRUSSE
BELGIQUE
Saxe
Varsovie
POLOGNE
EMPIRE RUSSE
Paris
Prague
Bohême
Galicie
Moravie
Bavière
Vienne
Bratislava
Océan Atlantique
FRANCE
SUISSE
EMPIRE D'AUTRICHE-HONGRIE
Moldavie
Comté de Savoie
ROYAUME DE SARDAIGNE
Magenta
Solferino
MODÈNE
Comté de Nice
ÉTATS DE L'ÉGLISE
TOSCANE
Rome
Valachie
Bucarest
Mer Noire
Bulgarie
Sofia
PORTUGAL
ESPAGNE
EMPIRE OTTOMAN
ROYAUME DE SARDAIGNE
Naples
Salonique
ROYAUME DES DEUX-SICILE
Mer Méditerranée
GRÈCE
Athènes
EMPIRE OTTOMAN

décrire le Second Empire sous toutes ses facettes. Le volume consacré au monde des affaires s'appelle *La Curée*.

On ne saurait, enfin, être un Bonaparte sans chercher la gloire hors des frontières. Le neveu, heureusement pour ses voisins, n'est pas un conquérant. Il rêve plutôt de passer à la postérité comme apôtre d'une Europe renouvelée, où chaque « nationalité », c'est-à-dire chaque peuple, aurait sa juste place. Noble idéal. La réalité est moins facile. Dans les faits, sa politique étrangère sera toujours confuse et souvent ratée.

Pour contrer la Russie qui veut dépecer l'Empire ottoman, il se range au côté de l'Angleterre pour défendre le sultan contre le tsar. C'est la guerre de Crimée (1854-1856), affreusement meurtrière, qui ne nous laisse qu'un nom de boulevard en commémoration d'une victoire, Sébastopol, et guère plus.

L'empereur est favorable à l'unification de l'Italie, toujours morcelée. Il accepte d'aider Victor-Emmanuel, le petit roi de Piémont-Sardaigne, qui, avec son célèbre ministre Cavour, veut la faire à son profit. Il envoie des troupes pour repousser les Autrichiens des plaines du Nord – une victoire à Magenta, puis un carnage à Solferino. Les Autrichiens cèdent. Victor-Emmanuel reçoit la Lombardie, la France récupère en échange Nice et la Savoie. Plus tard, quand les Italiens entendent parfaire leur unité en prenant Rome, l'empereur, poussé par le parti catholique dont sa femme Eugénie est le pilier, tourne casaque. Il expédie un corps de soldats pour défendre le pape et les États pontificaux contre les amis d'hier.

Glissons sur le désastre mexicain : Napoléon III rêve d'établir là-bas un vaste empire latin et catholique qui ferait pièce à la puissance montante des États-Unis. Pourquoi pas ? Hélas pour lui, ni les Américains ni les Mexicains n'en acceptent le principe. Les Français réembarquent et l'empereur Maximilien, le protégé de la France, finit fusillé.

Reste le voisin d'outre-Rhin. Comme Victor-Emmanuel et Cavour en Italie, le roi de Prusse Guillaume et son chancelier Bismarck rêvent d'unir sous leur égide tous les Allemands, toujours éparpillés en petites principautés, duchés, royaumes ou villes libres, le Wurtemberg, le Bade, la Bavière, le Hanovre, la Saxe, etc., tous ces lointains débris du Saint Empire remodelé à l'époque napoléonienne. L'empereur d'Autriche estimait de son droit de le faire à leur place, mais les Prussiens lui ont fait la guerre et l'ont battu (1866). Reste à trouver un moyen de pousser tout le monde à accepter la suprématie de Guillaume de Prusse. Un bon conflit contre un ennemi commun est toujours un moyen efficace de souder les gens entre eux : le nouveau Napoléon qui règne à Paris semble tout indiqué. Bismarck cherche donc un prétexte pour le défier. Le trône d'Espagne est vacant. Il y pousse un candidat prussien. Vu de France, cela ferait des Allemands à l'est et d'autres au sud, c'est-à-dire beaucoup. Napoléon III s'énerve. De tous côtés, les opinions s'enflamment. Bismarck en rajoute en tripatouillant une dépêche diplomatique qu'il réussit à rendre insultante pour tout le monde : on l'appelle la « dépêche d'Ems », du nom de la ville d'eaux d'où elle est partie. Rage allemande, rage française. C'est l'étincelle qui manquait. En juillet 1870, confiante dans sa puissance, la France déclare la guerre à la Prusse, qui est vite rejointe par tous les alliés germaniques espérés. Le 20 août, une première armée française est enfermée dans Metz. Le 2 septembre, la seconde se fait piéger dans la cuvette de Sedan. Les Français sont à terre, Napoléon III fait piteusement prisonnier. Le 4 à Paris, Gambetta, leader de l'opposition, proclame la république. La Troisième, donc.

La IIIe République

Elle est née d'une défaite, en 1870. Elle mourra d'une défaite, en 1940. Cela fait soixante-dix ans, belle longévité. Pourtant, une fois de plus, les débuts sont difficiles.

Gambetta est un homme d'énergie, il a proclamé la république, il rêve aussi de la voir victorieuse. Mi-septembre, les Prussiens sont aux portes de Paris, dont ils commencent le siège. Dans un élan héroïque et fameux, notre républicain s'échappe de la capitale en ballon, pour aller exhorter le pays tout entier à la défense nationale.

On se bat au nord, on se bat sur la Loire. Paris résiste miraculeusement à un siège impitoyable. On mange du chien, du chat, et même, raconte Victor Hugo enfin rentré d'exil, l'éléphant du Jardin des plantes. Tant d'efforts sont insuffisants. Bismarck a déjà ce qu'il veut. Le 18 janvier, dans la galerie des Glaces du château de Versailles – suprême offense pour les vaincus –, le roi de Prusse Guillaume relève la couronne millénaire d'Otton et de Charles Quint que Napoléon avait fait chuter. Tous les rois, les princes, les ducs d'un pays morcelé l'acceptent comme empereur d'Allemagne. Le « Deuxième Reich » est né. Fin janvier, la France épuisée demande l'armistice. Il conduira au traité de Francfort et à ce qui sera considéré comme un drame national : l'Alsace et une partie de la Lorraine deviennent allemandes. De notre côté du Rhin, on les appelle « les provinces perdues ». « N'en parler jamais, y penser toujours », dira-t-on pendant des années à leur propos, en ravalant de lourds sanglots patriotiques.

La guerre étrangère est finie. Place à la guerre civile. En février 1871, sous contrôle prussien, le pays effondré a organisé des élections qui ont amené à l'Assemblée nationale une majorité très conservatrice. L'inusable Adolphe Thiers en est le chef. Dans quelques grandes villes, le peuple veut partir dans l'autre sens : des mouvements révolutionnaires éclatent à Lyon, à Marseille. Le plus important démarre à Paris en mars. Le gouvernement veut désarmer la garde nationale et reprendre ses canons. Le peuple parisien, écœuré par la défaite, refuse. Le gouvernement légal sent que l'affrontement est imprudent, il évacue. La ville se soulève et nomme un conseil municipal très à gauche qui aura tout pouvoir : c'est « la Commune ». Ses réalisations seront minces – comment changer l'ordre social en quelques semaines ? –, mais un mythe est né, grandi dans le souvenir, ennobli par l'horreur de la répression qui a écrasé le mouvement. Thiers est réfugié à Versailles, il décide que seule la manière forte peut mettre fin au désordre. Il lance sur Paris l'armée, formée de ceux que l'on appelle donc les « Versaillais » : durant la « Semaine sanglante », du 21 au 28 mai 1871, la reconquête est menée au fusil et au canon. Les communards, par rétorsion, ont fusillé quelques personnalités qu'ils détenaient en otages, dont la plus célèbre est l'archevêque de Paris. Mais le bilan, de leur côté, est lourd : 20 000 des leurs sont massacrées, dont le dernier carré devant le « mur des Fédérés », au cimetière du Père-Lachaise. Par la suite, 13 000 hommes et femmes seront déportés en Algérie ou en Nouvelle-Calédonie.

La République commence d'autant plus mal que l'Assemblée n'en veut pas. C'est le paradoxe des débuts de ce nouveau régime : la plupart des députés fraîchement élus n'espèrent que le retour d'un roi. Malheureusement pour eux, le prétendant au trône, le « comte de Chambord », petit-fils de Charles X, est un homme assez stupide et buté, qui a de curieuses prétentions politiques : il veut que l'emblème du nouveau pouvoir soit le drapeau blanc. À quoi se joue le destin d'un pays ? L'Assemblée est monarchiste, mais patriote elle préfère le tricolore. On discute. Très vite, on s'enferre. Exit Chambord. Début 1875, faute de candidat à la couronne, on doit trouver une solution viable pour diriger le pays. Un certain Wallon, député, dépose un amendement qui prévoit l'élection, pour sept ans, par les deux chambres, d'un « président de la République ». L'amendement est voté à une seule voix de majorité, mais la nature du régime est résolue. Reste à assurer sa viabilité politique. Un détail manque à l'édifice. La France a donc désormais une Chambre républicaine et un président de la République, mais il est monarchiste ! Il s'appelle Mac-Mahon, la légende en a fait l'homme le plus bête de la période, mais il est tenace et il entend bien tout faire pour que son point de vue triomphe. S'ensuivent, à partir de 1876, trois ans de bras de fer, de crise, de démission de ministères et de dissolution de la Chambre. Pour autant, les nouvelles élections vont toutes dans le même sens, à gauche. Elles aboutissent en 1879 à la victoire totale de ce camp : la Chambre des députés est majoritairement républicaine, le Sénat également, Mac-Mahon s'avoue vaincu et démissionne enfin. Il est remplacé par Jules Grévy. Ainsi, même le président de la République est républicain. La Troisième peut vraiment commencer et suivre son cours tel que nous l'avons en tête, avec ses présidents en frac qui inaugurent des chrysanthèmes, ses gouvernements qui tombent, ses grands principes et ses nombreux scandales. Ni les uns ni les autres ne manquent.

La période a en effet un versant lumineux. C'est alors que sont adoptés tous les signes et toutes les lois qui fondent cette idée de la République qui est toujours la nôtre : *La Marseillaise* devient l'hymne du pays en 1879 ; le 14 juillet, la fête nationale en 1880. La devise « Liberté, Égalité, Fraternité » apparaît au fronton des mairies. Pour rompre avec le corset du Second Empire sont garanties les unes après les autres les grandes libertés publiques : la liberté de la presse (1881), la liberté syndicale (1884), bientôt la liberté d'association (la fameuse loi de 1901, toujours en vigueur). Les lois Ferry, dans ces mêmes années 1880, organisent un enseignement primaire laïque, gratuit et obligatoire (de six à treize ans). C'est la République des grands ancêtres, Gambetta, Jules Ferry d'abord, qui cèdent la place, au tournant du siècle, aux grands radicaux, comme Aristide Briand ou Clemenceau. Celle où les instituteurs qui vont la défendre en apportant l'instruction aux plus humbles petits paysans dans les villages sont appelés ses « hussards noirs ». Sous cet angle, l'époque pourrait nous sembler héroïque et fondatrice. Elle a aussi des côtés plus sombres, qui apparaîtront lors de crises terribles. Nous y reviendrons bientôt.

34 – La colonisation

À la fin du XIXe siècle, nous disent les livres, lorsqu'un écolier français veut gonfler son cœur de gloire patriotique, il peut faire un geste simple : lever les yeux pour regarder la carte du monde qui orne la salle de classe et perdre son regard sur les immenses taches roses qui s'y étendent sur tous les continents. Afrique blanche, Afrique noire, Madagascar, Indochine, partout l'empire, partout la France, partout le drapeau ! Les livres nous disent moins à quoi peut bien songer alors, de son côté de la planète, l'enfant dont on vient d'obliger le peuple à vivre sous ce drapeau.

Nous allons parler d'un épisode de notre histoire finalement assez bref, mais qui l'a marquée durablement : la colonisation.

De fait, la pratique est ancienne. Il y eut, sous l'Ancien Régime, un « premier empire colonial français », c'est son appellation docte. Au XVIIe et au XVIIIe siècle, dans la foulée des « Grandes Découvertes » et de la première mainmise de l'Europe sur le monde, ont été françaises une immense partie de l'Amérique du Nord (le

REPÈRES

– Règne de Charles X (1830) : prise d'Alger
– Monarchie de Juillet : conquête de Mayotte et Tahiti
– Second Empire : Nouvelle-Calédonie, Sénégal, Cochinchine et Cambodge
– Troisième République : Tunisie, Guinée, Haute Volta, Niger, Congo, Tchad, Madagascar, Indochine et Djibouti sous domination française
– 1919 : mandats français sur les anciennes possessions allemandes ou ottomanes (Syrie, Liban, Cameroun et Togo)

Canada et la Louisiane) ; une partie de l'Inde ; quelques-unes des plus riches Antilles ; ou encore l'île de France – actuelle île Maurice. Tout, ou presque, a été perdu lors des guerres contre les Anglais sous Louis XV puis sous Napoléon.

Charles X, à la fin des années 1820, relance la machine d'une façon qui tient du vaudeville. Très impopulaire, il cherche à mener une petite guerre étrangère, moyen classique de reconquérir une opinion intérieure. Où la faire ? En 1827, de l'autre côté de la Méditerranée, le dey, patron de la « régence d'Alger », dépendance délabrée et lointaine du vieil Empire ottoman, offre un prétexte sur un plateau : exaspéré par une dette datant du Directoire que la France refusait toujours de rembourser, il donne un coup de chasse-mouches à notre consul. On n'est pas très sûr qu'il l'ait atteint et l'on sait bien par ailleurs que ledit consul est un escroc notoire, mais quand on cherche une guerre, on ne fait pas la fine bouche. Paris fait monter la sauce comme il se doit et trois ans plus tard, en juin 1830, 26 000 hommes débarquent à Sidi-Ferruch. En juillet ils prennent la capitale, mais c'est déjà trop tard : le roi à qui ils viennent d'offrir une victoire a perdu sa couronne. Ils se contentent donc de faire à son successeur ce cadeau assez encombrant auquel il tient fort peu : la métropole ne commencera à s'occuper de l'Algérie que dix ans plus tard. Mais, dès lors, le pli est pris : le « second empire colonial » est né, il ne cessera de croître.

Tous les régimes apporteront leur pierre à l'édifice. Sous la monarchie de Juillet, conquête de Mayotte et Tahiti. Au temps de Napoléon III, la Nouvelle-Calédonie, le Sénégal, et bientôt la Cochinchine et le Cambodge. Sous la IIIe République enfin, le mouvement prend une ampleur qui donne le vertige : en quelques décennies, la Tunisie, la Guinée, la Haute-Volta, le Niger, le Congo, le Tchad, Madagascar, l'Indochine tout entière, ou encore Djibouti passent sous domination française, et on en oublie forcément. Le Maroc, en 1912, est le dernier joyau posé sur cette couronne avant la Grande Guerre. Mais les traités qui y mettent fin en apportent d'autres, en rétrocédant aux vainqueurs les anciennes dépendances des vaincus : s'ajoutent ainsi à la liste une grande partie du Togo et du Cameroun, qui étaient allemands, ou la Syrie et le Liban, qui étaient ottomans. En 1931, porte de Vincennes, à Paris, des millions de visiteurs se pressent pour admirer les temples khmers et les villages indigènes, s'enivrer d'exotisme à deux sous, et se gaver d'une autocélébration qui, elle aussi, coule à flots. C'est la grande « Exposition coloniale ». Elle est considérée depuis comme l'apogée de l'empire. Au début des années 1960, après quinze ans d'une décolonisation plus ou moins douloureuse selon les endroits, il n'en reste rien, ou presque. On voit que cette fameuse colonisation dura peu. On sait aussi que son histoire continue à peser d'un tel poids sur la conscience collective de notre pays et de tous ceux qui en furent les victimes qu'il n'est pas inutile de tenter de la résumer en quelques idées claires.

Dans le détail, l'épopée est riche et complexe[1]. Les conquêtes se déroulent de façon très différente les unes des autres. Vers les années 1870-1880, l'explorateur Savorgnan de Brazza, un Français humaniste d'origine italienne qui a patiemment remonté le fleuve Congo et appris à connaître les populations, donne à la France un immense territoire sans avoir tiré un seul coup de fusil. Quelques années plus tard, au Dahomey (l'actuel Bénin) ou au Soudan (le futur « Soudan français », c'est-à-dire le Mali), il faut de longues guerres et beaucoup de canons pour soumettre les armées puissantes du roi Béhanzin ou celles de l'empereur Samory, deux irréductibles guerriers qui resteront, pour cette raison, des héros dans la mémoire africaine.

Les régimes appliqués d'un bout à l'autre de l'empire sont divers. L'Algérie, après une longue « pacification » – c'est-à-dire une guerre impitoyable pour briser toute résistance à l'occupation et chasser de leur terre ceux qui y habitaient –, est devenue une *colonie de peuplement*, comme le sera la Nouvelle-Calédonie : la métropole

1 - À ceux qui veulent en savoir plus sur la colonisation sous ses divers aspects, on conseillera deux livres : le *Dictionnaire de la France coloniale* (Flammarion, 2007), très riche, très clair, et faisant la part à toutes les thèses sans exclusive. Et, à propos de l'incroyable dépeçage de tout le continent noir, l'ouvrage savoureux et remarquable du Néerlandais Henri Wesseling, *Le Partage de l'Afrique* (« Folio », Gallimard, 2002).

y favorise l'implantation d'Européens. En Afrique noire ou en Indochine, les seuls Blancs qu'elle envoie sont les fonctionnaires qui administrent le pays, ou les industriels et commerçants qui y font leurs affaires. La Tunisie et le Maroc sont des *protectorats* : ils dépendent du ministère des Affaires étrangères, et la puissance coloniale y règle tout, comme ailleurs, mais elle y a maintenu une fiction de pouvoir national, un bey à Tunis, un sultan à Rabat. Après la guerre de 1914, s'ajoute un nouveau buisson à ce maquis administratif : les *mandats*, cette délégation de pouvoir octroyée par la Société des Nations (la SDN, ancêtre de l'ONU) pour administrer les possessions des vaincus.

L'épopée impériale

Les causes de ce grand mouvement historique sont tout aussi complexes. La politique y a joué son rôle. Dans les années 1880, les grands dirigeants républicains sont très favorables à l'expansion impériale, parce qu'ils pensent qu'elle peut redonner lustre et gloire au pays meurtri par la défaite de 1870. La propagande ne se fait pas prier pour aller dans ce sens : dans les grands journaux illustrés, dans les romans, la colonisation devient une épopée qui doit faire rêver les foules, avec ses grands héros, ses explorateurs et ses soldats partis civiliser les *sauvages* dans des jungles et savanes d'un exotisme fou. La droite, à ce moment-là au moins, y est hostile : ces chimères lointaines détournent la nation du seul but qui doit être le sien, reconquérir l'Alsace-Lorraine. « J'ai perdu deux sœurs, dit le leader nationaliste Déroulède, et vous m'offrez vingt domestiques. » Il les adoptera bien vite, comme tout son camp. En 1914, excepté ceux qui se situent à l'extrême gauche, tous les Français sont unanimement convaincus des grandeurs du colonialisme.

Ils ne sont pas les seuls. Cette fièvre a saisi toutes les nations d'Europe les unes après les autres. L'Angleterre, avec ses *dominions* – le Canada, l'Australie, la Nouvelle-Zélande –, avec les Indes, l'Afrique du Sud, l'Afrique de l'Est, l'Égypte et Malte, est la première puissance impériale au monde. Les Pays-Bas possèdent la gigantesque Indonésie ; le Portugal des comptoirs en Asie, le Mozambique, l'Angola ; l'Allemagne s'y met tard, mais prend pied au Cameroun, au Togo, au Tanganyika, au Rwanda, au Burundi. Du coup, l'Italie veut sa part, qu'elle aura bien du mal à prendre : partie à la conquête de l'Éthiopie, elle est défaite en 1896 à Adoua par les troupes du Négus. La date est restée célèbre, elle marque la première grande victoire d'une armée noire sur une armée blanche.

C'est le grand partage du monde. Il prend des tours surréalistes. L'historien néerlandais Henri Wesseling raconte l'obstination de Léopold II, le roi des Belges, à se mettre dans le mouvement. À tous les officiers de marine et les voyageurs qu'il croisait, il demandait : « Vous ne connaîtriez pas une île pour moi ? » Stanley, un mercenaire et aventurier gallois qu'il a pris à son compte, lui obtiendra le Congo, un pays quatre-vingts fois plus grand que sa Belgique. Il en fera dans un premier temps sa propriété personnelle. Son gouvernement, jugeant le gâteau démesuré, n'en voulait pas.

Souvent les rivalités se font rudes. En 1898, un convoi français dirigé par le capitaine Marchand essaie de traverser l'Afrique d'ouest en est et stationne à Fachoda, au Soudan. Arrive le général anglais Kitchener, qui estime que la zone est britannique. Il faudra bien du talent aux diplomates, à Paris et à Londres, pour éviter la guerre entre leurs deux pays. En règle générale, on s'en tire en organisant une sorte de troc entre les parts de butin. Il peut être négocié de puissance à puissance ou au cours de grandes conférences internationales (comme celle de Berlin en 1885, ou d'Algesiras en 1906). C'est le grand Monopoly des territoires. Je te laisse l'Égypte, tu me donnes le Maroc. Tu me laisses le Maroc, je te donne le Cameroun. Il va de soi qu'aucun des peuples concernés par le marchandage n'est convié au banquet : comment seraient-ils convives ? Ils sont au menu.

Les expansions coloniales

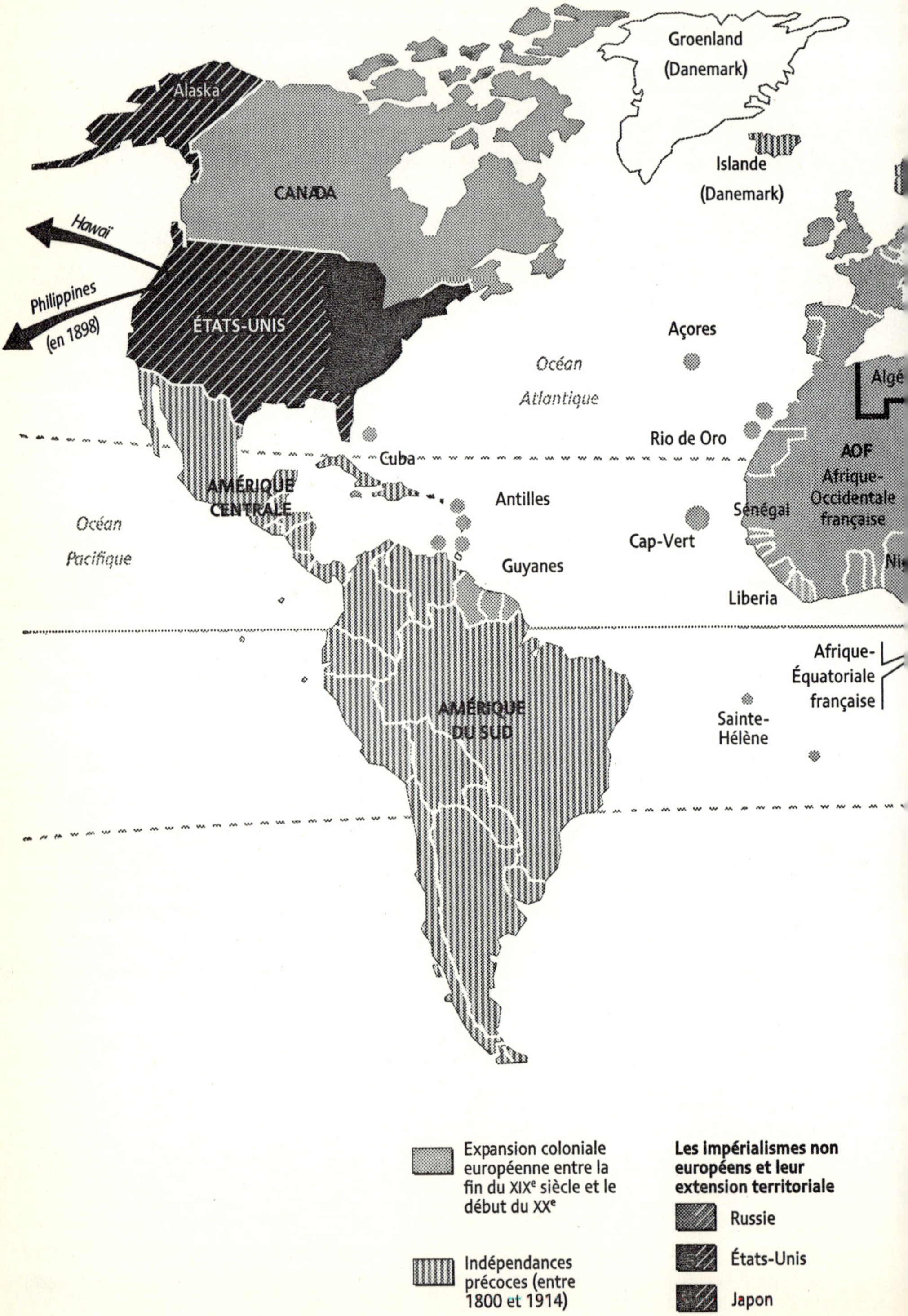

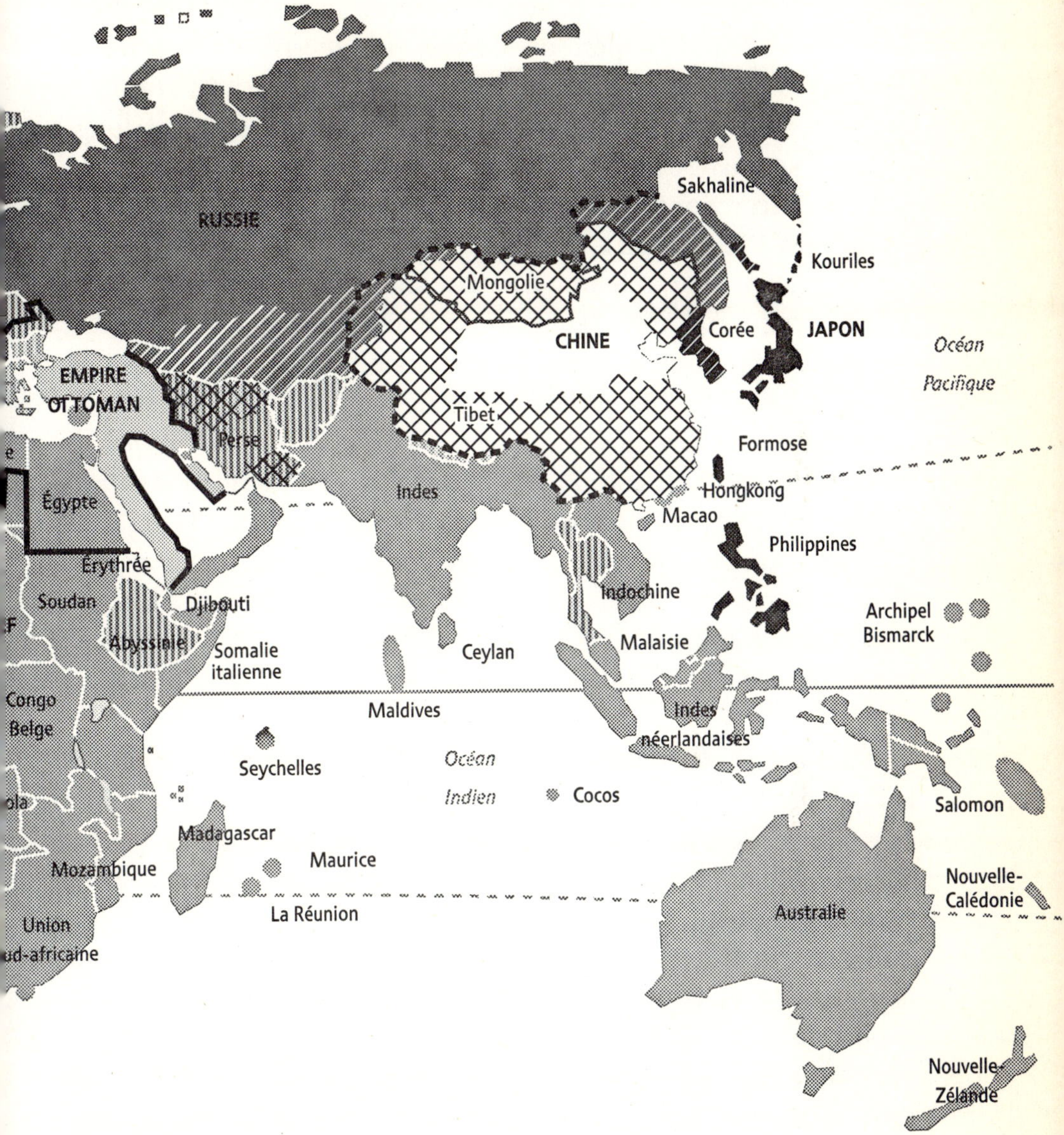

Les empires démembrés

L'Empire ottoman

— Limites approximatives vers 1800

L'Empire ottoman en 1914

La Chine

- - - - Limites de l'empire Qing vers 1850

Territoires sous le contrôle des grandes puissances coloniales entre 1850 et 1914

Des controverses infinies

La colonisation a été et reste un sujet passionnel. Les plaies ouvertes lors de cette période, ou lors des guerres qui y ont mis fin, sont toujours à vif, et les controverses qui en découlent infinies.

Quel est le bilan économique de cet épisode ? Pendant longtemps, il semblait entendu que les colonies étaient pour les métropoles un citron dont elles cherchaient à extraire tout le jus. À partir des années 1980, certains ont faite leur la thèse d'un historien de l'économie devenu célèbre, Jacques Marseille, qui prouvaient le contraire. En fait, la colonisation a coûté très cher à la France, notamment parce que, pour des raisons politiques, elle surpayait les biens coloniaux. Et après ?, pourrait-on rétorquer à notre tour. D'abord le prix fort ainsi payé servait sans aucun doute à enrichir les riches exploitants coloniaux, sûrement pas les populations elles-mêmes. Ensuite, cela ne résoud pas la question des dommages causés aux colonies par le bouleversement de leurs agricultures en monocultures – hévéa, cacao, café – dévolues uniquement à la satisfaction des besoins de la métropole. Enfin, si le système n'a même pas l'excuse de la cupidité, cela rend sa domination encore plus inacceptable.

N'oublions pas aussi, disent ses défenseurs, les infrastructures laissées par la présence française, et les bienfaits dont la métropole a gratifié les colonies. Il ne faut pas les nier, en effet, mais rappeler aussi combien ils furent limités. Il n'y a que dans les belles brochures de propagande que la France sème à foison, dans les lointaines savanes, les hôpitaux et les écoles. La réalité fut plus modeste et très contrastée. Dans les années 1930, à Madagascar, le taux de scolarisation des « indigènes », comme on disait, atteint presque 25 %. En Algérie, juste avant la guerre de 1914, après plus de quatre-vingts ans de domination française, il est de 2 %… Et si, dans de nombreux endroits, on construit, il faut savoir à quel prix ont été parfois payées ces constructions. Nul en Afrique n'a oublié le coût humain du chantier du chemin de fer Congo-Océan : conditions d'hygiène épouvantables, coups, chaleur et travail forcé ont joué à plein – 17 000 malheureux y ont laissé leur vie. « Un Noir par traverse », disait-on en exagérant un peu, mais pas tant.

Parmi ceux qui furent les agents de la colonisation, on trouve beaucoup de gens remarquables, d'administrateurs intègres, de médecins dévoués, de maîtres d'école sincèrement emplis de leur noble mission. Tous ne furent pas des brutes racistes, loin s'en faut. Nombreux le furent, ne les oublions pas non plus. « Moins le Blanc est intelligent, plus le Noir lui paraît bête », écrit André Gide dans le livre célèbre qu'il publie à son retour du Congo[1]. Dans ce récit de voyage, il dénonce les excès dont se rendaient coupables les pires vecteurs de l'exploitation : les *sociétés concessionnaires,* ces grandes compagnies privées à qui l'État avait délégué la gestion des ressources du pays, faute de pouvoir s'en occuper.

Le récit de Gide est moins isolé qu'on ne le croit, d'ailleurs. L'histoire coloniale est émaillée de scandales qui bouleversent la métropole, quand elle les apprend. Dès les premiers temps de la « pacification de l'Algérie », quelques généraux français, prétextant les horreurs dont se rendent coupables les Arabes, en inventent d'autres : par trois fois, durant l'été 1845, ils allument des feux devant les grottes où se sont réfugiés des villageois pour les asphyxier. La nouvelle des « enfumades » indigne Paris, provoque des incidents à la Chambre et, selon le très rigoureux *Dictionnaire de la France coloniale*, suscite des pétitions jusque dans les écoles.

En 1898-1899, deux officiers français, Voulet et Chanoine, à la tête d'un millier d'hommes, dirigent une « mission » au Tchad et, peut-être pris de folie, répandent terreur et barbarie partout où ils passent, massacrant des populations, brûlant les villages. Alerté, Paris finit par envoyer un colonel constater ce qui se passe. Il est abattu par les deux déments alors qu'il approche de la colonne. La presse s'empare de l'affaire, il est vrai que le scandale est énorme : détruire des villages, c'est une chose, mais tirer sur un officier français...

1 - *Voyage au Congo*, Gallimard, 1927.

En 1903, en Oubangui-Chari (l'actuelle République centrafricaine), deux petits fonctionnaires coloniaux, cherchant un moyen, diront-ils, de « méduser les indigènes pour qu'ils se tiennent tranquilles », se saisissent de l'un d'entre eux et le font sauter vivant à la dynamite. Nous sommes le 14 juillet. La date était mal choisie. La nouvelle déclenche en France un tel tollé que le gouvernement décide de dépêcher sur place le vieux Brazza, celui-là même qui avait conquis la région vingt ans auparavant pour lui apporter les bienfaits du progrès. Il sera tellement atterré de ce qu'il y découvrira qu'il mourra sur le bateau du retour. L'étonnant est que rien de tout cela ne pousse quiconque à ce qui nous semble aujourd'hui évident : remettre en cause le système lui-même.

Une pure domination raciste

Car il est bien là, ce point têtu auquel on vient enfin. L'histoire coloniale était viciée dans son principe même : elle n'a jamais été autre chose que l'organisation d'une domination raciste. Nul ne s'en cachait, la chose avait été officialisée dès le départ par Jules Ferry, un de ses plus grands apôtres. Le 28 juillet 1885, dans le brouhaha d'un grand débat parlementaire sur les fondements de la politique coloniale, il en donne les tenants et les aboutissants : les « races supérieures ont des droits parce qu'elles ont des devoirs : le devoir de civiliser les races inférieures ».

Ce sentiment de supériorité n'est pas une spécificité française, tous les peuples européens pensaient la même chose au même moment, tous se vivaient comme les seuls « civilisés » quand le reste du monde était, par définition, peuplé de « sauvages ». Par ailleurs, la République prend soin d'habiller sa « mission civilisatrice » des plus nobles oripeaux. Toutes les conquêtes coloniales, nous rappelle *La République coloniale*[1], ont été initiées sous des prétextes humanitaires : il s'agit toujours de sauver des peuples d'affreux despotes ou de les arracher à des pratiques horribles. L'esclavage en est une. Deux mois après qu'il a obtenu la

1 - Coécrit par Nicolas Bancel, Pascal Blanchard et Françoise Vergès, Hachette littératures, 2006.

soumission de Madagascar, le général Gallieni le fait abolir et reçoit pour cela une magnifique médaille de la grande société antiesclavagiste de Paris. Quelques semaines plus tard, il introduit dans la Grande Île le « travail forcé » : l'organisation d'épouvantables corvées auxquelles sont soumis de force, et sans contrepartie de salaire, les « indigènes ». L'histoire se répétera partout. Partout, la République arrive avec la Déclaration des droits de l'homme en bandoulière, partout, elle se hâte bien vite de rappeler que, dans les faits, il faudra attendre pour les mettre en œuvre. Dans toutes les colonies règne à partir des années 1880 le « Code de l'indigénat », qui crée un statut particulier pour les habitants des pays soumis. Les colons sont des citoyens de plein droit, les gens qu'ils viennent dominer, non. Ils ne bénéficieront jamais d'aucune des libertés dont la France se proclame la championne, ni les droits politiques, ni le droit de réunion, ni les droits syndicaux : ils deviennent des parias dans leur propre pays.

Bien sûr, ce siècle n'est pas d'une pièce, l'histoire coloniale est émaillée des noms de grands réformateurs qui rêvèrent d'en changer le cours. Ils n'y arriveront jamais. Napoléon III n'est guère favorable à l'idée de coloniser l'Algérie en y transplantant des métropolitains. Il rêve plutôt d'un grand « royaume arabe » avec lequel notre pays serait allié et propose pour cela de hâter la naturalisation française d'une nombreuse élite locale. Les fonctionnaires coloniaux veillent, les ordres de l'empereur ne seront pas appliqués. Sitôt la chute du régime, les choses reprennent comme avant. En 1871, nous explique encore *La République coloniale*, le Parlement prévoit de donner aux colons d'Algérie 100 000 hectares de terres. Il ne dit pas un mot des gens qui y vivaient jusqu'alors, sauf pour mentionner les punitions prévues pour ceux qui résisteraient aux spoliations.

Il faut un demi-siècle encore et des circonstances particulières pour que l'image des colonisés évolue un peu. Pendant la guerre de 1914 on a besoin d'hommes. Le général Mangin a l'idée de « la force noire », ces puissants soldats des colonies qui vont sauver la métropole. En Afrique (et aussi en Indochine), on recrute à tour de bras, souvent en employant la force, d'ailleurs. Grâce au courage dont ils font preuve dans les tranchées, la représentation des dominés changent : le « sauvage » d'hier devient le brave tirailleur naïf mais robuste, le fameux « y a bon banania ! ». Pour autant la ségrégation est toujours là : sur 30 000 Algériens aux armées, on compte 250 officiers. Et quand Paris tente des réformes, comme au moment du Front populaire, qui prévoit d'élargir le droit de vote à quelques milliers d'autochtones, elles sont à nouveau systématiquement torpillées par les colons : ils ne veulent rien perdre de leurs petits privilèges ni de leur immense supériorité. Après la Seconde Guerre mondiale et la lutte contre le nazisme, un vent d'émancipation souffle sur le monde. Quelques-uns des excès les plus criants du système sont enfin supprimés, comme le travail forcé ou le Code de l'indigénat. La citoyenneté de plein droit n'arrive toujours pas. En Algérie, jusqu'en 1958, on vote selon un « double collège » qui dénote une conception très particulière de l'équité électorale : la voix d'un « Français » vaut celle de 7 « musulmans ». Tout un symbole.

35 – Monde ouvrier

Monde oublié ?

Le XIXe siècle, ses immenses usines, ses cheminées fumantes, ses mines, ses machines qui tournent dans un bruit d'enfer, ses villes tentaculaires et, partout, les travailleurs et leur misère, ces foules abruties par l'ouvrage, les *prolétaires*.

On l'a vu plus haut, sur le plan de la politique, ce temps n'en finit plus de subir les répliques de la grande secousse de 1789. L'économie est sous le choc d'une autre révolution : la « révolution industrielle », c'est-à-dire le basculement de sociétés reposant sur l'agriculture et l'artisanat dans un monde dominé par les machines et la production à grande échelle. Pour l'historien Jean-Pierre Rioux, qui lui a consacré un livre indispensable et précis[1], il s'agit de « la plus profonde mutation qui ait jamais affecté les hommes depuis le Néolithique ». Les causes en sont multiples. Les bouleversements techniques successifs qui se produisent au XVIIIe siècle en sont un puissant déclencheur et ils contribuent bientôt à alimenter eux-mêmes le système : la mise au point des

REPÈRES

- 1791 : loi Le Chapelier proscrivant toute organisation ouvrière
- 1841 : loi interdisant le travail des enfants de moins de huit ans
- 1864 : droit de grève accordé par Napoléon III
- 1884 : loi Waldeck-Rousseau autorisant les syndicats

1 - *La Révolution industrielle*, « Points », Le Seuil, 1989.

métiers à tisser mécanisés bouleverse le secteur textile ; la machine à vapeur révolutionne la production, et, appliquée aux bateaux, ouvre la voie à la révolution des transports, bientôt amplifiée au centuple par l'invention du chemin de fer – qui, à son tour, crée de nouveaux besoins énormes en charbon pour alimenter les chaudières et en métal pour construire rails et locomotives.

Commencé en Angleterre dans la deuxième moitié du XVIIIe siècle, le mouvement, sur un siècle, gagne une zone qui englobe le Nord et l'Est de la France, l'actuelle Belgique, la région de la Ruhr et se répand au fil des découvertes de nouveaux gisements de houille ou de minerai. Sur les plaines, dans les vallées, les puits de mine, les terrils, les hauts-fourneaux, les cheminées puantes forment l'horizon des temps nouveaux. Les modes de production antérieurs sont peu à peu balayés. Le petit artisanat disséminé, le travail de filage fait le soir à domicile perdent progressivement leur place dans le monde de la machine, du rendement, des unités de production de plus en plus énormes. Le phénomène est graduel : pendant un temps, nombre de travailleurs vont osciller entre les deux mondes, à l'usine à la morte saison, de retour aux champs l'été. Mais il semble irrésistible. En 1812, on compte, chez Schneider, au Creusot, 230 ouvriers. En 1870, ils sont 12 500. Au fil du temps, les usines, ces molochs du siècle, engloutissent ces masses humaines que les transformations de l'économie ont fini par jeter hors des campagnes et qui viennent, avec femmes et enfants, vendre aux patrons leur seul bien : leurs bras.

On n'a pas idée, aujourd'hui, de ce que fut, au moment du choc de cette révolution industrielle, la condition de ces gens. La vie des paysans du temps était rude : nourriture monotone, travail physiquement éprouvant, logement réduit au minimum. Dans nombre de petites fermes, nous disent les enquêtes conduites au XIXe, l'espace dévolu à toute la famille se résumait à une pièce unique séparée de l'étable par un muret ne montant pas jusqu'au plafond, ce qui permettait de bénéficier de la chaleur des bêtes. À côté de la vie d'un ouvrier, cela semble presque luxueux. À la campagne, au moins, le rythme des saisons, l'organisation de la journée en fonction de la lumière du jour permettent des plages de repos. À l'usine, les journées durent de douze à quinze heures, toujours les mêmes, sans congés, sans temps morts, dans la froideur de l'hiver ou la touffeur de l'été, dans le bruit des machines, la saleté de l'huile, la puanteur de la fumée, sous les ordres d'un contremaître ou d'un patron qui exige des cadences de plus en plus lourdes, et n'hésite pas, nous explique Rioux, à truquer la cloche pour retarder la sortie. Les adultes, hommes et femmes, y travaillent pour des salaires de misère – on aura compris que l'expression est à prendre dans son sens plein. Les enfants aussi, à partir de six ou sept ans : leur petite taille est souvent un avantage. Dans les mines, ils peuvent se faufiler dans les plus étroits boyaux ; à l'atelier, ils peuvent se glisser sous les machines, cela permet de les graisser ou de les réparer sans avoir à les arrêter... Pour les hommes, la seule distraction après l'ouvrage est d'aller se retourner la tête avec du mauvais alcool au cabaret. Les femmes ont droit à des heures supplémentaires d'un autre type : souvent des rabatteurs installés à la sortie même des ateliers les invitent à la prostitution. Dans l'argot du temps, on dit qu'elles font leur « cinquième quart ». Ensuite, il reste à s'effondrer d'abrutissement dans des soupentes puantes dont ne voudraient pas des bêtes. Victor Hugo est resté marqué à jamais par la visite qu'il a effectuée en 1851, à l'époque où il était député de la Seconde République, dans les caves de Lille, des trous à rats insalubres, sans lumière, sans feu, où des êtres de trente ans flétris comme des vieillards se mouraient de fatigue et de maladie sur des galetas. Le poème qu'il a tiré de cette enquête, publié dans le recueil *Les Châtiments*, parle d'un « morne enfer » et cite Dante. L'allusion s'impose, en effet.

Le mouvement ouvrier

Bien sûr, peu à peu des transformations s'opèrent, des progrès vont apparaître. Ils aideront à donner un rien d'humanité à un univers qui en est à ce point dépourvu. Qui les a permis ? C'est une des grandes questions qui se posent encore à propos de cette histoire. Pour les économistes qu'on appelle aujourd'hui *libéraux*, le capitalisme porte en lui-même cette évolution : le système, en recherche perpétuelle de nouveaux marchés pour écouler sa production, a tout intérêt à sortir les prolétaires de leur misère, ne serait-ce que pour en faire des consommateurs. Ainsi le monde occidental, qui a expérimenté le premier la révolution industrielle, est aussi celui où le niveau de vie global des populations est le plus élevé. C'est bien la preuve de l'efficacité du capitalisme pour dégager les masses de la pauvreté.

Quel raisonnement bancal !, répond la gauche. Rien n'aurait jamais changé si les prolétaires eux-mêmes, et quelques penseurs qui s'en sentaient proches, n'avaient engagé un bras de fer avec les exploiteurs pour les contraindre à amender un système écrasant par nature. Ce combat est celui du « mouvement ouvrier ». En général, on raconte cette histoire-là en suivant son évolution. Il est bien légitime de le faire.

La lutte est d'autant plus héroïque qu'elle part d'une véritable table rase, celle qui a été faite après 1789. On a évoqué déjà ce paradoxe de la grande Révolution française. Elle fut obsédée par les idées de liberté et d'égalité entre tous les citoyens. Pour le prolétariat naissant, son action se solde par un accroissement de la servitude et de l'inégalité. Sous l'Ancien Régime, le mot même d'*ouvrier* n'a pas le sens que nous lui connaissons : il désigne celui qui a fini son apprentissage et travaille au service d'un artisan. Son état est difficile, sans doute, mais il est aussi protégé par les rites, les traditions, les privilèges en usage dans sa corporation. Dans sa fougue de faire sauter le corset qui étouffait le pays, la Révolution abroge tout : la loi Le Chapelier de 1791 supprime les corporations et, de fait, interdit aux salariés de s'unir ou de s'organiser pour se défendre. Elle l'interdit aussi aux industriels, c'est vrai, mais le problème se pose moins pour eux, surtout si l'on songe au petit monde fermé que forment les grands patrons au XIXe siècle. Pourquoi auraient-ils besoin d'un syndicat pour s'entendre avec leurs pairs ? Ils les voient tous les soirs dans les salons et dans les cercles.

Napoléon Ier a ajouté au pied du travailleur une chaîne supplémentaire : le livret ouvrier – un document que le travailleur doit constamment avoir sur lui, qui fiche tous ses déplacements et toutes ses embauches et garde note de toutes les appréciations qu'elles lui ont valu. Le Code pénal de 1810 a fait pencher encore un peu plus la balance dans ce sens : en cas de procès opposant un ouvrier à son patron, le premier doit apporter des preuves tandis que le second est cru sur parole.

Avec ça règne la pensée libérale qui vient d'être théorisée au XVIIIe siècle. « Laisser-faire, laissez-passer » en a été le slogan. Il vise à bannir toute intervention de l'État dans le domaine de l'économie, et à laisser fonctionner le marché dans le domaine des biens comme dans celui du travail : en clair, le patron peut faire ce qu'il veut, baisser les salaires si les commandes ne rentrent plus, augmenter les cadences si elles se font plus nombreuses, ou licencier lors des crises – l'ouvrier n'a qu'à aller se vendre ailleurs s'il n'est pas satisfait. Il est libre, n'est-ce pas ?

Le XIXe siècle ouvrier, c'est donc aussi celui du combat qui a permis peu à peu d'humaniser un monde inhumain. La lutte a d'abord été erratique et souvent très violente. Au début du XIXe siècle, en Angleterre, les ouvriers du textile, enragés par le sort qui leur est fait, se retournent contre ce qu'ils croient être la seule source de leur malheur : ils brisent les machines. On appelle ce mouvement le « luddisme » parce que les émeutiers se réfèrent à un certain général Lud, un personnage dont on n'est plus très sûr qu'il ait jamais existé. Lyon connaît, dans les années 1830, les révoltes des canuts, matées par un déploiement de force gigantesque, et qui restent un moment mythique : les canuts ont montré, écrit Jean-Pierre Rioux, « la valeur de l'opposition de classe, force contre force »...

Précisément, cette classe apprend à se former et à prendre conscience d'elle-même. Elle le fait dans des sociétés secrètes d'abord – puisque toute union est interdite jusqu'en 1884 – et aussi dans l'ébullition de nouvelles théories politiques. Le siècle voit la naissance du *socialisme*, ou, devrait-on écrire, *des socialismes,* tant les courants en sont nombreux. Ils ont tous en commun de fonder l'espoir d'une société meilleure sur l'émancipation de cette partie de la population. Saint-Simon, Fourier, Proudhon en sont les pères en France. Tous les pays qui ont vécu la même industrialisation connaissent le phénomène. À Londres, en 1864, les syndicats et les partis qui représentent les prolétaires dans tous les pays d'Europe cherchent à s'unir dans la première « Internationale ouvrière ». Elle est ouverte par le discours d'un certain Karl Marx, dont la pensée et les théories vont bientôt réussir à écraser celles des autres, même si, en France, les autres courants ouvriéristes restent longtemps influents.

À la fin du XIXe siècle, dans notre pays, les choses s'accélèrent. Napoléon III a accordé en 1864 le droit de grève, mais il est très restreint, très compliqué à exercer, et il n'a été accompagné d'aucun texte permettant aux travailleurs de s'unir. Il faut attendre la loi Waldeck-Rousseau, en 1884, pour qu'enfin les syndicats soient autorisés. Dès lors, le nombre de gens qui y adhèrent explose (190 000 en 1890, 400 000 quatre ans plus tard). La grève devient une scansion familière de la vie de l'usine. Les grandes revendications, comme la journée de huit heures – qui sera finalement adoptée après la Grande Guerre (loi de 1919) –, appuyées par les uns, récusées par les autres, sont des enjeux nationaux. Et, au tournant du siècle, si les socialistes peinent toujours à s'unir, ils ne sont plus ces extrémistes redoutés qui se regroupaient dans les arrière-salles fumeuses des faubourgs trente ou quarante ans auparavant. Ils ont leur groupe parlementaire, leurs leaders nationaux, Jaurès, plus républicain, ou Jules Guesde, plus marxiste. Ils auront même en 1899, pour la première fois de leur histoire et au grand dam d'une partie d'entre eux, un ministre faisant son entrée dans un « gouvernement bourgeois » (Millerand, dans le gouvernement de Waldeck-Rousseau). Le geste déclenche des polémiques sans fin au sein de l'extrême gauche – doit-on collaborer avec le pouvoir ? –, il signe au moins ce fait indiscutable : les partis ouvriers représentent enfin un des grands courants de pensée parfaitement intégrés à la vie politique républicaine.

Le monde oublié

On le voit, il aura fallu bien du temps. C'est sur ce décalage que nous voudrions insister avant de clore ce chapitre. Le point paraîtra étonnant, car il est rare qu'on l'aborde en tant que tel, c'est dommage. En général, on se contente de suivre le déroulé des choses comme nous venons de le faire. Ainsi donc, constate-t-on, ce n'est que dans les années 1880-1890 que la « question ouvrière » et les partis qui s'en préoccupent entrent de plain-pied dans le débat national. Pourquoi oublier la remarque corollaire ? Cela signifierait-il donc qu'elle n'en a pas vraiment fait partie jusque-là, sinon à la marge ?

Tentons donc de refaire la même histoire, mais avec un point de vue inverse. Il ne s'agit plus d'observer notre problématique sociale depuis le bas de l'échelle, là où elle est à vif, mais depuis son sommet, chez les dirigeants, les politiques, les penseurs. Les livres en parlent moins, ils ont tort. Étudier ce qui passionne une société à un moment donné est essentiel. Souligner l'art qu'elle peut mettre à ne pas traiter de sujets qui, rétrospectivement, nous semblent si importants ne l'est pas moins.

On ne peut pas écrire, bien sûr, que cette omission est totale. Certains se penchent sur le sort du prolétariat pendant les six ou huit premières décennies de la révolution industrielle. L'Église, par tradition attentive aux pauvres, a vu naître dès les années 1830 ce courant que l'on appelle le catholicisme social, derrière de grandes personnalités comme Félicité de Lamennais (1782-1854), ou des œuvres comme la société Saint-Vincent-de-Paul (organisation fondée en 1833), attentives à soulager les misères.

Parfois, d'éminents philanthropes cherchent à alerter. On cite souvent, dans les livres d'aujourd'hui, l'enquête remarquable et terrible publiée en 1840 par Villermé, un médecin humaniste qui s'était plongé dans le quotidien des ouvriers des manufactures du textile. On la cite d'autant plus volontiers qu'il n'y en a pas beaucoup d'autres pour cette période. La réalité qu'il décrit est effroyable. Le cri se fait entendre. Des parlementaires pensent qu'il faut faire quelque chose. Sur quoi cela débouche-t-il ? Sur une réforme de fond obligeant à donner à tous un salaire décent ? Ou au moins à un plan d'urgence visant à soulager au moins temporairement ces malheureux ? Pas du tout. Après des mois, on en arrive à un texte législatif, qui est lui aussi toujours cité, parce qu'il est considéré comme un des premiers du droit social français : la loi de 1841 qui décide avec bravoure qu'il est temps d'interdire le travail aux enfants de moins de huit ans, et exige qu'on ne permette pas à ceux de moins de douze ans de travailler plus de huit heures par jour. On a bien lu. Au début des années 1840, un demi-siècle après la Révolution française et ses rêves d'égalité et de bonheur pour tous, on en était encore à devoir produire une loi pour empêcher qu'on envoie des bambins se tuer sous les machines, dans les usines où mouraient leurs pères. Et encore, le texte a suscité de vives oppositions. L'État n'a pas à s'immiscer dans des contrats qui regardent des particuliers, ont dit les vrais libéraux. Les gens respectueux des hiérarchies ont ajouté : et puis les pères de famille dirigent l'éducation de leurs enfants comme ils l'entendent ! S'ils veulent que leur progéniture travaille, au nom de quoi, franchement, les en empêcherait-on ? Tous ceux-là seront rassurés par la suite des événements, d'ailleurs : la loi est adoptée mais rien n'est prévu pour qu'elle soit appliquée. Les enfants, même petits, continueront à travailler longtemps, la misère est telle qu'aucune famille ne peut se passer de l'appoint. En 1874 encore (chiffres cités là encore par Rioux), les usines de plus de 10 salariés en France emploient 670 000 hommes et 130 000 enfants.

Il est donc inexact d'affirmer que la question sociale a été *totalement* absente du discours politique des deux premiers tiers du XIXe siècle. Parfois, elle surgit même de façon brutale, extrême. Ainsi, au moment de la révolution de février 1848, avec Louis Blanc et ses amis, socialistes qui font une première entrée au gouvernement. C'est si bref. Ils ont le temps de pousser à la création des « ateliers nationaux », qui doivent donner du travail aux ouvriers qui n'en ont pas. En juin, les ateliers sont déjà fermés, les ouvriers sont réprimés à coups de fusil et Louis Blanc part en exil. Le « parti de l'ordre » revient aux commandes, le parti des propriétaires et des gens de bien.

Napoléon III, on l'a vu, se pique d'être, lui aussi, un peu « socialiste » – tout au moins c'est ce qu'il prétend. Dans les années 1840, il a publié un livre à vocation sociale, *L'Extinction du paupérisme*. Il affecte de mettre à l'honneur les prolétaires en envoyant à Londres une délégation en blouse et casquette, pour aller visiter l'Exposition universelle de 1862. Il accorde donc le droit de grève, songe à des législations de protection sociale mais ne va pas au bout de ses projets, et la façon dont se sont développés sous son règne l'affairisme le plus cruel et le capitalisme le plus sauvage montre de quel côté penche son bilan.

1871, la Commune : nouvelle révolution, nouveaux rêves en rouge, nouvelle apparition éclatante de la cause des prolétaires dans la vie du pays, nouvelle retombée avec la répression. Les espérances de justice sociale auront duré dix semaines. La nouvelle république qui apparaît alors mettra une quinzaine d'années avant de se pencher sur la question et de tenter quelques réformes législatives qui rendent la vie des travailleurs un peu plus facile (la loi Waldeck-Rousseau qui autorise les syndicats est de 1884).

Et à part cela ? À part ces surgissements ? Pas grand-chose, finalement, au regard d'une problématique qui nous semble si importante. Pour nous, la misère des ouvriers dans les grandes usines du monde industriel naissant est un élément constitutif fondamental du XIXe siècle. Quel étonnement de constater qu'elle tiendra si longtemps une si petite place dans les préoccupations de l'élite, des gouvernants !

De la fin de l'Empire aux premières décennies de la IIIe République, les dominants qui font l'opinion, les directeurs de revue, les grands bourgeois, les politiciens en vue, au pouvoir ou dans l'opposition, vont se passionner pour les questions tournant autour de la nature du régime (faut-il pour la France un roi ? une république ?), pour les questions électorales, pour les questions de politique étrangère, pour les questions religieuses, pour les questions économiques même (faut-il être pour le libre-échange ou pour le protectionnisme ? tel est un des grands débats du milieu du XIXe). Mais la question sociale ? Si peu. Dans les usines, dans les faubourgs, des centaines de milliers d'hommes et de femmes vivent dans des conditions qui rappellent celles du bétail. Qui s'en soucie ?

Les mécanismes mentaux qui expliquent cet aveuglement sont divers. Pendant longtemps, raconte l'historien Christophe Charle[1], la bourgeoisie ne peut appréhender la question sous un angle social, tout simplement parce qu'elle estime que l'état dans lequel se trouve la majorité des membres de la classe ouvrière est lié aux individus eux-mêmes : pourquoi réformer quoi que ce soit ? Aucune loi ne changera rien au comportement de ces gens qui sont par nature fainéants, ivrognes, etc.

Gérard Noiriel, au début d'un ouvrage dont on reparlera[2], part d'explications plus politiques : dans une société où le vote est censitaire, il est posé par principe que le débat public ne concerne que les possédants. Ceux qui n'ont rien n'ont qu'à subir, c'est dans l'ordre des choses. Et leur exclusion politique va de pair avec une exclusion plus générale. L'apparence même des ouvriers, mal vêtus, décharnés, parlant mal et regroupés dans des faubourgs où l'on ne va jamais, contribue à en faire des étrangers avec qui on n'a rien en commun, pour ne pas dire des barbares. « Classes laborieuses, classe dangereuses », a écrit l'historien Louis Chevalier dans une étude célèbre sur le crime à Paris dans les années 1840. Seul le suffrage universel, qui ne prendra toute sa puissance que sous la IIIe République, aidera enfin à penser la nation comme un tout et non plus comme un assemblage de mondes qui n'ont rien à voir entre eux.

Ce n'est qu'à cette époque, en tout cas, que l'ouvrier devient une figure intégrée au paysage social.

Même la littérature l'atteste enfin, il était temps. Dans les années 1840, avec *Les Mystères de Paris* – publié en feuilleton avec un immense succès –, Eugène Sue avait parlé du peuple, mais il

1 - *Histoire sociale de la France au XIXe siècle*, « Points », Le Seuil, 1997.
2 - *Immigration, antisémitisme et racisme en France*, Fayard, 2007.

s'agissait du petit peuple de la capitale, campé par *types* pittoresques, le pilier de taverne, le mauvais garçon, la prostituée au grand cœur. En 1862, Victor Hugo se penchait avec souffle et générosité sur le sort des humbles, des pauvres gens des faubourgs ou des bagnes que l'infortune du sort pousse à mal faire, et que la bonté pourrait sauver, c'était *Les Misérables*. Mais les prolétaires ? Ceux qui remontent de la mine avec de la suie sur tout le corps, ceux que les machines abrutissent et détruisent ? Pour les trouver enfin dans un roman qui connaisse un grand succès et ait un vrai retentissement national, il faut attendre *Germinal*, d'Émile Zola. Il date de 1885.

Quant aux gros titres des journaux, quant à l'apparition d'un de ces faits-divers qui passionnent l'opinion et, pour partie, font basculer ses certitudes et ses *a priori* ? Bien sûr, de temps à autre, on a pu lire quelques articles sur le sort réservé aux travailleurs. Par ailleurs, la presse a abondamment rendu compte des émeutes, des révoltes qui ont surgi de temps à autre, la révolte des canuts de Lyon de 1831 et 1834 dont on a parlé déjà, ou les émeutes ouvrières suivant la fermeture des ateliers nationaux en juin 1848. Mais alors, la plupart des journaux étaient lus par une petite élite lettrée et, sauf dans quelques feuilles très à gauche, leur tonalité sur ce genre d'événement était simple : la répression s'imposait contre ces fauteurs de trouble qui menaçaient l'ordre social.

Pour qu'une grande affaire ouvrière fasse les manchettes d'une presse atteignant enfin le plus vaste public, il faut attendre bien longtemps. Il faut attendre les lendemains du 1er mai 1891, le jour de la « fusillade de Fourmies », dans le Nord, cette bavure tragique de l'armée, qui, débordée, tire sur des ouvrières et des ouvriers du textile. Ils manifestaient pacifiquement dans la rue pour demander, comme on le fait alors aux États-Unis depuis dix ans, la journée de huit heures. Neuf morts laissés sur le pavé, des garçons et des filles, huit d'entre eux n'ont pas vingt ans. Les premières pages des journaux ; des discours horrifiés à la Chambre de Clemenceau ou Jaurès ; une secousse dans l'opinion. Certes, l'ensemble du pays ne partage pas le même point de vue sur cette tragédie. Pour la majeure partie de la droite, la faute incombe comme toujours à quelques *meneurs*, une fois encore ce sont ces rouges avides de chaos, ces socialistes irresponsables qui ont conduit à la catastrophe en bourrant la tête des ouvriers avec des chimères : des journées de huit heures ! Le journaliste Drumont, fer de lance de l'antisémitisme, un courant de l'opinion alors très puissant, réussit une fois de plus à accuser du crime sa cible favorite et obsessionnelle, les Juifs. Il tient une preuve irréfutable : le sous-préfet du lieu n'a eu aucune responsabilité dans la fusillade, mais il se nomme Isaac – c'est bien un signe, non ? Cependant, une partie importante de l'opinion, choquée au-delà même de toute considération politique, accepte pour une fois de se rendre à une idée si longtemps impensable : un ouvrier, même quand il manifeste dans la rue, peut être aussi une victime.

36 – L'affaire Dreyfus

Le 5 janvier 1895, dans la cour de l'École militaire à Paris, un soldat en grand uniforme arrache les épaulettes du militaire mortifié qui lui fait face, puis il saisit son sabre et le rompt sur sa cuisse. L'homme a qui l'on fait subir cette dégradation en place publique, peine infamante, est un jeune capitaine qui vient d'être condamné par ailleurs au bagne à perpétuité pour des faits gravissimes. Trois mois plus tôt, une femme de ménage a apporté aux services secrets français une lettre qu'elle avait subtilisée dans une corbeille de l'ambassade d'Allemagne. Ce bordereau, comme on l'appelle, livrait à un diplomate de ce pays des informations militaires confidentielles. Il était écrit de la main du capitaine.

Neuf ans et demi plus tard, le 12 juillet 1906, la Cour de cassation, constatant que « de l'accusation, rien ne reste debout », annule toutes les condamnations et réhabilite solennellement cet homme. Quelques semaines après, il est réintégré dans l'armée et reçoit la

REPÈRES

– 1886 : *La France juive* d'Édouard Drumont
– 1889 : loi sur la nationalité favorisant le droit du sol
– 1894 : arrestation du capitaine Dreyfus, accusé de haute trahison
– 1898 (janvier) : *J'accuse* de Zola ; août : suicide du commandant Henry, auteur du faux accusant Dreyfus
– 1899 : nouveau procès, Dreyfus à nouveau condamné, puis gracié
– 1906 : réhabilitation de Dreyfus

Légion d'honneur. Depuis le jour de son premier interrogatoire, il n'a cessé de clamer son innocence. Il a fallu près de douze ans pour qu'elle lui soit rendue.

On l'a compris, l'homme s'appelle Alfred Dreyfus. C'est un officier français d'origine alsacienne. Dès les lendemains de son arrestation, une campagne de presse hargneuse n'a eu de cesse de lui rappeler qu'il est également juif. Son histoire est au cœur d'un des épisodes politico-judiciaires les plus célèbres de l'histoire de France.

« L'affaire Dreyfus », donc, est avant tout l'histoire du combat mené par quelques héros pour faire éclater la vérité, quand les plus puissantes institutions de leur pays sont prêtes à tout pour l'étouffer. Les preuves irréfutables de l'erreur judiciaire apparaissent pourtant bien vite. Dès le début de 1896, un officier droit et honnête, le chef de bataillon Picquart, patron des services de renseignements, en comparant les pièces du dossier, en en faisant apparaître de nouvelles, découvre l'identité du véritable auteur du fameux bordereau sur lequel reposait toute l'accusation : il s'agit d'un autre officier, un certain Esterhazy, un noceur criblé de dettes et prêt à tout. Réponse de l'armée ? Picquart est muté loin de Paris et on le somme de se taire. Esterhazy, en même temps, a demandé à être jugé par un tribunal militaire pour retrouver son « honneur ». Réponse de la justice ? Esterhazy est acquitté triomphalement.

Nous sommes déjà au début de 1898. À ce moment-là, le malheureux Dreyfus, incarcéré dans des conditions épouvantables en Guyane, sur « l'île du Diable », un rocher au nom choisi, n'est heureusement plus seul. Son frère Matthieu et Bernard Lazare, un jeune journaliste pugnace et déterminé, ont commencé à se battre dès son arrestation pour soutenir sa cause. Ils ont réussi, au fil des ans, à y convertir quelques personnalités de poids. Le 13 janvier, Émile Zola, écrivain célèbre mais qui n'a jamais investi jusqu'alors le champ du politique, jette le sien dans la balance. Il publie à la une de *L'Aurore* un texte qui démonte toutes les incohérences du dossier et incrimine ceux qui, jusqu'au sommet de l'État, protègent le mensonge. Clemenceau, le directeur du journal, en a trouvé le titre : « J'accuse. » Le choc est énorme. Déchaînement de haine insensé contre ces dreyfusards, et nouvelle résistance de l'institution : Zola est traîné en justice et condamné pour avoir insulté le président de la République. Et le colonel Picquart, qui a refusé de taire ce qu'il savait, est incarcéré dans une forteresse militaire.

Nouveau coup de théâtre au mois d'août. Un autre militaire, le colonel Henry, avoue qu'il a, de ses propres mains, fabriqué une des pièces censées accabler Dreyfus. Il est incarcéré et se suicide le lendemain dans sa cellule. Les partisans de Dreyfus exultent, son cauchemar est donc fini puisqu'il ne reste aucune preuve contre lui. Pas si vite. À Rennes, à l'automne 1899, l'ex-capitaine est rejugé sur la base d'un dossier désormais vide, et il est… condamné à nouveau mais à une peine de « seulement » dix ans de réclusion, assortie de mystérieuses « circonstances atténuantes » dont nul n'a jamais compris à quoi elles correspondaient. Dans la foulée, il est gracié par le président d'une République qui, décidément, ne sait plus ce qu'elle fait. Il faut encore des années de pugnacité pour la contraindre à se ressaisir enfin, et à rendre son honneur au capitaine.

On a peine à imaginer aujourd'hui le déchirement produit dans la société française du tournant du XXe siècle par cet interminable feuilleton qui brouille les amis, électrise les débats parlementaires, fait casser les assiettes dans les dîners de famille, et menace plus d'une fois de dégénérer en guerre civile. Deux France face à face. D'un côté, les dreyfusards : une poignée de proches tenaces ; une association, « la Ligue des droits de l'homme », fondée alors pour fédérer ces forces ; quelques *intellectuels* (le mot est né à l'époque), certains déjà reconnus comme Zola ou Anatole France ou en passe de le devenir comme Charles Péguy ou Léon Blum ; et d'autres grands noms politiques, surtout de gauche, mais pas seulement. De nombreux socialistes, comme le leader Jules Guesde, ont été longtemps hésitants : ces histoires d'officiers sont des affaires de bourgeois qui ne concernent pas les ouvriers. Jaurès, l'autre chef socialiste, a d'abord pensé comme eux, puis il a pris le parti de la justice, en devenant l'un des défenseurs les plus acharnés de l'innocent puni. Dans ce camp, on fait feu de tout bois pour arriver à ses fins, on va sonner à toutes les portes, on utilise tous les recours juridiques possibles, mais on agit toujours au nom d'un principe simple : qu'importe l'appartenance sociale, communautaire, administrative de Dreyfus, qu'importe si la manifestation de la vérité éclabousse les institutions qui ont voulu la cacher, un innocent est un innocent.

En face, les antidreyfusards. Chez eux, on compte quelques délirants comme Drumont, l'antisémite forcené dont on reparlera, ou l'ultrapatriote Déroulède, un exalté du drapeau et du « clairon » – c'est le titre de son poème le plus célèbre –, on croise quelques leaders extrémistes comme Charles Maurras, le futur chef de l'Action française, créée alors. Mais aussi bien des gens qui étaient censés n'être ni délirants, ni extrémistes : de grands écrivains, comme Maurice Barrès, ou de plus médiocres, comme Paul Bourget, et des puissants, les gens de bien, les installés, les académiciens, les évêques, les généraux, tous ceux qui se vivent comme raisonnables, et le seront bien peu. Au départ, la position de la plupart d'entre eux peut se concevoir : ils sont tout simplement convaincus de la culpabilité du condamné. Le point étonnant est que plus les faits la démentent, plus ils en font la preuve de leur certitude. Ainsi, par exemple, leur réaction en 1898, après le revirement spectaculaire du colonel Henry, qui confesse publiquement avoir lui-même forgé une pièce à charge, est écroué et se suicide. Qu'est-ce que cela prouve à nos yeux aujourd'hui ? Que Henry est un malfaisant qui a accepté de tromper la justice pour accabler un innocent. Qu'est-ce que cela prouve à leurs yeux ? Que Henry est un héros qui a voulu sauver l'honneur du pays contre ce Dreyfus et ses amis qui continuent à vouloir le salir : dans les journaux hostiles au capitaine, le papier truqué s'appelle le « faux patriotique ». On l'a compris, il ne s'agit plus de penser, il s'agit de croire. Au cours de cette histoire, les antidreyfusards ont montré que l'extrême nationalisme qui les animait n'était pas une opinion fondée, mais une mystique face à laquelle plus rien ne valait, ni la justice, ni la vérité, ni le droit.

Antisémitisme

L'affaire Dreyfus, ce feuilleton palpitant, est fascinante en soi. Ceux qui s'y intéressent liront avec bonheur le saisissant récit qu'en a donné l'avocat Jean-Denis Bredin, dans un livre devenu un classique : *L'Affaire*[1]. Elle est aussi passionnante pour ce qu'elle nous dit d'une problématique plus générale qui n'a toujours pas fini de nous interpeller : « l'identité nationale ».

L'idée de nation, on l'a vu, est née avec la Révolution française. Comme nous le rappelle Gérard Noiriel, un des meilleurs spécialistes de cette question[2], c'est seulement à la fin du XIXe siècle qu'elle devient aussi obsédante. Le suffrage universel, les progrès de l'instruction publique, la diffusion plus grande de la presse ont créé un sentiment plus fort d'unité et d'appartenance à une patrie commune. Mais aussi les grands changements de régime, qui ont chamboulé le pays, l'établissement difficile de la république – toujours très contestée – ont donné lieu à des crispations autour de cette question. Qu'est-ce qu'être français ? Qui l'est, qui ne l'est pas ? Si « l'Affaire » prend un tour aussi passionnel, si elle continue à nous parler aujourd'hui, c'est parce qu'elle catalyse les forces contraires.

Certaines sont haineuses. « À mort le traître, à mort les Juifs ! » crie la foule le jour de la dégradation du capitaine, à l'École militaire. L'affaire Dreyfus déclenche les poussées d'une fièvre alors nouvelle sous cette forme : l'antisémitisme. L'hostilité envers les Juifs en Occident ne date pas d'hier, mais elle reposait, au Moyen Âge, sur des bases religieuses : le Juif, pour le chrétien, était celui qui avait « tué le Christ » ou tout bonnement celui qui s'obstinait à refuser de l'accepter comme le Messie. Le plus souvent, ce que l'on demandait aux Juifs – parfois avec une terrible violence,

1 - *Dreyfus, un innocent*, Fayard, 2006.
2 - Voir par exemple son excellent *Immigration, antisémitisme, et racisme en France*, *op. cit.*

comme au moment des croisades – était d'accepter cette vérité, c'est-à-dire de se convertir.

À la fin du XIXe siècle, cet « antijudaïsme », comme on l'appelle aujourd'hui, existe toujours dans les milieux catholiques, mais il se double d'une détestation nouvelle qui a emprunté d'autres chemins. Entre autres, au milieu du XIXe, celui de l'extrême gauche. Vers les années 1850, dans certains milieux socialistes, chez Proudhon, ou surtout chez un certain Toussenel, un élève de Fourier, se dessine une figure : celle du riche Juif oppresseur du peuple. On y retrouve en filigrane de très vieux préjugés, ceux qui veulent que le Juif soit toujours un usurier. Mais ils sont adaptés à l'époque. Parce que certains Juifs célèbres sont des financiers – les Rothschild sont les plus connus –, on vise à faire de tous les symboles des nouveaux ennemis du peuple, la finance et le capitalisme. Évidemment, l'immense majorité des grands banquiers de l'époque ne sont pas juifs, et l'immense majorité des Juifs sont pauvres, en particulier les petits artisans ou les misérables ouvriers du textile qui vont arriver en France dans les années 1880 pour fuir les persécutions terribles attisées par les tsars et leur police en Russie. Quelle importance ? Pour les assommer, une grande partie de la société a trouvé une autre matraque, forgée dans les délires pseudo-rationalistes d'un siècle qui croyait tout résoudre par la science, et était prêt à lui faire dire n'importe quoi : la race. La notion est tout aussi fantasmatique mais, à ce moment-là, la plupart des gens en sont persuadés : de même qu'il y a des races jaune ou noire – autres présupposés également balayés depuis –, il y a une « race sémite », opposée à celle des « Aryens ». On le comprend, le concept fait évoluer la phobie : on ne reproche plus à l'autre sa *croyance*, on lui reproche ce qu'on estime être sa *nature*.

Cette pensée est encore diverse et confuse, elle va être rassemblée et exploser véritablement en 1886 grâce à un immense succès de librairie, *La France juive* d'Édouard Drumont. Gérard Noiriel nous explique comment ce libelle à nos yeux illisible et souvent grotesque, écrit par un petit journaliste alors inconnu, va devenir un incroyable best-seller en étant littéralement adoubé par la presse

« respectable » et quelques notables des lettres, comme l'écrivain Alphonse Daudet. Nous ne sommes plus du tout, cette fois, dans les petits milieux de l'extrême gauche mais de l'autre côté du spectre politique, au cœur de la droite catholique antirépublicaine. La thèse que défend Drumont arrive pour eux à point nommé. Le triomphe de la République et de ses valeurs a écrasé le monde qui était le leur. Le pamphlétaire leur apporte sur un plateau le nom du responsable de leur malheur, le Juif. Il est le coupable idéal puisqu'à leurs yeux il représente tout ce qu'ils détestent : le capitalisme moderne destructeur de leur univers ancien ; l'ennemi du Christ qui, avec les francs-maçons, veut détruire l'Église ; l'apatride qui sape par sa présence même les fondements de la France éternelle.

En quelques années, l'antisémitisme, hier encore dans les marges, devient une opinion proclamée avec une fierté impensable aujourd'hui : il y a des livres antisémites, des chansons antisémites, des candidats antisémites aux élections. L'Église, soucieuse de reconquérir un plus vaste public, a lancé grâce aux Assomptionnistes un nouveau grand journal, *La Croix*. Il sera sous titré « le journal le plus anti-juif de France ». Et jamais ni lui ni aucun des titres plus populaires qui vont pêcher dans les mêmes eaux ne lésineront à se servir d'une explication du monde qui nous semble délirante, et qui, précisément, est d'autant plus redoutable qu'elle l'est. Qu'il se produise n'importe quel scandale politico-financier – la IIIe République en connaît d'innombrables –, la presse antisémite déclenche un jeu qu'elle ne perd jamais. S'il se trouve à quelque niveau de l'affaire un protagoniste qu'elle estime juif, elle oublie évidemment qu'il y en a vingt à côté qui ne le sont pas : une fois de plus, « ils » sont coupables ! Si aucun n'apparaît, c'est encore plus évident : « ils » adorent le secret, si « ils » n'apparaissent pas, c'est bien la preuve qu'« ils » y sont encore.

Avec Dreyfus, tout concorde au-delà même de leurs espérances : la trahison, l'argent, et avec ça l'espionnage au profit de l'Allemagne, c'est-à-dire l'ennemi absolu depuis la guerre de 1870. Pourquoi des preuves, pourquoi des enquêtes ? Le crime est signé.

Le capitaine est français, on pourrait même dire qu'il l'est doublement, puisqu'il appartient à une de ces familles qui ont choisi de quitter l'Alsace après 1871 pour ne pas devenir allemandes ; il est d'un patriotisme sans faille, chauvin, souvent buté comme le sont la plupart des militaires à l'époque. Pour les antisémites, il est juif, il n'y a donc pas à chercher plus loin. Dès l'arrestation, le journal de Drumont s'enflamme et l'accable. Bien plus tard, quand les preuves de l'innocence s'accumulent, Maurice Barrès, le chef des nationalistes, ne se démonte aucunement. Il écrit : « Que Dreyfus est capable de trahir, je le conclus de sa race. »

Xénophobie

À la haine des Juifs, dans ces dernières décennies du XIXe siècle, s'en ajoute une autre, moins frontale dans l'Affaire, mais tout aussi présente : celle de l'étranger.

La xénophobie est une maladie ancienne et commune à de nombreux peuples. À cette époque, elle aussi prend une forme plus moderne – celle que nous connaissons toujours –, la haine du travailleur immigré.

Eux non plus ne sont pas une nouveauté dans le pays. Sous la monarchie de Juillet, puis sous le Second Empire, d'innombrables Allemands, fuyant la pauvreté, sont venus se placer dans les grandes villes, en particulier comme tailleurs, domestiques ou bonnes. La plupart d'entre eux ont fui avec les débuts de la guerre de 1870, ou se sont sentis obligés de changer leur nom, ou de mentir sur leur origine. Dans le Sud-Ouest, on compte depuis longtemps de nombreux Espagnols. Sur la frontière des Alpes, des Suisses. Les nécessités de l'économie et la faiblesse de la démographie amplifient ce mouvement et conduisent, dans les années 1880, à une grande vague d'immigration comparable à celles que l'on verra dans les années 1920 ou après la Seconde Guerre mondiale. La France compte alors plus d'un million d'étrangers, nous rappelle l'*Histoire des étrangers et de l'immigration*[1]. Les deux populations les plus nombreuses

1 - Sous la direction d'Yves Lequin, *op. cit.*

sont les Belges dans la France du Nord et les Italiens dans celle du Sud.

Les bases du ressentiment à leur égard sont économiques : on en veut à ces concurrents qui prennent les emplois et font chuter les salaires en acceptant de travailler à n'importe quelle condition. Les formes qu'il prend sont brutales. Les Italiens, tout particulièrement, en sont victimes. Dans les journaux, dans une partie de l'opinion publique, ils sont toujours écrasés sous d'éternels stéréotypes. Les *macaronis* sont des criminels en puissance, des pouilleux sans feu ni lieu, des bagarreurs toujours prêts à sortir le couteau, à qui, en outre, les milieux ouvriers plutôt déchristianisés reprochent leur bigoterie et leur soumission aux prêtres : en argot, on les appelle les *christos*. On notera au passage que les préjugés contre les immigrés du XXe puis du XXIe n'ont guère changé, à un détail près : on continue toujours de leur reprocher leur religion, mais le plus souvent ce n'est pas la même.

Parfois les tensions explosent. Les circonstances sont diverses. En 1881, la France et l'Italie s'opposent car elles veulent toutes deux mettre la main sur la Tunisie : le débarquement des troupes françaises à Marseille fournit le prétexte de manifestations anti-italiennes, qui dégénèrent en violences contre les Italiens de la ville – vingt blessés, trois morts. D'autres débordements auront lieu en 1894 quand Sadi Carnot, le président de la République, sera assassiné par un anarchiste italien.

Les plus graves se sont produites un an seulement auparavant, au mois d'août 1893, à Aigues-Mortes : un véritable pogrom d'une sauvagerie inouïe est organisé contre les ouvriers italiens, dont huit seront assassinés et cinquante blessés. Les responsables seront jugés quelques mois plus tard et acquittés.

Le sol fait un Français

L'antisémitisme et la xénophobie ne sont pas identiques, les fantasmes à l'œuvre ne sont pas les mêmes, mais il y a des ponts entre les deux. La « France juive » de Drumont a un ennemi principal, désigné par le titre du livre. Un autre est toujours présenté comme l'allié du précédent, et conspirant comme lui à la perte du pays. Il s'agit de Gambetta, qui, aux yeux de l'auteur, a deux tares : il est républicain et il est fils d'étranger. Le grand leader de la IIIe République était en effet né à Cahors de parents italiens qui tenaient une épicerie dans cette ville et il choisit la naturalisation à l'âge de vingt et un ans. À l'époque de l'affaire Dreyfus, Gambetta est mort – il a disparu prématurément en 1882. L'obsession xénophobe se retourne contre un autre fils d'Italien : Émile Zola. Sitôt que le grand écrivain se jette dans le combat pour défendre l'officier juif, les antidreyfusards s'en donnent à cœur joie. Maurice Barrès, toujours : « Qu'est-ce que Monsieur Émile Zola ? Je le regarde à ses racines, cet homme-là n'est pas français. »

Eh bien si, il l'était. Et la résolution de l'affaire Dreyfus, d'une certaine manière, a apporté une claire réponse aux insinuations de Barrès et à ses conceptions.

En matière de nationalité, quelques années avant l'arrestation du capitaine, la loi a déjà tranché. En 1889, un grand texte a été voté qui a élargi un vieux principe pour en faire la base de l'obtention de la qualité de Français : le droit du sol. Un enfant d'étranger né en France et qui y réside au moment de sa majorité devient automatiquement français. Il ne faut pas se méprendre sur l'apparente générosité de cette loi. Elle est surtout très intéressée. On vient de rétablir la conscription, on se prépare à une nouvelle guerre, on a besoin de soldats. Le texte a avant tout pour but de contraindre tous les jeunes nés sur le territoire au service militaire. Pour autant, en mettant ainsi tout le monde à la même enseigne, il a l'immense avantage de contredire formellement toute « ethnicisation » de la nationalité.

L'« Affaire », et surtout la façon dont elle se termine, ajoute un étage à cet édifice. Bien sûr antisémitisme et xénophobie continueront à sévir. Ces deux fléaux régneront même en maîtres pendant l'Occupation, lors de la parenthèse de « l'État français » du maréchal Pétain, qui fera du racisme un des fondements de sa politique. Mais le dénouement du grand épisode judiciaire dont on vient de parler les aura déportés à l'extrême droite de la vie politique. Le « dreyfusisme », comme on l'a appelé, est issu d'un minuscule cénacle d'individus courageux et obstinés. Il devient au début des années 1900 une opinion dominante : toutes les élections donnent des majorités aux partis dirigés par ses deux plus grandes voix, les radicaux de Clemenceau et les socialistes de Jaurès. Avec la réhabilitation du capitaine, la République tout entière finit par trancher clairement. Les catholiques, la droite, en se ralliant peu à peu au régime au cours du XXe siècle, vont faire leurs les principes qui ont été posés alors.

Dreyfus fera la guerre de 1914, puis mourra un peu oublié en 1935. Le colonel Picquart, qui a refusé de taire la vérité, a été réhabilité en même temps que le capitaine ; il devient ministre de la Guerre de Clemenceau et décède stupidement d'un accident de cheval au début de 1914. Zola n'aura pas vu la fin de l'histoire, il est mort en 1902, mais il entre au panthéon en 1920. De leur côté, Barrès peut aller manger ses racines avec qui il veut et Déroulède sonner son clairon dans l'enfer des causes perdues. La philosophie nationale est posée, elle est toujours la nôtre : en France, il n'y a pas de citoyens que leur origine, leur famille religieuse, leur *sang* rendraient plus citoyens que d'autres. Il n'y a pas de valeurs prétendument sacrées qui vaillent qu'on cache la vérité et qu'on punisse un innocent. La justice est la justice ; un Français est un Français.

37 – La séparation des Églises et de l'État

Naissance de la laïcité à la française

Le 9 décembre 1905, nul diable au pied fourchu n'a explosé d'un rire de victoire, nul dieu vengeur n'est sorti des nuages pour faire tomber sur la France la foudre de son courroux. Pourtant, la République a pris ce jour-là une décision qui aurait sans doute déclenché des convulsions de terreur chez un homme du Moyen Âge ou chez un sujet de Louis XIV. Après un an de débats passionnés au Parlement, après des bagarres infinies jusqu'au sein de la majorité de gauche qui domine alors la Chambre des députés, et grâce à la finesse stratégique d'un certain Aristide Briand, le député qui en a été le rapporteur, le président de la République promulgue un des textes fondamentaux de la vie publique de notre pays : « la loi de séparation des Églises et de l'État ». L'affaire Dreyfus n'est même

REPÈRES

- 1795 : première séparation des cultes et de l'État
- 1801 : signature du Concordat, le catholicisme de nouveau religion officielle
- 1882 : loi Ferry sur la laïcité de l'école
- 1884 : autorisation du divorce ; fin des prières au début des sessions parlementaires
- 1886 : loi sur laïcisation des personnels enseignants
- 1901 : loi sur les associations ; exil de la plupart des congrégations
- 1905 (9 décembre) : loi de séparation des Églises et de l'État

pas encore achevée. On voit que la période est riche en grands épisodes fondateurs.

Une laïcisation par étapes

Cette séparation n'est pas une première dans notre histoire. L'État s'était déjà affranchi de tous les cultes plus de cent ans auparavant, à la fin de la Convention puis sous le Directoire, à l'époque de la Révolution. Bonaparte y avait mis fin en signant avec le pape le fameux Concordat de 1801, suivi de textes organisant les deux autres cultes minoritaires, protestant et israélite, et faisant de la religion catholique et des deux autres des institutions publiques, dont le clergé était payé par l'État, et l'organisation maintenue sous sa surveillance. C'est ce système *concordataire* que la nouvelle loi jette à bas, en le remplaçant par un autre qui repose sur deux principes, énoncés dans ses deux premiers paragraphes : « Article 1 : la République assure la liberté de conscience. Elle garantit le libre exercice des cultes. [...] Article 2 : la République ne reconnaît, ne salarie, ni ne subventionne aucun culte... » La laïcité à la française était née. Plus d'un siècle plus tard, elle fonctionne encore sur cette base qui semble désormais acceptée par tous.

Il n'a pas été simple, pourtant, d'en arriver là. Le lent combat de l'État pour s'émanciper de la tutelle de la religion a été progressif. Le pays a mis plus d'un siècle à franchir peu à peu ce qu'un des grands spécialistes de la question, l'historien Jean Baubérot, a appelé les « seuils de laïcité ». La Révolution, en retirant aux curés la gestion des registres de naissance et de décès, a laïcisé l'état civil. La IIIe République reprend le mouvement, pas à pas : le divorce, permis sous la Révolution puis interdit sous Louis XVIII, est autorisé à nouveau ; les cimetières sont laïcisés ; les hôpitaux, alors encore emplis de frères et de religieuses, le sont aussi ; on lève l'interdiction de travailler le dimanche, comme la prière qui jusque-là ouvrait les sessions du Parlement. Une marche énorme est escaladée lorsque l'État retire à l'Église un de ses domaines de prédilection : l'enseignement. Dans les années 1880, les grands textes impulsés par Jules Ferry et ses successeurs prévoient que l'instruction primaire sera obligatoire et gratuite. Ils prévoient aussi qu'elle sera « laïque ». On commence par rendre neutres les locaux – retrait des crucifix des salles de classe –, puis les programmes – le catéchisme est remplacé par « l'instruction morale et civique ». On passe (en 1886) à la « laïcisation des personnels », autre paire de manches : cela revient en effet à chasser des écoles les milliers de frères et de religieuses qui y travaillaient. Nombre d'entre eux choisissent carrément de quitter la France, cette mauvaise mère. Du côté catholique, l'épisode est vécu comme une « persécution ».

Car tout se passe, évidemment, dans un climat politique de grande tension. Le bras de fer entre Église et État a commencé, on s'en souvient, sous la Révolution. Il reprend de plus belle. En 1877, dans un discours fameux, Gambetta a fixé la ligne qui sera celle de tous les républicains : « Le cléricalisme voilà l'ennemi ! » *Stricto sensu*, le propos pourrait être acceptable par tout le monde : il ne s'agit pas de combattre la *religion*, mais le *cléricalisme*, c'est-à-dire sa prétention à vouloir régenter le champ politique.

Dans la réalité, beaucoup l'entendent autrement. Avec la lutte anticléricale, de nombreux républicains rêvent d'en finir une fois pour toutes avec ceux qu'ils tiennent pour les ennemis de la liberté humaine, les amis des rois et des puissants, les « corbeaux », la « calotte », comme on dit alors. L'Église, à l'inverse, est vent debout contre les « sans-Dieu » qui la menacent, tous ces francs-maçons perfides qui cherchent à faire triompher l'athéisme satanique.

Ferry et ses lois scolaires ont mis les plaies à vif. Une dizaine d'années plus tard, l'affaire Dreyfus y ajoute un peu de sel, qui voit l'immense majorité des hiérarchies catholiques et de leurs journaux afficher la plus franche hostilité au régime.

Au début des années 1900, des gouvernements très anticléricaux – en particulier celui d'Émile Combes, « le petit père Combes » comme on le nomme familièrement – veulent en finir avec les nombreux ordres religieux qu'ils perçoivent comme emplis de « moines ligueurs », complotant contre la liberté. Ils promulguent différents textes qui rendent la vie très difficile aux congrégations : nouvel exil horrifié de leurs membres, par dizaines de milliers cette fois. Nouvelle colère du Vatican. Beau prétexte pour la République, qui décide de rompre les relations diplomatiques. C'est le détail qui manquait pour accomplir le geste final. Si les liens avec Rome sont coupés, le *Concordat* est caduc. La République doit bien trouver un statut pour gérer ses relations avec l'Église, d'où notre texte de 1905, qui officialise le divorce.

Il ne met pas fin pour autant à cette guerre entre « les deux France », plus près de dégénérer que jamais. La loi prévoit que les édifices religieux construits jusqu'alors restent propriété de l'État mais qu'ils seront mis à la disposition des fidèles. Comme cela se passe entre un propriétaire et un locataire, il faut procéder au recensement précis de ce que les locaux renferment. Ces *inventaires* sont menés avec plus ou moins de délicatesse par les fonctionnaires – on exige même parfois d'ouvrir les tabernacles pour compter les hosties. Ils sont plus ou moins bien acceptés par les fidèles. On en arrive ici et là à envoyer la troupe pour défoncer les portes des églises où se sont barricadés les « persécutés » et leurs curés. C'est la « querelle des inventaires ». En mars 1906, dans le département du Nord, une manifestation dérape et un homme est tué. Clemenceau, ministre de l'Intérieur, estime sagement que « quelques chandeliers ne valent pas une révolution » et pousse à l'apaisement. La paix vient donc. Elle est relative.

L'histoire des relations entre l'Église catholique et la République, au XXe siècle, est celle d'un feu mal éteint, qui se refroidit parfois, couve toujours et qu'une étincelle suffit à rallumer. En 1914, catholiques et anticléricaux se retrouvent temporairement face à l'ennemi commun ; de nombreux congrégationistes rentrent d'exil ; les prêtres endossent l'uniforme, c'est l'« union sacrée ». Dix ans plus tard, en 1924, le gouvernement de gauche cherche à étendre l'égalité républicaine où elle n'est pas : il veut faire appliquer la loi de Séparation en Alsace-Moselle, qui y avait échappé, les trois départements étant allemands en 1905. Furie locale, manifestations monstres et défaite des *laïcards*. L'Alsace-Moselle continuera (et continue toujours) à appliquer le Concordat. La parenthèse de Vichy est une *divine surprise* – selon le mot de Maurras – pour les vieux ennemis de la République : d'innombrables catholiques feront de la résistance, mais dans sa grande majorité l'épiscopat ne ménage pas son soutien à Pétain. Du coup, la Constitution de la IVᵉ République est résolument laïque, comme le sera celle de la Vᵉ : « La France est une République indivisible, *laïque*, démocratique et sociale » précisent les deux textes. Mais dans les années 1950-1960, quelques lois d'influence chrétienne-démocrate ravivent la question par le biais de l'enseignement : les laïques refusent que l'argent public aille à une autre que l'« école publique » et organisent de grandes manifestations contre les textes qui visent à subventionner l'école que les catholiques appellent « l'école libre ». Après la victoire de la gauche de 1981 et sa volonté de réaliser son programme, le camp inverse descend aussi massivement dans la rue pour refuser toute perspective d'un « grand service public unifié de l'éducation » qui conduirait, selon eux, à la nationalisation de leurs écoles. Le *statu quo* finit par s'établir. Est-il temporaire ? Quoi qu'il en soit, à partir de la fin du XXᵉ siècle, le mot même de laïcité ne semble plus faire peur à grand monde, puisqu'il est revendiqué désormais par l'ensemble des institutions religieuses et toute la classe politique, de gauche à droite. Le moment est donc bienvenu pour glisser à son propos deux remarques.

Une loi fille des circonstances

La loi de 1905, comme on vient de le voir, est le produit d'une histoire particulière. Elle n'est pas une vérité qui un jour a été révélée à la République par la déesse Raison comme les tables de la Loi le furent par Dieu à Moïse ou le Coran au prophète Mahomet. Elle n'a rien de sacré. Comme toutes les œuvres humaines, elle est imparfaite et il n'y a aucune raison de s'interdire de penser à l'occasion les moyens de l'améliorer.

Par ailleurs, elle fonde un modèle de laïcité qui existe dans peu d'autres pays occidentaux. Contrairement à ce que pensent quelques laïcards trop chauvins, cela ne rend pas forcément ces derniers moins respectueux de la liberté de conscience de leurs citoyens, ou plus soumis à quelque terrible tutelle cléricale. Le rapport à la religion est différent ailleurs parce que, à tel moment de leur histoire, les rapports de force entre le spirituel et le temporel n'ont pas été les mêmes que dans le nôtre. Prenons l'Angleterre – devenue plus tard le Royaume-Uni. Cette nation s'est fondée au XVIe siècle sur la rupture avec Rome et le rejet forcené des *papistes* puis, au XVIIe, sur la défaite de la dynastie qui voulait les rétablir au pouvoir (les Stuarts). Dans ce pays, au début du XIXe siècle, militer pour plus de tolérance ne revient donc pas à se battre contre la religion en général, mais à défendre le droit des catholiques opprimés de pratiquer la leur. Il s'agit d'en finir avec les lois discriminatoires dont ils sont victimes. L'une d'entre elles leur interdisait par exemple, jusqu'aux années 1830, de se présenter aux élections.

Dans un pays comme l'Allemagne, partagé entre catholiques et protestants, l'esprit de justice pousse plutôt à réussir à tenir la balance entre les deux, d'autant que le fléau a pu aller très loin d'un seul côté : dans les années 1870-1880, Bismarck lance le *Kulturkampf*, un combat brutal contre les catholiques. Il ne s'agit pas, comme en France à pareille époque, de contrer une Église en position de force. Il s'agit, pour le chancelier de fer, de s'assurer de la loyauté des fidèles à un empire dont l'unité s'est faite sous l'égide de prussiens luthériens.

Dans notre pays, l'histoire de l'émancipation a donc pris la forme du combat contre le culte romain, parce qu'il était dominant, qu'il n'entendait rien perdre de ses prérogatives, et qu'il était très opposé au régime choisi par les citoyens. Ce combat a pu conduire, sous la Révolution ou au tournant du XXe siècle, à des excès. L'anticléricalisme des « bouffeurs de curés » a pu être féroce. Il est juste de souligner néanmoins que les hommes politiques qui pilotèrent la loi de 1905 et son application le firent avec beaucoup de modération. Ni Briand qui pensa le texte, ni Jaurès qui le soutint, ni les gouvernements qui eurent à le faire appliquer par la suite ne furent des forcenés de l'athéisme. Certains catholiques continuent à penser cette histoire comme celle de leur persécution. On doit plutôt la lire comme celle du souci permanent du compromis. Contrairement à ce qu'espéraient certains, les pères de la laïcité n'ont jamais cherché à *déchristianiser* la France, comme leurs aïeux avaient pu le tenter – de façon assez brève – au moment de la Révolution. On pourrait même, en toute équité, reprocher à la République de s'être arrêtée en chemin. Un pur laïque est parfaitement en droit de regretter par exemple que, dans un État qui se veut neutre sur le plan religieux, l'on continue à imposer à tous les citoyens tant de fêtes qui ne concernent qu'une partie d'entre eux, comme Noël, fête de la nativité du Christ, ou le 15 août, fête de la Vierge.

Il n'empêche, au-delà des circonstances qui ont présidé à sa naissance, la laïcité a posé des principes qui doivent rester, aux yeux de tous, insurpassables, car ils sont à la base même de la démocratie. Quels sont-ils ? D'une part qu'aucune religion ne doit être en mesure d'imposer ses vues, sa morale, ses croyances à chacun. D'autre part – et cela doit s'entendre sur un même plan – que les vues, la morale, les croyances de toutes les religions doivent être respectées, et leur libre expression défendue, parce qu'elle contribue à l'enrichissement de tous.

Ce que les catholiques pensaient de la laïcité

Toutes les croyances doivent avoir un même droit de cité dans une démocratie laïque. Insistons sur ce point, il nous amène à notre deuxième remarque. Elle vise à contrer une idée qui se fait jour, dans notre pays et en Europe, depuis la fin du XXe siècle, qui voudrait que parmi toutes les religions, certaines soient moins égales que d'autres face à la laïcité. Ce serait le cas de l'islam, qui, à en croire certains essayistes et hommes politiques, serait *par nature* « incompatible avec la démocratie ». Pourquoi ? Parce que cette religion entend régenter la vie des individus. Et après ? Quelle religion n'y prétend pas ? Elles ont toutes été créées pour cela. Tout de même ! ajoutera-t-on alors, de nombreux interprètes de l'islam estiment eux-mêmes que leur religion ne veut pas séparer le spirituel du temporel. Et après ? D'autres exégètes de la tradition coranique estiment le contraire. Le propre de toutes les grandes religions est d'être assez souples pour se prêter à toutes les interprétations possibles.

Souvenons-nous de ce qui s'est passé avec le christianisme.

Aujourd'hui, sinon quelques intégristes, les chrétiens n'ont plus guère de problème avec l'idée laïque. Certains d'entre eux en arrivent même à penser qu'elle est fille du christianisme : cette religion n'a-t-elle pas posé dans son fondement même la différence entre ce qui est à Dieu et ce qui est à César ? Contentons-nous de rappeler qu'au moment où la République a cherché à défendre concrètement ce principe, l'Église pensait très officiellement qu'il n'en était pas de pire.

Pour le catholicisme romain, il est vrai, le XIXe siècle n'est pas une période facile. Tout, en ce temps, pousse à mettre à bas son vieux système de pensée : les idées pernicieuses issues de la Révolution française sèment dans les esprits les ferments de l'individualisme, cette horreur ; les progrès de la science ne cessent de troubler les croyances établies : que vaut l'histoire d'Adam et celle du Déluge quand les savants découvrent les dinosaures ? Et avec ça la politique va jusqu'à menacer quasi physiquement les pauvres papes eux-mêmes : au début du XIXe, l'un d'entre eux a été prisonnier de Napoléon. À partir du milieu du siècle, ses successeurs ont maille à partir avec les promoteurs de l'unité italienne qui menacent leur « pouvoir temporel », c'est-à-dire le rôle de chef d'État qu'ils se sont arrogés depuis le Moyen Âge. Les Cavour, les Garibaldi ont décidé de chasser du pays tous ceux qui l'occupent indûment et de lui donner Rome comme capitale : le temps des États pontificaux est compté.

Face à tant de périls, le catholicisme officiel n'aura qu'une réponse : la crispation.

Sur le terrain, pour faire pièce au progrès du rationalisme, on en rajoute en sens inverse. L'époque est au renouveau de la dévotion populaire, des cultes piétistes, comme celui dévolu au Sacré Cœur de Jésus, ou des grandes apparitions : celle de la Vierge, à Lourdes, en 1858, très vite reconnue officiellement, est la plus célèbre.

Au sommet de la pyramide, les pontifes se vivent comme des martyrs assiégés par l'impiété. Presque tous ceux du XIXe sont réactionnaires, étroits, bornés. L'un d'entre eux, Pie IX, a donné l'exemple le plus révélateur de la tournure d'esprit de ses pairs avec un petit texte qui accompagne sa grande encyclique *Quanta Cura* de 1864 : le *Syllabus*. Le mot, à l'origine, signifie sommaire, ou catalogue. Celui-là, en effet, se contente d'énumérer de nombreuses propositions qui ne frappent guère quand on les lit : « il faut défendre la liberté de conscience » ; « la raison humaine est suffisante pour assurer le bien des hommes » ; « l'Église n'a pas le monopole de la vérité » ; « le pouvoir civil doit être supérieur au pouvoir religieux », etc. La stupéfaction arrive dans un deuxième temps, quand on comprend le sens de cette liste : le *Syllabus* fait la liste des « erreurs de notre temps », c'est-à-dire de tout ce qu'il est formellement interdit d'accepter ou de défendre quand on est catholique. En gros, toutes les idées qui forment aujourd'hui la base de la pensée commune à tous les démocrates sont rejetées alors comme filles de Satan. Le pape Jean-Paul II, à la fin du XXe siècle, passait dans les médias pour être le « pape des droits de l'homme ». Tous les défenseurs des libertés humaines ne pouvaient que se réjouir de trouver à leurs côtés un allié d'un tel poids. Il ne leur est pas interdit de se souvenir que, cent ans plus tôt, la juxtaposition même des termes « pape » et « droits de l'homme » aurait valu l'excommunication à qui l'aurait risquée. Les hommes n'ont pas de droits, disait le catholicisme du XIXe siècle, ils ont des devoirs envers Dieu.

Parmi les catholiques, certains refusent cette voie qui leur semble sans issue. Durant la première moitié du XIXe siècle, le plus grand nom parmi ces rebelles est celui de Félicité de Lamennais. Dans sa jeunesse, il a été un prêtre *ultramontain*, c'est-à-dire un défenseur inconditionnel du pouvoir des papes – ceux qui règnent à Rome et sont donc, vus de France, *au-delà des monts*. Puis il évolue, et cherche en permanence à concilier sa foi avec les idées nouvelles. Obsédé par la question ouvrière, il ira jusqu'au socialisme. Dès 1830, il fonde *L'Avenir*, un journal qui a pour devise « Dieu et liberté », et cherche à défendre la liberté de la presse et la liberté de conscience tout en restant catholique. Il sera impitoyablement condamné par Rome.

Cinquante ans plus tard, au début du XXe siècle, un théologien cherche lui aussi à faire évoluer son domaine de pensée. Il s'appelle Alfred Loisy (1857-1940). Il suggère que l'on peut faire de la Bible une lecture critique, qui tienne compte du contexte, de l'histoire. Une telle impudence déclenche les foudres vaticanes. Loisy est excommunié et déclaré *« vitandus »* (littéralement « à éviter »), c'est-à-dire qu'il est interdit expressément à tous les catholiques de lui parler. Les séminaires sont placés sous un contrôle très strict et les prêtres sous surveillance absolue, pour être bien sûr que le « modernisme », comme on appelle les thèses de Loisy, soit écrasé dans l'œuf.

Léon XIII, pape de 1878 à 1903, est le seul de l'époque que l'on peut considérer comme ouvert. Il publie *Rerum Novarum*. Cette grande encyclique sur le monde ouvrier est toujours le texte de référence du « catholicisme social », c'est-à-dire de la tendance de cette religion qui promeut un système économique plus humain, plus conforme aux espérances de l'Évangile. Léon est aussi celui qui pousse dans le sens du « ralliement », c'est-à-dire l'acceptation de la République par les catholiques. Son successeur, le terrible Pie X, renoue avec la tradition la plus réactionnaire. La Séparation a lieu à l'époque de son pontificat. Il condamne immédiatement et sans appel cette décision « funeste » par une encyclique enragée. Une société « ne peut prospérer ni durer longtemps lorsqu'on n'y fait point sa place à la religion... ». La démocratie ? La liberté individuelle ? Allons ! La multitude « n'a d'autre devoir que de se laisser conduire et, troupeau docile, suivre ses pasteurs ». Il faudra attendre le concile de Vatican II, dans les années 1960, pour que l'Église fasse son aggiornamento, sa « mise à jour », et qu'elle accepte les principes qui sont les nôtres. Elle y aura mis le temps.

38 – La Première Guerre mondiale

Au début du XXe siècle, la religion nationale est au plus haut. Tous les grands pays européens sont persuadés de représenter chacun le sommet indépassable de la civilisation, tous détestent un peu leurs voisins, mais ils en craignent certains tellement plus que d'autres qu'ils ont jugé utile de s'en protéger avec des alliances. Elles ont tourné beaucoup entre les uns et les autres. Elles ont fini par se fixer ainsi. D'un côté, l'Allemagne de l'empereur Guillaume II, l'Empire austro-hongrois du très vieux François-Joseph (il est sur le trône depuis 1848) et l'Italie : ils forment un trio qu'on appelle la « Triplice ». De l'autre, la France républicaine a fini par s'unir avec sa vieille ennemie l'Angleterre pour former « l'Entente cordiale ». L'une et l'autre avaient trouvé une amie pour prendre à revers les Empires centraux, la Russie tsariste : ce deuxième trio s'appelle « la Triple Entente ».

REPÈRES

– 1914 (28 juin) : assassinat à Sarajevo de l'archiduc François-Ferdinand
– 1914 (28 juillet) : déclaration de guerre de l'Autriche-Hongrie à la Serbie ; puis entrée dans la guerre par le jeu des alliances de la Russie, l'Allemagne, la France et l'Angleterre
– 1916 : « l'enfer de Verdun » ; offensive anglaise de la Somme
– 1917 (avril) : entrée en guerre des États-Unis ; décembre : armistice signé entre les bolcheviques russes et l'Allemagne
– 1918 (11 novembre) : armistice, fin de la Première Guerre mondiale

Sans cesse, les rivalités entre toutes ces nations font trembler la paix. Souvent, les causes des crispations sont lointaines. La France et l'Allemagne rêvent toutes deux de mettre la main sur le Maroc. Par deux fois, en 1905 et en 1911, elles frôlent la guerre. Dans le Sud-Est de l'Europe, les Balkans sont un baril de poudre dont d'innombrables artificiers tiennent les mèches. La lente décomposition du vieil Empire ottoman, qui contrôlait jadis toute la région, y a réveillé les appétits. En 1912, en 1913, pour augmenter leur territoire ou jouer leur survie, les États et peuples locaux, bulgares, grecs, monténégrins, albanais, turcs, se sont affrontés plusieurs fois avec une rare atrocité dans des conflits que les chancelleries ont bien du mal à suivre : les alliances ne cessent de s'y renverser. D'autres grandes puissances sont à l'affût. La Russie rêve d'un accès aux mers chaudes. Elle soutient son allié local, le royaume de Serbie, qui aimerait fédérer sous sa coupe tous les « Slaves du Sud » qui peuplent les provinces s'étendant le long de l'Adriatique. Certaines appartiennent à l'Autriche-Hongrie. En 1908, l'empire de François-Joseph en a annexé une nouvelle, prise à l'Empire ottoman : la Bosnie-Herzégovine. Le 28 juin 1914, son héritier l'archiduc François-Ferdinand y est en visite officielle, il parade dans Sarajevo, sa petite capitale. Un extrémiste serbe de Bosnie tire plusieurs coups de feu sur la voiture découverte de l'Autrichien honni. L'héritier et sa femme sont tués. Le monde est au bord du gouffre. Il ne le sait pas encore.

Des faits-divers sanglants dans les Balkans, les journaux de l'époque en sont pleins à intervalle régulier. Celui-là aurait pu n'être qu'un parmi d'autres. Par une mystérieuse alchimie, il va embraser l'Europe tout entière et l'entraîner dans la plus monstrueuse des guerres que l'humanité ait jamais connues. Pas grand monde n'aimait l'archiduc à Vienne, mais peu importe, l'Autriche-Hongrie se sert du prétexte pour régler ses comptes avec la Serbie : elle exige de Belgrade des châtiments exemplaires et le droit d'aller enquêter elle-même dans ce pays, sans quoi il y aura la guerre. Ultimatum le 23 juillet. Belgrade ne peut l'accepter. Le 28, la guerre est donc déclarée par l'Autriche-Hongrie à la Serbie. Par solidarité, les Russes se rangent au côté des

Serbes : ils mobilisent contre l'Autriche-Hongrie, que l'Allemagne soutient en mobilisant le 1er août contre les Russes, puis en déclarant la guerre à la France, parce qu'elle déclare soutenir la Russie. C'est le billard fatal. Il ne manque dans le jeu que l'Italie, qui reste neutre, et l'Angleterre, qui fait tout pour arrêter cette escalade et n'y parvient pas. Le 3 août, l'Allemagne applique le plan de bataille qu'elle a prévu de longue date et entre en Belgique, pour contourner les Français par le nord. Le viol de la neutralité belge est, pour Londres, un *casus belli* sans appel. Voilà le Royaume-Uni dans la mêlée.

Pourquoi cela a-t-il dégénéré cette fois plutôt qu'une autre ? Le saura-t-on jamais ? Après guerre a prévalu la version des vainqueurs. Elle était simple : tout était de la faute de l'Allemagne, qui avait poussé l'Autriche au pire, et s'était servi du conflit avec les Serbes comme d'un prétexte pour assouvir le bellicisme inné de son État-Major et de ses classes dirigeantes. La thèse n'est pas à exclure sans appel. De nombreux généraux, de nombreux dirigeants allemands étaient des militaristes forcenés. Posons-nous néanmoins la question : dans quel État-Major, dans quelle classe dirigeante n'y en avait-il pas ? Partout en Europe, des bellicistes rêvaient pareillement de ce qui leur semblait *la* solution : une bonne guerre, courte mais franche, qui clarifierait la situation, évacuerait les tensions, et permettrait de dire leur fait à ces barbares qu'on détestait. Chaque pays avait les siens.

Il ne manquait pas non plus, ni en Allemagne ni partout ailleurs, de pacifistes. C'est l'autre aspect fascinant de ce grand dérapage. Quelques semaines avant l'été 1914, les partisans de la paix en Europe se comptaient par centaines de milliers. Toute la gauche, tous les syndicats, tous les partis ouvriers, au nom de l'internationalisme, l'étaient avec passion. Un ouvrier ne tue pas un ouvrier. « Une baïonnette est une arme avec un prolétaire à chaque bout », disait un slogan pacifiste de l'époque. Guerre à la guerre, c'était le mot d'ordre. Le grand leader socialiste Jaurès, quelque temps auparavant, était allé le crier au côté de ses frères allemands à Berlin même. Fin juillet 1914, il se démène encore pour empêcher le pire en rencontrant à Bruxelles de nombreux leaders européens, dont des socialistes d'Allemagne.

Le 31 de ce mois, il est assassiné à Paris par un ultranationaliste français. Deux jours plus tard, le climat s'est renversé.

Personne ne part à la guerre le cœur léger et en chantant, comme nous l'a longtemps fait croire un mythe tenace, démonté aujourd'hui par tous les grands historiens de la période[1]. Chacun s'y résigne et y va parce qu'« il faut y aller ». D'ailleurs, il ne s'agit pas d'attaquer, il s'agit de se défendre, tout est là. Chacun le croit, c'est le problème. Chacun voit désormais l'autre comme un agresseur qui menace la patrie et ses valeurs : les Austro-Hongrois et les Allemands le pensent des Russes ; les Serbes des Austro-Hongrois et les Français ou les Anglais des Allemands.

Donc chacun se *résout* à la guerre et le fait d'autant plus facilement qu'il sait qu'elle sera courte. De cela, nul ne doute. Tous les plans militaires le prévoient formellement. Les Allemands ont deux ennemis, à l'est et à l'ouest, leur idée est d'en finir au plus vite avec l'ouest pour se retourner après contre le seul ennemi redoutable, le « rouleau compresseur russe », qui sera terrible mais sera aussi plus lent à se mettre en marche. Ils attaquent donc la Belgique. La France a anticipé la manœuvre depuis longtemps et a prévu de la contrer par une attaque frontale : elle va créer le grand choc sur l'Alsace-Lorraine pour percer et déferler jusqu'à Berlin. Rapide échec français. Semi-victoire du plan allemand : la Belgique résiste héroïquement, bien plus qu'on ne l'aurait cru capable. Les armées passent quand même, commencent un vaste double mouvement pour prendre Paris en tenaille et y arrivent presque. Grâce – en toute petite part – aux célèbres taxis qui convoient les troupes jusqu'aux combats, grâce surtout à une résistance déterminée, les Français les bloquent à quelques kilomètres de la capitale. C'est la fameuse victoire de la Marne. Chaque armée, face-à-face, cherche alors à contourner l'autre en la débordant par le nord. C'est la « course à la mer ». En quelques

1 - Parmi mille autres, un des classiques sur la Première Guerre mondiale est le livre de Marc Ferro, *La Grande Guerre* (« Folio », Gallimard, 1990). Ceux qui aiment les synthèses très pédagogiques liront *La Grande Guerre*, de Stéphane Audouin-Rouzeau et Annette Becker (« Découvertes », Gallimard, 1998). Ou encore l'ouvrage collectif *Mourir pour la patrie*, un recueil d'articles (« Points », Le Seuil, 2007) qui fait la part belle à l'histoire des mentalités.

semaines, à force d'être tricoté ainsi, le front est monté jusqu'en Belgique. Il descend sur 700 kilomètres jusqu'à la Suisse. Tout mouvement est désormais impossible. Les Anglais et les Français d'une part, les Allemands de l'autre n'ont plus qu'une chose à faire, creuser dans la terre de longs fossés où s'enterrer pour pouvoir tenir coûte que coûte leurs positions. Le même phénomène se produira côté est. On le verra aussi dans les Balkans. Des millions d'hommes apprennent à vivre dans des boyaux. C'est la guerre de tranchées. En France, elle durera quatre ans.

L'impossible percée

Militairement, le conflit se résume souvent à un cauchemar sans cesse renouvelé : il n'y a qu'une chose à faire, pensent d'abord les généraux, réussir à briser le front adverse. C'est l'obsession de « la percée ». Chacun essaiera, 1915, 1916, Artois, Champagne, Verdun, la Somme. Les Français, les Allemands, les Anglais lancent tour à tour ces offensives terribles qui se déroulent toutes selon le même rituel macabre. On noie l'adversaire sous une pluie de bombes ; puis, espérant le submerger, on lance des flots de soldats qui meurent par milliers, écrasés sur les barbelés, explosés sur les mines, fauchés par la mitraille ; puis on recommence le lendemain, puisque l'autre a tenu. On essaiera aussi les armes nouvelles : les gaz, lancés par les Allemands ; les chars, tentés par les Anglais. Rien n'y fait. Verdun, 1916, offensive allemande, dix mois de bataille, plus de 300 000 morts, gain territorial : nul. La Somme, 1916, offensive anglaise, cinq mois de bataille, près d'un million de morts, gain territorial : 12 kilomètres.

Aussi, bien vite, les deux camps cherchent d'autres moyens, d'autres angles d'attaque. On se bat partout, même en Afrique, où Anglais et Français mettent la main sur les colonies allemandes. On fait tout pour gagner de nouvelles alliances. L'Italie a finalement basculé en 1915 du côté de l'Entente : elle se bat contre l'Autriche dans les Alpes. La Bulgarie s'est rangée du côté de l'Allemagne, comme l'Empire ottoman. En 1915, les Franco-Anglais visent les Turcs, qu'ils prennent pour le maillon faible des alliances ennemies : ils lancent une offensive sur le détroit des Dardanelles. Résistance farouche des Turcs, carnage généralisé et échec allié. Début 1916 on rembarque les troupes qui iront grossir « l'armée d'Orient », à Salonique, pour tenter d'aider les Serbes en piteuse posture ou de battre les Bulgares.

En 1917, tournants d'importance. Les Allemands essayent de briser la ténacité anglaise en s'attaquant à son point essentiel, son commerce maritime. Leurs sous-marins, les « U-boot », ne font pas de quartiers, ils envoient par le fond tous les navires qui voguent sur les mers, y compris les neutres. Les États-Unis ne peuvent l'accepter : ils entrent dans la guerre du côté des Alliés. Dans leurs tranchées, les pauvres *poilus* sont à bout de force et à bout de nerfs. Certains se mutinent. Les généraux les plus avisés pensent qu'il est sage d'en rester à la défensive. « J'attends les chars et les Américains », dit Pétain, le « vainqueur de Verdun ». Les Allemands savent que le temps joue contre eux, mais une excellente nouvelle leur arrive de l'Est. En Russie, en octobre-novembre, un coup d'État bolchevique a balayé les démocrates au pouvoir depuis février. Lénine fait la révolution, la guerre, ce « conflit impérialiste », ne l'intéresse pas. Dès la fin de 1917, il signe un cessez-le-feu séparé avec Berlin.

Les Allemands peuvent donc jouer leur va-tout. En mars 1918, ils lancent une immense offensive à la jointure des armées française et anglaise. Miracle ! Ils percent, avancent de 50 kilomètres, du jamais vu depuis trois ans. La victoire est au bout de leurs canons. Les Alliés se ressaisissent par un autre miracle – décidément, les dieux sont imprévisibles : ils réussissent à repousser l'envahisseur. Deux millions d'Américains ont bientôt rejoint le front. À l'été, les affaires sont pliées pour les Empires centraux. Turcs, Bulgares, Autrichiens sont écrasés les uns après les autres. L'Allemagne est contrainte de demander l'armistice. Un clairon le sonne le 11 novembre, à 11 heures du matin.

La der des der

1914-1918, une catastrophe d'une ampleur inconnue dans l'histoire du monde. Des pays en ruine, 8 à 10 millions de victimes militaires ; 10 millions de victimes civiles ; 30 à 40 millions de blessés ; et le premier génocide du siècle : parce qu'ils les suspectaient d'être des « ennemis de l'intérieur », le gouvernement turc, en 1915, a fait massacrer un million d'Arméniens, hommes, femmes, enfants. La carte de l'Europe est chamboulée. Quatre empires sont à terre – russe, allemand, autrichien, ottoman – et l'avenir des peuples qui les composaient très incertain. L'Allemagne est au bord du chaos : la république y est à peine proclamée qu'elle doit écraser dans le sang la tentative de révolution des *spartakistes*, qui veulent des soviets comme en Russie. Les Habsbourg quittent Vienne pour l'exil, leur empire est disloqué. La Tchécoslovaquie se forme sur l'alliance mal assortie des peuples tchèque et slovaque. La Hongrie subit coup sur coup une dictature communiste puis une dictature d'extrême droite. La Croatie et la Slovénie entrent dans un royaume contrôlé par les Serbes, la future Yougoslavie. L'Italie, qui n'obtient pas la Dalmatie, l'Istrie, le Trentin qui lui avaient été promis quand elle est entrée dans la guerre, se noie dans la colère. La Pologne, qui n'existait plus depuis plus d'un siècle, redevient un État, mais il lui faut presque aussitôt, pour le défendre, relancer une guerre contre l'« Armée rouge » des Russes. Comme doivent le faire les Turcs, dont le grand pays était au bord d'être dépecé par les Anglais, les Français et les Grecs.

Pendant les années d'après-guerre se sont succédé les traités scellant le sort d'un vaincu après l'autre. Le principal est celui de Versailles, qui s'occupe de l'Allemagne, suivi de ceux de Saint-Germain-en-Laye et du Trianon, qui concernent l'Autriche et la Hongrie. Ils entendaient tout régler, et mettre fin à jamais à une guerre qui devait être la « der des der ». Ils préparent la suivante. Les vaincus ne lisent dans ces textes que la volonté de les humilier. L'Allemagne perd un dixième de son territoire, elle est écrasée sous le poids des réparations. L'Autriche, la Hongrie deviennent deux ombres du pays puissant qu'ils formaient. Seul, alors, le très chrétien président américain Wilson, hanté par son messianisme religieux, pense qu'il faut faire prévaloir la justice et le respect sur la vengeance. Les Européens et leurs leaders, le Français Clemenceau et le Britannique Lloyd George, voient en lui un « idéaliste ». Son propre Congrès le désavoue qui refusera l'entrée des États-Unis dans la « Société des Nations » dont il avait été le promoteur et qui devait garantir la paix entre les hommes.

La guerre de 1914-1918 fut la tragédie fondatrice d'un siècle de feu et de sang, un carnage tellement énorme que les historiens n'ont pas fini de chercher à l'expliquer, à le disséquer, à le comprendre et à débattre pour tenter de le faire. Depuis près d'un siècle, sur tous les aspects du conflit, les théories se confrontent. Qu'est-ce qui a causé cette horreur ? Est-ce la seule faute de l'Allemagne et de son militarisme structurel, comme l'ont pensé longtemps la majorité des historiens français, et, depuis les années 1960, de grands historiens allemands ? Est-ce la faute du système économique, ce capitalisme qui n'a d'autre issue que de faire se battre les travailleurs entre eux, pour donner des débouchés aux « marchands de canons », comme le pensaient les socialistes de l'époque ? Est-ce la faute de la folie nationaliste, ce fanatisme qui exalte le sacrifice et la patrie dans le seul but de se nourrir du sang des peuples ?

Une fois la guerre déclarée, comment les peuples ont-ils pu la faire, et si longtemps ? Depuis la fin des années 1990, c'est sur ce point que porte en France un débat passionnant. Dans les années 1960-1970, en un temps qui aimait les rebelles et la « contestation », on avait beaucoup travaillé sur les mutins. Vingt ans plus tard, la perspective est renversée : pourquoi, en réalité, y en eut-il si peu ? Quarante mille environ, pour les Français, dans des mouvements concentrés en 1917, c'est-à-dire après des années d'épuisement, après, surtout, des offensives encore plus meurtrières et inutiles que les autres, comme celle du général Nivelle, « le boucher ». Sur quatre années d'une guerre qui a dévoré des millions d'êtres, cela ne fait pas beaucoup. Comment tous ces hommes ont-ils pu supporter l'insupportable, ces années passées dans la boue, les poux, les rats, à attendre d'être enseveli vivant dans un bombardement ou de crever à petit feu, le corps déchiqueté sur des barbelés, avec, pour seul requiem, les cris et les râles d'autres agonisants ? Une religion les faisait tenir, disent les historiens comme Annette Becker et Stéphane Audouin-Rouzeau et leurs amis de l'Historial de la Grande Guerre de Péronne : le sentiment du devoir, très conforté par une intense propagande, mais aussi très profondément ancré. C'est ce qu'ils appellent le « consentement patriotique ». Faux, répondent certains de leurs confrères – Fréderic Rousseau[1] ou Nicolas Offenstadt, regroupés autour d'un centre nommé le CRID 14-18 : ce « consentement » était de façade ou il était le fait de quelques-uns, les lettrés, les bourgeois, ceux qui ont écrit, publié. D'autres recherches, sur les mutilations volontaires par exemple, ou sur la puissance de toutes les formes de contraintes utilisées pour forcer les soldats à obéir, font apparaître une autre vérité : la plupart des gens n'avaient qu'une envie, échapper à cette guerre dont ils ne voulaient pas.

L'ennemi héréditaire

On discutera encore longtemps de ce carnage, tant de pans de cette histoire restent à découvrir. Dans la perspective qui est la nôtre, contentons-nous de nous concentrer sur un point : ce que notre mémoire collective a gardé du rapport à un pays en particulier, l'Allemagne.

Cette guerre fut mondiale. On se battit en Afrique, on se battit en Ukraine, dans les montagnes bulgares, dans les sables du désert d'Arabie. Chaque peuple en garde le souvenir par son prisme local, sa bataille, son enfer et son ennemi. Pour les Français, il n'y en a qu'un, l'Allemand. La Première Guerre n'est pas considérée dans sa dimension planétaire, elle est vue comme la énième manche d'un vieux conflit avec lui. Il y a eu la partie d'avant, la guerre de 1870. Il y aura celle d'après, en 1939. Cette histoire est lue comme un long continuum au sein duquel l'adversaire est toujours le même.

1 - *La Guerre censurée*, « Points », Le Seuil, 2003.

Les casques à pointe des uhlans de Bismarck, les soldats du Kaiser de 1914, la Wehrmacht de Hitler, ce sont toujours « les Boches ». Essayons donc de placer quelques grenades dans cette galerie de clichés.

En 1914, on s'est battu contre l'Allemagne, pense-t-on encore parfois en France, parce qu'elle était « l'ennemi héréditaire ». Nombreux étaient ceux qui le croyaient à l'époque, en tout cas, tant d'un côté de la « ligne bleue des Vosges » que de l'autre.

Seize ans plus tôt à peine, en 1898, au moment de Fachoda – les frictions en Afrique d'une mission française avec des troupes britanniques –, aussi nombreux étaient ceux qui étaient prêts à en découdre avec une autre ennemie tout aussi héréditaire : l'Angleterre. Allons, souvenons-nous, Jeanne d'Arc ; la guerre de Sept Ans au temps de Louis XV ; l'acharnement contre Napoléon ! Les maudits Anglais, toujours eux !

Un siècle auparavant, au XVIIIe siècle, avant la guerre de Sept Ans, justement, la France avait une autre rivale éternelle, l'Autriche et ses Habsbourg, contre qui nos rois avaient si souvent été en guerre. Et qui était contre eux notre meilleur allié ? La Prusse, la grande Prusse de Fréderic II, tant aimée avant qu'elle ne bascule contre nous.

On voit le point : notre pays a toujours eu des « ennemis héréditaires », mais dites donc, qu'est-ce que ça change, l'hérédité ! Le constat vaut d'ailleurs pour tout le monde : l'Italie a passé le XIXe siècle à faire son unité contre les occupants du pays, les Autrichiens. Au début du XXe, elle se range à leurs côtés dans la « Triplice ». Elle ne vire de bord qu'en 1915 pour entrer dans l'entente franco-anglaise.

Au XIXe siècle, les Bulgares se soulèvent contre ce qu'ils appellent « le joug ottoman ». Pendant les guerres balkaniques des années 1910, ils sont tantôt du côté de la Grèce contre les Turcs détestés, tantôt, quand leurs intérêts le commandent, contre les Grecs, leurs frères d'hier. Finalement, ils s'engagent dans le grand conflit au côté des mêmes Ottomans avec qui ils s'étripaient trois ans plus tôt.

Guillaume II se trouve face aux Russes en 1914, il ne se remet toujours pas d'avoir raté quinze ans auparavant l'alliance qui l'aurait rendu maître du jeu européen. En plus, le tsar était son cousin. La question des parentés entre nobles est encore une autre affaire : le roi d'Angleterre l'était aussi.

Le point intéressant, donc, n'est pas de savoir depuis combien de temps on est l'ennemi *éternel* de telle nation, mais de comprendre comment on s'arrangeait pour que tout le monde le croie, une fois qu'on l'était devenu. Dans la littérature nationaliste française du XIXe siècle, l'Angleterre était parée de tous les vices, on en faisait un pays de boutiquiers perfides qui ne pensaient qu'à placer leur camelote et empocher des livres sterling. En 1914, elle brille soudain par ses vertus, tandis que l'Allemagne souffre de pesants préjugés.

Oublions les trouvailles poétiques de la propagande du temps de la guerre elle-même, également répandues des deux côtés du Rhin. Elles sont d'un tel niveau qu'on a préféré les escamoter rapidement, une fois la paix revenue. Dès le début du conflit, nous raconte l'historien Joseph Rovan, d'éminents savants germaniques comprennent *scientifiquement* le vrai problème des Français : ces gens ont un gène qui les prédispose à la déficience mentale. Les médecins français font une découverte tout aussi importante : l'urine allemande est surchargée d'azote, c'est la raison pour laquelle leurs soldats sentent si mauvais.

Revenons plutôt à l'image générale de l'*autre* construite alors, car elle est encore assez présente dans les esprits. Pour la majorité des Français d'aujourd'hui, l'Allemagne de 1914 est un pays militarisé, caporaliste, autant dire une sorte d'antichambre naturelle du nazisme. Pas du tout, nous explique encore Rovan. Le pays est au seuil d'autre chose : devenir une grande démocratie parlementaire. Il ne l'est pas tout à fait. Le Reichstag n'a guère de contrôle sur le gouvernement, qui n'est responsable que devant l'empereur. Et ce dernier garde d'énormes pouvoirs. Sur un plan personnel, Guillaume II n'est pas un modèle : il est instable, capricieux et cyclothymique, il passera d'ailleurs une partie de la guerre prostré dans ses bureaux, en dépression, laissant tout pouvoir à son État-Major. Sur un plan intellectuel, il est un esprit borné et limité, entouré d'une clique de généraux à cravache qui le sont tout autant : tous ces gens pensent assurément qu'un bon peuple est un peuple qui marche au pas. À la même époque, la droite nationaliste française, qui passe son temps à chanter les clairons et les drapeaux, pense-t-elle autre chose ?

En revanche, si on ose l'écrire, dans le domaine social, le Reich est bien plus avancé que son voisin républicain : retraites, assurance-maladie pour tous, les ouvriers allemands ont de quoi faire rêver leurs frères d'Europe. Et le premier parti du pays n'est pas un groupe d'extrême droite, c'est le très puissant SPD (Parti social-démocrate), qui donne le *la* aux socialistes du monde entier. Partout on révère ses grands leaders comme Bebel (qui meurt en 1913) et Kautsky, le marxiste pointilleux.

En France, en août 1914, juste après l'assassinat de Jaurès, les socialistes se résolvent à voter les crédits de guerre au nom de la « défense nationale », la défense de la liberté et des valeurs menacées par l'agression de l'Empire allemand. En Allemagne, les mêmes socialistes votent les crédits de guerre au nom de la défense de la même liberté et des mêmes valeurs, menacées par une agression qui les épouvante tout autant : celle de l'Empire russe, cette honte de l'Europe, cette survivance de temps révolus, gouverné par un autocrate de droit divin qui règne sur un peuple laissé dans l'analphabétisme et la misère. Une chose leur échappe : comment les Français, qui se disent républicains, osent être alliés à un pays pareil ?

Le point de vue de l'autre

Les deux visions du conflit lui-même sont riches d'enseignements. Quand ils pensent la Première Guerre, les Français ont une carte en tête, celle du front ouest. Ils regardent ce petit quart nord du pays qui fut martyrisé, envahi, ils pensent à l'Artois, à la Somme,

L'Europe lors de la Première Guerre mondiale

L'Europe en 1923

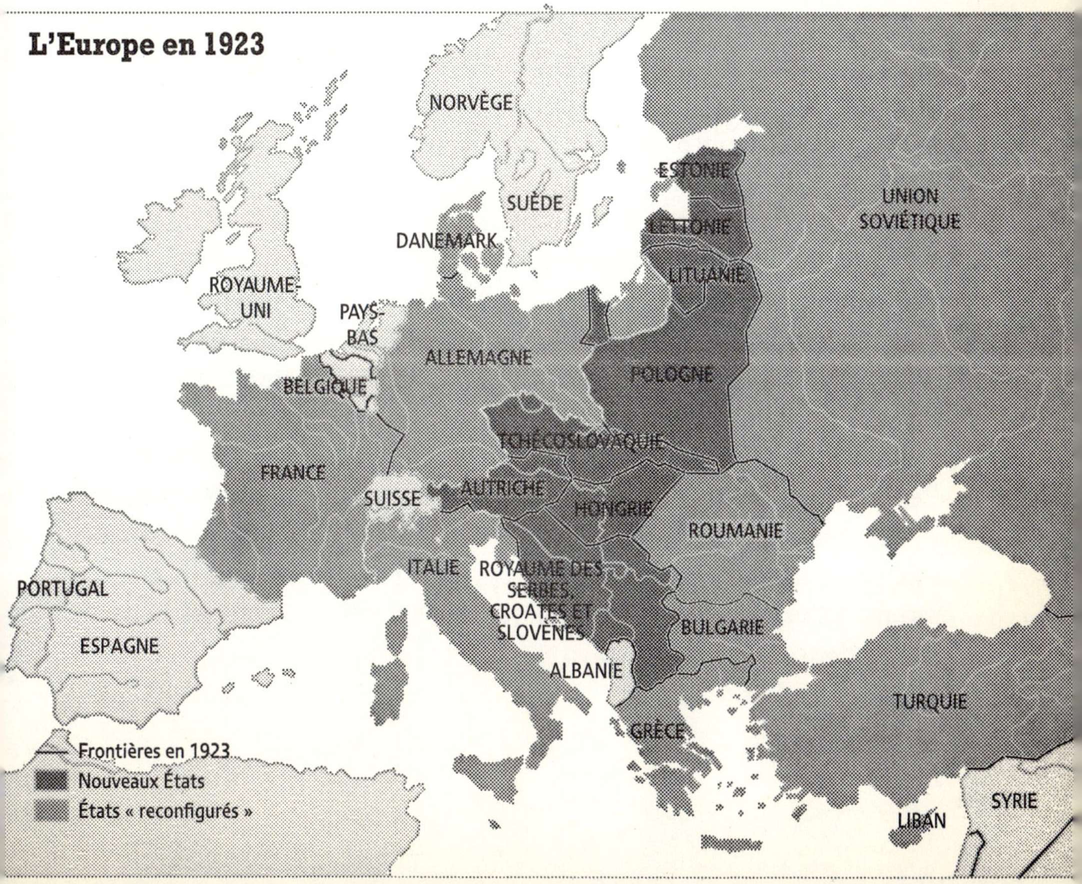

à la Meuse, ils voient l'Allemagne arc-boutée de toute sa puissance pour faire céder ce front, ils pensent : quel héroïsme d'avoir résisté à cela ! Au passage, ils oublient que la moitié de ce front était tenu par l'ami anglais, mais passons, les Anglais font pareil et ont du mal à se souvenir qu'il y avait des soldats français en France.

Un Allemand voit la même carte de beaucoup plus haut. Ça change tout. Ouvrons la focale très large, regardons comme lui le planisphère tout entier, et plaçons-nous par exemple au printemps de 1917. Supposons que son pays et ses amis soient en bleu, qu'est-ce que cela donne ? Allemagne, Autriche-Hongrie, Empire ottoman, un petit lac au beau milieu de la carte. Mettez les ennemis en rose, Angleterre, France, leurs colonies, l'immense Russie, et maintenant les États-Unis : cela couvre tout le reste du monde.

On oublie toujours trop le point de vue de l'autre. Pour un Français, 1914-1918, c'est Joffre, c'est Foch, c'est le sursaut héroïque pour délivrer le sol de la patrie de l'envahisseur. Pour un Allemand, c'est une lutte à trois contre le monde entier, payée au prix de souffrances monstrueuses. L'Angleterre résiste à la guerre sous-marine et, dès le milieu de la guerre, impose en représailles un blocus maritime terrible à l'ennemi. Presque plus rien n'arrive dans le Reich. Même les épluchures de pommes de terre étaient rationnées. On estime à 700 000 le nombre des civils morts de faim, à l'arrière, en Allemagne. Il n'y eut rien de comparable en France ni en Angleterre.

C'est vrai, fin 1917, la Russie cesse le feu. Mais les Américains commencent le leur. Pour la mémoire française, là encore, le débarquement au Havre des Yankees aux cris fameux de « La Fayette, nous voilà ! » est un épisode assez mineur : on n'est pas à Utah Beach en 1944. Ces braves soldats sont vus comme une gentille petite armée d'appoint qui nous aide à donner le coup de grâce. Les Allemands savent compter, ils savent qu'en quelques mois, ces sympathiques auxiliaires ont été deux millions ! Deux millions de soldats frais face à une armée épuisée par quatre ans d'efforts inouïs. Et celle-ci a encore tenu quelques mois. Où sont les héros ? demandent les Allemands.

Le droit à géométrie variable

Les Français, comme leurs alliés, ont toujours prétendu faire « la guerre du droit » – c'est ainsi que fut nommé le conflit dès le départ. Faut-il rappeler au passage que ce droit a parfois été à géométrie variable ? Ne cherchons pas à rouvrir de vieilles plaies trop douloureuses. Contentons-nous d'effleurer un sujet encore tellement tabou : l'Alsace-Lorraine. L'image que nous avons dans la tête des « provinces retrouvées », en 1918, c'est celle des soldats français accueillis en libérateurs par des villes en liesse peuplées de petites Alsaciennes en coiffe. D'innombrables Alsaciens et Lorrains furent en effet ces jours-là emplis de joie. D'autres ne le furent pas. Certains étaient sincèrement germanophiles. D'autres avaient pris leurs habitudes. Les provinces étaient allemandes depuis si longtemps, ils avaient fini par y trouver leur compte. Pourquoi devrait-on leur en faire grief ? On pense toujours à un pro-allemand de 1918 comme à une sorte de pré-collabo, un Laval avant l'heure. Quel anachronisme stupide ! L'Allemagne de l'époque, on l'a dit, est une nation honorable en passe d'être pleinement démocratique, pas la dictature monstrueuse qui advint quinze ans plus tard. Et choisir ce parti n'était pas simple en 1918.

Après 1871, une centaine de milliers d'Alsaciens-Lorrains firent le choix de la France, c'est-à-dire qu'ils durent prendre la décision courageuse de s'exiler. Les traités signés avec la Prusse leur laissèrent des mois pour le faire. En 1918, de nombreux Alsaciens considérés comme « allemands » furent expulsés en une journée : ils passèrent le pont du Rhin à pied, sous les crachats et les insultes. De très nombreux Alsaciens-Lorrains furent heureux de voir leurs provinces redevenir des départements français, c'est sûr. Comment vérifier ce fait de façon rigoureusement démocratique ? Après 1870, une intense propagande française se fit entendre pour que l'Allemagne respectât le droit injustement bafoué : pour connaître le vrai choix des peuples, il fallait organiser un plébiscite en Alsace et en Lorraine. Après 1918, la France *incarnait* le droit. Elle n'en organisa donc aucun.

Un mot enfin sur les traités de l'après-guerre. Il peut être bref, tous les historiens sont à peu près d'accord : ces textes, à court et à long terme, furent catastrophiques. C'est sûr, les Ludendorff, les Hindenburg, tous les généraux d'extrême droite allemands instrumentalisèrent cette thématique : ils savaient pertinemment la guerre perdue dès la fin de l'été 1918 mais firent traîner les choses pour avoir le temps d'envoyer des civils négocier la cessation des hostilités, puis les traités, et leur faire ainsi porter l'entière responsabilité de la défaite. C'est la thèse fameuse du « couteau dans le dos », la légende de la pure et héroïque armée allemande assassinée à revers par ces pourris de politiciens démocrates qui furent incapables de résister au « diktat » de Versailles. Le mythe fera des ravages. Le traité de Versailles aussi. L'Allemagne fut dépecée, écrasée sous le poids d'énormes réparations en matériel et en argent, humiliée d'avoir à endosser seule la faute de la guerre. Tout le monde s'entend aujourd'hui sur ce point : l'accablement du vaincu créait le terreau idéal pour faire croître les horreurs qui suivirent, la soif inextinguible de revanche, puis le nazisme. Bien sûr, ajoute-t-on aussitôt, Versailles n'est pas la seule cause du triomphe ultérieur de Hitler. C'est évident. Les raisons de sa victoire sont complexes, les causes multiples et, par ailleurs, le fait est indéniable, le personnage appartient à l'histoire allemande, et à elle seule.

Nous nous livrions à un jeu de comparaison, puisque nous en sommes là poussons-le pourtant jusqu'au bout de sa logique. Imaginons que les généraux allemands aient remporté leur fameuse offensive du printemps 1918, que Paris ait été occupée, que la France à genoux ait été obligée de demander l'armistice et que ce soit elle, après la guerre, qui ait eu à souffrir de traités faits pour la ruiner, l'humilier, l'abaisser. Que se serait-il passé ? La République aurait-elle tenu ? Par où serait passé la soif de vengeance et de revanche d'un peuple brisé ? Nous venons de l'écrire, la France n'aurait pas pu inventer Hitler, qui n'appartient pas à son histoire. Est-on bien sûr qu'elle aurait réussi à ne pas enfanter un autre monstre ?

39 – Le Front populaire

Les années 1930 en Europe sont brutales. Une terrible crise économique, consécutive à l'effondrement financier de la Bourse de New York en octobre 1929, a jeté des millions de personnes à la rue de par le monde et ruiné des pays entiers. Elle se double d'une crise politique de grande ampleur. La démocratie parlementaire, avec ses discussions infinies, ses majorités qui changent, son légalisme tatillon, apparaît à beaucoup comme un régime faible, incapable de résoudre le problème de l'heure. Dès 1922, par la brutalité, la caporalisation des esprits, et un grand sens de la manipulation des masses, le dictateur italien Mussolini avait emmené son pays sur une autre voie, le fascisme. En 1933, Hitler est arrivé au pouvoir en Allemagne. En France, la République se débat dans des scandales financiers qui éclaboussent la classe politique. Affaire de « la banquière » Marthe Hanau, affaire du spéculateur Oustric, affaire Stavisky. En quelques années à peine, à la fin des années 1920 et au début des années 1930, de grands faits-divers montrent à l'opinion

REPÈRES

- 1905 : unification du socialisme français à la demande de la Deuxième Internationale ouvrière ; création de la SFIO
- 1919 : fondation à Moscou de la Troisième Internationale
- 1920 : congrès de Tours, scission de la SFIO
- 1936 (juin) : Léon Blum premier président du Conseil socialiste
- 1938 : échec de Blum à reformer un gouvernement ; fin du Front populaire

atterrée la complicité de ces escrocs avec les milieux du pouvoir. Le 6 février 1934, pour protester contre la « gueuse », les « brigands au pouvoir », la « démocrassouille », les ligues d'extrême droite manifestent dans la rue à Paris et menacent d'investir la Chambre des députés. La police réplique avec violence. La journée s'achève sur un bilan très lourd, 17 morts, plus de 1 500 blessés et une grande peur à gauche : ceux-là aussi voudraient donc instaurer le fascisme en France ? Dans les jours qui suivent, le parti socialiste et le parti communiste, alors rivaux, organisent chacun de leur côté des contre-manifestations pour répondre aux « ligues factieuses », et à plusieurs endroits les militants des deux cortèges font ce que n'ont jamais réussi à faire les socialistes et les communistes allemands pour barrer la route aux nazis : ils se rejoignent. L'idée d'un combat commun se fait jour. En 1935, ces deux mouvements de gauche, auxquels s'est joint le parti radical, forment une coalition en vue des élections à venir. Sa philosophie tient en trois mots : « Le pain, la paix, la liberté. » Sa bannière en deux : « Front populaire. » Un an plus tard, aux deux tours des législatives, fin avril et début mai 1936, les électeurs lui donnent une écrasante majorité de sièges à la Chambre des députés. Un mois plus tard, il en découle un événement considérable : le président de la République appelle pour la première fois dans l'histoire de France un socialiste à former un gouvernement.

Une parenthèse enchantée

Sur le strict plan des faits, l'histoire du Front populaire est brève. Parmi le trio vainqueur, la SFIO – c'est ainsi qu'on appelle alors le parti des socialistes – est arrivée en tête. C'est pour cette raison qu'on a demandé à son chef, Léon Blum, de former un cabinet. Il le composera pour moitié de gens de son mouvement et pour moitié de radicaux – les communistes soutiennent le gouvernement, mais ne participent pas. Il ajoute un geste d'un grand poids symbolique : alors que les Françaises n'ont pas encore le droit de voter, il nomme quatre femmes à des postes ministériels.

L'atmosphère de ce printemps est particulière, joyeuse, festive. Depuis quelques semaines, d'innombrables grèves paralysent les usines, les bureaux et même – le fait est beaucoup plus rare – des magasins. En s'arrêtant de travailler, les ouvriers, les employés ne cherchent pas à s'opposer au gouvernement en préparation, mais au contraire à faire pression sur les patrons pour le soutenir. Cela fonctionne au-delà des espérances. Dès le lendemain de son arrivée dans sa nouvelle résidence officielle, début juin, Léon Blum peut y inviter le patronat à signer avec les syndicats les « accords Matignon » – du nom de l'hôtel particulier du chef du gouvernement. Ils accordent aux salariés de larges augmentations de salaires et des droits qui existent toujours, comme celui d'être défendu par des « délégués du personnel ». D'autres grandes lois sociales suivent, celle qui réduit la durée hebdomadaire du travail à quarante heures et celle qui garantit à tous les salariés deux semaines de vacances, les fameux « congés payés ». Viennent ensuite quelques réformes de structure : le gouvernement crée « l'office des blés », pour stabiliser les prix des céréales et aider le monde agricole ; il accroît le contrôle de l'État sur la Banque de France – alors aux mains de riches financiers privés –, sur une partie de l'industrie de l'armement – ce qui n'est pas rien dans le contexte international du moment – et sur les chemins de fer – la SNCF est créée en 1937. Tout cela se passe dans un climat d'effervescence intellectuelle et culturelle extraordinaire : on ouvre les premières auberges de jeunesse, on réfléchit, sous l'impulsion de Jean Zay, l'énergique ministre de l'Éducation nationale, à la manière de penser une culture pour tous, on fait progresser à pas de géant cette idée nouvelle pour les plus pauvres, le loisir.

Et puis ? Et puis pas tant d'autres choses, sinon les mesures au jour le jour que se sent obligé de prendre un gouvernement qui fait ce qu'il peut pour surmonter ses contradictions politiques, pour venir à bout des difficultés économiques et affronter ce monstre aux mille visages qui s'appelle le réel.

Dès juillet, un vent mauvais est arrivé du sud. Depuis le Maroc où il est en garnison, un général espagnol nommé Franco a lancé le signal de la rébellion contre le gouvernement légal et républicain de son pays. Il vient de lancer la « guerre d'Espagne », et de créer une onde de choc qui se propage dans toute l'Europe et commence à ébranler la coalition au pouvoir à Paris. Faut-il intervenir pour sauver les frères républicains ? Blum le voudrait. Les communistes, derrière Staline, le voudraient. Les radicaux, pacifistes absolus, n'en veulent à aucun prix, pas plus que les alliés britanniques, qui craignent que le conflit ne dégénère en guerre européenne. Hitler et Mussolini n'ont pas ces scrupules, ils ne craignent pas la guerre, ils préparent celle qu'ils ont en tête en envoyant leur aviation et leurs bombes écraser les républicains. Blum doit se contenter d'une très jésuitique « non-intervention relâchée », consistant à demander en douce aux douaniers de bien vouloir fermer les yeux quand passent, à Marseille ou à Perpignan, des bateaux chargés d'armes ou des camions emplis de fusils.

Dès les élections, le grand capital a eu peur. L'or a fui, les réserves sont vides. En octobre, il faut dévaluer le franc. La crise continue de faire des ravages, la situation économique rend difficile toute extension des réformes. En février 1937, le gouvernement décrète la « pause ». En juin, voulant avoir les mains libres pour agir sur la crise financière, Blum demande aux deux chambres le pouvoir de légiférer par « décrets-lois ». Les députés acceptent. Les sénateurs refusent. Démission de Blum, qui est remplacé par un très insipide radical. Un an plus tard, au printemps 1938, il est rappelé. L'Europe est au bord de l'abîme. Hitler vient d'annexer l'Autriche. Le vieux socialiste a dans l'idée de former un gouvernement d'union nationale qui soit à la mesure du péril. Les querelles partisanes l'en empêchent. Un autre radical, Édouard Daladier, prend le pouvoir en cherchant sa majorité à droite. En novembre 1938, les syndicats tentent de réactiver l'esprit de 36, ils appellent à la grève. Médiocre baroud d'honneur : les travailleurs sont fatigués, l'espérance n'y est plus. L'échec du mouvement signe, pour les historiens, la fin de cette parenthèse de notre histoire.

Sur le strict plan des faits, on le voit, le Front populaire fut bref et de portée limitée. Il ne sonna pas la fin du capitalisme, ni les débuts triomphants de cette mythique révolution qui, depuis des décennies, faisait rêver ses partisans et donnait des cauchemars aux classes possédantes. Pourtant, cette éphémère parenthèse reste un moment important de notre histoire. Sa place particulière dans la chronologie y est pour beaucoup. 1936, c'est trois ans à peine avant 1939. Les photos que chacun a dans la tête d'ouvriers en tandem, de prolos joyeux pique-niquant au bord de la Marne, de grévistes valsant au son de l'accordéon sont les dernières images heureuses avant qu'on ne passe, dans le grand album du temps, à celles en noir et sang de la page suivante. Son poids symbolique compte aussi sur le plan politique : premier gouvernement socialiste de la République, on l'a dit, il reste un temps essentiel de l'histoire de la gauche en France. Profitons-en donc pour en parler.

La déchirure du congrès de Tours

Un des drames éternels du mouvement ouvrier est son incapacité à s'unir. Là où nous l'avions laissé, à la fin du XIXe siècle, il était partagé encore en une multitude de chapelles, de courants, de tendances, toutes rivales, toutes plus ou moins ennemies. Le but final était le même : réussir à détruire le capitalisme pour le remplacer par une société plus juste dans laquelle les biens seraient à tous et le bonheur à chacun. Personne n'était capable de s'entendre sur les moyens d'y arriver : faut-il y aller pas à pas ? Conquérir par exemple les municipalités une à une pour y démarrer le travail de réforme et abattre le vieux monde par tranches, comme le pensent les « possibilistes » ? Doit-on tout miser sur la création d'un parti fort et centralisé et une prise de contrôle de l'État, comme l'estiment les marxistes ? Ou s'en défier, comme le pensent les héritiers de Bakounine, ennemis de toute autorité ? Faut-il faire jouer le jeu des élections, tenter des alliances au coup par coup avec les « partis bourgeois », voire participer à leurs gouvernements comme le pensent les « socialistes indépendants » ? Ou au contraire, comme l'estiment les grands syndicats, est-il préférable de refuser le système des partis pour arriver à la révolution « par le bas », c'est-à-dire par la grève générale, qui permettra à tous les prolétaires d'en finir par eux-mêmes avec le capitalisme ?

Il existe néanmoins, depuis 1889, une instance censée fédérer tous les prolétaires de la planète et leurs représentants : l'Internationale ouvrière. On l'appelle la « Deuxième Internationale » parce qu'elle a succédé à la première, lancée à Londres en 1864 et morte peu de temps après. Au début du XXe siècle, elle exige que les socialistes fassent leur unité. Les Français obtempèrent. Même de grands rivaux comme Jean Jaurès ou Jules Guesde arrivent à la fusion de leurs mouvements pour accoucher en 1905 de ce parti nouveau que nous avons croisé plus haut et dont le nom s'éclaire tout à coup : la SFIO, la « Section française de l'Internationale ouvrière ».

À peine douze ans plus tard, en 1917, une bombe explose dans ce ciel rouge : la révolution russe. Ou plutôt la *deuxième* révolution russe. Au mois de février (c'est-à-dire, pour notre calendrier occidental, en mars), un premier soulèvement a renversé le tsar et tenté d'établir une république fondée sur des principes démocratiques et progressistes. Un second la balaye en octobre (c'est-à-dire en novembre pour nous), il est mené par une petite poignée de militants déterminés, aux ordres de leur chef, Lénine, qui n'a aucun scrupule à asseoir sa domination par la force : dès le lendemain du coup d'État, une féroce répression commence. Mais l'habillage par la propagande est simple : désormais le pouvoir est au peuple puisqu'il est dans la main de ses seuls vrais représentants.

La révolution est donc faite, la grande, la vraie, celle que Marx nous avait prédite et que l'on attend depuis si longtemps ? Au tout début, les socialistes européens en sont fort peu convaincus, leur solidarité va spontanément aux dirigeants issus de février, ceux que les putschistes viennent d'évincer. Peu à peu leurs certitudes se fissurent.

Les léninistes ont de la conviction. Ils entendent désormais être seuls à représenter l'espérance des prolétaires du monde. En 1919 à Moscou, ils fondent une Troisième Internationale, l'« Internationale communiste » – que l'on appelle souvent sous son abréviation allemande de *Komintern*. Elle demande aux partis ouvriers d'Europe de lâcher leurs vieilles attaches pour y adhérer. Faut-il le faire ou non ?

C'est l'occasion d'un nouveau déchirement. Il a lieu, en France, en décembre 1920 lors du congrès de Tours, moment essentiel de cette épopée. La majorité des délégués décident de suivre l'appel de Moscou. Pour eux, la Deuxième Internationale s'est discréditée à jamais en étant incapable de s'opposer à la grande boucherie de la Première Guerre mondiale dont le monde sort à peine. Elle y a même apporté sa caution. Les socialistes n'ont-ils pas fait partie des gouvernements de « l'union sacré » ? Il faut fermer cette page et en ouvrir une autre, qui sera enfin glorieuse. Il faut soutenir les frères russes, puisqu'ils ont réussi ce que l'Ouest cherche à faire depuis des décennies : la révolution prolétarienne. Une minorité, menée par le juste et scrupuleux Léon Blum, ne le veut pas. Il est trop attaché aux libertés pour accepter les conditions qui ont été imposées par les Russes comme préalables à l'adhésion : ces *bolcheviques* veulent que le vieux parti de Jaurès se transforme en une machine de guerre au service de Moscou, qu'il devienne partiellement clandestin. Ils exigent que toutes les décisions viennent d'un centre qu'on ne connaît même pas, à qui la base ne servirait plus que de courroie de transmission. Blum choisit, comme il le dit dans son émouvant discours, de « garder la vieille maison ». Voilà la gauche ouvrière à nouveau divisée en deux branches rivales. L'une, majoritaire au début, qui emporte avec elle *L'Humanité*, le journal fondé par Jaurès, a choisi le nom de SFIC (Section française de l'Internationale communiste) – on l'appellera bientôt le parti communiste. L'autre reste la SFIO. Deux sœurs ennemies qui prennent deux chemins que tout oppose, et qui, chacun, recèle des contradictions qui ne manquent pas de nous intéresser aujourd'hui encore.

Classe contre classe

D'un côté, donc, les communistes. Ils obéissent aux ordres donnés par le grand frère moscovite – c'est le principe même de leur adhésion au Komintern – et transforment le vieux mouvement débonnaire qui n'aimait rien tant que les congrès enfumés et les discussions interminables en un petit parti de combat, où règne une discipline de fer. Très rapidement, les nouveaux jeunes leaders approuvés par les Russes trouvent les plus infimes prétextes pour éliminer les vieux historiques qui ne répondent plus aux nécessités du moment. Une partie de la direction est donc clandestine, comme demandé, car il faut toujours envisager l'hypothèse d'être interdit. Elle donne la ligne, suivie aveuglément par des militants prêts à tout, y compris quand elle vire à 180 degrés, ce qui arrive souvent. Ainsi, dans les années 1920, le Komintern a désigné l'ennemi, les socialistes, ces « sociaux-traîtres », ces « valets du grand capital » qui osent douter de la vraie révolution. Les prolétaires n'ont pas à ménager ces « petits-bourgeois ». La tactique, c'est « classe contre classe ». Dix ans plus tard, au moment de la formation du Front populaire, on l'a vu, le parti a changé d'avis. C'est qu'entre-temps Staline s'est rendu compte qu'il était plus efficace de former à gauche des alliances fortes, pour ne pas se faire balayer par les nazis, comme en Allemagne. En 1939, il se retournera encore en s'alliant avec Hitler.

Quelle importance ? Pour tous les militants, on l'a compris, une seule vérité compte, qui mérite tous les dévouements, tous les sacrifices : Moscou a toujours raison.

À nos yeux, une telle structure assortie à un tel mode de pensée ressemble plus à une secte qu'à un parti démocratique. On peut au moins chercher à en comprendre les ressorts. Si la révolution est une donnée réelle de l'histoire, comme des générations de militants en sont certains depuis des décennies, pourquoi ne pas accepter qu'elle est effectivement advenue, comme les frères russes le proclament, et comme ils le prouvent en construisant ce paradis dont chaque jour la « vraie presse » montre les éclatantes réalisations ?

Voilà ce qui anime un militant communiste alors : à quoi bon se perdre dans ces querelles stériles que les raisonneurs appellent démocratie ? À quoi bon prendre des gants pour ménager ces fausses libertés qui ne sont que des leurres inventés par les bourgeois ? Le vrai monde de justice et de liberté est là, de l'autre côté de l'Europe.

Bien évidemment, pour nous qui regardons les choses des décennies plus tard, ce point de l'histoire nous plonge dans un immense malaise. La justice et la liberté, en URSS ? Lénine est mort en 1924. Staline a éliminé les uns après les autres tous ses rivaux pour devenir à la fin des années 1920 le seul maître implacable d'une puissance déjà totalitaire, prête à continuer une œuvre de mort dans des proportions qui dépassent l'entendement. Au début des années 1930, le dictateur veut pousser la collectivisation des terres. De nombreux paysans tentent de s'accrocher à leurs misérables biens : ils sont déportés par millions. Il a besoin de blé pour en vendre à l'étranger et constituer des stocks. Il le fait rafler jusqu'au dernier grain dans les campagnes. Tenter de récupérer un épi pour essayer de se nourrir est puni d'une balle dans la tête. En Ukraine et dans d'autres endroits de l'URSS, la grande famine de 1932-1933 laisse derrière elle des millions de cadavres. Au milieu des années 1930, dans son délire paranoïaque, le dictateur voit des espions et des traîtres partout, c'est le temps des « grandes purges ». Tous les anciens de la révolution d'Octobre, des généraux par dizaines sont torturés, traînés en procès, contraints les uns après les autres à d'humiliantes « autocritiques » pour demander pardon de crimes qu'ils n'ont pas commis, et sont exécutés. Des centaines de milliers d'individus anonymes connaissent le même sort. On sait maintenant que leur existence en tant qu'individus n'entrait même pas en ligne de compte, les listes de victimes se faisaient le plus souvent sur la base de quotas par région. Et pendant ce temps-là, en France – comme dans des dizaines d'autres pays –, de braves militants, très légitimement écœurés par l'injustice régnant dans leur propre monde, distribuaient sur les marchés et à la sortie des usines des tracts appelant à soutenir un si glorieux pays et son admirable chef, ce moustachu débonnaire qui rit d'un si bon rire, sur les films que l'on reçoit de là-bas.

Que penser, aujourd'hui, d'une contradiction si proprement monstrueuse ? Il ne s'agit pas de se tromper de coupable. La faute est à ceux qui forgent les mensonges, pas à ceux qui les croient. Sans doute quelques dirigeants du Parti ne pouvaient que se douter de ce qui se tramait à Moscou. De nombreux délégués du Komintern furent eux-mêmes victimes des purges. N'oublions pas non plus qu'à la même époque de nombreux non-communistes furent également bernés : combien sont rentrés de leur voyage éblouis par la puissance soviétique, ou par ce qu'on avait bien voulu leur en montrer ? Reste cette tournure d'esprit propre, sans doute, aux militants, que l'on a déjà rencontrée dans ce livre, et que l'on rencontrera encore : la *croyance*. Comme autant de religieux face au sacré, les communistes du temps excluent l'esprit critique, oublient le doute, ils ne veulent prendre du réel que ce que leur dicte leur foi.

D'innombrables auteurs, pourtant, dès les années 1920, avaient cherché à crier au monde la vérité sur ce qui se passait en Russie. Parmi eux, de nombreux partisans de l'ancien régime, évidemment. Leur position politique brouillait le message : qui a envie de croire un tsariste quand il parle de la révolution russe ? Mais aussi de très nombreux sympathisants déçus de cette révolution, des gens qui, comme le Français Boris Souvarine, y avaient cru de tout leur cœur puis s'étaient rendu compte de l'affreuse méprise, et tentaient d'en informer leurs camarades. Les camarades ne les ont pas crus. Parmi tous ces déçus, on trouvait aussi des gens qui s'étaient alors tournés vers un autre des pères d'Octobre, Léon Trotski. Staline l'avait éliminé des instances dirigeantes et contraint à l'exil. Vu du Parti, cela rendait ses partisans d'autant plus suspects : comment faire confiance à des renégats au service d'un traître ?

Mais qui n'était pas douteux, hors du Parti ? Un des livres les plus retentissants de l'époque du Front populaire est le *Retour de l'URSS*, d'André Gide. Le grand intellectuel, alors proche des communistes, est allé durant l'été 1936 visiter la patrie des travailleurs. Il y a été accueilli en prince. Staline était trop content d'une prise de ce calibre. À son retour, il ose un exercice qui semblerait presque banal : raconter ce qu'il a vu. Par rapport à ce que l'on sait aujourd'hui du pays, il n'a d'ailleurs pas vu grand-chose. On peut lui en faire grief. Il ne dit rien des millions de morts, des déportés, des purges, pour la simple raison qu'il n'en a rien su : d'aimables guides étaient là durant tout le périple pour être bien sûrs qu'il suivrait la bonne route. Il faut croire qu'ils n'étaient pas si doués. Gide a quand même réussi à percevoir un malaise à travers le rideau opaque que la propagande a tiré tout au long de son passage. Il parle des belles réalisations du pays, des grandes rencontres, mais il ajoute au tableau d'autres teintes qui le nuancent : la peur qui suinte dans le pays, le culte de la personnalité gênant qui entoure Staline, la pensée empêchée, la servilité de tous à l'égard de la « ligne ». Dans le contexte de l'époque, son livre fait l'effet d'une bombe. Il est traduit dans presque tous les pays. Il contribue à ébranler bien des consciences. Seules celles des communistes restent d'airain. Ils n'ont à la parution qu'une réaction : ils dénoncent le livre comme un tissu de mensonges et insultent son auteur.

La « vieille maison » socialiste

D'autres, dès le départ, s'étaient donc méfiés du fanatisme qu'ils voyaient à l'œuvre dans l'inféodation à Moscou : les socialistes, regroupés autour du gardien de la « vieille maison » SFIO, Léon Blum. Parlons-en donc, sans oublier pour autant leur contradiction : les socialistes ont le bon sens de se méfier des révolutions en cours. Mais au fond, ont-ils jamais envie d'en faire aucune ?

Officiellement, la SFIO est elle aussi un parti révolutionnaire. C'est le but déclaré de tout le mouvement ouvrier depuis qu'il existe. C'est son but déclaré à elle depuis sa fondation en 1905 : elle aussi veut renverser le capitalisme. Mais comment ? demandent ses détracteurs. Elle refuse toujours de s'en donner les moyens, son éternel problème est là.

Blum est un homme qui est venu à la politique par l'affaire Dreyfus. Il est viscéralement attaché à la justice et au droit. Il a théorisé qu'il ne fallait pas confondre la « conquête du pouvoir » et l'« exercice » du pouvoir, éventuellement acquis par les urnes et des alliances électorales, et qui supposait un respect strict de la légalité. Il sera, une fois arrivé au ministère, respectueux de ce qu'il avait écrit lui-même, c'est-à-dire d'un légalisme scrupuleux.

Il est tout aussi sincèrement socialiste ; il l'explique : il ne se résignera jamais à hausser les épaules devant l'injustice sociale en disant : « Bah ! C'est l'ordre des choses, il en a toujours été ainsi et nous n'y changerions rien. » Pour lui, le noble but de l'homme de gauche est de renverser cet ordre des choses mais, comme tous ceux qu'on appelle dans le reste de l'Europe des sociaux-démocrates, il est obsédé par l'idée de le faire par les moyens légaux, l'élection, la démocratie, la lente mise en place des réformes qui finiront bien par triompher du système. Quelle erreur ! s'écriera-t-on une fois de plus sur les bancs d'extrême gauche. Vos réformes ne servent pas à abattre le capitalisme, elles le colmatent. Comment le nier, sur le strict plan des faits ? Ni la loi sur les quarantes heures ni celle sur les deux semaines de congés payés n'ont amené le paradis sur terre dont rêvaient les pères du socialisme. C'est indéniable. Mais elles ont rendu le monde réel un peu moins rude aux plus humbles. Cela n'est pas rien non plus.

40 – La Seconde Guerre mondiale

Vingt ans à peine après en avoir fini avec l'horreur d'une guerre promise pour être la dernière de toutes, qui en voulait une autre ? En France et en Grande-Bretagne, les deux puissances démocratiques d'Europe, on était prêt à beaucoup pour l'éviter, jusqu'à refuser de comprendre que la menace avait changé de nature. En 1914, face aux nations, d'autres nations. Dans les années 1930, face aux démocraties, Adolf Hitler, le diable. Est ce qu'on traite avec le diable ? Il a fallu longtemps pour comprendre que non.

En mars 1936, l'armée de Hitler prend possession de la région allemande située près du Rhin, qui devait être une zone neutre, c'est la « remilitarisation de la Rhénanie » – opération strictement interdite par le traité de Versailles. Les démocraties laissent faire. En mars 1938, Hitler annexe l'Autriche, les démocraties regardent ailleurs. En septembre, il réclame l'annexion des Sudètes, région

REPÈRES

– 1939 (3 septembre) : déclaration de guerre de la France et de l'Angleterre à l'Allemagne
– 1940 (22 juin) : signature de l'armistice ; 10 juillet : pleins pouvoirs à Pétain
– 1941 (22 juin) : attaque allemande contre l'URSS ; décembre : attaque japonaise à Pearl Harbour
– 1942 (8 novembre) : débarquement anglo-américain en Algérie
– 1944 (25 août) : libération de Paris
– 1945 (8-9 mai) : capitulation allemande

de Tchécoslovaquie peuplée d'Allemands. Daladier, président du Conseil français, et Chamberlain, son homologue britannique, se pressent à Munich pour une conférence dans laquelle Mussolini joue le rôle d'arbitre, ce qui est tout dire, et, croyant sauver la paix, ils sacrifient les Sudètes. Pourquoi l'ogre à moustache s'arrêterait-il ? La route de Prague lui est si gentiment ouverte. En mars 1939, il gobe la Tchécoslovaquie tout entière. Toujours rien. Le 1er septembre, il se lance à l'assaut de la Pologne. C'est le coup de trop. Le 3, pour honorer leur alliance avec Varsovie, la Grande-Bretagne puis la France lui déclarent la guerre et... ne font rien. À l'est, la Pologne est écrasée en trois semaines. À l'ouest, les soldats sont massés sur la frontière et tapent le carton dans les casemates d'une ligne fortifiée, la ligne Maginot. Les généraux ont opté pour une stratégie défensive, on attaquera quand on sera vraiment en force. Quelques plans audacieux prévoient cela vers 1941. On ne connaîtra jamais leur efficacité. Hitler a été plus pressé. Le 10 mai 1940, faisant mine de réitérer le plan de 1914, il lance ses armées en Belgique. Les Français et les Anglais ont prévu le coup, ils s'y élancent. C'est un piège. Plus au sud, les chars allemands passent les Ardennes que l'on disait infranchissables, et prennent l'ennemi à rebours. Trois semaines plus tard, l'armée anglaise, coincée à Dunkerque dans un étau, protégée par l'armée française en piteux état et mitraillée par l'aviation ennemie, réussit par miracle son réembarquement. Durant ces mêmes semaines, des millions de personnes fuient sur les routes, 1,8 million de soldats sont prisonniers. La France est à terre. Le 16 juin, le très vieux maréchal Philippe Pétain, qu'on appelle « le vainqueur de Verdun » depuis la guerre précédente, devient le chef du gouvernement. Le 22 juin 1940, il accepte la défaite en signant avec l'Allemagne hitlérienne un armistice. Le 10 juillet, le Parlement réuni par les hasards de la débâcle dans la ville thermale de Vichy lui donne les pleins pouvoirs – 569 voix pour, 80 contre. Il les utilise pour créer l'« État français », un régime autoritaire fondé sur le recyclage de toutes les valeurs rances de l'extrême droite et l'écrasement de toutes celles de la

République. Plus d'élections, plus de libertés publiques, plus de laïcité. Dès l'été, les francs-maçons sont pourchassés ; les écoles normales d'instituteurs fermées ; une commission se met en place pour revenir sur les naturalisations accordées dans l'entre-deux-guerres ; le cléricalisme est favorisé et l'antisémitisme promu : en octobre 1940, un premier décret organise l'exclusion méthodique des Juifs français de la communauté nationale.

Durant ce même mois d'octobre 1940, à la suite de sa rencontre avec Hitler dans le petit village de Montoire, dans le Loir-et-Cher, le maréchal, oubliant la prétendue neutralité à laquelle la moitié de la France qu'il contrôle était censée s'astreindre, déclare « entrer dans la voie de la collaboration avec l'Allemagne ». La chasse au résistant, les fusillades d'otages, les persécutions raciales se feront avec l'active participation des autorités françaises ; 140 000 personnes seront déportées, dont 75 000 Juifs, envoyés vers les camps d'extermination. On comptera 2 500 Juifs sur les 40 000 survivants.

« L'État français » fut-il « la France » ? D'autres Français décidèrent que non. À Londres, avant même que ne soit signé l'armistice, le général de Gaulle appelle à ne pas cesser le combat, la poignée de « Français libres » qui le rejoignent finiront par créer une armée qui s'illustrera aux côtés des Alliés sur les différents théâtres d'opérations, en Afrique du Nord, en Italie. En France, dès ce même été 1940, par une proclamation, un tract, une manifestation spontanée, des centaines d'individus montrent qu'eux aussi refusent l'asservissement. Ils sont l'embryon de ce grand mouvement clandestin et complexe qui ne cessera de grossir : la Résistance. Les Français libres de l'extérieur et, à l'intérieur, les maquis ou les réseaux participent activement à la libération du territoire durant l'été 1944. Puis les deux forces, rassemblées en une armée de plus d'un demi-million d'hommes, participent à la campagne d'Allemagne et à la défaite finale du nazisme. Cela permet à de Gaulle, chef du gouvernement provisoire de la République, d'imposer, contre toute attente, un Français à la table des vainqueurs, à côté des alliés américain, anglais et russe.

L'Europe sous domination nazie

Territoires occupés par l'armée allemande et ses alliés

Pays en guerre contre l'Allemagne

États neutres

La Seconde Guerre mondiale. Il n'est pas question ici d'entrer plus avant dans le détail d'un tel épisode de l'histoire du XXe siècle. Comment traiterait-on en quelques pages d'un sujet qui continue à susciter chaque année tant de livres, de films, de passions, de débats ? Précisément. Notre ouvrage entend depuis le début traiter non seulement de l'histoire de notre pays, mais aussi de la façon dont elle existe dans nos mémoires. La période 1939-1945, parce qu'elle reste l'objet d'une véritable fièvre obsessionnelle, parce qu'elle représente toujours « un passé qui ne passe pas », selon le titre d'un excellent ouvrage publié au début des années 1990[1], nous donne l'occasion d'un exercice assez paradoxal dans un livre traitant d'histoire : mettre en garde contre les excès de son usage.

Une mémoire qui évolue

Le sujet est sensible, essayons d'être clair et précis dans nos propos. D'innombrables historiens et bien des citoyens ont travaillé, travailleront encore pour nous aider à comprendre cette période, c'est tant mieux. Grâce à eux, des évolutions importantes ont eu lieu. Songeons par exemple à la lente prise en compte de la centralité, dans le projet nazi, de l'extermination des Juifs. Non que la persécution raciale ait jamais été occultée, mais elle était pour ainsi dire noyée dans l'océan du malheur produit par la guerre. Il a fallu le travail opiniâtre de quelques-uns – depuis l'historien américain Raul Hilberg dans les années 1950 jusqu'au cinéaste Claude Lanzmann et son documentaire *Shoah*, sorti en 1985 – pour qu'on comprenne que ce génocide, par sa nature – la volonté méthodique d'éliminer une communauté humaine entière de la surface de la terre –, devait avoir une place particulière dans l'histoire de la barbarie. Ce travail continue et s'étend. Ainsi, peu à peu, en apprend-on plus sur un génocide assez comparable à celui des Juifs, celui des Tziganes. Selon le musée mémorial de l'Holocauste de Washington, entre un quart et une moitié du million de Tziganes vivant en Europe avant la guerre auraient été assassinés.

1 - *Vichy, un passé qui ne passe pas*, Éric Conan et Henry Rousso, Fayard, 1994.

De la même manière, on sait gré aux historiens d'avoir fait évoluer la perception que nous pouvions avoir de l'attitude de la France pendant cette période. Pendant longtemps, nous expliquent les spécialistes, l'opinion s'était contentée de la mythologie mise en place à la Libération par le général de Gaulle, avec l'accord des partis au pouvoir : la nation, dès le départ, était unanime pour résister contre les occupants. Et la « poignée de misérables » qui avaient choisi de collaborer avec eux ne représentaient rien d'autre qu'eux-mêmes. Le pieux mensonge correspondait sans doute aux nécessités de l'heure : il fallait reconstruire le pays, assurer une légitimité sans faille à la République, et refermer au plus vite des blessures qui auraient pu dégénérer en guerre civile. À la fin des années 1960, un célèbre documentaire, *Le Chagrin et la Pitié*, puis des travaux historiques précis et implacables – en particulier ceux de l'historien américain Robert Paxton – montrent que la sympathie pour Pétain était plus répandue qu'on avait voulu le croire et la collaboration de son gouvernement beaucoup plus active. Ce « retour du refoulé », comme on dit en psychanalyse, tord le bâton dans l'autre sens : les Français auraient donc tous été collabos ?

Les années 1990 insistent sur un point particulier de l'histoire de la période, l'aide apportée par Vichy à la politique génocidaire. On juge les derniers complices de crimes contre l'humanité (procès Papon). Le président Chirac reconnaît en 1995 la responsabilité de la France dans la déportation des Juifs. Et en même temps, films, livres et expositions soulignent le rôle important de ceux qui ont refusé cet engrenage et ont sauvé des vies menacées, les Justes.

La mémoire évoluera encore. *Apocalypse*[1], un extraordinaire documentaire à base d'archives, diffusé à la télévision française à l'automne 2009 avec un grand succès, a sans doute aidé à ouvrir les esprits dans un autre sens : la remise en place du conflit dans son contexte mondial. On l'a dit, le général de Gaulle en 1945 réussit

1 - DVD d'Isabelle Clarke et Daniel Costelle, éditions Acropole.

à faire entrer la France dans le club fermé des vainqueurs. Compte tenu du poids réel du pays, cela tenait du miracle. Il ne s'agit pas de minimiser le rôle joué par les combattants des armées françaises qui prirent part à la victoire mais de ramener les choses à leur juste proportion. À cause de la défaite de 1940, en réalité, la France n'a joué dans la Seconde Guerre mondiale qu'un rôle marginal. Le combat contre le nazisme a été gagné d'abord grâce à l'incroyable ténacité de la Grande-Bretagne, seule à résister pendant près d'un an, avant d'être rejointe par l'URSS, poussée dans la guerre par l'agression allemande de juin 1941, puis par les États-Unis d'Amérique, attaqués en décembre 1941 par le Japon.

Le volet extrême-oriental du conflit est d'ailleurs souvent oublié de notre côté du monde : qui est conscient ici du tribut de huit millions de morts payé par la Chine ? Souvent le degré des souffrances vécues par l'Est de l'Europe est aussi mal évalué. L'occupation fut rude en France mais elle fut d'une brutalité sans comparaison avec celle, inouïe, que connut la Pologne : 6 millions de Polonais furent assassinés pendant la guerre, parmi lesquels 3 millions de Polonais juifs, et autant de non-Juifs. Dans la délirante hiérarchie des races qui leur servait de programme politique, les nazis plaçaient tout en bas les Tziganes et les Juifs, et guère au-dessus les Slaves dont ils entendaient faire les esclaves du Grand Reich. La façon dont furent traités les prisonniers soviétiques est sans commune mesure avec la situation que connurent Français ou Anglais dans les *stalags* : prenant prétexte que l'URSS n'avait pas signé les conventions de Genève, les nazis se livrèrent sur les soldats russes tombés entre leurs mains à des crimes de masse, les laissant délibérément mourir par milliers entre des barbelés, sans nourriture ou sans abri, ou les envoyant dans des camps de travail créés pour les anéantir par épuisement.

Ajoutons qu'il arriva à ceux qui survécurent d'être envoyés à leur retour au pays dans d'autres camps, ceux du goulag. Car il faut apprendre enfin à penser peu à peu les contradictions d'une guerre qui n'en manque pas. La lutte contre le nazisme représente clairement la lutte contre le Mal. Cela ne doit pas nous empêcher de nous souvenir que le combat contre ce totalitarisme fut gagné largement grâce à l'héroïsme inouï d'un autre totalitarisme. S'agit-il de mettre sur le même plan Hitler et Staline ? N'entrons pas dans ce débat qui a déjà fait couler des flots d'encre et, de fait, nous entraînerait trop loin de l'histoire de France. N'oublions jamais pour autant que la libération de notre Europe de l'Ouest fut payée, en Europe de l'Est, par l'instauration de décennies de dictature. La France et l'Angleterre, en 1939, sont entrées en guerre pour défendre la liberté de la Pologne. Churchill croyait ne pas l'avoir oubliée en 1945, qui avait obtenu de Staline, à la conférence de Yalta, d'organiser des élections libres dans ce pays au plus vite. Les premières ont eu lieu en 1989.

Le camp des démocraties est-il lui même sans ombre ? Les Alliés ont lutté sans relâche contre un régime qui avait fondé sa doctrine sur l'inégalité entre les hommes. Ils ont témoigné eux-mêmes d'une conception de l'égalité qui fut parfois à géométrie variable. Il a fallu les innombrables documentaires diffusés à l'occasion de l'élection du président Obama en 2008 pour qu'on se souvienne que, jusque dans les années 1960 – et donc *a fortiori* pendant la guerre –, les États-Unis étaient un pays ségrégationniste. L'armée qui luttait pour la liberté des hommes dans le monde était une armée dans laquelle un soldat noir n'avait pas les mêmes droits qu'un soldat blanc – l'égalité raciale n'y sera promue, en théorie du moins, qu'à partir de 1948. Cela ne doit pas conduire à en tirer des parallèles absurdes. Organiser la séparation entre les Blancs et les autres n'est pas du même ordre que planifier l'extermination d'un peuple. Cela mérite toutefois que l'on se pose des questions sur les angles morts dont chaque pays s'accommode pour refuser de voir ce qui le dérange.

La France connaît les siens. Le film *Indigènes* (2006) a rappelé le rôle trop oublié des soldats coloniaux dans la libération de la France, et l'ingratitude dont a fait preuve la métropole à leur endroit une fois la victoire acquise. Divers épisodes de cette aventure ressortent peu à peu. Ainsi, en avril 2009, la BBC exhumaitelle des documents évoquant des pressions de l'État-Major américain en août 1944 sur les responsables militaires français pour qu'ils « blanchissent » la division envoyée pour libérer Paris. Les généraux américains blancs ne pouvaient pas supporter l'idée que la libération d'une capitale soit le fait de soldats noirs. Les Français obtempérèrent.

Le 8 mai, enfin, est pour tous les Français la date de la victoire finale sur l'Allemagne nazie. Pour les Algériens, elle a une autre signification : elle commémore les milliers de morts laissés par la répression sanglante et hors de proportion des premières manifestations nationalistes, organisées à Sétif, dans le Constantinois, qui elles-mêmes avaient dégénéré et abouti au meurtre de quelques dizaines d'Européens. Combien de Français connaissent cet épisode ? L'enchaînement est pourtant parlant. Le jour même de la fin d'une guerre se préparait déjà la suivante.

Les dangers d'une obsession

La Seconde Guerre mondiale fascine, cela se comprend. Avec ses 50 à 60 millions de victimes, elle a atteint un degré sans précédent dans l'horreur et ce bilan n'en finit pas de nous interroger sur ce dont l'homme est capable. Elle est aussi la première guerre idéologique et, on ne peut l'oublier, une « guerre juste ». La Première Guerre mondiale laisse l'idée d'une guerre absurde qui envoya des millions d'hommes se faire tuer pour rien. Aucun de ceux qui ont combattu le nazisme ne sont morts pour rien, ils ont donné leur vie pour la liberté du monde, cela change tout. En 1914, chaque camp prétendait faire « la guerre du droit ». En 1945, c'est une évidence pour tous les démocrates, le droit est d'un côté, de l'autre, il y a le Mal. Cela signifie aussi que les victimes de cette guerre méritent à jamais notre respect, et ceux qui furent leurs bourreaux notre opprobre.

Une fois cela posé, ne peut-on aller un peu plus loin ? La Seconde Guerre mondiale mérite de prendre de la place dans notre mémoire. Mérite-t-elle de prendre *toute* la place ? Rien ne semble arrêter le déluge mémoriel. Tous les ans, encore plus de romans, d'essais, de films, de débats qui traitent, retraitent, surtraitent d'une période avec une obsession qui, avouons-le, finirait presque par faire peur.

Acceptons d'oublier au passage certains aspects de cette névrose qui peuvent exaspérer. Nous pensons à la pose de tant d'éditorialistes ou de responsables politiques qui brandissent à tout bout de champ le « devoir de mémoire », en se parant spontanément du noble esprit de la Résistance et n'hésitent jamais, par la vigueur de leurs propos, à faire preuve d'un héroïsme d'autant plus magnifique qu'il survient plus d'un demi-siècle après la fin de tout danger. Le devoir de mémoire est nécessaire, il devrait toujours être accompagné, quand on parle de cette période, du devoir de pudeur. Qui, s'il ne les a vécues lui-même, peut se prévaloir des luttes d'avant-hier ? Rien n'y prédisposait. Le propre de la Résistance est qu'elle fut le fait d'individus issus de tous les courants philosophiques, politiques, religieux du pays. Il y en eut de gauche, de droite, de riches, de pauvres, des héros faisant preuve d'un courage d'autant plus noble qu'il était rare. De leur côté, la majorité des responsables des courants philosophiques, politiques et religieux qui étaient les leurs avaient choisi le mauvais côté, ou au moins l'attentisme prudent.

Insistons enfin sur le vrai risque qu'il y a à croire que l'histoire s'est arrêtée en 1945 : en venir à être incapable de comprendre les dangers du présent ou de l'avenir. Se tromper de guerre est une figure classique dans l'histoire. En 1789, la plupart des aristocrates ne comprennent rien à la Révolution qui se joue car ils ne voient à l'œuvre qu'une de ces jacqueries qui sera si facile à mater. Dans les premières batailles de 1914, les soldats se firent tirer comme des lapins parce qu'on les avait habillés avec les beaux pantalons rouge garance qui avaient fait si bel effet dans les manœuvres d'après la guerre de 1870. Et 1940, comme on l'a beaucoup dit, a été perdu parce que les généraux français, avec leur stratégie défensive idiote, rejouaient 1914-1918. On oublie souvent la façon dont cette même myopie nous a rendus si lents à comprendre la Seconde Guerre mondiale elle-même. Pour nous, aujourd'hui, à cause de la spécificité de la barbarie mise en œuvre, elle représente un conflit unique. La génération qui l'a faite ne voulait y voir, le plus souvent, que la répétition de la guerre d'avant, c'est-à-dire l'éternelle guerre contre l'Allemagne : le général de Gaulle lui-même parlait de « guerre de trente ans », pour indiquer un continuum entre le premier conflit et le second. A-t-il lieu d'être ? Guillaume II n'est pas Hitler et c'est refuser de comprendre Hitler que de le croire. On le pensait pourtant. Toute la philosophie de l'époque était celle-là. C'est à cause d'elle que les grands procès de l'après-guerre, celui de Pétain, celui de Laval, passèrent à côté d'une problématique qui nous préoccupe si justement : la complicité dans le génocide des Juifs. Pour les juges de la Libération, la seule question qui compte est la vieille question de toutes les guerres : les accusés ont-ils oui ou non trahi la France au profit de l'ennemi ? Pour nous, elle est moins importante que de savoir s'ils ont ou non commis, ou aidé à commettre, des crimes contre l'humanité. Qu'ils l'aient fait au service d'un autre pays ou au service d'eux-mêmes ne modifie pas notre jugement sur l'acte : la persécution raciale est un mal en soi. Formuler les choses ainsi représente clairement un progrès. On le doit à notre capacité à penser cet événement dans sa singularité.

Pourquoi ne pas chercher à appliquer cette leçon au monde actuel ? Se souvenir est très bien. Regarder le présent avec les lunettes d'hier, vivre aveuglé par le souvenir ne peuvent conduire qu'à des méprises dangereuses. Hitler, à un moment de l'histoire des hommes, a été l'incarnation du mal et de la barbarie. Ni le mal ni la barbarie n'ont disparu. Croit-on vraiment qu'ils réapparaîtront sous les mêmes traits, avec la même moustache, la même nationalité, pour s'attaquer aux mêmes victimes ? Croit-on vraiment que l'histoire soit si bête ?

41 – De 1945 à nos jours

Deux républiques, des guerres de l'autre côté des mers, la jeunesse en ébullition et de grandes alternances politiques. Brossons à très grands traits le tableau qui nous conduit au seuil de notre temps et, par là même, à la fin de notre livre.

Issue de la Résistance, la IVe République (1946-1958) est née avec l'espoir d'en finir à jamais avec les errements de la précédente, morte en 1940 dans la défaite et le déshonneur. Elle n'y est jamais parvenue. Ce régime politique est le moins aimé de l'histoire contemporaine. Il reste dans les esprits comme la caricature du parlementarisme mal appliqué, avec ses alliances de circonstance, ses petits marchandages d'arrière-boutique et son instabilité ministérielle chronique. Quarante gouvernements se succèdent en douze ans, en effet cela fait beaucoup. La configuration politique de la

REPÈRES

- 1946 : début de la IVe République
- 1954 (18 juin) : formation du gouvernement de Pierre Mendès France
- 1957 : traité de Rome instituant la Communauté économique européenne
- 1958 : retour de Charles de Gaulle au pouvoir ; promulgation d'une nouvelle Constitution, début de la Ve République
- 1981 : François Mitterrand élu premier président socialiste de la Ve République
- 1992 : traité de Maastricht, création de l'Union européenne et accord sur le passage à la monnaie unique
- 2007 : élection de Nicolas Sarkozy à la présidence de la République

période n'a guère aidé. En janvier 1946, fatigué de ne pouvoir gouverner à sa guise, hostile aux projets de cette nouvelle Constitution que l'on doit présenter aux Français, l'homme fort de la Libération, le général de Gaulle, quitte le pouvoir. En attendant d'y revenir il décide, pour mieux s'opposer au « système des partis », d'en créer un. Le RPF (Rassemblement du peuple français) n'aura de cesse de pilonner les uns après les autres, depuis la droite, les gouvernements qui se succèdent. Les attaques venues de la gauche ne sont guère plus tendres. À la guerre chaude a succédé la guerre froide, cette paix surarmée entre les deux blocs, États-Unis d'Amérique contre URSS. Le parti communiste en est la courroie de transmission en France. Il participait au pouvoir depuis 1944, il en est chassé en 1947 parce que ses anciens alliés l'accusent de soutenir des « grèves insurrectionnelles » qui visent à déstabiliser le pays, alors même que la tension internationale est à son comble. Il entre alors dans une opposition brutale. Les socialistes et les démocrates-chrétiens restent les maîtres du jeu gouvernemental en combinant des alliances qui leur garantissent ces fameuses majorités parlementaires très douées pour faire chuter les ministres qu'elles ont investis elles-mêmes quelques semaines plus tôt.

Pour nombre de ceux qui la vécurent comme pour ceux qui en écrivent l'histoire, la période, riche en hommes politiques, n'accouche que d'un homme d'État : le radical Pierre Mendès France. Lui seul, aux yeux de beaucoup, avait la hauteur de vue, la force de caractère et la rigueur morale qui lui auraient permis de réformer le système comme il chercha à le faire et ne le put, faute de temps. Il devient président du Conseil en juin 1954. En février de l'année suivante, des disputes dans sa majorité conduisent déjà à son éviction. Il aura réussi, toutefois, à montrer l'excellence de ses talents de diplomate pour dénouer un écheveau dans lequel la France était en train de s'étouffer : en juillet 1954, il signe les accords de Genève qui mettent fin à la guerre d'Indochine, bien mal engagée pour notre pays depuis l'humiliante défaite de Diên Biên Phu. La division en deux du Vietnam entre un Nord communiste et un Sud qui ne l'est pas dégénérera moins de dix ans plus tard en une autre guerre, qui deviendra mondialement célèbre. La France n'en sera plus. Elle se retire de cette région du monde, comme elle le fera bientôt de tant d'autres.

La décolonisation est en effet la grande affaire de l'après-guerre, c'est elle qui précipitera la fin du régime. Mendès a préparé celle de la Tunisie, et par ricochet du Maroc, les deux États seront indépendants en 1956. Le cas de l'Algérie est autrement épineux. Que faire du million d'Européens qui y habitent, y sont nés pour la plupart et qui, en partie, bloquent toute évolution qui permettrait de donner leur juste place aux 8 millions de musulmans dont c'est également le pays et qui n'acceptent plus d'y être considérés en inférieurs ? La IVe République danse sans cesse d'un pied sur l'autre. Les socialistes remportent les élections de 1956. Ils cherchent à négocier une évolution humaine et démocratique, et en même temps envoient encore plus de soldats, et même le contingent, pour effectuer de sinistres opérations de « pacification ». Elles n'excluent aucune méthode, même les pires – torture, exactions, violations constantes des droits de l'homme – contre les Algériens du FLN, qui, pour arriver à une indépendance dont ils veulent être les seuls bénéficiaires, n'excluent eux non plus aucune méthode.

L'indécision politique de la métropole exacerbe les tensions. En mai 1958, au cours de véritables journées d'émeute, des partisans de l'Algérie française investissent les lieux du pouvoir à Alger avec la bienveillance de l'armée et réclament le retour au pouvoir de l'« homme providentiel », seul à même, à leurs yeux, de sauver la situation. Le climat est insurrectionnel, les rumeurs de putsch constantes, on craint en permanence la guerre civile. Paris est bien obligé d'entendre le message. Le président de la République René Coty rappelle le général de Gaulle, qui met quatre mois pour en finir officiellement avec un régime qu'il détestait. Le 4 octobre 1958, une nouvelle Constitution est promulguée. Elle déplace le curseur du pouvoir en donnant une place bien plus importante à l'exécutif et surtout au chef de l'État. Elle a été approuvée par référendum quelques jours auparavant : la Ve République est née.

La construction européenne

Il n'y a pas grand monde, alors, pour regretter celle qu'elle enterre. Il est juste avant de la laisser retomber dans l'oubli de rappeler les deux biens essentiels qu'elle nous laisse en héritage.

Le premier porte un nom qui fait peu rêver, tant la caricature qu'on en fait est synonyme d'administration sinistre, de machine à demander des formulaires, de puits de déficits impossibles à combler. Il représente pourtant, sur l'échelle de l'histoire humaine tout entière, un progrès immense : la Sécurité sociale. Dès les années de guerre, par la voie du célèbre « plan Beveridge », les Britanniques avaient promis à leurs citoyens que l'État saurait les protéger du « berceau à la tombe » *(« from the cradle to the grave »)* des grands fléaux éternels que les hommes ont eu à combattre : la misère, l'ignorance, le chômage, la maladie. Les gouvernements de la Libération reprennent à leur compte les bases de ce que l'on appelle en français « l'État providence » en le croisant avec un système que les Allemands connaissent depuis Bismarck, et qui laisse le fonctionnement et le financement aux « partenaires sociaux », c'est-à-dire les patrons et les syndicats. C'est ainsi que peu à peu, sous la IVe République, sont étendues à toutes les catégories de travailleurs les assurances maternité, maladie, vieillesse, chômage dont ne bénéficiaient, avant la guerre, que quelques branches très privilégiées.

Le second legs de cette période semble *a priori* aussi peu glamour. Il a pourtant sa part dans le développement économique de notre pays : la construction européenne. La France y a participé dès les lendemains de la guerre. A-t-elle poussé à la meilleure manière de procéder ? C'est une autre question. Le grand rêve de nombreux Européens, au sortir du cauchemar, était d'éviter à jamais son retour en tuant dans l'œuf le poison du nationalisme, c'est-à-dire en agrégeant tous les anciens ennemis dans une vraie fédération : « les États-Unis d'Europe ». Les esprits n'étaient-ils pas prêts, ou cette idée d'en finir avec des États-nations vieux pour certains de plusieurs siècles était-elle une utopie ? Toujours est-il que, pour éviter d'avoir à franchir d'un coup la montagne d'une unité immédiate, les « pères de l'Europe », comme on les appelle (dont les Français Jean Monnet ou Robert Schuman, à côté de l'Allemand Konrad Adenauer, du Belge Paul-Henri Spaak ou de l'Italien Alcide De Gasperi), ont l'idée de réaliser l'union par petits morceaux en imbriquant peu à peu les économies : entre les six pays fondateurs (France, Allemagne, Italie, Belgique, Luxembourg, Pays-Bas) on commence donc, au début des années 1950, par intégrer la production du charbon et de l'acier. Puis on en vient, avec le fameux traité de Rome de 1957, à l'idée d'un « marché commun » – c'est-à-dire une suppression totale des barrières douanières –, accompagné d'une « politique agricole commune » – pour aider à un développement harmonieux entre les différentes agricultures. Pour quelques vrais fédéralistes, cette manière de procéder est la source de tous les maux. C'est ce réalisme froid, cette logique de boutiquier et de technocrates qui ont conduit au désamour actuel des peuples envers l'idée européenne : qui rêve de fin des taux de change ? Quel patriote est exalté à l'idée de se battre pour des histoires d'harmonisation fiscale auxquelles personne ne comprend rien ? Pour d'autres, ce réalisme prudent a montré son efficacité par ce fait même : plus de cinquante ans après ses premiers pas, avec un nombre de pays membres qui a quadruplé (6 en 1957, 27 en 2007), l'union fonctionne toujours. C'est bien la preuve qu'elle n'était pas si mal partie. Ils notent également la mauvaise foi dont sont capables les opinions publiques et les gouvernements, toujours ravis d'oublier le rôle positif qu'a joué cette grande machine dans le développement économique de leur pays, toujours prêts à la maudire de n'être pas assez présente quand la récession menace. Ce n'est pas faux non plus.

Une certaine idée de la France

En 1958 donc, sous le képi redoré d'un général qui entame en grande forme sa deuxième carrière, la France est prête pour un nouvel élan, même s'il part sur un faux pas. De Gaulle, on vient de le voir, est revenu au pouvoir porté par les espoirs bruyants des partisans d'une Algérie totalement française. Quelques jours à peine après son investiture, en juin 1958, à Alger, il lance à la foule majoritairement formée de pieds-noirs venus l'acclamer sa célèbre formule : « Je vous ai compris ! » Elle reste, jusqu'à aujourd'hui, une des plus fascinantes fadaises de notre histoire. L'exclamation fit d'autant plus de bruit qu'elle est d'un vide intersidéral, puisque personne n'a jamais réussi à comprendre clairement qui le général avait compris, ni quoi.

Toujours est-il que quatre ans plus tard, il se résout à en finir avec une guerre qu'il sait gagnable militairement, mais perdue politiquement, et se décide à lâcher une colonie qui lui semble désormais un « boulet » accroché au pied de la métropole. Pour les Français d'Algérie, obligés bientôt de fuir en masse leur terre natale, il s'agit d'une traîtrise impardonnable. Pour les Français de France, c'est un soulagement : les accords d'Évian qui accordent l'indépendance à l'Algérie et mettent fin à une sale guerre dont plus personne ne voulait sont approuvés, lors d'un référendum, par 90 % des votants. Les décolonisations des autres pays africains se sont passées dans le calme (ils ont presque tous opté pour l'indépendance en 1960). La France est donc, au début des années 1960, un pays plus petit mais en paix et prospère – l'Occident, porté par le boom de la reconstruction de l'après-guerre, vit ses « Trente Glorieuses ». Le Général peut s'adonner à son péché mignon, faire aux quatre coins du monde de grands discours vibrants d'émotion contenue pour montrer de quel bois on se chauffe lorsqu'on est patriote et indépendant. À Phnom Penh, au Cambodge (en 1966), il dénonce l'intrusion américaine dans la guerre du Vietnam ; un an plus tard, au moment de la guerre de 1967, il renverse la position jusqu'alors très pro-israélienne de la France en condamnant l'État hébreu et son « peuple dominateur et sûr de lui » ; par deux fois, il bloque l'entrée de l'Europe à la Grande-Bretagne, ce « cheval de Troie » des États-Unis, auxquels il demande par ailleurs d'évacuer les bases militaires qu'ils possèdent encore dans l'Hexagone. On peut ajouter là-dessus une intransigeance crispée à l'égard de toute avancée européenne qui lui semble attentatoire à la souveraineté nationale, c'est-à-dire à ses conceptions personnelles. De son point de vue, cela s'appelle « restaurer la grandeur de la France ». Du point de vue de ses partenaires de Bruxelles ou de Washington, cela s'appelle jouer avec les nerfs des gens pour un résultat très limité : sinon à avoir cassé l'Europe pour un temps, on peut se demander, en effet, à quoi cette politique a abouti.

Contentons-nous de noter que l'on peut vouloir replacer sans cesse son « cher et vieux pays » dans une histoire que l'on considère comme millénaire et être d'une parfaite myopie sur ce qui s'y vit au présent. Comme il l'a écrit au début de ses Mémoires, le général de Gaulle a « toujours eu une certaine idée de la France », merveilleuse abstraction. Il n'en a pas eu beaucoup sur l'évolution de la société française.

Les années 1960 voient l'irruption dans la galaxie politique d'une nouvelle planète turbulente, la jeunesse. Nous voici à l'heure du grand chamboulement issu de Mai 68, auquel le vieux chef de l'État n'a pas compris grand-chose. L'émancipation des femmes, le libre droit de chacun à la sexualité qu'il a choisie, la fin d'une société d'ordre et d'autorité, ce n'était pas de son temps à lui. C'est pourtant ce que la société attendait, comme elle le prouva en adoptant assez vite des valeurs qui, quelques années auparavant, apparaissaient comme propres à conduire à l'anarchie, et à l'horreur. Un an après 1968, après un référendum raté portant sur une histoire de régionalisation dont personne n'a cherché à comprendre le sens, de Gaulle s'en va. Au pouvoir, le très pépère Georges Pompidou le remplace. Des jeunes gens plus échevelés se chargent de donner le ton à la société.

Soyons justes : les acteurs de 68 eux-mêmes, et surtout leurs épigones des années 1970, les *gauchistes*, comme on appelle les membres des innombrables partis d'extrême gauche qui fleurissent alors, n'ont guère été plus lucides. Cette génération est justement décriée pour sa capacité à admirer les uns après les autres parmi les pires dictateurs de la planète, pourvu qu'ils se soient autoproclamés révolutionnaires – Mao et les millions de morts de la Révolution culturelle chinoise, Castro et les milliers de prisonniers politiques de Cuba. Elle a été portée par des rêves politiques. La vraie révolution qu'elle a déclenchée est sociale : c'est ce bouleversement des mœurs que l'on vient d'évoquer, cette mise à bas des vieilles structures patriarcales, cet avènement d'un nouveau roi du monde, l'individu.

Quelques-uns de ces nouveaux principes vont entrer dans la loi sous la présidence d'un homme de droite, qui se veut ouvert et moderne, Valéry Giscard d'Estaing (président de 1974 à 1981). Sous son impulsion sont accordés le droit de vote à dix-huit ans ou le droit à l'avortement, acquis, il est vrai, grâce aux voix de la gauche. Les mouvements de société, on le voit, sont toujours plus intriqués et complexes qu'on ne voudrait le croire.

Une fin de millénaire

De Gaulle revient aux commandes pour sauver l'Algérie française. Il devient le grand homme de la décolonisation. Les soixante-huitards pensent faire la révolution, ils feront carrière. Quelle période historique échappe à cette vieille contradiction entre ce que l'on veut faire et ce que l'on fait ? Les dernières décennies du XXe siècle y sont soumises comme les autres. En 1981, pour la première fois sous la Ve, la gauche arrive au pouvoir grâce à l'élection à la présidence de la République de François Mitterrand. Elle fait passer de nombreuses réformes : abolition de la peine de mort, nationalisations, extension des droits des salariés, libéralisation des ondes, décentralisation du territoire, ou encore, lors du gouvernement Rocard du deuxième septennat, instauration d'un revenu minimal pour tous, le RMI. Elle échoue à mener à bien la transformation quasi révolutionnaire qu'elle espérait : elle a changé des vies, elle n'a pas changé *la* vie, comme elle le promettait dans son programme, pas plus qu'elle n'a mis le capitalisme à genoux. Bien au contraire, diront les cyniques, il ne s'est jamais si bien porté que depuis les années 1980. En même temps, par sa seule longue présence au pouvoir, la gauche fait la preuve de sa capacité à le gérer et démontre la stabilité du système politique dont est doté le pays. Contrairement à ce que prophétisait la droite, l'arrivée au gouvernement des socialistes et de leurs alliés communistes n'a pas plongé la France dans le chaos ; contrairement à ce que pensait François Mitterrand lui-même dans les années 1960, la Ve République peut parfaitement s'adapter à une alternance politique.

Les deux présidences suivantes n'échappent pas à ce qui semble donc devenu la loi incontournable des démocraties modernes. Jacques Chirac, en 1995, mène le combat électoral de façon très dynamique, très offensive, il joue le cavalier seul qui vise à rejeter dans le camp du conformisme et de l'inaction ceux qui viennent de se succéder aux commandes (les socialistes et ses anciens alliés balladuriens). Il promet la lutte contre la « fracture sociale », fort justement désignée comme le fléau grandissant de la société française. Sitôt entré à l'Élysée, il enlève ses bottes de campagne pour chausser les souliers qu'il ne quittera plus : des pantoufles. Après douze ans d'une présidence ronflante et immobile, il laisse les commentateurs bien en peine de mettre à son crédit la moindre réforme d'importance. L'expérience sarkozyste semble rapidement condamnée à pareille désillusion. L'homme, étourdissant de dynamisme et de volonté, se fait élire en 2007 en promettant au pays une vraie révolution, d'orientation très libérale : il faut réhabiliter le goût de l'argent et du travail, baisser les impôts, faire revenir les riches, desserrer ce carcan de réglementations tatillonnes qui découragent l'initiative, en finir avec les pesanteurs de l'État. À peine plus d'un an plus tard, la violente crise financière débutée aux États-Unis à l'automne 2008 l'oblige à en revenir, au moins dans les discours, aux vertus du dirigisme et de l'intervention de l'État, sans réussir pour autant dans la réalité à enrayer une flambée du chômage et de la misère. L'opinion en viendrait à douter des fondements mêmes de la démocratie : l'action politique a-t-elle encore une quelconque utilité dans un monde où l'économie, les financiers et la cupidité règnent en maîtres ?

Comment s'étonner, dès lors, de l'importance, au début du XXIe siècle, du thème du désenchantement, de la morosité ? Comment s'étonner du sentiment répandu d'une crise perpétuelle, d'une perte de sens, d'un malaise quant à l'avenir ? C'est le point final où nous voulions venir.

En guise de conclusion

Entre 1945 et ce début du XXIᵉ siècle, la société française s'est considérablement transformée. Au sortir de la guerre, la France était encore très largement un pays d'agriculture (près d'un tiers de la population en dépendait), doté par ailleurs d'un secteur industriel employant une classe ouvrière importante. La société était très structurée par les grandes appartenances politiques et religieuses : être catholique ou laïque, communiste ou de droite, membre du patronat ou militant syndical réglait la vie et les comportements. Elle est devenue un État urbanisé, jouant son développement sur le secteur tertiaire, où la révolution individualiste a rendu les mœurs plus libres, les solitudes plus grandes et les solidarités plus relâchées. Elle était un pays affamé, pauvre, ruiné par la guerre mais prêt à connaître trente ans de plein-emploi, de croissance. Elle est un pays riche et puissant qui n'arrive pas à guérir cette plaie ouverte depuis près de quatre décennies : le chômage de masse, qui rejette sur le bord du chemin une part toujours plus grande de la population. Elle allait affronter les conflits terribles et meurtriers de la décolonisation. Elle est en paix, solidement alliée à ses voisins par une Union européenne qui devrait enthousiasmer, et pourtant ennuie. La vie politique était farouche. À gauche et à droite, on l'a vu, deux grands partis, le PCF et le parti gaulliste, ne juraient que par un renversement du régime. Elle est assagie mais semble morne et donne à beaucoup l'image d'un pouvoir incapable d'affronter les vrais défis, les vraies menaces qui pèsent sur l'avenir de notre pays.

Quelles sont ces menaces, quels sont ces défis ? C'est le problème. Chacun, selon son point de vue, en a une idée claire, mais personne n'a la même.

Le danger, dit une partie de la droite, rattrapant en cela ce que disait depuis des décennies l'extrême droite, c'est l'immigration, cet afflux de populations misérables issues de civilisations extra-européennes qui ne pourront jamais s'intégrer à notre système de valeurs et menacent de dissoudre l'identité de la France. Erreur stupide, répond la gauche. Accuser les immigrés revient à s'en prendre au bouc émissaire classique. L'identité française n'est pas une notion figée à jamais dans le marbre d'un passé soi-disant glorieux, c'est un mouvement perpétuel. Les immigrés d'aujourd'hui sont les Français de demain. Le vrai danger est autre, c'est le capitalisme financier, grande machine destructrice qui pousse les peuples à la misère au profit de quelques-uns, toujours plus puissants, toujours plus riches. Vieilles lunes !, s'écrient alors les libéraux. Le capitalisme n'est pas un mal, il est le seul système qui permette la prospérité, c'est pourquoi il ne faut pas le combattre, mais s'adapter à lui.

Depuis des années maintenant, les médias, les campagnes électorales résonnent de ces débats toujours ressassés, jamais conclus. Ne cherchons pas ici à les trancher frontalement. Essayons, une dernière fois, de suivre la méthode qui fut la nôtre, en nous efforçant de regarder les choses autrement.

L'étude du passé nous permet tout d'abord d'éviter un piège courant, celui de la nostalgie. La France serait en déclin, entend-on souvent, sa grandeur est passée. Avant, c'était mieux. « Avant » ? Mais quand exactement ? Tentez une expérience simple, feuilletez ce livre à l'envers, et cherchez une seule époque de notre passé où vous auriez voulu vivre. Alors ? En 1910, par exemple, au temps de cette France puissante, gouvernant un quart du monde ? Préparez donc l'uniforme, dans quatre ans vous aurez à affronter l'enfer des tranchées, la guerre et ses millions de morts, merci. En 1810 ? Cette fois ce sera l'horreur des guerres napoléoniennes. En 1710 ? Admettons que cela soit tentant, pour l'infime minorité qui aura la chance de se retrouver dans l'habit chamarré d'un bel aristocrate. Et encore, pas à Versailles. En cette fin de règne de Louis XIV, la vie y était sinistre. Que dire des 90 % qui se réincarneront en paysans misérables au ventre creux et au dos cassé par l'ouvrage ? On a compris le jeu. La comparaison avec le monde d'hier ne doit pas nous mener à admirer benoîtement celui d'aujourd'hui. Elle peut nous servir à en relativiser les inconvénients, cela n'est déjà pas si mal.

Le goût de l'histoire nous enseigne une autre vertu, la modestie dans le jugement. Quand on les regarde avec la distance du temps, toutes les périodes passées frappent par leur propre aveuglement. Comment les gens ont-ils pu se massacrer avec cette férocité à propos de points de théologie qui nous paraissent si vains ?, se demande-t-on en songeant aux guerres de Religion du XVIe siècle. Comment les aristocrates du XVIIIe ont-ils pu être assez bêtes pour bloquer toutes les réformes et jouer ainsi le jeu qui devait conduire à une révolution qui leur serait fatale ? Comment des peuples entiers ont-ils pu se laisser conditionner pour accepter la Première Guerre, et surtout la faire ? On comprend rarement les choses quand on les vit. Les siècles prochains auront sans doute le plus grand mal à comprendre notre aveuglement ou notre laxisme face à des problèmes que nous ne concevons même pas. La loi est éternelle, nous n'y échapperons pas. On peut essayer, toutefois, au regard des exemples passés, d'en comprendre un ou deux mécanismes. Souvent, les contemporains d'une époque donnée souffrent de ce que l'on pourrait appeler l'angle mort, c'est-à-dire l'incapacité à voir le problème qui, un peu plus tard, paraîtra énorme, l'incapacité à sentir la fumée qui s'échappe d'un feu qui couve et qui est prêt à flamber. Quel sera notre angle mort ? Le désastre écologique, le refus de voir le tort que la production humaine fait à la planète ? L'incapacité à construire des digues efficaces pour empêcher la finance de tout détruire ? L'impuissance à faire comprendre l'importance d'une puissante union de l'Europe, seul rempart de taille suffisante pour nous protéger face au nouvel ordre d'un monde bientôt gouverné par des géants comme la Chine ou l'Inde ?

On arrive là sans doute à un point délicat, au bout d'un livre qui traite de l'histoire de France. Parler de France, dans un avenir ainsi envisagé, a-t-il encore un sens ? Que peut la petite nation France face à tout cela ? Là encore, cherchons une réponse dans les siècles qui nous précèdent. À notre avis, dans le monde tel qu'il vient, la France a encore un sens et un avenir si on se décide à cesser d'en faire cette abstraction sacrée qui hante encore tant d'esprits. On vient d'en faire la démonstration sur 500 pages. L'État-nation n'est pas un cadeau qui nous a été envoyé par le ciel depuis les siècles des siècles, c'est une forme d'organisation récente, purement construite par les hommes. L'humanité a connu d'autres formes de société. Elle en expérimentera de nouvelles. On peut aussi chercher à envisager de nouveaux modèles sans pour autant se crisper dans de vaines oppositions : certains politiciens qui se disent « souverainistes » continuent à présenter par exemple la construction européenne comme l'ennemie jurée de la nation. Pourquoi ? En quoi faire l'Europe nous obligerait-il à ne plus être français ? On peut être français *et* européen, comme tant de gens sont déjà naturellement à la fois breton *et* français, ou encore arabe *et* lillois *et* laïque *et* français, ou encore femme *et* fille de Polonais *et* lorraine *et* catholique *et* française *et* farouchement fédéraliste. Le jeu est infini, il est somme toute enrichissant. Pourquoi une identité devrait-elle en écraser une autre ? Quel drapeau mérite qu'on crache sur tous les autres ? La seule chose qui compte est de s'entendre sur le cadre qui permettra à tous de vivre harmonieusement ensemble, en étant chacun le plus heureux possible. Une fois encore, l'histoire que nous venons de décrire nous aide à en tracer les fondements. Parmi tous les grands principes que notre passé nous laisse en héritage, retenons-en trois.

La Révolution française a été une période de sang et de larmes, de fracas et de tumulte. Elle a aussi ouvert la voie aux grandes libertés publiques. Elle nous lègue cette idée fondamentale qui est la base de la démocratie : les citoyennes et les citoyens ne sont les sujets de personne, ni d'un maître ni d'un roi, les décisions qui concernent l'avenir de tous appartiennent à chacun.

La IIIe République a connu des moments de grandeur et des épisodes qui relèvent du vaudeville. Parmi d'autres conquêtes, elle nous laisse la laïcité. Le principe est plus que jamais essentiel pour répondre à certaines angoisses du moment : l'immigration nous menace, disent certains Français, tous ces gens qui ont une culture et une religion différentes de « la nôtre » ne seront jamais « comme nous » ; le racisme nous persécute, répondent en écho beaucoup d'autres Français, notre couleur de peau, la consonance de nos noms et de nos prénoms, nos temples ou nos mosquées nous mettront toujours à l'écart et feront toujours de nous des nationaux de seconde zone. L'idée laïque répond à tous de façon simple : la France n'est ni « une terre chrétienne » ni une terre opposée à aucune religion. Elle est un pays où l'on ne juge un citoyen ni à ses racines, ni à son appartenance sociale, ni à la sonorité de son patronyme, ni au dieu qu'il prie ou qu'il refuse de prier, mais à sa capacité à contribuer à un avenir meilleur pour tous. La tâche est assez vaste pour ne se priver de personne.

La Résistance nous a rappelé avec dignité et courage que la liberté est un bien fragile, et qu'il est parfois nécessaire de prendre les armes pour la défendre. On l'a vu au travers du « programme » dans lequel elle avait dessiné le futur du pays, elle nous a légué aussi la « Sécurité sociale ». Oublions son enveloppe administrative et sa caricature. N'oublions jamais qu'elle est un bien essentiel et précieux parce qu'elle repose sur cette belle idée que la santé, l'épanouissement des enfants, le droit à la retraite des plus âgés, le bien-être matériel de chacun ne sont pas des problèmes individuels, mais des biens collectifs dont chaque membre d'une société donnée est comptable.

Dites ces mêmes choses autrement, cela donne « Liberté, Égalité, Fraternité ». C'est la devise de la République. Elle peut parfaitement convenir à d'autres cadres institutionnels. En tout cas, elle pose de bonnes bases pour penser l'avenir.

Remerciements

Vingt siècles en 500 pages. Comment serais-je arrivé au bout d'une telle entreprise sans leur soutien précieux ?

Isabelle Seguin, hier directrice de la maison Hachette Littératures, aujourd'hui éditrice chez Fayard, a voulu et défendu ce projet depuis le départ.

Vincent Brocvielle, à mes côtés, en a été l'éditeur patient, exigeant et scrupuleux.

Carl Aderhold, riche de sa grande culture historique, en a été le conseiller scientifique, et sa vigilance m'a évité bien des erreurs et des approximations.

Sophie Kucoyanis et Odile Sassi, lectrices méticuleuses, en ont traqué bien d'autres.

Philippe Rekacewicz et Agnès Stienne en ont dessiné les cartes d'un trait assuré.

Olivier Marty, enfin, directeur artistique, a voulu faire de ce livre le bel objet que vous avez entre les mains.

Du fond du cœur, merci à eux.

Achevé d'imprimer par N.I.I.A.G.
en juin 2011
pour le compte de France Loisirs, Paris

N° d'éditeur : 64121
Dépôt légal : juin 2011
Imprimé en Italie